JEAN-JACQUES ANTIER

MARTHE ROBIN

Le voyage immobile

Préface de Jean Guitton,
de l'Académie française

Nouvelle édition revue et augmentée

LAP
Perrin

ISBN 2.262.01193.1

A Yvette et Claire

AVANT-PROPOS DE LA NOUVELLE ÉDITION

Les états physiques de Marthe Robin ont toujours été un sujet d'étonnement, non seulement pour ses amis, mais aussi pour le corps médical. Les terribles maladies qui la frappèrent dans son enfance furent suivies de mystérieux handicaps : inédie invraisemblable (plus de cinquante ans sans manger ni boire), absence de sommeil, stigmates, non-voyance. De cruelles épreuves la terrassaient chaque vendredi. Tout est inhabituel et semblerait monstrueux si de ce puits de souffrances n'émanait la beauté d'une âme toute donnée qui, à l'imitation parfaite du Christ, prenait à son compte les souffrances du monde.

Les Foyers de charité, héritiers spirituels de Marthe, ont introduit en 1987 son procès de béatification, engageant l'étude de sa vie dans ses moindres détails. Aussi m'a-t-il semblé intéressant d'apporter aux lecteurs le fruit de recherches récentes concernant la mystérieuse maladie qui la frappa dans sa jeunesse et les troubles qui s'ensuivirent. Tel est l'objet des importants additifs de cette nouvelle édition.

Le hasard de mes lectures m'a fait prendre connaissance d'un livre (traduit en français en 1993) du neurologue américain Oliver Sacks, spécialiste des malades rescapés de l'épidémie d'encéphalite léthargique, dont on soupçonnait par élimination et jusqu'alors sans preuve, que Marthe aurait pu être victime à seize ans. Grâce à l'étude comparative des cas exposés, je crois aujourd'hui apporter les preuves qui avaient manqué au rapport médical sur Marthe établi en 1942, dont on trouvera aussi le texte intégral dans ce livre.

Cette nouvelle édition revue et augmentée ne se borne pas

à cet apport qui, concernant la vie physique et mentale de Marthe Robin ne fait qu'exalter davantage sa vie spirituelle, hors de laquelle aucune explication « naturelle » n'est possible. J'ai profité de la large place accordée par mon éditeur et ami pour publier aussi des extraits de trente-cinq témoignages inédits sur Marthe, émanant de personnes qui l'ont visitée, notamment le professeur Alain Assailly, spécialiste des stigmatisés, ou dont l'existence a été transformée par son charisme après sa mort.

Puissent ces pages nouvelles apporter la rayonnante lumière spirituelle de celle qui a soulagé tant de souffrances en assumant héroïquement les siennes.

J.J.A.
Février 1996.

PRÉFACE

Elle ressemblait à l'enfant, même par la voix. Elle était enjouée plutôt que joyeuse, sa voix grêle et grave, son chant celui d'un oiseau. Sa manière exprimait l'essence indéfinissable de la poésie.

Elle n'avait aucun talent, sauf, dans sa jeunesse, celui de broder. Au-delà de toute culture, au-delà de la pauvreté, elle se nourrissait de l'air du temps et de l'éternité. Au-delà même de la douleur. Et pourtant, présente d'emblée à tout, à tous.

J'admirais ce cerveau si organisé qui ne dormait jamais. Toutefois, Marthe avait le privilège de s'ignorer elle-même. Et rien n'est beau en ce monde comme le visage d'une femme qui ne cherche pas à plaire.

Marthe était simple. Comme un pain qu'on peut manger à toute heure du jour, un lait qui a le goût de la vache, un matin de printemps, une conversation au coin du feu, un voyage vers Emmaüs, une fraction de pain ; comme la vie au bord du lac : douce, calme, familière, sans surprise, sinon le clapotis des eaux, le bruit des sabots et des rires d'enfants. C'était chez elle et autour d'elle un entrelacement du grand et du petit, du haut et du bas, du familier et du sublime. En somme, c'était la vie humaine dans ce qu'elle a de plus étrange, qui est qu'elle n'est pas étrange mais commune.

Cependant, ce qui dominait chez Marthe, c'était son don de sacrifice, à l'imitation du Christ. Elle se sentait directement solidaire des autres. Le salut d'autrui concernait sa propre existence. Le conflit du bien et du mal était une bataille où elle s'exposait en première ligne, s'offrant seule pour l'expiation. Chez Marthe, le don était à l'état pur ; sans arrêt, sans discontinuité.

Et pourtant, le cerveau surmené, elle gardait le sourire. Elle avait conçu le projet de s'attaquer au problème de la misère, tout ce qui est « l'enfer » de ce monde. Mais ses yeux voyaient un autre enfer. Elle croyait au drame du salut. L'homme a péché, mais il existe une loi de substitution qui permet que l'innocent rachète le coupable. Comme le Christ, elle se tenait aux portes de l'enfer pour que l'enfer soit vide.

Conséquence, chez elle, du don à l'état pur : sans effort apparent, elle s'accommodait aux problèmes si différents des personnes qui venaient lui demander conseil. Elle donnait des solutions par des paroles très simples. Et cependant, un seul mot de Marthe pouvait changer un destin. Ma femme disait : « Ailleurs, il n'y a que des problèmes. Chez elle, il n'y a que des solutions, parce qu'elle se met à la fois au centre du ciel et au centre de la terre. » Derrière ce qu'on avait maladroitement cherché à exprimer, elle se portait d'emblée à ce qu'on n'exprimait pas, soit par impuissance, soit par crainte : ce refoulé qui est l'essentiel. De ce qu'on lui disait, de ce buisson d'épines qu'elle appelait le « ramassis » ou les « bricoles » et qu'elle balayait, elle dégageait l'inexprimable ; elle donnait la solution.

Dans ses conseils, refusant la solution raisonnable, selon la prudence, elle montrait l'autre voie, la hardiesse, le risque, le tout pour le tout, comme si elle avait dans l'esprit cette loi de l'évolution des espèces, que les plus grands succès sont du côté des plus grands risques. Bien que toujours surprenante et parfois prophétique, ses conseils étaient toujours simples ; elle parlait avec bon sens, la chose la moins partagée chez les gens raisonnables. Souvent, elle se taisait. Alors, son silence, son exemple, son sacrifice avaient plus de force que tous ses conseils.

Elle était, je l'ai dit, quoique mourante et solitaire, présente à tous et à tout, et d'autant plus qu'elle était, par son corps évanoui, absente de tout et de tous, donnant réponse à toute incertitude, soufflant pour ainsi dire sur les problèmes pour se porter à la solution. Par de simples paroles, elle excitait en nous une de ces émotions rares, soudaines, douces, un peu mélancoliques et radieuses pourtant, qui vous font prendre conscience du mystère de votre destinée, et cela réveillait en vous le désir dont parle Nietzsche de devenir ce que vous êtes d'une manière plus noble.

Causer avec Marthe, c'était sentir surgir en soi-même l'être parent d'elle-même que l'on porte en soi. Elle réveillait en chacun son essence. Sans le vouloir, elle rapprochait chacun de la source de cette essence. On se sentait dans la chambre noire uni à soi-même, uni aux autres, uni à Dieu.

Si je voulais résumer d'un seul mot le témoignage que je désire porter sur son mystère, je dirais qu'en elle le familier et le sublime ne se séparaient guère. Dans cette humble chambre où il se passait tant de choses, à première vue il n'y avait rien. Avant de l'avoir connue, je doutais de ce qu'on me racontait sur elle. Après l'avoir visitée, j'avais peine à concevoir que ce que j'avais observé dans la cellule fût vrai. Si extraordinaire, Marthe, et si ordinaire. Hors de ce monde plus que tous; et, plus que tous les autres, comme tout le monde et sur un mode plus simple encore.

Elle fut une mystique de première grandeur.

Critique pour elle-même, comme les mystiques authentiques formés à l'école de Saint-Jean-de-la-Croix, elle plaçait la privation des faveurs au-dessus des faveurs.

Que de fois, en l'écoutant, je pensais que Plotin, Spinoza ou Malebranche auraient envié celle qui avait expérimenté dans sa chair ce qu'ils concevaient seulement par l'esprit, sa chair stigmatisée, ce qui la définit essentiellement.

Quel sens donnait-elle aux phénomènes étranges qui se passaient en elle ? Si elle les acceptait comme elle acceptait son destin de malade, avec le courage que conseillent toutes les sagesses, elle disait qu'il fallait négliger l'extérieur des choses pour passer à leur intérieur, qu'il fallait toujours tout dépasser. Le fond de sa philosophie était que la plus haute expression du surnaturel c'est le surnaturel devenu charnel, que la traduction la plus adéquate de l'éternité c'est le temps; que le plus désirable dans l'extraordinaire c'est l'ordinaire.

Si l'on doit juger l'arbre à ses fruits, chez Marthe, les fruits sont bons : les Foyers de charité à travers le monde donnent sa dimension missionnaire.

Son expérience au XXe siècle, l'alliance en elle de tant de souffrance et de tant de sagesse est un signe; il a le caractère des signes divins : obscur, contestable, opaque, irritant pour les uns; clair, net, réconfortant pour d'autres. Impossible pour les uns, improbable pour beaucoup, lumineux pour ceux qui acceptent de le recevoir en silence comme un signe des temps.

Jean-Jacques Antier a reconnu ce signe. Il a abordé cette biographie de Marthe Robin avec les yeux d'un croyant pour qui l'expérience mystique possède une valeur absolue. Tout en nous livrant une analyse comparative avec les grands mystiques chrétiens et une multitude de bouleversants témoignages, il s'est effacé devant le personnage de Marthe pour nous la restituer dans l'émouvante nudité de sa vie quotidienne, dans la simplicité et la clarté qui ont caractérisé cet esprit hors du temps, visité par de fulgurantes lumières.

Jean GUITTON,
de l'Académie française.

PREMIÈRE PARTIE

LE VOYAGE IMMOBILE

Dieu dit à Satan : « As-tu remarqué mon serviteur Job ? Il n'a pas son pareil sur terre. » Mais l'Adversaire répliqua : « C'est donnant, donnant. Si l'on touchait à la peau de ses os, je parie qu'il te maudirait en face ! » Alors, le Seigneur dit à l'Adversaire : « Soit ! »

Livre de Job, II, 3, 4, 6.

1

LES RACINES EN PAYS DE GALAURE

En ce printemps du début du siècle, une jolie petite fille brune aux yeux bruns trottinait sur le sentier pierreux qui grimpe vers le plateau, que l'on appelle dans le pays « la Plaine ». Là, elle s'arrêta, un peu essoufflée, au pied d'un grand peuplier qui se dressait solitaire à la croisée des chemins.

Du regard elle chercha son père qui devait travailler dans ses champs au creux de quelque combe. Ne le voyant pas, elle l'attendit en contemplant le vaste paysage qui s'étendait à ses pieds.

Du plateau (376 mètres), les combes rocailleuses descendaient au sud vers la claire vallée de la Galaure. Sur chaque croupe fertile que verdissait déjà le blé tendre s'éparpillaient les fermes. Là, des paysans, presque tous petits propriétaires, exploitaient cette lourde terre du rude pays de Galaure. Malgré la famille souvent trop nombreuse, on y vivait bien, à condition d'être travailleur, sobre et économe.

Au-delà de la Galaure s'étendait tout en douceur le moutonnement des petites collines couronnées des vestiges des châteaux féodaux qui commandaient jadis les vallées : Ratière, Albon, Hauterives. A l'horizon lointain, la fillette aperçut le cercle des montagnes familières : à l'ouest le Vivarais avec le mont Pilat et jusqu'au mont Lozère ; à l'est le profil tabulaire du Jura.

Grâce à la « traverse », un petit vent d'ouest frisquet, l'air était aujourd'hui si limpide que l'enfant distingua avec bonheur le massif neigeux du Mont-Blanc se détachant au loin, très loin sur le bleu des cieux alpins immaculés.

Fascinée par l'infini qui l'entourait, Marthe se laissa surprendre.

– Ma Mimi !

Arrachée à la magie du paysage, elle courut vers son père. Joseph Robin l'enleva à bout de bras et fixa avec amour le petit visage qui lui souriait, le regard à la fois intimidé et adorateur. Puis, il la reposa doucement sur le sol et ils s'en revinrent tous deux vers la ferme, lui tenant dans sa grosse main calleuse la petite main tendre et vivante comme un poisson.

Robuste paysan prématurément vieilli, Joseph Robin faisait plus que ses quarante-sept ans. De haute taille, sec et nerveux, le visage coloré, à la fois jovial et naïf, ce travailleur acharné, assez autoritaire en famille, éprouvait de la passion pour sa terre de Moïlles dont il avait hérité, dix hectares avec la ferme *.

Du sommet de la Plaine, il pouvait tenir tout son bien dans son regard. Un peu en contrebas, à l'abri des vents, le hameau des Moïlles comprenait sur la même croupe, entre deux combes, trois petites fermes : la sienne et, tout à côté, celle de son cousin Ferdinand Robin. Un peu à l'écart se dressait à deux cents mètres la ferme de Joseph Achard, construite par son grand-père en 1847.

Les trois paysans exploitaient donc les terres environnantes, surtout le blé, maïs et herbages.

Dans un petit livre de souvenirs, Marie-Rose Achard, la fille de Joseph Achard, a bien rendu compte de cette situation ambiguë de voisinage : on ne s'aimait pas toujours, mais on ne pouvait pas se passer les uns des autres !

« A cette époque où nous vivions presque en autarcie, les voisins avaient une grande importance. Ils étaient là pour nous aider en cas de besoin : naissances, maladies, morts, corvées agricoles. Avec eux on échangeait des légumes, des semences, des œufs pour les couvées, un mâle pour les lapines. On donnait des surplus de miel. Quand on tuait le cochon, à charge de revanche on leur portait la fricassée. On s'empruntait le cuvier, une benne, le gaufrier. Chez l'un il y avait la machine à coudre, chez l'autre le métier à piquer les couvertures ou le grand entonnoir chantepleure pour le vin. Les voisins, c'était comme la famille, on ne les choisissait pas. Il fallait les prendre comme ils étaient. On n'était pas toujours d'accord sur la religion, la politique. Joseph Robin était dévot

---

* Dans un acte notarié de 1845, on trouve le hameau orthographié Molhes. Les gens du pays prononçaient en 1900 « les Molles ».

et réactionnaire, Ferdinand Robin indifférent, mon père libre penseur. Mais ils étaient allés à l'école et au catéchisme ensemble, ils peinaient en même temps aux mêmes travaux sur leurs terres mitoyennes, ils avaient à tout moment besoin les uns des autres. C'était cette solidarité qui comptait [1] *. »

Et, finalement, tout se passait bien aux Moïlles :

« Nous avions de bons voisins. Les femmes ne faisaient pas d'histoire. Les hommes ne se disputaient pas, bien que la question du passage refroidisse les rapports entre Joseph et Ferdinand. »

Une vieille affaire qui avait brouillé les deux cousins Robin.

Compte tenu du travail de la terre qui accaparait, on ne fréquentait pas le village de Châteauneuf-de-Galaure, sinon le mercredi pour le marché et le dimanche pour la messe. Quand les soirs d'hiver se faisaient trop pesants, on se retrouvait entre soi aux Moïlles, chez l'un ou l'autre à la veillée.

« On s'emmitouflait et on partait le long des haies noires du chemin, raconte encore Marie-Rose Achard. On trouvait les voisins près de leur cheminée, parfois à moitié endormis sur leur chaise. Notre arrivée les réveillait. On agrandissait le cercle, quelqu'un ajoutait des branches au feu. »

On se rendait aussi visite aux fêtes :

« Le matin du 1er janvier, maman préparait le café, car Ferdinand, puis Joseph Robin passaient dire “ bonjour bon an ” en allant au village. Tout le monde s'embrassait avec de grands rires, comme si on y croyait encore à ce bon an qui allait enfin venir ! Des uns et des autres nous recevions une pièce de deux sous, une orange, des papillotes [2]. »

Pâques était le temps de la pogne, miche aux œufs, sorte d'énorme brioche dont chaque ferme avait sa recette, et qu'on allait goûter de chez l'un chez l'autre.

Après avoir laissé à droite la ferme des Achard, Joseph Robin et la petite Marthe arrivèrent chez eux. Les cours des deux Robin se touchaient, seulement séparées par un mur et un portail de bois à claire-voie. Côté Ferdinand, le puits qui commandait la vie, commun aux deux fermes, comme le grand hangar où l'on remisait les outils et qui abritait en outre le bétail et le poulailler.

Joseph possédait deux vaches laitières, sept chèvres et un

* Voir en fin d'ouvrage les références bibliographiques.

cheval pour tirer la charrue, qu'on attelait aussi pour aller à la foire de Châteauneuf.

A l'écart des maisons, une petite mare remplissait un creux de terrain, où barbotaient des canards. Un verger de mûriers, pommiers et cognassiers ombrageait ce coin préféré des enfants, là où le bétail venait boire; mais c'était encore, avec le puits, un motif de querelle entre les Robin!

Les deux paysans demeuraient donc en froid, ils ne se parlaient pas ni ne se recevaient, bien que les femmes aient gardé quelques contacts. Les enfants, eux, jouaient ensemble, indifférents à ces brouilles d'adultes.

Qui étaient-ils, ces Ferdinand Robin? Marie-Rose Achard raconte:

« Ferdinand était un petit homme râblé et coléreux, dur au travail. Au moment de presse, foire ou moisson, il ne se couchait pas, se contentant de dormir quelques heures, adossé à une meule. C'était dur d'élever une famille sur ces terres médiocres, caillouteuses qui n'étaient même pas toutes à lui.

« Les jours de pluie, Ferdinand Robin venait passer un moment à la maison. S'il parlait de Joseph, il devenait rouge et tapait sur la table. Au demeurant, un brave homme dont les colères n'allaient jamais bien loin. Sa femme, la mère Rosalie, savait les calmer et éviter les querelles. Elle avait épousé Ferdinand, le veuf de sa sœur, pour élever les trois orphelins qu'elle avait laissés. Ils en eurent trois autres [3]. »

Donc, calculez: six enfants chez Ferdinand Robin; six chez Joseph Robin et quatre chez les Achard! Seize petits drôles qui jouaient ensemble et se querellaient. Seize bouches à nourrir!

Aussi les femmes n'avaient pas la vie facile en ce temps!

« Je revois la mère Rosalie chaussée de sabots, la jupe de dessus attachée à la taille sous le tablier de grosse toile, allant et venant dans la cour, montant l'eau du puits, soufflant le feu sous la marmite. Ou s'en revenant des terres, un gros faix d'herbe en équilibre sur la tête, tricotant en marchant [4]. »

On a compris que, entre les deux Robin, Joseph Achard servait de tampon. Sa fille Marie-Rose le décrit comme un bon paysan scrupuleux et honnête. Curieusement, il souffrait de son ignorance et se passionnait pour son environnement, y compris « les étoiles et les microbes », un raccourci qui eût enchanté Pascal.

Il s'affichait comme républicain, c'est-à-dire laïque, anticlérical et libre penseur. C'était tout ou rien à cette époque troublée de la séparation de l'Église et de l'État. Il suivait même à Châteauneuf les réunions électorales du parti socialiste, mais sa timidité naturelle l'empêchait d'aller plus avant et de « militer ».

Théoriquement athée bien que s'interrogeant sur les étoiles, il envoyait tout de même ses filles (seulement les filles) au catéchisme de Saint-Bonnet, la paroisse des Moïlles. Comme dans beaucoup de familles modestes, les filles étaient plus religieuses que les garçons, les unes suivant le penchant de leur mère, les autres celui du père.

Situation inconfortable ! Sans compter que l'école laïque du village de Châteauneuf-de-Galaure n'étant pas encore ouverte, force était à Achard d'envoyer sa Marie-Rose chez les sœurs, ce qui posait à l'enfant des problèmes de conscience. Quel était donc ce Dieu dont on ne parlait pas à la maison ?

« On nous parlait souvent du bon Dieu à l'école. Nous avions même son portrait dans la classe. Un être bizarre, un œil pour voir, une oreille pour entendre, une main pour écrire. Dieu n'a jamais été pour moi, tant que j'y crus, que celui qui pouvait vous envoyer en enfer, ce lieu terrible où l'on brûlait et gelait à la fois. J'avais surtout peur pour mon père. Ma mère non plus n'allait pas à la messe, mais le bon Dieu savait bien qu'elle avait trop de travail. Elle nous faisait au moins faire nos prières, le soir, en ce temps-là. Mais mon père ! Au temps de Pâques, je surveillais par les fenêtres de la classe s'il n'était pas parmi les gens qui allaient se confesser. Quand je lui disais que je ne l'avais pas vu, me voyant si angoissée, il répondait charitablement : “ Tu sais bien que notre église est à Saint-Bonnet [5] ” »

Voilà pour les Achard.

Et les Robin ?

C'était encore plus compliqué. Marie-Rose Achard, notre principal témoin de cette époque lointaine, prétend que Joseph, le père de Marthe Robin, était « dévot et réactionnaire ». Elle assure que, le dimanche, les hommes s'habillaient pour aller à Châteauneuf, « Robin à la messe, Achard au café ».

Mais d'autres témoins disent qu'il était anticlérical !

On en conclura que, ni riche ni pauvre, il se trouvait bien d'un certain opportunisme, ce que traduisait le couplet d'une chanson composée par un conseiller municipal de Châteauneuf, poète à ses heures :

Clérical au fond du cœur,
Robin se dit libre penseur.

Pas facile, à l'époque, d'échapper à la classification arbitraire ! On sait que Joseph Robin allait parfois à la messe (aux jours de fête) et qu'il « faisait ses pâques ». Était-ce chez lui autre chose qu'une habitude ou pour faire plaisir aux siens ? On verra que Marthe en sera toute sa vie très préoccupée.

Midi. Les cloches sonnèrent l'angélus à l'église de Châteauneuf, auxquelles répondirent aussitôt celles de Saint-Bonnet. Alors, on ne savait trop pourquoi, on se sentait heureux et protégé.

La petite fille et son père entrèrent dans leur cour de terre battue où picoraient les poules. Lâchant sa main, Marthe courut joyeusement vers la maison où elle était née, le 13 mars 1902, une petite ferme banale à un étage, recouverte de tuiles plates.

Seul charme de cette modeste demeure, une superbe glycine ornait la façade, encadrant l'unique porte du rez-de-chaussée, en sapin massif, sur laquelle Robin, pour faire plaisir à sa femme, avait fixé une simple croix de bois qu'il avait taillée lui-même, puis, son « œuvre » faite, il avait remarqué :

– Cette croix, il n'y a personne dessus !

La petite Marthe s'était écriée :

– Eh bien, nous, on s'y mettra !

La maison était flanquée à droite par une longue annexe où l'on élevait des cochons ; à gauche par le hangar, « la grande chape » (surface couverte), qui abritait les bestiaux, les charrettes et le tombereau. L'hiver, par les échelles des fenières, on grimpait au premier niveau pour faire tomber dans les rateliers des étables les rations de foin. Les enfants adoraient cet endroit bien sec où ils jouaient à se cacher, après avoir déniché les œufs frais des poules.

Ils devaient aussi changer la litière des vaches, « donner aux lapins », et le soir fermer le poulailler pour que n'y viennent pas le renard et le putois. Lorsqu'elle traversait la cour, Marthe aimait entendre, du fond obscur de l'étable, monter le bruit de la rumination tranquille, le cliquetis des chaînes, tout ce qui évoquait la vie dure mais rassurante de la campagne.

Entrons dans la maison. Voici la pièce commune, la cuisine. Au fond, une grande cheminée qu'on allume les jours de fête. Au centre, la classique cuisinière à bois, d'un noir luisant. L'ambiance de la salle est chaleureuse avec ses meubles solides de bois clair dont la beauté tient à la simplicité, sa grande table, la haute pendule entre l'armoire et le buffet bas surmonté d'un dressoir, les nombreuses chaises qui invitent à l'accueil.

A droite, une seule fenêtre et la porte de la chambre, celle du couple. A gauche, une cloison légère dissimule l'escalier qui monte à l'étage : deux chambres réservées aux enfants : Marthe, la dernière (1902), la petite Clémence (1898), Henri (1896) le seul garçon, Alice (1894), Gabrielle (1892) et Célina (1889). Tout ce petit monde s'entendait bien, et chacun travaillait dur pour améliorer l'ordinaire et aider la mère écrasée de travail.

La voici qui sort de sa cuisine, toute petite et menue, la tête ronde recouverte de son éternel fichu, les yeux noirs et brillants dans un visage ouvert. Amélie Célestine Robin, née Chosson, était née en 1864 au village voisin de Saint-Sorlin. La ferme était toute sa vie. N'en sortant guère, « elle demeurait accueillante et gaie, a témoigné Marie-Rose Achard, nous laissant jouer partout chez elle en riant de nos exubérances ». Marthe, sa préférée, tenait d'elle le rire et l'humour.

Le couple Robin s'entendait-il ? Il semble que la naissance de Marthe, la petite dernière, sixième d'une famille aux modestes ressources, n'ait pas été souhaitée. La charge devenait vraiment trop lourde, surtout avec cinq filles. A la naissance de Marthe, l'aînée n'avait que treize ans.

– A table ! cria la mère.

Bientôt, toute la famille s'entassa dans la salle commune. Comme il se doit, on mangeait lentement et en silence.

Après le repas, les enfants se ruèrent dehors pour aller jouer.

– Allons au jardin des Achard ! s'écria Alice, la petite marraine de Marthe.

Ce jardin où l'on cultivait des fleurs – donc quelque chose d'« inutile », mais pour les enfants aussi important qu'un jouet – avait une réputation merveilleuse dans le petit monde enfantin des Moïlles. Marie-Rose Achard raconte :

« Le jardin me paraissait comme le saint des saints de notre petit domaine. Il contenait les essences précieuses, les fleurs inutiles. Il était beau le matin, encore mouillé de rosée, ou le soir, sous l'ombre des peupliers. Nous nous y attardions pour jouir de la paix [6]. »

Dans ce fameux jardin, les enfants Achard (Marie-Rose, Max, Madeleine et Berthe) recevaient cérémonieusement les enfants Robin et leur montraient les merveilles « inutiles », les fleurs rares que le père Achard, le paysan ami des étoiles, se payait le luxe de commander à Paris chez Vilmorin et de planter lui-même !

Et Marie-Rose conclut :

« Tel était le modeste domaine où ceux que j'aimais sans le savoir allaient et venaient dans la banalité de leur vie journalière, portant leurs fatigues, leurs soucis, leurs rancœurs, avec par moments des éclairs de joie pure, bien vivants en somme. »

Voilà donc le cadre où est née le 13 mars 1902, où a vécu, où est morte Marthe Louise Robin, sur ce plateau élevé de « la Plaine », dans son écrin de collines vertes entre Rhône et Alpes, mais loin de la grande route de passage et de migration. En ce début de siècle on ne voyait aux Moïlles que quelques colporteurs et des travailleurs journaliers : le rétameur, le rémouleur, le trieur qui nettoie le blé de semence, le scieur de long pour débiter en planches les arbres abattus, et aussi les Italiens fabricants de chaises.

Châteauneuf-de-Galaure, le village dont dépendaient les Moïlles, se trouvait à quinze kilomètres de Saint-Vallier, la plus proche ville, là où la Galaure se jette dans le Rhône. De Saint-Vallier comme de Valence il n'était guère question pour les paysans de la Plaine. Châteauneuf, qui comptait mille habitants au début du siècle, constituait leur centre.

Bien que situé à moins de deux mille mètres du hameau des Moïlles, c'était quand même un autre monde, qu'on atteignait par un sentier sinueux dévalant entre les fermes accrochées à leurs labours, à leurs herbages.

Les femmes des Moïlles y allaient au marché du mercredi vendre les produits de leur ferme et acheter ceux de confection et d'épicerie. On les voyait partir à pied, deux grands et lourds paniers sur les hanches, un plus petit sur le ventre.

Œufs, volailles, lapins, tomme, beurre, tout cela vendu elles s'en revenaient à la Plaine leurs paniers pleins de pâtes, de riz, de sucre, d'huile et de chocolat. Cet échange de produits représentait leur fierté, mais aussi leur espace de liberté. Là, elles pouvaient choisir pour elles ou pour les leurs ce qu'elles convoitaient en secret depuis longtemps.

Châteauneuf est bâti à flanc de coteau entre le haut plateau (la Plaine) que nous venons de quitter et le fond de la vallée où serpente la Galaure à travers la fraîcheur verdoyante des prés bordés de roseaux, d'aulnes, de peupliers et de saules.

Une charte de 1271 fait état du Castrum Novum de Galabro (Châteauneuf-de-Galaure), le « nouveau camp » romain ex-gaulois, ancienne place forte. Au Moyen Age se dressait un ensemble fortifié dont ne restaient avec quelques remparts qu'une partie du vieux château dominant le village.

La rue principale grimpe, bordée de maisons faites de « pierres roulées », qui donnent leur particularité au pays. Ces gros galets abondent dans les champs, provenant de l'érosion due aux anciens glaciers, vestiges des moraines. Ici, seuls les toits à génoise à triple feston annoncent déjà le Midi.

Au début du siècle, un petit train poussif reliait, à travers la vallée de la Galaure, Saint-Vallier au Grand-Serre, traversant le bas de Châteauneuf, à la joie des enfants.

Alors qu'au Moyen Âge l'actuel canton de Saint-Vallier se plaçait sous la protection de multiples saints, comme en témoignent les noms des communes, la région était devenue franchement anticléricale au début du XXe siècle, lorsque l'État s'était séparé de l'Église et qu'on avait même chassé les congrégations religieuses qui ne voulaient pas se soumettre à la règle de la laïcité. En 1906, le président de la République était alors le parlementaire radical Émile Loubet, ancien chef du gouvernement, maire de Montélimar, originaire de Marsanne dans la Drôme, l'un des maîtres d'œuvre, avec le président Émile Combes, de la « séparation », comme de l'expulsion des congrégations religieuses, affaire dramatique qui divisait et déchirait le pays.

A cette époque, Châteauneuf comptait huit usines, des forges, des moulins, une papeterie, employant de nombreux ouvriers chassés des terres trop pauvres. Ce milieu, fortement politisé à cause des déceptions du travail en usine et de l'exploitation de la main-d'œuvre déracinée, avait favorisé l'implantation du marxisme et du radicalisme anticlérical et libre penseur, que le clergé qualifiait volontiers de démoniaques, mais il faut souligner que dans la rivalité classique qui opposait le curé à l'instituteur laïque, ce dernier l'emportait souvent par une plus grande rigueur de vie.

Le bourg était donc, comme le département de la Drôme, anticlérical. A tel point que l'abbé Cluze, nommé curé de Châteauneuf en 1909, sera contraint de résilier sa charge en 1912 et de demander son déplacement. Il se plaignait d'être, le soir, molesté sur la Plaine !

Châteauneuf, Saint-Sorlin, Saint-Bonnet comptaient plus qu'ailleurs mariages et enterrements civils. Beaucoup de paysans et ouvriers républicains avaient même pris l'habitude de demander, dans leur testament, de se faire enterrer civilement. Certains villages étaient complètement déchristianisés, on n'y baptisait plus les enfants.

Un rapport du congrès de la Jeunesse catholique à Saint-Vallier déplorera en 1912 que la paroisse de Saint-Bonnet, le hameau à l'ouest de Châteauneuf dont dépendaient les Moïlles, ne possède pas de groupe de jeunes, « les enfants abandonnant l'église après la première communion, oubliant les pratiques religieuses, suivant en cela l'exemple de leurs parents ».

En fait, tout le canton était en majorité agnostique. Depuis plusieurs générations, le pays de Galaure constituait un fief de la libre pensée et en était fier.

Avec Marie-Rose Achard, descendons des Moïlles à Châteauneuf :

« Accroché contre la pente au vieux château et à l'église, notre village, en bas de la vallée, se laissait lentement glisser vers le fond plat où passaient la grand-route et le tram. Ses maisons en escalier, aux trottoirs inégaux, cachaient des jardins au niveau des toits. Il avait ses bourgeois, le notaire, ses rentiers dans leurs grandes demeures et leurs jardins, son hôtel à la cuisine réputée parmi les voyageurs de commerce, ses commerçants qui le soir s'asseyaient devant leur porte pour cancaner et inspecter d'un œil critique tout ce qui passait devant eux.

« Il avait aussi ses artisans qui travaillaient au grand jour sur les trottoirs. Le forgeron y ferrait les chevaux, le bourrelier y cousait ses matelas. Le savetier, derrière un plant de basilic, tapait sur les semelles en chantant. La rue sentait ici la corne brûlée, là les copeaux frais, ailleurs le pain chaud ou le café torréfié de l'épicière. Un village encore bon enfant où les gens s'interpellaient à travers la place, où les femmes en tablier portaient leur arrosoir à la fontaine, où circulaient les tombereaux traînés par des bœufs.

« A mi-pente s'ouvrait la place avec sa fontaine et son arbre de la liberté. Là se tenaient les marchés du mercredi, la fête votive et, quelquefois, le dimanche, un concert de la fanfare.

« Pour nous, les campagnards de la Plaine, habiter le village était une promotion. On y parlait français, les rues étaient éclairées le soir, on avait les commerçants à portée et toujours de la compagnie. Nous y descendions souvent mais nous ne nous sentions pas chez nous et y respirions mal. Le village nous semblait étranger [7]. »

Parfois, les enfants de la Plaine venaient jouer sur les rives de la Galaure. Mais, « quelque attrait que puisse avoir le pays du bas, notre patrie était en haut, vers le peuplier de vigie, au carrefour des vents ».

Bien que les gens des Moïlles dépendent administrativement de Châteauneuf, leur paroisse, contre toute logique, était à Saint-Bonnet, à mille cinq cents mètres en contrebas sur la Galaure.

Ce gros hameau relevait lui aussi administrativement de Châteauneuf, dont il est éloigné de quatre kilomètres, mais il possédait son église, petite paroisse autonome jusqu'à la mort du curé Caillet, en 1922, dans laquelle les Robin avaient leur banc réservé à l'église et leur caveau au cimetière. C'est pourquoi Marthe Robin y fut baptisée par le curé Hippolyte Caillet le 5 avril 1902. Les deux petits parrains, son frère Henri, six ans, sa sœur Alice, huit ans, étaient descendus en courant le long des bois, de peur que deux petits voisins ne soient désignés à leur place en leur absence. Sur le registre paroissial, seule Alice avait signé. Henri ne savait pas encore écrire.

Cette sobre église du XIXe siècle est belle, qui se dresse au milieu des maisons et des grands arbres. Nettement à l'écart, en dehors du village, en pleins champs, s'étend le cimetière entouré d'un grand mur. Le corps crucifié de Marthe Robin y repose aujourd'hui.

2

UNE SI JOLIE PETITE FILLE

Revenons quelques années en arrière pour tenter de cerner au plus près l'environnement familial de Marthe Robin et les événements qui ont frappé l'enfant, imprégnant dans sa chair et dans son cerveau des marques indélébiles qui vont conditionner sa vie.

En novembre 1903 – Marthe avait alors vingt mois –, une épidémie de fièvre typhoïde éprouva la famille. C'était alors, et c'est encore, une maladie gravissime, mais qu'à l'époque on ne savait ni prévenir par vaccination, ni soigner grâce à la typhomicine. A la campagne elle provenait en général d'eau de puits contaminée par des bacilles qui passent dans le sang par le système digestif, libérant une endotoxine qui agit notamment sur le système neurovégétatif en provoquant des lésions cérébrales souvent mortelles.

Le puits commun des Robin fut-il la cause de la maladie ? Mais seuls les Joseph Robin furent atteints : Clémence (cinq ans) en mourut. Alice (neuf ans), déjà plus résistante, dut être hospitalisée pendant sept mois à l'hôpital de la Charité à Lyon. Elle en gardera toute sa vie une luxation de la hanche. Henri (sept ans) fut atteint aussi et en conservera de lourdes séquelles.

Marthe, quant à elle, semblait condamnée, comme le pensait le Dr Modrin, de Hauterives, qui soigna la famille. Plus tard, le rapport médical des Drs Dechaume et Ricard, établi en 1942 sur Marthe à la demande de l'évêque de Valence, précisera :

« Il s'est agi d'une épidémie strictement familiale, dont l'extension à quatre personnes semble s'expliquer par le fait que le diagnostic de fièvre typhoïde n'ayant pas été porté au début, aucun soin particulier n'a été pris, ni l'isolement pratiqué. Il semble que chez Marthe la maladie ait évolué pendant près de deux mois de façon suffisamment sévère pour qu'elle ait été médicalement condamnée. Elle est restée fragile, souvent maladive ; elle mangeait peu et mal. »

Il est probable que l'origine des graves troubles pathologiques dont elle souffrira plus tard ait là sa cause tragique.

Cependant, elle survécut. Après cette terrible épreuve, la vie reprit ses droits à la Plaine.

En octobre 1908, à six ans, la petite Marthe, bien que de santé toujours fragile, fut envoyée à l'école communale des filles de Châteauneuf-de-Galaure. Ses sœurs la dépeignent comme « une enfant rieuse, gaie, mais aussi très sensible. Elle pleurait pour un rien, frappait du pied ; parfois, on la grondait [1] ».

La chronique familiale dit qu'elle manquait souvent la classe, ce qui ne saurait surprendre, sachant qu'il fallait faire deux kilomètres à pied, ce qui en hiver posait problème aux plus petits.

Les enfants Robin prenaient au passage les enfants Achard, et la bande joyeuse dévalait les côteaux à travers champs et herbages par un raccourci, « un chemin plongeant, loin des routes, abrupt et charmant », raconte Marie-Rose Achard, de six ans plus âgée que Marthe.

L'école communale laïque se trouvait tout en bas du village, sur la route départementale en bordure de la grand-place (un restaurant occupe actuellement le bâtiment). En 1904, des troubles avaient secoué le village peu après l'ouverture de cette école créée par les nouvelles lois de la République. Pendant une année, l'école des religieuses, située en haut, avait tenté de se maintenir, malgré la perte des élèves qui passaient en masse à l'école laïque et surtout gratuite. Marie-Rose Achard était de ceux-là :

« Les enfants des religieuses, et nous, les transfuges, nous formions deux camps, nous disputant quand nous nous rencontrions sur le chemin [2]. »

Marie-Rose n'était pas affectée par ce changement, ayant perdu la foi depuis qu'une fille avait osé lui dire sans que le ciel lui tombât sur la tête : « Le bon Dieu, ça n'existe pas. » « J'en fus soulagée, ajoute-t-elle. Au moins, il n'y avait pas d'enfer. »

Ce terrible mot d'enfant en dit long sur l'éducation religieuse de l'époque, plus fondée sur la peur que sur l'amour.

Ce changement compliquait surtout la vie des familles aux Moïlles, puisque, le catéchisme n'étant plus assuré d'office par les religieuses de l'école de Châteauneuf, on devait envoyer les enfants à l'église de Saint-Bonnet, leur paroisse.

Mais revenons à l'école communale de la petite Marthe. Marie-Rose Achard raconte :

« On avait installé l'école communale dans une maison bourgeoise mal adaptée à sa nouvelle affectation. Un même escalier tournant, obscur, desservait la grande classe (la mienne) et les chambres des institutrices. Si nous voulions sortir, nous, les grandes, pendant les cours, il nous fallait traverser la petite classe (celle de Marthe).

« Le tram (à vapeur !) s'arrêtait à la gare en face. Nous n'étions pas encore blasées de le voir si près et si souvent. A huit heures du matin, quand nous présentions nos mains pour la visite de propreté, les mécaniciens, sur leur locomotive, montraient en riant leurs mains mâchurées de charbon.

« Nos maîtresses s'habillaient comme tout le monde : elles avaient un bouffant et un chignon sur la tête. J'aimais tout de suite cette nouvelle école, largement ouverte au monde. Par-delà le mur de la cour on voyait la vallée et ses peupliers, des champs où des hommes vaquaient à des besognes familières. Le portail à claire-voie donnait sur la grande route. Des charges de foin ou de fagots y passaient, ou bien la charrette du meunier et ses sacs [3]. »

Marthe, comme son frère et deux de ses sœurs, suivit les cours de l'école primaire, de 1908 à 1915. Les enfants ne rentraient pas à la maison à midi. Sous le préau de l'école, ils se partageaient les modestes provisions des paniers. Marthe, d'ailleurs, mangeait peu, surtout quand elle se passionnait pour une partie de marelle. L'hiver, les petits Robin mangeaient dans la salle de classe autour du gros poêle à bois. Parfois il étaient accueillis par la famille de leur camarade Marcelle, qui habitait à côté de l'église.

Marthe, obéissante et appliquée, aimait l'école ; elle s'entendait bien avec la maîtresse. « C'était une bonne élève, moyenne, tenant le milieu de la classe », précise le rapport Dechaume et Ricard. Mais elle ne semblait pas douée pour les études. Ajouté à cela qu'elle manquait souvent pour raison de santé, elle fut incapable de passer le certificat d'études, test clé des campagnes. Aux Drs Dechaume et Ricard elle dira plus tard pour expliquer cet échec : « J'étais malade au moment de l'examen. Par la suite, je n'ai pas osé me présenter. »

Du moment qu'elle sait lire et écrire, pensaient les parents, une fille destinée à être fermière et mère de famille n'a pas besoin de diplôme et d'instruction.

Le catéchisme, c'était autre chose. Relevant de la paroisse de Saint-Bonnet, elle ne pouvait donc pas le suivre comme ses camarades de Châteauneuf, après la classe, de onze heures à douze heures chez la dame catéchiste, mais devait se rendre à pied à Saint-Bonnet, à quatre kilomètres de Châteauneuf, puis revenir au village pour l'école l'après-midi ! Ainsi l'exigeait le curé de Saint-Bonnet.

Dans ces conditions, on est surpris que Marthe, comme tant de ses petits camarades, n'ait pas été dégoûtée de la religion. Son frère Henri refusa de se plier à cette contrainte autoritaire. Il ne fera jamais sa première communion. Aussi le curé de Saint-Bonnet finit par céder pour Marthe, qui fut autorisée à suivre le catéchisme à Châteauneuf, où elle fera même sa première communion, et non en l'église de Saint-Bonnet où elle avait été baptisée.

Sur le cours de catéchisme proprement dit, je préfère laisser le commentaire à M. l'abbé Peyret, le premier biographe de Marthe :

« Le catéchisme approuvé par Mgr Cotton, évêque de Valence, contenait un “ abrégé de l'histoire sainte ”, dense et sans saveur. Le catéchisme proprement dit était, selon la pédagogie du temps, tissé de questions et de réponses à apprendre par cœur : “ Qu'est-ce qu'un mystère ? C'est une vérité révélée par Dieu, que nous devons croire, quoique nous ne puissions pas la comprendre [4] ”. »

Aussi, Marthe, comme des générations d'enfants, n'accrochait pas spécialement aux « mystères » de l'Incarnation, de la Rédemption et de la Trinité. La gouvernante de l'abbé Cluze, curé de Châteauneuf de 1909 à 1912, a raconté qu'elle ne retenait rien, et, « quand M. le curé l'interrogeait, elle allongeait le cou à droite, puis à gauche, elle séchait [5] ».

Mais elle n'en était pas moins bouillonnante de questions

et se permettait d'en poser, ce qui n'était pas toujours apprécié du bon curé, embarrassé. Un mystère est un mystère et la foi ne se discute pas !

Elle cherchait, elle avait soif de Dieu. Elle avait bien retenu, par contre, cette prière de son catéchisme :

Afin d'être docile et sage,
Seigneur donnez-moi votre esprit,
Pour apprendre selon mon âge
Les vérités de Jésus-Christ.

Esprit-Saint, faites-moi comprendre
Ce que Vous allez m'expliquer;
Mais en me le faisant apprendre,
Faites-le moi bien pratiquer.

De ce texte, Marthe allait retenir l'essentiel : l'Esprit-Saint est le maître intérieur.

Une autre anecdote est révélatrice. Plus tard, Marthe, évoquant l'origine de sa foi, dira au père Gilibert :« Quand vous étiez enfant, on vous a sans doute, comme à moi, parlé de Dieu. Et puis, j'ai ouvert l'Évangile et j'ai vu que c'était le Père [6]. »

Très tôt, Marthe s'adressa donc à Dieu comme à son père. Le miracle est qu'il lui répondait. D'où sa précoce attirance pour la prière.

Et la petite priait plus que de raison ! « Mes sœurs ne voulaient pas que je prie tout le temps ; mais je priais dans mon lit surtout [7]. »

On ne voulait pas qu'elle prie tout le temps. On reconnaît là le souci de ces robustes filles de la campagne ; éviter de « perdre son temps ». Le dimanche matin était bien suffisant pour se consacrer à Dieu !

Voilà donc une petite fille élevée dans un milieu chrétien mais peu pratiquant, instruite avec un catéchisme dogmatique peu attrayant par des maîtres faisant passer la crainte de Dieu avant l'amour ; et pourtant, comprenant en son cœur que Dieu est amour puisqu'il est père ; réussissant le contact ineffable, sans effort, en restant seulement un petit enfant ouvert à l'amour.

Beaucoup de gens se sont posé la question : « Quand est-elle devenue mystique ? » Je répondrai qu'elle n'a jamais cessé de l'être. Elle en a seulement pris conscience le 15 août 1912 en recevant la première communion des mains de l'abbé Cluze. Lisez bien ce qui suit, chaque mot compte :

« Je crois, dit-elle, que ma communion privée a été une prise de possession de Notre-Seigneur. Il s'est emparé de moi à ce moment-là. Ce fut quelque chose de très doux dans ma vie [8]. »

Voilà exactement la définition du mystique, et c'est la même que nous donne le théologien Ivan Gobry :

« Un mystique, c'est un être qui a été élevé par Dieu à un état spirituel éminent, tel qu'aucun effort humain ne pourrait y conduire, dans lequel l'esprit humain est uni à l'esprit divin par un lien d'amour ineffable [9]. »

Dieu-père, Marie-mère, voilà la filiation spirituelle de Marthe Robin :

« Je priais la Sainte Vierge. Je lui parlais surtout. Quand j'allais au village faire des commissions, j'avais toujours mon chapelet dans une poche et en route je le disais [10]. »

Dans la spiritualité de Marthe adulte, la Vierge qui mène à Dieu va tenir une place essentielle. « Petite fille, j'ai toujours aimé le bon Dieu », disait-elle encore. Son entourage avait une religion purement formaliste. Pour Marthe, c'était la vie de l'âme. Elle sentait en elle une présence, même si elle était encore incapable de la définir, c'est pourquoi elle accueillait surtout en elle l'image de la Vierge-mère, si familière, si accessible, celle qui conduit au Christ et du Christ au Père.

Et pourtant, au plan humain, son instruction religieuse s'arrêta à douze ans, après sa communion solennelle, le 21 mai 1914. Restaient les dimanches et fêtes, et ces fêtes symboliques comme celle de la Croix, le dimanche après le 3 mai, où les fermiers, après un copieux repas où l'on servait la pogne aux domestiques et journaliers, allaient planter dans les blés qui levaient de petites croix de bois bénites le matin à la messe.

Et ceci nous ramène à la vie dure de la campagne.

En 1915, à treize ans, après sept ans d'école communale, Marthe arrêta donc ses études et s'engagea activement dans les travaux de la ferme et du ménage.

La terrible guerre écrasait l'Europe. Mais Joseph Robin,

père de famille nombreuse, n'avait pas été mobilisé, ni encore son fils, qui ne partira qu'en mai 1918. Ainsi, la vie n'en était pas trop affectée chez eux, malgré la cruauté des temps. Chacun travaillait dur avec joie, les hommes comme les femmes.

Chez Marthe, le fond de cette joie venait de son équilibre spirituel. Vivant constamment en présence de Dieu selon son penchant naturel, elle le trouvait partout, aussi bien en elle que chez les autres, dans la nature et au travail. « J'aimais le travail bien fait, dira-t-elle plus tard aux Drs Dechaume et Ricard, je l'aimais quel que soit celui qu'on me commandait. J'obéissais toujours. Mes parents m'auraient fait marcher dans le feu ! »

Ce mot la situe toute, avec sa force de caractère, non exempte d'une certaine violence.

Grâce à de nombreux témoignages, essayons d'aller plus loin, de brosser un portrait de l'adolescente de treize ans, toute empreinte de l'enfance.

Cheveux brun foncé, beaux yeux bruns, elle est déjà très jolie. D'après sa sœur Gabrielle, sa vie d'enfant avait été assez ordinaire. Dans la famille, on trouvait tout naturel qu'elle fût « gentille, affectueuse, dévouée, obéissante et pieuse ». Toujours d'une extrême sensibilité, elle avait su dompter ses colères de petite fille qui pleurait pour un rien et tapait du pied.

On ne la trouvait pas spécialement douée, et sa santé inquiétait ses parents. Si l'on ajoutait le fait qu'elle était une fille et sixième enfant d'un très petit propriétaire exploitant, on ne peut pas dire qu'humainement parlant la vie s'annonçait brillante pour elle. Comme sa mère et ses sœurs, elle aurait dû être appelée à épouser, sans dot, un paysan qui lui aurait fait beaucoup d'enfants et à trimer dur toute sa vie.

Mais sa médiocre santé ne la prédisposait pas à une vocation fermière et maternelle. A cette époque, les femmes de la campagne qui ne disposaient pas d'une santé de fer ne survivaient pas à leurs multiples grossesses, qui ne les dispensaient pas des lourds travaux. Faute d'avoir pu poursuivre ses études, Marthe ne pouvait opter pour le métier d'institutrice ou d'employée des Postes ou de mairie. Toutes ces voies classiques lui étant fermées, que lui restait-il pour assumer sa vie ? Sa plongée dans une vie intérieure précoce, sa réponse attentive à un appel, n'a-t-elle pas là l'une de ses sources ?

Mais revenons au « portrait ». Il comporte beaucoup d'aspects positifs. Marthe était vive et bouillonnante, joyeuse, espiègle, intelligente et surtout fondamentalement bonne, non égoïste. Une anecdote le montre. Ayant surpris une camarade à tricher à la marelle, au lieu de se mettre en colère ou de la mépriser, elle lui dit : « Tu triches, je t'ai vue. Mais continue, va [11]. »

C'est cela aussi, la vie intérieure.

A l'école comme à la maison, elle était obéissante. Plus tard, elle dira de sa vie qu'elle a toujours obéi. C'est encore cela, la vie intérieure.

Elle avait un caractère à s'oublier au profit des autres.

Avant tout, elle était aimante. Quand sa mère était malade, elle refusait d'aller à l'école : « Je ne pouvais pas la quitter, même pour aller en classe [12]. »

Plus tard, elle dira : « J'aurais franchi monts et vaux si on m'avait laissé faire pour aller voir un malade. Non pour le soigner, mais pour l'aimer [13]. »

Tout Marthe Robin est dans ce mot.

Qu'elle fût prédisposée à la charité n'était pas un hasard. A la ferme, on avait l''habitude de bien recevoir les mendiants de passage, on disait les « chemineaux », très nombreux en ces temps où l'aide sociale de l'État n'existait pas en faveur des marginaux, souvent travailleurs agricoles déracinés devenus saisonniers itinérants.

« Des indésirables comme les bohémiens qui faisaient le commerce avoué des chiffons et des peaux de lapin, volaient quelques poules à l'occasion; les mendiants dont on craignait la vermine, d'autres qu'on ne connaissait pas », écrit froidement Marie-Rose Achard [14].

Les Achard leur donnaient un morceau de pain, mais eux auraient aimé aussi un peu d'amitié.

« Le soir, dit encore Marie-Rose, ils mangeaient une assiettée de soupe chaude sur le seuil, et couchaient sur le foin, avec une couverture qu'on lessivait le lendemain. »

Que de mépris caché derrière ces mots! La répulsion avouée des parents Achard (la ferme était isolée il est vrai) déteignait sur leurs enfants, ils avaient peur des marginaux.

Mais pas les enfants Robin. Là, les vagabonds n'étaient pas seulement accueillis sur le seuil. Ils entraient dans cette modeste cuisine qui, plus tard, recevra des milliers de pauvres, des pauvres qui auront plus faim de vérité que de pain.

La bonne Amélie Robin leur donnait toujours un gros « casse-croûte » : du pain avec un peu de beurre salé, une tranche de saucisson ou un morceau de fromage. Un verre de vin. Elle savait accueillir, et Marthe n'oubliera jamais cet exemple.

Les enfants regardaient la face barbue s'épanouir. Ils y étaient d'autant plus sensibles qu'ils participaient à l'offrande. Chacun, à tour de rôle, était invité à donner un peu des petites gâteries dont ils bénéficiaient au goûter, galette, fruit ou chocolat.

Le père et la mère Robin n'allaient peut-être pas souvent à la messe, mais leur exemple a fait plus dans l'esprit de Marthe que toutes les démonstrations de piété affichée des familles bien-pensantes.

Oui, on sent une chaude ambiance familiale chez les Robin, malgré l'exiguïté de la petite ferme. Les sœurs de Marthe parlent de la tendresse qu'elle manifestait à sa mère, souvent malade, toujours écrasée par le travail, prématurément vieillie par les six enfants qu'elle avait eus en treize ans.

« Je ne pouvais pas la quitter, répétait Marthe. Je pensais qu'on ne la soignerait pas assez bien, qu'on ne lui donnerait pas tout ce qu'elle voulait [15]. »

Elle ne chérissait pas moins son père, qui l'appelait « ma Mimi » ; elle l'appelait « petit père ». « Il aimait tant quand j'allais le chercher dans les champs, le soir. Lui aussi aimait la nature. Je me sentais en sécurité auprès de lui. C'était mon grand confident. Il était bon [15]. »

Ce mot résume tout chez Marthe, dans la mesure où « bonté » signifiait oubli de soi et ouvre sur toutes les découvertes intérieures.

Elle n'aimait pas moins ses sœurs, au point d'en être malade lorsque, en 1908, Célina avait quitté la maison pour épouser un fils Serve au hameau des Épars, sur la commune de Saint-Sorlin. « Un étranger est venu, il est reparti avec elle [15] ! » dira Marthe en essuyant ses larmes.

Elle s'entendait même avec son frère Henri, qu'un caractère difficile, renfrogné, suite à la typhoïde, plaçait un peu en marge de la famille. D'abord timide et maladroit, il devenait bourru et cassant en prenant de l'âge. « Je l'aimais bien et je le défendais toujours [15]. »

Donc, heureuse, Marthe ! Pourtant : « Je n'étais pas une

enfant gâtée ; tout le monde me commandait et je marchais. Même quand je n'étais pas coupable, j'acceptais les punitions [15]. »

Mot prophétique ! Et elle ajoutait avec un brin de malice dans la voix, comme si déjà elle excusait tout chez les autres : « Ce n'est pas qu'on m'ait bien grondée... »

Que fait-elle à la ferme, cette petite fille – bientôt jeune fille ravissante – si docile et obéissante ?

Garder les vaches et les chèvres sur le plateau, râteler le foin derrière la charrette, secouer la paille sur l'aire à blé, aider à la lessive, à la cuisine, au ménage.

A la maison, sa sœur Alice confectionnait des robes pour les dames de Châteauneuf. Marthe les livrait, ce qui ne lui plaisait guère. Elle demeurait une petite paysanne sauvageonne. « Quand je portais les robes aux clientes, j'avais peur de tout. Mais je courais bien quand même [15]. » On sent toujours chez elle cette volonté de vaincre les difficultés par esprit d'obéissance.

Courir, toujours courir ! « A la maison, raconte sa voisine Marie-Rose Achard élevée comme elle, nous étions sensées être à la disposition de tout le monde : aller chercher l'arrosoir à la fontaine, apporter un fagot, tourner la meule pour aiguiser la lame de la faucheuse, donner aux poules et ramasser les œufs, aller chercher les brindilles pour allumer le feu, ou quelques feuilles de poireaux pour la soupe. Partir seule dans les champs à la découverte de quelques belles plantes, ramasser les pommes de terre à la suite des hommes qui les arrachaient. La longue patience, aussi, quand on allait devant les bœufs pour les labours légers où l'on ne mettait pas le cheval en flèche, grignotant à coup de petits sillons l'étendue d'une éteule [16]. »

Le travail à la Plaine n'était pas toujours nécessairement dur. Il était surtout accaparant. « Marthe allait en champ les chèvres, a témoigné son amie Jeanne Bonneton, et elle n'aimait pas beaucoup ce travail [17]. » La lande était déserte. L'été, des vipères se cachaient sous les pierres et Marthe en avait peur. Le soir, lorsqu'elle rentrait la nuit tombée, les garnements du village montés chahuter à la Plaine s'amusaient à lui faire peur. Elle préférait emmener, l'été, les deux vaches au pré de Courlon, à travers un joli chemin d'herbe bordé de bouleaux, aux fossés jaillissants de genêts et de fougères.

« Les pâturages n'étant pas clos, précise Marie-Rose Achard, il fallait que matin et soir quelqu'un aille " en champ ". C'était un de nos esclavages. Après l'école, la tartine d'une main, le bâton de l'autre, en avant pour le pré, quatre vaches entravées, deux bouvillons, quatre chèvres, le chien ! Garder les bêtes était une école de patience et de rêve. Que faire de ces longues heures de solitude [18] ? »

On peut imaginer la petite Marthe en contemplation devant l'admirable paysage des collines entrecroisant leurs vertes pentes, se transformant sous le jeu de la lumière et des nuages. L'automne, le feuillage léger commençait à dorer, les peupliers semblaient de grandes torches élevant leur feuillage vers le ciel, comme une prière.

Alors, pour elle, le visible révélait l'invisible.

« L'ombre des nuages s'en venait par les collines, se déformant selon les reliefs. L'heure du retour arrivait. Nous revenions par les chemins du crépuscule, les bêtes à la queue leu leu, la plus vieille devant, tournant la tête à chaque pas à cause de l'entrave, les chèvres toujours aux aguets de quelque mauvais coup [19]. »

Et Marie-Rose d'ajouter : « Nous n'avions pas de jouets précieux, on savait s'en passer. Nous avions l'air que nous respirions, la grandeur du paysage, la liberté des nuages et des vents. »

L'hiver aussi on allait garder, mais ensemble, et ce n'était pas triste :

« Les vaches restaient à l'étable, mais aux heures ensoleillées on menait les chèvres au bois. Alors, pas de limite du tien et du mien. Les bois étaient à tout le monde. On se réunissait à sept ou huit. Tandis que les chèvres mêlées broutaient les feuilles des ronces, nous, assises dans un coin de soleil, on bavardait, riait, tricotait. Nous faisions des petits feux de brindilles d'acacia pour nous réchauffer les mains. On entendait la brise entrechoquer les branches, parfois le bruit de cognées au loin [19]. »

Mais Marthe aimait par-dessus tout le travail à la maison avec sa mère : ménage et surtout préparation des repas, affaire considérable avec tout ce monde. Le bois craquait joyeusement dans la cuisinière de fonte sur laquelle mijotait la soupe qui sentait bon les légumes et le lard. Marthe avait même gardé de son enfance une vieille recette de patisserie, un gâteau de semoule, « bon et très efficace pour les estomacs délicats », ce qui était son cas, déjà !

Pendant l'hiver 1915-1916, elle alla aussi aider sa sœur aînée Célina Serve, qui, avec deux jeunes enfants et le beau-père âgé de quatre-vingts ans, vivait au hameau des Épars, près du village voisin de Saint-Sorlin, et dont le mari était mobilisé au front.

Malgré la guerre et la sourde menace que faisait peser l'invasion, la vie n'était pas triste à la ferme, et Marthe appréciait les veillées au coin du feu, surtout l'hiver lorsqu'on allumait la lampe à pétrole dont la flamme brillait sous le long fuseau de verre. On tricotait, on causait. Marthe aimait ces paisibles soirées familiales. Elle s'asseyait bien au chaud près du fourneau qui ronflait doucement au milieu de la cuisine. On sentait comme une pause dans la vie épuisante de la campagne, cette lutte permanente pour arracher la nourriture à la terre. Cette année, il n'y avait pas eu de catastrophe naturelle, sécheresse excessive ou orages dévastateurs. Les granges étaient pleines de paille et de foin jusqu'au toit. Dans les caves s'entassaient les betteraves et les carottes, les pommes de terre et le tonneau de vin, et sur les étagères, les pommes. Sous le hangar, les fagots de feuilles pour les chèvres séchaient en exalant un parfum de forêt.

Au plafond noir de la cuisine pendaient les saucisses, qu'il faudrait mettre dans l'huile des jarres. Le lard et le jambon, enveloppés de papier sous la cendre d'une arche de bois, attendaient les réunions familiales. Le soir, même les bêtes assoupies sur leur litière fraîche vous laissaient un peu de repos.

Alors, on fermait portes et volets, à cause de la bise. Chacune des trois fermes se calfeutrait sur elle-même et sur son modeste bonheur.

Puis revenait le printemps. Le 13 mars 1916, Marthe fêta ses quatorze ans. Que sait-on de la jeune fille ? Pas grand-chose, sinon, d'après les photos, qu'elle était très jolie, avec un visage plein et rond, de grands yeux bruns lumineux et une bouche sensuelle.

Le fils Achard, Max, le voisin de son âge, dit seulement qu'elle était très gaie, comme ses sœurs. Le rapport Dechaume et Ricard signale qu'elle était une jeune fille normale, en bonne santé. « Du point de vue psychologique, elle était de conscience délicate, plutôt que scrupuleuse. Elle communiait le dimanche, et parfois en semaine aux jours de fêtes importantes. Elle n'était pas d'une religiosité excessive et ne présenta jamais pour sa famille, son entourage ou les gens de son village des manifestations mystiques ou religieuses anormales. »

Pensait-elle au mariage, comme toutes les jeunes filles de son âge, et se laissa-t-elle conter fleurette par quelque garçon ? On sait seulement qu'un jeune de Mantaille venait la rejoindre le dimanche dans les champs où elle gardait le troupeau. Il sera parrain d'un enfant dont Marthe était la marraine. Étant mort dans les années soixante-dix, il n'a jamais pu être interrogé par l'abbé Peyret, le premier biographe de Marthe, dont l'enquête commence en 1981.

Il est certain que, vivant loin du village, n'allant plus à l'école et gardant le troupeau, Marthe n'avait guère l'occasion de rencontrer des jeunes de son âge, les seules sorties étant les baptêmes, mariages et enterrements.

On se rencontrait seulement entre voisins des Moïlles, quand les nuits d'hiver étaient trop longues et que le vent du nord battait les murs, amassant des congères contre les talus des chemins, faisant claquer les volets de bois et tourbillonner les brins de paille dans les cours.

C'était généralement le père Achard qui disait : « On va veiller chez Joseph. » Ou chez Ferdinand.

On débarquait sans prévenir. On ravivait la lampe, on ranimait le feu. Les vieux évoquaient leur jeunesse. Les hommes se mettaient autour de la table pour jouer aux cinq cents ou à la manille en sirotant du Byhrr, un vin cuit très sucré. Les femmes tricotaient en papotant. Les enfants jouaient à la main chaude, au cache-tampon. On se faisait cuire des matefaims ou griller des châtaignes. Parfois, les femmes faisaient des gaufres, à cinq cœurs bien dorés, qu'on dégustait en buvant du vin, étendu d'eau pour les femmes et les enfants.

« Chacune de ces maisons, écrit Marie-Rose, était un vrai foyer, un centre chaud où se concentrait la vie. Ils ne connaissaient que leur petit monde, mais ils le connaissaient bien et vivaient en accord avec lui [20]. »

Comme il fallait marier les filles, on organisait des bals à Châteauneuf, Saint-Bonnet, aux Moïlles et ailleurs, chez l'un ou chez l'autre. Sans doute y en eut-il chez les Robin, où attendaient encore trois filles à marier.

Les jeunes filles invitaient leurs amies, mais jamais les garçons, qui s'invitaient eux-mêmes après avoir été avertis de la fête par le bouche à oreille. On essayait d'avoir un accordéoniste. Sinon, on « touchait », c'est-à-dire qu'on chantait en chœur : polka, mazurka, « valse de Vienne » ou Varsovienne, grimacière, saut du lapin. Seuls les anciens dansaient le rigodon, passé de mode.

Beaucoup de « témoins » affirment avoir dansé avec Marthe Robin, et c'est vrai qu'elle aimait danser, Marie-Rose Achard l'a dit aussi.

On se demande comment tout ce monde pouvait tenir dans les petites salles communes. Marie-Rose raconte :

« Aux pauses, comme il n'y avait pas assez de sièges, les filles s'asseyaient en toute simplicité sur les genoux des garçons. Si la lumière parcimonieuse permettait quelques privautés que trahissaient quelques chuchotis, quelques petits rires, dans l'ensemble on se tenait bien [20]. »

L'hiver 1916-1917, Marthe retourna aider sa sœur aînée Célina Serve au hameau des Épars, où elle resta six mois. D'elle, Célina dira seulement qu'elle était « dégourdie et gentille », ce qui la dépeint parfaitement.

Où est-il, ce temps enfui ? Il ne demeure que dans la mémoire de quelques personnes très âgées. Les fermes sont toujours au milieu des labours. On entend passer des autos, des tracteurs. Aujourd'hui, à la place du peuplier sur la Plaine, les pylônes électriques étirent leur réseau de câbles à haute tension. Mais le paysage demeure le même, vaste comme l'océan ; et, au-dessus, immuable, le ciel, lorsque chaque matin le balaie le petit vent frais, la « matinière », ou le soir au coucher du soleil, lorsqu'il charrie les longs nuages effilés qui remontent le Rhône, comme des poissons d'or.

3

LE TOURNANT

> Aura-t-on jamais fini de souffrir? Mais la croix est aussi contemplation. Il suffit de ne pas la refuser pour déjà entrevoir la face de Dieu.
>
> A. M. Carré.

La guerre allait s'achever, le grand malheur des temps s'éloignait. Mais, pour Marthe Robin, tout commençait.

En juillet 1918 sa santé s'altéra gravement. D'abord, de cruels maux de tête. Elle se rendit à pied (huit kilomètres !) consulter le médecin de Saint-Sorlin qui, incapable de porter un diagnostic, la rassura, en ne lui prescrivant que de l'aspirine. Son père en conclut qu'elle avait dû attraper ce mal en restant à l'ombre d'un noyer, et sa mère continua à faire confiance à l'huile de cade, considérée dans les campagnes comme un remède universel.

Cependant, l'état de Marthe empirait. Reprenons le rapport médical Dechaume et Ricard, écrit vingt-quatre ans plus tard, et que nous citerons souvent car il constitue un bilan chronologique précis.

« En juillet – Mlle Robin avait alors seize ans – apparurent des céphalées [maux de tête] que n'influençaient ni les médicaments, ni le sommeil. Elle souffrait des yeux sans trouble de la vision. Elle avait des évanouissements fréquents, plusieurs fois par mois. Elle tombait alors en général sur le dos, mais elle ne s'est jamais blessée en tombant. Souvent, elle ne perdait pas totalement conscience et parvenait même à éviter l'évanouissement complet en se couchant à terre. Quand elle reprenait entièrement connaissance, elle entendait ce qu'on disait autour d'elle avant de pouvoir parler elle-même. Le Dr Pangon, de Saint-Vallier, l'a vue pendant cette période et aurait parlé de crise d'épilepsie. »

Ce qui semble douteux, puisqu'« on n'aurait jamais constaté ni morsure de la langue, ni émission d'urine ».

« Quelquefois s'ajoutait à ces troubles une légère poussée fébrile, insuffisante toutefois pour interrompre la vie ordinaire. »

Les pertes de connaissance montrent une mauvaise irrigation du cerveau. Séquelles de la typhoïde ?

Le 27 novembre 1918, Marthe tomba à nouveau, dans la cuisine, mais cette fois, paralysée des deux jambes, elle ne put se relever. Puis la mobilité lui revint. Hélas, le 2 décembre, elle dut s'aliter complètement.

Le rapport médical parle de « céphalées intenses, température élevée, grand affaiblissement général accompagné de vomissements fréquents ».

Affolés, les parents appelèrent en consultation le Dr Berne, de Saint-Vallier, puis ses confrères Pangon et Allemant, de la même ville. Tous suggérèrent des maux terribles mais sans tomber d'accord : méningite ? poliomyélite ? tumeur cérébrale ? Le rapport Dechaume et Ricard précise :

« Mais elle n'avait aucune paralysie et si elle criait c'est parce qu'elle souffrait beaucoup. L'état général s'aggrava rapidement, elle tomba dans un coma qui dura quatre jours. Les médecins, qui revenaient souvent la voir, la considérèrent à ce moment-là comme perdue, et elle reçut les derniers sacrements. »

La crise dura plus d'un mois, puis le mal régressa. En janvier 1919, Marthe se leva et fit quelques pas. Elle ne souffrait plus d'aucune paralysie.

Mais, en février, les céphalées réapparurent, plus cruelles encore, et les douleurs oculaires. Très affaiblie, ne supportant pas la lumière, n'acceptant aucune nourriture, ne buvant qu'un peu de thé ou de café, Marthe s'alita à nouveau. Le ballet des médecins reprit autour de son lit, ceux de Saint-Vallier, et même un spécialiste de Lyon amené par le Dr Pangon.

Reprenons le rapport Dechaume et Ricard :

« L'acmé de la maladie se situe en été 1919. Une impotence des deux membres inférieurs survint, les jambes étaient immobiles, raides et ne pouvaient être remuées. De même la main droite sembla se paralyser. La malade vomissait fréquemment; elle dormait peu ou pas; elle restait dans l'obscurité, ne pouvant supporter la lumière. Elle présenta même des troubles de la vue qui allèrent jusqu'à une amaurose * complète, qui disparut très lentement, mais elle a toujours laissé après elle un trouble de la vision.

« Il semble qu'à cette époque l'on n'ait pas porté de diagnostic précis; on aurait pensé à une méningite, bien qu'aucune ponction lombaire n'ait été pratiquée. En tout cas, Mlle Robin n'a plus présenté de crise nerveuse, et l'on n'a jamais parlé d'épilepsie **, pas plus que de tumeur cérébrale. »

Marthe souffrait-elle d'encéphalite léthargique, qui fit des ravages en Europe entre 1915 et 1930 ? Les signes cliniques semblent le montrer : paralysie, convulsions, signes oculomoteurs, troubles du tonus musculaire, de la conscience, du sommeil, de l'activité psychique.

Ces lésions inflammatoires, souvent liées à une maladie infectieuse de l'enfance (on pense ici à la typhoïde), sont susceptibles d'entraîner paralysie, hémorragies, complications nerveuses, coma, voire la mort.

Après la crise infantile, le bacille, apparemment vaincu par les défenses naturelles, se replie et cesse d'être actif. Mais il demeure présent sous forme d'allergies virtuelles, susceptibles de se réveiller plus tard sous les décharges hormonales de la puberté. Alors, le bacille se remet à pulluler, il envahit l'organisme et s'attaque aux neurones.

Pour sa part, le Dr Assailly, l'un des neuropsychiatres qui ont le mieux connu Marthe, tout en souscrivant à la thèse de l'encéphalite léthargique, ne croit pas qu'il y ait un rapport entre la fièvre typhoïde de l'enfance et les atteintes virales de l'adolescence. Seule l'épidémie serait en cause.

L'évolution demeurait imprévisible, tout pronostic impossible à l'époque. Il pouvait y avoir coma, mort, ou bien survie avec séquelles graves, comme les syndromes de Parkinson entraînant la rigidité musculaire.

La crise dura vingt-sept mois, avec des périodes de rémis-

* Amaurose : « Perte plus ou moins complète de la vue, d'origine nerveuse, sans lésion de l'œil. Elle peut être passagère (spasme artériel) ou définitive (lésion des voies nerveuses ou du lobe occipital du cerveau.) » (*Nouveau Larousse médical,* 1981.)

** On a vu que le Dr Pangon avait suggéré cette éventualité.

sion. Lorsque Marthe sortait de son état léthargique, elle reprenait un peu conscience et gémissait. A sa sœur préférée Alice (qui dormait dans sa chambre) et lui apportait un peu de thé ou de café, elle murmurait : « Je sens quand c'est toi. »

Elle n'en disait pas davantage et souffrait en silence. Aucun médicament n'ayant été prescrit, sa mère, désespérée, tentait d'atténuer ses souffrances en lui posant des sangsues ou en lui mettant de la glace sur la tête.

L'abbé Payre, curé de Châteauneuf, venait la voir souvent et elle le reconnaissait. Un jour, elle perdit conscience devant lui. Lorsqu'elle se réveilla un mois plus tard, elle s'étonna : « M. le curé est parti ? »

Vite on alla le prévenir. Il arriva et la conversation reprit aussitôt là où elle avait été interrompue. Puis Marthe retomba dans sa léthargie.

C'est alors que se produisit l'événement.

Le 20 mai 1921, Alice, qui dormait profondément auprès de Marthe, est soudain réveillée par un bruit mystérieux. Elle se dresse, saisie d'une grande frayeur, et aperçoit une intense lumière.

– Marthe ! Marthe ! Quelle est cette lumière ?

La malade semble sortir d'un rêve. Elle murmure, extasiée :

– Oui, la lumière est belle.

Puis, avec force :

– Mais j'ai vu aussi la Sainte Vierge [1].

Marthe demeurera toujours très discrète sur cette première vision. Elle s'en ouvrira en 1942 aux Drs Dechaume et Ricard, qui écrivent dans leur rapport :

« Le 20 mai 1921 se produisit sans raison particulière la première apparition de la Sainte Vierge, dont Mlle Robin fut par la suite maintes fois favorisée. Mme Robin et une de ses filles étaient présentes et ne doutèrent pas de la réalité de la chose. »

Plus tard, le père Finet interrogera Marthe, mais sans succès. Lui-même dira : « Que s'est-il passé entre Marthe et le Seigneur pendant ces vingt-sept mois ? Certainement beaucoup de choses. » Ailleurs, il parle d'« une mystérieuse rencontre avec le Seigneur [2] ».

Quoi qu'il en soit, Marthe n'est plus la même. Au-delà des diagnostics impuissants des médecins, que pensent les hommes d'Église ? Le plus prudent est l'abbé Peyret :

« Encéphalite léthargique avec peut-être quelque chose en plus. Un *coma mystique* a-t-on pu dire. Tout se passe comme si Jésus s'était servi de cette maladie pour refaçonner Marthe et l'éduquer en profondeur [3]. »

Le croyant souscrit, l'agnostique demeure sur ses interrogations.

En tout cas, après sa vision, la santé de Marthe s'améliora. En mai 1921, elle se leva, fit quelques pas dans la cour en s'aidant de béquilles.

« Au bout de deux jours, précise le rapport Dechaume et Ricard, la malade demanda à se lever. Elle le fit et put désormais le refaire. Restaient simplement des troubles oculaires avec diminution de l'acuité visuelle. L'impotence avait progressivement disparu, et, à la fin de l'été 1921, Mlle Robin avait repris l'usage de ses membres; les jambes restaient peut-être encore un peu faibles, mais cela ne l'empêchait pas de marcher, puisque le 11 novembre 1921 elle est encore allée à la messe au village, mais pour la dernière fois à pied, ce qui représente quatre kilomètres, deux en descente et deux en montée. »

A la Plaine comme au village on était bouleversé, et certains parlaient de miracle. Marthe, elle, *savait*. Elle attribua cette amélioration spectaculaire à la Vierge. Le 15 août 1921, elle effectua un pèlerinage à Notre-Dame de Chatenay, près de Lens-Lestang, puis le 8 septembre à Notre-Dame de Bonnecombe, près de Hauterives.

Tous les dimanches, son père la conduisit en charrette à l'église de Châteuneuf. Le bouleversement spirituel qui l'avait touchée persistait. Espérant qu'elle allait guérir, elle forma le projet d'entrer au Carmel, à l'imitation de Thérèse Martin, la petite carmélite de Lisieux, qui sera béatifiée en 1923, canonisée en 1925, et dont on parlait beaucoup à l'époque. Mais pour entrer au Carmel il fallait une santé de fer!

La foi de Marthe balayait ces obstacles. Si Dieu le voulait, si la Vierge intercédait, elle retrouverait la santé, et alors elle pourrait entièrement se consacrer à lui. Logique humaine.

Le Carmel! Maman Robin s'inquiétait pour sa petite; le père haussait les épaules, et Marthe souffrait de leur manque de foi. Depuis quelque temps, Robin n'allait même plus à la messe du dimanche. Marthe s'en inquiétait. Un soir elle osa lui demander :

– Petit père, pourquoi ne vas-tu plus à la messe ?

A sa grande surprise, il lui répondit brutalement, comme si elle avait touché une corde sensible :

– Mêle-toi de ce qui te regarde !

Plus tard, Marthe dira à Jean Guitton :

– Je n'insistai pas.

Puis elle eut ce mot étonnant :

« Alors, je me donnai à Dieu d'une manière absolue, non pas en choisissant d'être carmélite, mais en ne choisissant rien du tout [4]. »

Ce qui signifiait : pour ce que Dieu voudra.

Dans cette phrase, toute la Marthe Robin de l'avenir est contenue. Il est le signe le plus éloquent de sa conversion intérieure par un abandon total à la volonté de Dieu.

Mais que veut Dieu pour sa petite servante ? Il semble vouloir le pire, humainement parlant.

« Fin novembre 1921, dit le rapport médical, réapparut progressivement une impotence des membres inférieurs avec, en plus, des douleurs dorsales ; un peu de fièvre par intermittence. Les jambes enflaient, douloureuses, avec impression de brûlures et d'éclairs. »

Cependant, Marthe refusa de s'aliter. Le père Robin attela alors sa charrette et s'en fut à Anneyron lui acheter un confortable fauteuil, car il n'y en avait pas à la ferme.

La jeune fille conservait une certaine mobilité ; elle s'occupait un peu du ménage, de la cuisine, toute courbée par ses douleurs dorsales.

Cette inaction relative lui étant insupportable, elle se mit à broder. Sa vue ne lui posait heureusement plus de problèmes, après consultation d'un ophtalmologiste de Valence qui lui avait prescrit le port de lunettes.

« Elle avait une vue pratiquement normale, précise le rapport Dechaume et Ricard. Il lui était devenu facile de lire, d'écrire, de broder. Nous avons vu des broderies effectuées par elle à cette époque et dont l'exécution n'aurait pas été compatible avec une mauvaise vue ou des troubles quelconques au niveau des membres supérieurs. »

Elle brodait ce qu'on lui demandait, beaucoup de bavoirs pour les bébés du voisinage, entremêlant initiales et fleurs des champs. Elle ne le faisait pas pour « passer le temps », mais pour « gagner son pain ». Cela ne semblait pas suffire, puisqu'un jour son frère Henri lui lança maladroitement :

– Tu ne gagnes même pas l'eau que tu bois!

Cette eau, responsable sans doute de ses malheurs! Alors, elle redoubla d'activité. A Jean Guitton, elle dira plus tard :

– Je brodais des bavoirs, et encore des bavoirs, et toujours des bavoirs, pour pouvoir acheter des remèdes. Nous n'avions pas d'argent. Mon père me taquinait, il me disait : « Marthe, ce remède que tu bois, est-ce que tu l'as gagné [5] ? »

La dernière récolte avait été médiocre. A cette époque, la sécurité sociale n'existait pas. Non seulement il fallait payer les remèdes et tous ces médecins, mais encore quatorze fois le dentiste de Saint-Vallier pour des extractions et des couronnes; un spécialiste de Lyon venu lui faire une piqûre au palais; elle dut même subir à Saint-Vallier une ponction lombaire, dans l'espoir de la soulager de ses douleurs dorsales.

La famille, on le voit, faisait tout ce qu'elle pouvait pour la soigner au mieux, et sa santé s'améliora.

Ce fut aussi l'époque où elle se mit à lire. Il faut insister sur ce point. Dans les petites fermes où le travail matériel accaparait totalement, même les enfants, passé le temps de l'école on ne lisait plus. Et voilà que le handicap de Marthe allait lui donner cette chance, cette occasion unique. Mais elle aurait pu lire n'importe quoi : des magazines, de petits romans à l'eau de rose qu'affectionnent les jeunes filles.

En dehors des manuels scolaires du certificat d'études, on ne trouvait pas de livres à la ferme. Ses sœurs se rendirent à la bibliothèque paroissiale de Châteauneuf consulter la responsable, Jeanne Bonneton, une amie de la famille. Sur ses conseils, elles rapportèrent des livres, « des livres sur tout », a précisé Marthe.

La vie de Thérèse Martin la fascina, cette vie de souffrance transfigurée par l'oubli de soi, l'offrande à l'Amour, le don total jusqu'à la mort. La petite carmélite de Lisieux avait réussi par amour à sublimer ses souffrances et accepté la mort à vingt-quatre ans, balayant les voix des ténèbres qui se déchaînaient dans son esprit, retrouvant finalement son âme d'enfant dans une foi purifiée par l'amour.

L'itinéraire de Marthe est là : « Si vous ne redevenez comme des enfants... » dit l'Évangile; ces Évangiles de son enfance qu'elle va redécouvrir avec les yeux et le cœur désormais grands ouverts, et dont elle assimilera la substance avec la sensibilité aiguë d'une malade, l'émerveillement d'une visionnaire qui puise directement à la source : « Jésus est pour moi le livre des livres [6]. »

D'après le témoignage de Jeanne Bonneton, Marthe aurait été aussi influencée par la lecture de la vie d'une religieuse de la Visitation de Côme, sœur Benigna Ferrero, qui aurait eu des apparitions du Christ. Dans ce texte intitulé *Fleurs de confiance et d'amour*, on retrouve les trois idées de base qui vont bientôt former l'ossature de la vie spirituelle de Marthe : l'amour, le sacrifice et la mission. « L'amour n'a besoin de rien; seulement de ne pas trouver de résistance [7]. »

Est-ce le goût de la lecture ou l'Esprit qui poussa Marthe, au printemps 1922, à aller fouiller dans une vieille malle au grenier de la maison de sa sœur Gabrielle, qu'elle avait remplacée pour lui permettre d'effectuer un voyage à Marseille ? Elle y trouva un livre de piété, l'ouvrit et lut : « Pourquoi cherches-tu le repos puisque tu es faite pour la lutte ? Pourquoi cherches-tu le bonheur puisque tu es née pour la souffrance ? »

D'abord elle se révolte. Puis elle se souvient de Thérèse de Lisieux et de sœur Benigna : « Il faut que tu sois en un état continuel d'holocauste. »

Elle ferme les yeux et entend comme une voix intérieure : « Pour toi, ce sera la souffrance. »

Puis elle rouvre le livre. Une autre phrase la frappe comme la foudre : « Il faut donner à Dieu tout [8]. »

A Jean Guitton elle dira plus tard : « Je ne lus pas plus avant; ce fut ma lumière [9]. »

Alors, réunissant toutes les forces de son esprit et de son cœur, elle dit oui.

Quel pouvait être ce livre ? Était-ce l'*Imitation de Jésus-Christ*, comme le suggère Jeanne Bonneton ? « Disposez-vous à la patience plutôt qu'à la consolation, et à porter la croix plutôt qu'à goûter la joie. » (II,10,1.)

L'abbé Peyret fait observer que telle ne sera pas la spiritualité de Marthe Robin. Pour elle, il ne s'agit pas de choisir entre la souffrance et la joie, mais de trouver la joie dans la souffrance acceptée et offerte; de transcender la souffrance; un courant spirituel que l'on retrouve chez Louis-Marie Grignion de Montfort.

« Pour toi, ce sera la souffrance. »

« Elle a confié cela à Jeanne Bonneton qui est aujourd'hui

mère Marie-Thérèse, au couvent des clarisses de Vals-les-Bains, qui me l'a rapporté, écrit l'abbé Peyret. Ce fut comme un éclair dans sa vie. Ce n'était pas une simple intuition, mais une acceptation. Elle s'est mise immédiatement à genoux pour dire oui, puis, remontant à la Plaine, elle est entrée dans l'église de Châteauneuf pour y renouveler son oui. Déjà, le don d'elle-même était fait. Ce fut son premier *fiat* [10]. »

Marthe avait alors vingt ans.

Comme pour répondre à ce don, quelques mois plus tard, l'été 1922, sa santé se dégrada à nouveau. Le mal mystérieux semblait frapper un peu partout, insaisissable, déconcertant les médecins. Elle souffrait des articulations : le dos, les genoux. « Elle se tenait toujours courbée, dit le rapport médical, mais elle s'occupait encore de la maison. » Cette situation intermédiaire dura un an.

En août 1923 arriva un nouveau curé à Châteauneuf, l'abbé Léon Faure, qui venait de Pilles, dans le sud de la Drôme. Il prit contact avec ses paroissiens, mais négligea les Moïlles, dont les ruraux, on l'a vu, ne fréquentaient guère l'église.

Un jour, une couturière de Châteauneuf, qui donnait du travail de broderie à Marthe, lui dit :

– M. le curé, vous avez à la Plaine une paroissienne un peu spéciale. Il faudrait aller la voir.

– Spéciale, dites-vous ?

– Vous verrez ! Montez à la Plaine ! [11].

Ce qu'il fit. Cependant, le courant ne passa pas entre eux. Le nouveau curé était sans doute un saint homme, mais il était bourru et maladroit, aussi dur avec les autres que pour lui-même. Ascète mais nullement mystique, il se levait aux aurores pour sonner l'angélus et jeûnait avec excès pendant le carême, ce qui lui valut une mise en garde sévère de son évêque, Mgr Pic, qui lui imposa un régime moins frugal.

Marthe Robin le déconcerta dès sa première visite. Il ne vit qu'une malade qui s'écoutait, la secoua, l'invita à dominer son handicap. Il fit peut-être de son mieux mais passa complètement à côté de la mystique, un sentiment qui le dépassait. Lui-même le reconnaissait : « Au séminaire, j'ai demandé au Seigneur la grâce de n'avoir jamais à m'occuper de mystiques pendant mon ministère, parce que je ne saurais pas y faire [12]. »

Il apparaît surtout comme un redoutable moralisateur. Dès son arrivée à Châteauneuf, sa bête noire devint un dancing qui, après la guerre de 1918, s'était installé dans le vieux château en haut du village. Un jour, il vit entrer dans son confessionnal une jeune fille qui avait la réputation d'en être une habituée. Il lui demanda d'y renoncer. Elle refusa. Il la mit alors dehors :

– Je ne confesse pas les danseuses [12] !

Décontenancé comme les médecins par le mal mystérieux qui rongeait Marthe, le curé, ignorant ses « visions », crut bien faire en la rabrouant. Il ne fit que l'accabler, et Marthe aura ce mot terrible à son égard, qui étonne de sa part :

– Il est peut-être bon ; mais quand il vient ici il doit laisser sa bonté derrière la porte !

Et Jeanne Bonneton, qui rapporte ce mot, ajoute : « Je pensais exactement comme elle [11]. »

Pour être objectif, il faut dire que Marthe ne lui facilitait pas la tâche. Elle entrait, comme Thérèse de Lisieux, dans une sorte de nuit de l'esprit et se révoltait contre son état de santé. Ses certitudes passées n'y faisaient rien, elle n'acceptait plus son injuste malheur. Elle est demeurée discrète sur ces révoltes intérieures. C'est seulement beaucoup plus tard qu'elle avouera :

« Je me suis débattue avec Dieu. Je n'ai choisi le Christ qu'après des années d'angoisse, après bien des épreuves physiques et morales. J'ai tant de fois résisté, et résisté jusqu'au tourment [11]. »

L'année 1923 fut donc pour elle très dure, incomprise qu'elle était à la fois de son seul guide spirituel et de ses médecins. Ceux-ci parlaient maintenant de rhumatisme, terme vague qui cachait leur ignorance. Les médicaments demeurant sans effet, ils prescrivirent une cure de trois semaines à Saint-Péray en Ardèche, petite station thermale à quatre kilomètres à l'ouest de Valence, de l'autre côté du Rhône, que certains médecins recommandaient pour ses fumigations d'essence de résine de pin et ses bains thermorésineux.

Début octobre 1923, Marthe s'installa donc à l'hôtel Roche. De son séjour on garde un souvenir grâce aux cartes postales qu'elle envoya à sa nièce Marcelle, âgée alors de quatorze ans :

« Deux mots pour te dire de faire attention à ne pas prendre de rhumatisme, car regarde un peu la carte dans la tenue que nous sommes, toutes nues, enveloppées d'une couverture ! On nous enfourne au four ! Hier, une dame a dit au monsieur qui chauffe le four de mettre un fagot de moins, mais c'est après qu'il en a mis un de plus. Chaleur épouvantable ! J'étais transformée en fontaine. Tu vois, ma chérie, ça n'est pas le rêve. Mais c'est pour guérir. Le mal est bien plus affreux. Le four ne fait pas mal, mais j'ai un peu mal au cœur [13]. »

La cure sembla donner quelques résultats, puisque Marthe écrivit le 17 octobre à ses oncle et tante :

« Dépêchez-vous de semer pour aller de noce *. Ce jour-là, nous irons danser. Oncle, je vous retiens ! Vous ne l'oubliez pas. Mettez-le-vous bien dans la tête [14] ! »

On a l'impression qu'elle insiste, comme pour se persuader elle-même, et les siens, de sa fragile guérison. Il lui fallut bientôt déchanter. Évoquant son retour le 19 octobre, sa nièce dit : « Elle est partie à Saint-Péray avec une canne, mais en revenant elle ne marchait presque plus ! »

La cure était donc un échec ; un de plus dans le long martyre physique de Marthe Robin.

Mais au plan spirituel, ce séjour se révéla bénéfique, grâce à deux rencontres. Celle d'un prêtre curiste aumônier d'un hôpital d'Angers qui, la voyant révoltée devant la souffrance, l'adjura d'accepter son épreuve, d'en faire un élément moteur de sa vie en union avec le Christ.

Elle rencontra aussi une grande dame qui deviendra son amie, Mme du Baÿ, d'Alboussière, un petit village de l'Ardèche à vingt kilomètres de Valence, qui se déplaçait dans une de Dion-Bouton noire que conduisait le chauffeur Stéphane.

Très pieuse, femme de caractère, elle faisait largement profiter les pauvres de sa fortune et s'efforça de réconforter et d'aider l'humble paysanne de Châteauneuf, que par la suite elle visitera régulièrement à la Plaine, jusqu'en 1936.

Elle aussi évoqua la passion du Christ, invitant Marthe à offrir ses souffrances en union avec lui. Alors, la petite phrase qui revenait, lancinante : « Pour toi ce sera la souffrance », cessa d'être refoulée.

---

* Le mariage de sa sœur Alice, en 1924.

4

L'ACCEPTATION

> Qui cherchait sur les ruines de sa vie une signification envolée ? Qui endurait une souffrance apparemment absurde, vivait une vie apparemment insensée, en secret espérait encore du dernier chaos de la démence la révélation et l'approche de Dieu ?
>
> Hermann HESSE, *Der Steppenwolf.*

De retour à Châteauneuf-de-Galaure, Marthe vécut dans son fauteuil et connut encore quelques rémissions puisqu'on la vit même parfois garder le troupeau dans les champs autour de la maison. Mais, en novembre 1923, sa mobilité s'altéra. Le rapport médical précise :

« L'état général s'aggravait, les céphalées réapparurent. Les bras ne présentaient pas de paralysie, la malade pouvait se servir de ses mains, elle brodait et écrivait, mais les bras lui faisaient mal et ne pouvaient guère s'étendre complètement. »

Marthe se trouva alors très isolée dans sa ferme perdue, et presque sans amies.

De toute évidence, elle faisait peur. On ne savait pas ce qu'elle avait ; on redoutait quelque contagion. Ceux que les médecins avaient rassurés sur ce point ne l'étaient qu'à demi. Bientôt, on parlera d' « hystérie » au village, un mal psychosomatique mis en vedette au XIXe siècle par Charcot à la Salpêtrière, un mal en tout cas bien suspect que la science tentait d'arracher aux fantasmes démoniaques d'autrefois pour le faire basculer dans les marécages de la psychanalyse freudienne. Pauvre Marthe !

« Les jeunes filles du patronage ne voulaient pas la voir,

rapporte Marguerite Lautru. Elles entendaient mal parler d'elle et craignaient peut-être de se compromettre [1]. »

C'est-à-dire de faire peur à un éventuel fiancé !

« Marthe n'a pas d'amies au village, remarque Gisèle Boutteville, c'est même étonnant. Elle a bien été à l'école ! L'éloignement, la peur de la maladie... Ou bien on lui reprochait de trop s'écouter, de ne pas aider sa mère [1] ! »

La malade imaginaire, hantise du paysan accablé de travail !

Même la pieuse Jeanne Bonneton, notre petite bibliothécaire paroissiale, du même âge qu'elle, ne voulait pas aller la voir. C'est sa mère qui montait à la Plaine. « Peur de la maladie, de la contagion », dit-elle. Jeanne ne changera d'attitude qu'en 1929, à la suite d'une « mission » prêchée à Châteauneuf, qui la bouleversera *.

L'été 1924, la couturière Mlle Caillet lui présenta heureusement une jeune fille sympathique.

– Gisèle Boutteville vient de Lyon. Elle passe ses vacances d'été à Châteauneuf.

Aussitôt Marthe se troubla, s'étonna :

– Comment une jeune fille de la ville, et de Lyon, daigne-t-elle venir jusqu'à moi, dans ce hameau perdu ?

Gisèle ne répondit pas. Fascinée, elle ne pouvait se détourner de ce regard limpide qui lui souriait.

« Elle m'a regardée. Et ce regard, je l'ai toujours, et si profondément que j'en ai été toute troublée. »

D'évidence, cette étrange malade n'était pas une banale petite paysanne comme les autres. Quel était le secret de sa personnalité ?

« J'étais spontanément attirée vers elle. Elle m'a subjuguée. Les premiers jours, j'ignorais qu'elle souffrait à ce point. A mon retour à Lyon je ne savais pas comment en parler à maman [2]. »

En 1925, la maladie semble s'être stabilisée, mais Marthe avait perdu l'espoir de guérir. Infirme elle était, infirme elle resterait. Elle mangeait très peu. Des fruits et un peu de nourriture liquide. L'abbé Faure ne la comprenait toujours pas et même s'en désintéressa. A Paulette Plantevin, son ancienne paroissienne de Pilles, venue l'aider l'été 1925, il demanda : « J'ai une malade à visiter et j'ai beaucoup d'écri-

---

* Elle deviendra en 1930 clarisse à Vals-les-Bains, sœur Marie-Thérèse, plus tard abbesse de son monastère.

tures à faire avec elle. Je n'ai pas assez de patience pour cela. Si tu pouvais me relayer ? »

De quelles écritures s'agissait-il ? Marthe avait alors très peu de correspondants. Souhaitait-elle éclairer ses états mystiques naissants, en faisant recopier des lectures qui l'avaient aidée, tout ce qui exaspérait le bon curé ?

Paulette accepta aussitôt. Elle deviendra bientôt l'amie et la confidente de Marthe, dont l'évolution spirituelle commençait à se percevoir.

Ce qui n'échappait pas à son autre nouvelle amie, la Lyonnaise Gisèle Boutteville :

« Quel changement en elle ! Elle est dans son fauteuil, placé devant la fenêtre de la cuisine, les volets à demi fermés, mais elle me questionne sur tout, sur ma vie, sur ce que je fais, s'intéressant à tous les sujets avec une compréhension particulière [3]. »

Marthe avait-elle surmonté sa révolte et l'immense tristesse née de la souffrance qui se regarde ? Un autre témoignage permet de répondre par l'affirmative. Fin juin 1925, l'abbé Faure lui rendit visite :

– Je dispose d'une place pour le pèlerinage des malades de Lourdes, organisé en août par le diocèse de Valence. La voulez-vous ?

– Oh oui, M. le curé !

Un peu plus tard, le prêtre revint, très embarrassé.

– Marie-Louise Costet, une de mes paroissiennes de Saint-Martin-d'Août, est très malade. Elle m'a demandé d'aller à Lourdes...

Il s'interrompit, incapable de supporter le regard de Marthe qui pesait sur lui, comme chargé de toute la détresse du monde. Enfin, il s'écria :

– Je n'ai qu'une place ! Je n'ai pas pu en obtenir une deuxième de l'Hospitalité diocésaine !

Marthe demeurait toujours silencieuse. Temps interminable, comme suspendu, où se débattait en elle le désir ardent de retrouver la santé, la mobilité, de cesser de souffrir, d'être à charge. Lourdes ! La grotte de Massabielle ! L'apparition de la Vierge à Bernadette Soubirous lui rappelait sa vision de 1921... Elle avait mis en ce pèlerinage son dernier espoir de guérir ; l'espérance, aussi, du profond réconfort spirituel dont elle avait tant besoin.

Soudain, elle fut envahie par une paix inexprimable,

accompagnée d'une certitude, d'une évidence. Elle murmura :

– Donnez-lui la place, M. le curé.

Alors, tout se délia. Et tout se réalisa. Enfin dépouillée d'elle-même, Marthe Robin pouvait recevoir Dieu.

« A partir de ce moment-là, j'ai été inondée de grâce [4] », dira-t-elle plus tard à Jeanne Bonneton.

Et tout ce qui va suivre découle de là.

Quelqu'un, alors, ne s'y est pas trompé. En août 1925, une jeune fille passionnée de Dieu s'installa comme sage-femme à Châteauneuf. Marguerite Lautru, qui allait devenir la grande amie de Marthe, arrivait de Saint-Étienne où elle avait rompu avec sa famille, un milieu athée qui s'opposait à sa vocation religieuse. A sa majorité, Marguerite s'était fait baptiser, elle avait appris le métier d'infirmière, mais, sur le conseil d'un prêtre, elle avait décidé de retarder son entrée en religion pour travailler deux ans dans le monde. Celle qui entrera en 1927 chez les religieuses des hôpitaux de la Charité à Lyon sous le nom de sœur Marie-Thérèse et deviendra plus tard supérieure générale de sa congrégation, déjà ne refusait aucun appel. Deux mois après son arrivée, elle reçut la visite de Mme Robin. « Ma jeune fille a entendu parler de vous. Elle serait heureuse de vous rencontrer. Elle est malade, paralysée. Elle ne quitte pas la maison. Jamais ! »

Marguerite monta aussitôt à la Plaine. « Dès ma première visite, on s'est vraiment aimées. On était bien ensemble [1]. »

Alors que Marguerite Lautru pensait ne faire qu'une visite charitable à une pauvre malade, elle se découvrait une amie, une sœur, à travers leur passion commune, celle de la vie intérieure qui donne toutes les réponses.

Grâce à ces trois jeunes filles : Marguerite Lautru, Gisèle Boutteville et Jeanne Bonneton, Marthe sortait enfin de son isolement. Avec leurs témoignages, arrêtons-nous en cette année 1925 pour tenter de brosser un portrait de Marthe Robin.

Elle a vingt-trois ans. Aussi grande que son père, elle mesure environ un mètre soixante-dix. Sobrement vêtue, elle ne quitte plus son grand fauteuil rouge. Malgré un petit air pâlot, elle offre un bon visage souriant, parfois espiègle malgré ses souffrances, qui gagne la sympathie et attire la confiance. Dès le premier contact on est pris par son regard, ses immenses yeux interrogateurs derrière ses lunettes rondes, qui lui donnent un faux air intellectuel.

Déjà elle ne dort plus, tout au moins elle ne connaît plus le grand sommeil réparateur, mais seulement de brefs assoupissements.

« Ce qui m'a toujours frappé chez Marthe, dit Marguerite Lautru, c'est son humilité ; elle ne parlait jamais d'elle [5]. »

Discrète sur ses souffrances, simple et directe, elle s'intéresse à tout ce qui se passe à la ferme. Généreuse, elle demeure ouverte aux malheurs des autres, toujours sociable et accueillante, s'abstenant de juger et de critiquer. Surtout très détachée malgré ses terribles handicaps, elle aime rire et chanter.

Elle s'ouvre de plus en plus au monde intérieur. Le terme sacrifice s'applique admirablement à elle dans sa signification étymologique de faire de tout du sacré, en union avec le Christ et la Vierge ses modèles : le fiat de Marie face à son inconcevable destin ; le sacrifice de l'Agneau qui la bouleverse jusqu'en ses fibres les plus profondes, d'où elle puise une inaltérable énergie et en même temps la douceur amoureuse que, jeune fille brisée dans sa chair, elle ne connaîtra jamais au plan humain.

On sent dans ses conversations combien il lui est pénible d'être à charge. Marthe, dit Gisèle Boutteville, parlait souvent de « sa petite maman qui avait beaucoup de travail et qu'elle aurait voulu aider ». Lourde maison pour Mme Robin dont la résistance commençait à baisser avec l'âge.

Gisèle, qui n'aimait pas Robin ni son fils Henri, rapporte encore ce mot terrible du père : « Marthe, elle ne nous rapporte rien ! »

Joseph Robin n'était sûrement pas un méchant homme. On a vu qu'il était même capable de tendresse à ses heures. Mais ce paysan fruste, accablé de chagrin et de travail, en vieillissant ne connaissait pas de répit. La terre rapportait à peine de quoi vivre, et il avait à charge une fille handicapée alors que déjà son fils unique lui posait des problèmes. Célibataire, travaillant toujours à la ferme à vingt-neuf ans, Henri devenait taciturne, et d'autant plus angoissé par la maladie de sa sœur qu'il souffrait lui-même de terribles névralgies faciales.

Pour se faire un peu d'argent, payer les médecins, les médicaments, aider plus pauvre qu'elle, faire de petits cadeaux à ses amies, Marthe brodait toujours sur commande, Mlle Caillet lui servant d'intermédiaire. Une dame de Saint-Claude, rencontrée lors de sa cure à Saint-Péray, lui envoyait aussi des objets divers qu'elle revendait en prenant un petit bénéfice. Elle en avait honte et disait : « Il faut bien que je prenne un bénéfice pour envoyer aux missions [6]. »

Elle donnait aussi aux pauvres du pays dont elle entendait parler ; mais ce qu'elle donnait le mieux, c'était son cœur. Après son isolement forcé, elle recevait des visites, de plus en plus de visites, comme si elle faisait l'apprentissage de ce qui allait être sa vie, sa mission : recevoir et donner ! Son accueil était chaleureux. Elle offrait du café, de la crème, de la confiture, parfois un gâteau qu'elle confectionnait elle-même de son fauteuil devant une petite table à côté de la cuisinière.

De quoi parlait-on ? Les papotages superficiels qui constituent le fond des « échanges » aussi bien dans les fermes que dans les demeures urbaines demeuraient exclus, par la volonté délibérée de Marthe qui orientait les conversations pour amener à l'essentiel : les nœuds qui dorment au fond de l'inconscient, troublant ou empoisonnant la vie, masquant les réalités intérieures.

Au lieu de se plaindre de ses étranges maladies, Marthe interrogeait ses visiteurs, parfois d'une façon si directe qu'ils en demeuraient interloqués. Sans se troubler, elle enchaînait : « Ce n'est pas par curiosité, mais pour vous aider. »

Il lui fallait d'abord briser la carapace extérieure, arracher le masque.

Giselle Boutteville, la Lyonnaise, avait des problèmes de famille. D'abord, elle ne s'était pas entendue avec sa mère. Après son décès elle ne s'entendait pas davantage avec sa belle-mère. Mais qui avait tort ?

– Tout n'a pas été dit entre nous, suggérait Marthe.

L'autre se rétractait.

– C'est difficile de raconter toute sa vie !

– Il le faut pour que nous soyons vraiment amies [7].

Ce mot résume sa psychologie agissante et intuitive : le but de la vie est l'amour ; mais il ne peut y avoir d'amour sans transparence. Rien ne perturbe à condition d'en parler à fond, car la vérité libère.

Cependant, tout n'était pas grave dans ces dialogues.

« Nos conversations portaient un peu sur tout, raconte Marguerite Lautru, la jeune infirmière mystique, on passait du spirituel au naturel, d'événements douloureux à d'autres amusants. Elle riait facilement. Avec elle tout était *simple*. On vivait la vie telle qu'elle se présentait [7]. »

Marthe s'adaptait à ses visiteurs. A Marguerite Lautru elle parlait religion, on chantait des cantiques, on évoquait Thérèse de Lisieux et la vie carmélitaine à laquelle l'une et l'autre rêvaient tout en sachant ce rêve inaccessible.

A Gisèle Boutteville plus mondaine, Marthe n'a jamais parlé de sa vie intérieure, ni fait aucune « révélation ». « Souvent on m'a dit : " C'est une voyante ! " Mais non ! Elle n'a jamais dit l'avenir [8] ! »

Ce trait montre l'ambiguïté qui déjà planait sur Marthe au village. Une voyante ! Pourquoi pas une sorcière ?

Mais elle savait aussi lui parler de Dieu. Alors tombaient les masques. « C'était merveilleux, avoue Gisèle. J'en pleurais ! »

Ainsi se révélait peu à peu la personnalité mystique de Marthe Robin, qui ne s'est pas formée en un jour, mais par paliers successifs. On a déjà noté la première communion, où « le Christ s'est emparé de son âme », la vision de la Vierge à dix-neuf ans, ses lectures spirituelles l'engageant à offrir ses souffrances, le don de sa place à Lourdes à vingt-trois ans où elle fait abandon d'elle-même au profit de l'Amour et choisit délibérément la voie du sacrifice, mais celle aussi de la plénitude et de la joie dans la foi. Et cependant elle a connu les vides spirituels, les longues luttes intérieures. « Je me suis débattue avec Dieu [9] », a écrit Marthe. Puis elle a cédé sans réserve, et une paix immense fit place aux tourments dans son cœur. Telle était la réponse de l'Amour.

Bien entendu, un tel engagement implique une ligne de conduite qu'il faudra tenir, une lutte continuelle contre sa « nature », qui instinctivement repousse la souffrance et recherche sinon le « plaisir », pour elle c'est fini depuis longtemps, du moins se recherche au lieu de se tourner vers les autres. Marthe ne se faisait aucune illusion à ce sujet ; elle savait que « l'Amour aurait du mal à devenir sa vraie nature ».

C'est pourquoi, le 15 octobre 1925, elle formula par écrit ses résolutions, sorte de « profession solennelle » pour celle qui n'avait pu entrer au Carmel :

ACTE D'ABANDON ET D'OFFRANDE A L'AMOUR ET À LA VOLONTÉ DE DIEU *

Seigneur mon Dieu, vous avez tout demandé à votre petite servante ; prenez donc et recevez tout. En ce jour, je me remets à vous sans réserve, ô le bien-aimé de mon âme ! C'est vous seul que je veux, et pour votre amour je renonce à tout.

Ô Dieu d'amour, prenez ma mémoire et tous mes souvenirs, prenez mon intelligence et faites qu'elle ne serve qu'à votre plus grande gloire. Prenez ma volonté tout entière, c'est à jamais que je l'anéantis dans la vôtre. Non plus ce que je veux, ô très doux Jésus, mais toujours tout ce que vous voulez. Recevez-la, guidez-la, sanctifiez-la. A vous je l'abandonne.

Ô Dieu de toute bonté, prenez mon corps et tous ses sens, mon esprit et toutes ses facultés, mon cœur et toutes ses affections. Ô Sauveur adorable, vous êtes l'unique possesseur de mon âme et de tout mon être. Recevez l'immolation que chaque jour et à toute heure je vous offre en silence. Daignez l'agréer et changez-la en grâces et en bénédictions pour tous ceux que j'aime, pour la conversion des pécheurs et la sanctification des âmes.

Ô Jésus, prenez tout mon petit cœur, il demande et soupire à n'être qu'à vous seul. Gardez-le toujours dans vos puissantes mains afin qu'il ne se livre et ne s'épanche dans aucune créature.

Seigneur, prenez et sanctifiez toutes mes paroles, toutes mes actions, tous mes désirs. Soyez à mon âme son bien et son tout. A vous je le donne et l'abandonne.

J'accepte avec amour tout ce qui me vient de vous : peine, douleur, joie, consolation, sécheresse, abandon, délaissement, mépris, humiliation, travail, souffrance, tout ce que vous voulez, ô Jésus.

Je me soumets humblement à la conduite admirable de votre providence en m'appuyant uniquement sur le secours de votre immense bonté. Je vous promets la fidélité la plus sincère. Ô divin Rédempteur, en victime pour le salut des âmes à vous je me livre et m'abandonne.

Je vous prie d'accepter toute mon offrande, et je serai heureuse et confiante. Hélas, c'est bien peu, je le sais, mais je n'ai

---

* Comme tous les textes et « dits » de Marthe que nous publions, celui-ci est peut-être plus ou moins inspiré d'un écrit qu'elle a lu ou qu'on lui a lu. Une commission réunie par l'évêque de Valence tente actuellement de faire le point à ce sujet.

rien de plus. J'aime mon extrême bassesse parce qu'elle me vaut toute votre miséricorde et vos paternelles sollicitudes.

Mon Dieu, vous connaissez ma fragilité et l'abîme de ma grande faiblesse. Si je devais un jour être infidèle à votre souveraine volonté sur moi, si je devais reculer devant la souffrance et la croix et déserter votre chemin d'amour en fuyant le tendre appui de vos bras, oh je vous en supplie et vous en conjure, faites-moi la grâce de mourir à l'instant. Excusez-moi, ô cœur sacré de mon Sauveur, excusez-moi par votre très doux nom de Jésus, par les douleurs de Marie, par l'intercession de saint Joseph et par l'amour que vous avez eu pour faire la volonté de votre Père.

Ô Dieu de mon âme, divin soleil, je vous aime, je vous bénis, je vous loue, je m'abandonne toute à vous, je me réfugie en vous. Cachez-moi dans votre sein parce que ma nature frémit sous le fardeau des cruelles épreuves qui m'accablent de toutes parts, et parce que je suis seule, toujours.

Mon bien-aimé aidez-moi, prenez-moi avec vous. C'est en vous seul que je veux vivre pour ne mourir qu'en vous [10].

Aidez-moi !

En 1926, l'état général de Marthe se dégrada. Des troubles digestifs apparurent, premiers signes de refus de l'estomac à garder la nourriture. Le 3 octobre, une brutale hémorragie digestive la terrassa, « d'allure dramatique » note le rapport médical, qui précise : « Hématémèse abondante [vomissement de sang], accompagné de mélæna ; hématurie. »

On court téléphoner au docteur Aristide Sallier, de Saint-Uze, qui arrive aussitôt. Dépassé, il appelle son confrère de Saint-Vallier. Tous deux s'avouent impuissants. Une nouvelle hémorragie se déclare le lendemain. Il faudrait opérer, mais la malade est trop affaiblie pour être transportée. « Il n'y a plus rien à faire, disent les médecins ; sinon appeler le prêtre. »

L'abbé Faure arrive peu après et lui administre (pour la seconde fois de sa vie) le sacrement des malades, appelé alors « extrême-onction ».

Marthe n'éprouve pas d'angoisse, au contraire. Elle sait qu'elle va mourir, elle sait où elle va ; elle en est heureuse : « Que se dissipe le voile d'ombre qui me cache une si adorable merveille ! »

Par discrétion, pour qu'on ne parle pas d'elle après sa mort, elle détruit son Acte d'abandon du 15 octobre 1925 *.

Puis elle entre en agonie.

Pendant trois semaines elle demeura dans une sorte de coma, sans rien pouvoir absorber, ce qui confirma les médecins dans leur pronostic d'issue fatale. Lorsqu'elle émergea de cet état qui n'était pas le néant, elle déclara à sa famille stupéfaite :

– Je crois que je ne vais pas mourir.

Puis elle ajouta, et sa voix tremblait :

– J'ai vu sainte Thérèse. Je l'ai vue. Trois fois elle m'a visitée.

Sainte Thérèse se fêtait alors le 3 octobre, et c'est le 3 octobre que la crise s'était déclarée.

Marthe est demeurée discrète sur ces visions. A Jean Guitton elle dira plus tard :

– J'aime Thérèse de l'Enfant-Jésus. Je l'ai connue par des visions. Elle m'a fait comprendre qu'après sa mort elle serait plus active que jamais [11].

Le père Finet, qui recevra plus tard ses confidences, a aussi témoigné :

« Elle dira que sainte Thérèse lui est apparue trois fois, l'assurant que non seulement elle n'allait pas mourir, mais qu'elle allait vivre en prolongeant la mission de sainte Thérèse elle-même dans le monde entier [12]. »

Enfin, à Mlle Ange Matéi, professeur au lycée Saint-Jean-de-Maurienne, Marthe confiera plus tard :

– Dire que je l'aime tant, la petite Thérèse, et que c'est elle qui m'a fermé les portes du ciel ! J'étais heureuse, prête à partir, à mourir... à vivre ! Sainte Thérèse m'est apparue. Je l'ai vue. Trois fois elle m'a visitée. Elle m'a dit : « Tu ne mourras pas. Tu es chargée d'une mission spirituelle [13]. »

Une mission ! Pour la première fois, le mot est prononcé. Accompagnant à la gare Marguerite Lautru en avril 1927, l'abbé Faure lui parlera de cette mystérieuse mission dont Marthe lui a fait une brève confidence : « M. le curé m'a dit que Marthe avait des révélations de Dieu et un plan à réali-

* Marthe portait ce texte sur elle ou caché sous son oreiller. Elle en avait donné connaissance à l'abbé Faure, qui en avait fait une copie, qu'il confia à l'abbé Perrier. Ses nièces l'ont conservée, elles la remettront plus tard au père Finet. L'abbé Peyret publiera l'Acte en 1981, huit mois après la mort de Marthe.

ser. Mais il ne savait pas quoi exactement. Marthe ne m'en a jamais parlé. Et pourtant, Dieu sait si elle m'aimait [5] ! »

Beaucoup plus tard, évoquant cette mission devant le père Finet, Marthe aura ce mot à propos de sainte Thérèse :

– Oh la coquine ! Elle m'a tout laissé après [14] !

De toute évidence, Marthe ne savait pas encore quelle serait sa mission. Et cela l'inquiétait. Par la suite, le Christ lui dira :

– Ne tremble pas. C'est moi qui ferai tout [15].

Ce qui est sûr : elle était transformée. A ses parents, elle déclara :

– J'expérimente combien il est doux d'aimer, même dans la souffrance, car c'est l'école incomparable du véritable amour, le vivant langage de l'amour, la grande éducatrice du genre humain. Celui qui n'aura pas connu l'angoissante douleur ne pourra jamais pleinement goûter les beautés de la joie profonde [16].

La découverte émerveillée de Marthe Robin se cache dans ces mots ; et sa force. Mais il lui restait un travail immense à accomplir pour la transmettre aux autres.

Le 2 mars 1927, Marthe écrivit dans son cahier : « Je vais mieux depuis quelques jours. »

Elle était donc sortie de la crise. Mais dans quel état !

« Je peux rester levée une grande partie de la journée, mais je ne peux ni penser, ni m'appliquer à rien, ni m'occuper manuellement. De plus, il m'est impossible de faire le moindre mouvement sans être aidée par ma si dévouée maman, si ce n'est que je garde, du moins en partie, l'usage de mes bras et de mes mains, quoique ces dernières soient devenues bien maladroites. Je remercie le bon Dieu de me laisser ce dernier usage, au moins pour la consolation de mes chers parents et pour les légers services que cela me permet de leur rendre.

« Néanmoins, je me sens écrasée au physique et au moral. Tout m'angoisse et m'accable. Je ne sais plus réagir. Fiat !

« Mais en voilà bien long, beaucoup trop long sur ce pauvre moi. Mieux vaudrait, il me semble, m'arrêter davantage sur tout ce que Dieu fait en mon âme à chaque instant. Je sens dans mon incapacité même que la grâce, non de consolation, mais de force et d'amour, est répandue en moi avec une surabondance toujours renouvelée. Si bien que je me sens tout enveloppée de son amour et dans son amour, et de plus en plus abandonnée à sa souveraine action en moi. Mon âme est plongée et comme emportée vers cette Jérusalem d'amour, sous la puissance des attraits et des inspirations de Dieu même qui par instant semble vouloir comme m'absorber tout entière en lui. »

Puis Marthe retombe dans ses scrupules :

« J'ai peur de tout cela. Je suis tellement seule spirituellement et moralement, et cependant je sens que je dois m'abandonner à lui sans réserve. Fiat ! J'ai tant besoin de le dire souvent, ce fiat qui m'unit à Jésus et à Marie ma bien-aimée maman, et qui consomme mon immolation.

« Il me semble que je ne suis plus qu'une toute petite chose dans les bras de Dieu et que je vais rester ainsi jusqu'à la mort. Je ne sais ce qu'il veut faire de moi, mais je veux tout. Tout est bon de ce qui vient de Dieu et de ce qu'il veut de nous. Oui, tout m'est bon, tout est cher et doux à mon âme infiniment, parce que c'est Lui qui le veut ainsi. Lui qui conduit tout. Je me réfugie dans son cœur, uni à ma mère que j'aime tant et je n'en sors plus. Je sais que ce n'est pas Lui qui m'en chassera [17]. »

Le 17 mars 1927, elle revient sur sa grande découverte : la souffrance, école et langage de l'amour :

« On apprend à aimer et on n'aime vraiment que dans la souffrance et par la souffrance, car la souffrance vraie s'édifie non dans les délices humaines de la vie présente, mais dans le dépouillement et le renoncement de soi et sur la croix.

« Il est facile de blasphémer l'épreuve et de proclamer les droits de l'homme au bonheur. Loin de chercher à pénétrer ce grand et divin mystère de la souffrance, la plupart des hommes détournent leur visage de la douleur comme si elle n'avait rien à leur apprendre de noble, de juste et de valable. Mais l'âme qui s'est une fois demandé : " Pourquoi un Dieu souffrant ? " sent, contrairement à tout ce que pense le raisonnement en face du mystérieux drame de la souffrance, qu'elle est assurément sa meilleure amie et qu'elle lui apporte les plus grandes richesses qu'elle puisse jamais désirer.

« Jésus disait des paraboles qu'elles étaient faites pour éclairer ceux qui veulent les approfondir et aveugler ceux qui regardent sans voir et entendent sans comprendre. Ainsi en est-il de la douleur. Elle scandalise et révolte ceux qui se replient et se referment sur eux-mêmes, et sanctifient ceux qui s'évertuent à regarder Jésus, à avoir foi en Jésus, à aimer Jésus, à prendre leur croix avec la croix de Jésus et à marcher à sa suite avec humilité et amour.

« C'est la folie de la croix qui consiste à faire sortir de la mort l'immortalité, la gloire de l'humiliation, l'âme du néant, parce qu'elle ne cesse de nous crier la vanité de ce qui passe.

« Il a volontairement accepté la souffrance et la croix et il la propose à tous ses frères en ce monde comme moyen unique de sanctification et de salut : " Si quelqu'un veut venir après moi, qu'il renonce à lui-même, qu'il prenne sa croix et me suive[18]. " »

Le 2 mai 1927, l'union mystique se prépare et se dévoile, et qui oserait parler de « consolations » alors qu'il s'agit plutôt d'explosion, celle du Dieu en sa créature ?

« Alléluia, alléluia ! Je puis enfin l'aimer de tout mon cœur, l'aimer sans mesure, lui mon Seigneur et mon Dieu réellement présent et vivant en moi ! Je n'ai plus peur maintenant de toutes ses grâces d'amour, de toutes ses multiples tendresses de ces derniers temps. Je nage dans l'action de grâces et dans l'amour des vrais enfants de Dieu. Mes peines, mes craintes, mes faiblesses même, l'impuissance à ne pouvoir m'occuper de rien, tout cela a disparu ou m'est devenu facile à supporter depuis que j'ai eu l'immense bonheur de communier tout près de ma chère maman qui assistait à ma communion[19]. »

Revenue à la vie et ignorant qu'une copie existait de son Acte d'abandon, Marthe en rédigea un autre vers 1927, qui diffère du premier dans sa forme sinon dans le fond. Plus mystique, c'est un cri d'amour à Dieu et elle ne retient ni son cœur, ni ses lèvres. Avec une foi, un élan passionné qui incarnent une conscience universelle de la volonté de Dieu de communiquer à l'homme sa sainteté, à l'image du Christ et de tous les grands saints, Marthe s'offre totalement à Dieu pour l'humanité entière :

Me voici, mon Dieu, je viens faire ta volonté !

Non seulement elle accepte tout, mais elle demande tout :

Ô mon Dieu, tout mon pauvre moi est à vous. Faites-en, je vous en supplie, votre petite humanité de surcroît. Toute vôtre, toute à vous, toute pour vous ; votre ciel d'amour sur la terre. Que je n'aie plus de pensées, de vouloirs, de désirs, d'intérêts, de joies et de souffrances que les vôtres.

Détruisez en moi tout ce qui peut vous résister, vous gêner, vous déplaire. Consumez tout dans votre immense amour, réduisez tout à votre aimable empire !

Marthe revient sur cette notion essentielle des mystiques : la fusion amoureuse exige le sacrifice de soi :

Plus de moi, plus de mien. Plus de rien. Vous seul, ô mon Jésus ; rien que vous seul, toujours ! Soyez vraiment ma vie, mon amour et mon tout ! Que je puisse dire en toute vérité : mon moi c'est Jésus, sa volonté, son esprit, l'amour infini, le Dieu bon, le Dieu saint qui vit en moi et s'exprime, par toutes ses œuvres.

Que toute ma joie soit ici-bas de vous faire connaître bon comme vous êtes bon, de vous aimer, de vous imiter, de vous offrir, au nom et pour toutes les créatures.

Que ma vie soit la reproduction parfaite et incessante de votre vie, la manifestation de votre amour et la continuation de celle de Marie, vierge et martyre. Que tout en moi exprime mon amour pour vous et que je sois toujours prête au sacrifice.

Marthe insiste sur sa mission d'offrande universelle :

Ô Sauveur adorable ! Vous êtes l'unique possesseur de mon âme et de tout mon être. Recevez l'immolation que, chaque jour et à tout instant, je vous offre en silence. Daignez l'agréer et la faire servir au bien spirituel et divin de tant de millions de cœurs qui ne vous aiment pas, à la conversion des pécheurs, au retour des égarés et des infidèles, à la sanctification et à l'apostolat de tous vos bien-aimés prêtres et en faveur de toutes les créatures.

Ô Jésus, prenez mon cœur, tout mon cœur, il ne demande et soupire de n'appartenir jamais qu'à vous seul. Gardez-le toujours près du vôtre, gardez-le tout entier dans le vôtre, gar-

dez-le à jamais pour le vôtre afin qu'il ne se livre et s'épanche dans aucune créature.

Ô Jésus, que mon cœur soit vraiment l'autel de votre amour et que ma langue publie à jamais vos miséricordes! Daignez, je vous en supplie, sanctifier toutes mes paroles, toutes mes actions, toutes mes intentions, tous mes désirs. Soyez vraiment à mon âme son trésor et son tout. A vous je la donne et je l'abandonne.

J'accepte avec amour tout ce qui me vient de vous, je m'abandonne humblement à vous par Marie, ma bien-aimée maman, en m'appuyant uniquement sur le secours de votre infinie miséricorde et je vous promets la fidélité la plus sincère.

Plus rien de moi, par moi, pour moi. Je renonce à jamais à moi-même et à tout, et me voue tout entière à la prière, à la souffrance et à l'amour. En victime d'amour pour l'Église et les âmes, à vous je me livre et m'abandonne. C'est bien peu je le sais, mais je n'ai rien de plus et je vous donne tout.

J'aime mon indigence et ma faiblesse parce qu'elles me valent toute votre miséricorde et vos plus tendres sollicitudes.

Mon Dieu, vous connaissez ma fragilité et l'abîme sans fond de ma misère. Si je devais un jour être infidèle à votre souveraine volonté sur moi, si je devais reculer devant la souffrance et la croix et déserter votre chemin si doux en fuyant le tendre appui de vos bras, oh je vous en supplie et vous en conjure, faites-moi la grâce de mourir à l'instant.

Ô mon Jésus, divin soleil d'amour! Ô ma voie, ma lumière et ma vie! Je vous aime, je vous adore, je vous bénis, je m'abandonne à vous, je me confie à vous. Gardez-moi bien toujours toute vôtre, cachez-moi bien toujours tout entière en vous, parce que ma pauvre nature tremble et gémit sous le fardeau des cruelles épreuves qui l'enveloppent de toutes parts. Et je suis seule toujours.

Marie, ô ma mère chérie, donnez-moi vous-même à Jésus, offrez vous-même à Dieu cette petite hostie. Qu'il daigne venir habiter en elle, reposant en son cœur comme en son tabernacle. Pour demeurer, hélas, il n'aura que ma misère. Mais il trouvera au moins l'amour, la reconnaissance, la fidélité, la générosité, l'abandon, l'humble et joyeuse confiance pour le dédommager, consoler, réjouir, glorifier, pour glorifier son sacré cœur et lui donner des âmes, en union avec vous, ô ma si chère maman[20] *!*

Comme on le voit, le second Acte d'abandon est beaucoup plus « volontariste » que le premier. Dans un premier temps, Marthe s'abandonne. Dans un deuxième, elle se livre. Et elle demande à Dieu de détruire tout ce qui pourrait lui résister. Comme saint Paul, elle aspire à l'identification totale au Christ.

Prenant une dimension missionnaire universelle, elle demande que son sacrifice serve à la conversion de l'humanité entière. Et, toujours plus consciente de sa faiblesse, elle sollicite l'aide de Marie, sa « mère chérie », sa « bien-aimée maman », celle qui la soutient et l'amène au Christ : Marie médiatrice.

Là, on peut mesurer la totale confiance qu'elle lui fait, la force qu'elle en reçoit, leur profonde relation de tendresse, née d'une présence constante l'une à l'autre. Marthe allait en avoir terriblement besoin pour devenir, à l'image du Christ, toute prière, souffrance, amour, dans la réalité crucifiante de la lutte contre le mal.

5

LE SACREMENT DE LA SOUFFRANCE

> Tout a un sens, rien n'est perdu. La vie éternelle plonge toute épreuve dans l'océan de l'Amour [1].
>
> A. M. Carré, *Je n'aimerai jamais assez.*

La santé de Marthe se dégradait à chaque crise et elle ne reprenait pas le dessus. Il eût au moins fallu qu'elle mange. Or, elle avait presque cessé de s'alimenter.

A chaque palier elle souffrait un peu plus, et la paralysie gagnait toutes les articulations. Pour elle et les siens on ne pouvait que souhaiter une mort libératrice qu'elle appelait d'ailleurs de ses vœux mais qui lui était refusée.

« Il paraît que je ne mérite même pas de mourir », écrivait-elle à son pharmacien de Saint-Vallier le 5 juillet 1927, pour lui commander quatre tubes d'aspirine, car elle était « à court de calmants [2] ».

Mais de quoi souffrait-elle ? Les médecins avaient diagnostiqué une crise généralisée de rhumatismes aigus. Elle semblait victime d'une déficience du système immunitaire, favorisant les infections multiples. L'anorexie ne lui permettait pas de se « refaire ». Son chirurgien-dentiste, le Dr Rivot, vint à domicile lui extraire plusieurs dents pour limiter ses souffrances.

« Je souffre horriblement dans la tête, les bras, les reins », écrivait-elle encore à son pharmacien. Un neveu de Marthe, Raymond Gaillard, se souvenant d'avoir vu Robin transporter sa fille de son lit au fauteuil, parle de « scène insoutenable ». Après quoi, « on passait à table, mais on avait l'appétit coupé [2] ».

Marthe elle-même, qui parlait pourtant si rarement de ses souffrances, précise dans sa lettre au pharmacien :

« Je me lève (ou plutôt on me lève) chaque jour vers les dix ou onze heures. On me met dans mon fauteuil d'où je ne bouge plus jusqu'à l'heure du coucher, qui ne se fait pas sans larmes, malgré mon assiduité aux comprimés. Mes nuits sont en général mauvaises. »

La fin de la lettre cachait une envie déchirante de mourir, très rare chez elle :

« En Dieu j'espère une délivrance de la terre le plus vite possible. »

Mais il y avait la mission ! Pour la lui rappeler, elle eut, le 1er octobre 1927, une nouvelle vision de sainte Thérèse. Elle se souvint alors de ce que la petite carmélite écrivait dans son journal :

« Pour aimer Jésus, être sa victime d'amour, plus on est faible, sans désir, sans vertus, plus on est propre aux opérations de cet amour consumant et transformant. Il faut consentir à rester pauvre et sans force, et voilà le difficile. C'est la confiance et rien que la confiance qui doit nous conduire à l'amour [3]. »

Cependant, la maladie évoluait toujours vers le pire. En mars 1928, le blocage des articulations des membres inférieurs devint presque total. Paralysée des jambes, qui se bloquaient dans une position interdisant la posture assise, Marthe dut renoncer à son fauteuil et demeurer couchée. Elle ne pouvait donc plus vivre dans la cuisine, ni l'été dans la cour en observant la vie de la ferme, participant ainsi un peu à la communauté familiale.

Elle resta désormais alitée dans sa petite chambre au rez-de-chaussée, qui ouvrait sur la cuisine, et dont la fenêtre donnait sur la cour ; une pièce au sol de terre battue, aux murs blanchis à la chaux, d'une pauvreté plus que monacale. Mais elle avait au moins le bonheur de sentir le soir sa mère auprès d'elle, qui couchait dans un lit tout contre le sien.

Dans son lit étroit et inconfortable, aux ressorts usés, Marthe souffrait encore plus du dos. Aussi demanda-t-elle en juillet 1928 un petit lit sur mesure. Dans l'une des dernières lettres écrites de sa main, elle précise :

« Je voudrais que l'on mette le dossier de quarante-cinq à cinquante centimètres, à cause de mes reins malades ; largeur, quatre-vingt-dix, ou quatre-vingts si l'on ne peut faire quatre-vingt-dix, mais pas moins large, surtout à cause de mes jambes repliées. Je voudrais aussi que l'on y mette quatre roulettes [4]. »

Un divan court plutôt qu'un lit, qui coûta six cents francs au pauvre Robin ! Les oreillers empilés lui permirent d'avoir le buste et la tête presque droits et de broder, lire ou écrire. Un grand oreiller calait aussi les deux jambes repliées sous elle.

De ce petit divan elle ne bougera désormais de sa vie. Et il lui restait plus d'un demi-siècle à vivre !

Non seulement Marthe ne s'alimentait presque plus, se contentant de sucer quelques fruits ou bonbons, mais elle cessa pratiquement de dormir. Les médecins se succédaient en vain à son chevet. Tous ceux de la vallée avaient été consultés : Châteauneuf, Hauterives, Saint-Uze, Saint-Vallier. Et même ceux des autres vallées, comme Saint-Sorlin-en-Valloire ; et celui, réputé, de Saint-Péray, en Ardèche.

– Voyez ma pauvre petite dans quel état elle est ! se lamentait maman Robin.

– Pourtant, elle n'a rien fait de mal ! s'indignait le père.

Puis les médecins cessèrent de s'en occuper. Si la patiente ne mangeait plus, fatalement elle allait mourir ! C'était une question de semaines ; un mois peut-être. Alors, son cas serait réglé et on ne parlerait plus de la petite paralysée de la Plaine.

Évidemment, la mort aurait arrangé tout le monde et enlevé aux parents l'angoisse de la laisser si handicapée après eux, qui vieillissaient autant de fatigue que de chagrin. Déjà, la maman supportait mal les orageuses journées d'été qui, disait-elle, lui « remuaient la bile ». « Pauvre petite maman, se plaignait Marthe. Qu'il est dur de ne pouvoir même pas donner un verre d'eau à ceux qu'on aime [5] ! »

Un verre d'eau ! En 1928, Marthe cessa aussi de boire. L'anorexie devint totale. Cette deuxième « inédie », celle-là définitive, avait débuté par un second accident gastrique avec hémorragie, que signale le rapport médical. Dans ces conditions, on comprend que l'estomac refusât toute nourriture. Le rapport précise :

« En temps normal, elle absorbe, dit-elle, trois ou quatre fois par jour une goutte de café, chaque fois la valeur à peine d'un dé à coudre. Elle le garde un moment dans la bouche, mais ne peut le déglutir. Elle finit par l'absorber, sans avoir à faire, dit-elle, un effort de déglutition. Le vendredi, la langue se retire au fond de la bouche. »

Sa mère lui mettait encore dans la bouche un quartier d'orange que Marthe s'efforçait en vain de sucer. Puis elle y renonça. On ne pouvait rien faire contre l'absence du réflexe vital de déglutition. Ce phénomène musculaire complexe a pour but de faire passer le bol alimentaire dans le pharynx puis l'œsophage, tout en obturant le larynx qui conduit l'air aux poumons. Cet acte réflexe est réglé par un centre nerveux situé dans le bulbe rachidien. Ainsi cessa en Marthe toute fonction d'assimilation.

Contrairement à ce que certains ont écrit, y compris dans des encyclopédies, Marthe Robin n'avait jamais fait le vœu de jeûne. Même si elle l'avait envisagé, ses confesseurs ne l'y auraient pas autorisée, et elle témoignait d'une obéissance absolue à leur égard. Non. Elle ne pouvait pas déglutir, à l'exception, mystérieuse, incompréhensible, de l'hostie consacrée. Mais y avait-il déglutition ? Les témoins affirment le contraire. L'hostie était comme « aspirée ». Nous en reparlerons.

Alors qu'elle ne pouvait ni manger ni boire, la soif la torturait !

« Le démon m'attaque par la soif en me faisant éprouver des soifs cruelles et excessives, ce qui m'est un tourment très pénible. Et quand on m'apporte à boire, je ressens un tel dégoût que je dois me faire une grande violence [6]. »

Fini le dé à coudre de café. On lui humectait seulement les lèvres et la bouche pour que la langue ne colle pas au palais et qu'elle puisse parler.

Ainsi que nous le verrons dans la deuxième partie de ce livre, le phénomène de l'inédie se retrouve chez certains mystiques et même chez quelques agnostiques. Les plus savants de ses médecins ne l'ignoraient pas. Mais ce qui les confondait par-dessus tout, c'était la perte presque totale du sommeil.

Avant 1928, Marthe dormait déjà très peu. Désormais, elle ne dormira presque plus. Ainsi lui sera-t-il donné d'assumer en totalité ses souffrances, sans le repos bienfaisant des nuits. Il n'y eut plus pour elle ni nuit ni jour ; elle vécut comme hors du temps. Elle accepta ce nouveau sacrifice dans la ligne de la Passion en se souvenant du reproche pathétique du Christ à ses apôtres, qui dormaient tandis qu'il subissait l'angoisse de la mort, la nuit précédant le vendredi saint. Désormais, jour et nuit, Marthe veillera.

« Entièrement participante à toute la vie de louange, d'adoration et d'amour de Jésus roi et sauveur, j'abandonne donc tout à Dieu, sans réserve, et consume en lui, avec Jésus par Marie, toutes les forces de ma faiblesse au-delà des limites tellement bornées de la douleur humaine, pleinement certaine que mon holocauste et mon offrande montent vers le Père, vers la Trinité, comme une flamme ardente et pure, pour la rédemption du monde et son incessante montée dans l'amour et la sainteté et dans l'unité. Si bien qu'au sein même des plus angoissantes et des plus cuisantes douleurs de l'âme et du cœur, ainsi que du corps, je nage dans la surabondance de l'amour [7]. »

Mais quelle nuit de l'esprit et quelles épreuves morales elle dut subir avant d'être comblée par la présence de son bien-aimé ! En ces années 1925–1928 elle se trouvait abandonnée de tous, ne recevant presque plus de visites, les gens se lassant de l'éternelle malade qui refusait de mourir !

Son frère Henri, trente-deux ans, ce paysan ombrageux et sauvage, toujours célibataire, avait fait le vide autour d'elle. Même le curé de Châteauneuf ne venait plus.

– Qu'est-ce qu'il vient foutre ici, ce curé ? bougonnait-il.

Pour éviter un incident, car le garçon était violent, Marthe demanda à l'abbé Faure de ne plus lui porter la communion hebdomadaire, son unique soutien. Comme elle n'osait pas lui dire que ses visites exaspéraient son frère, le curé n'y comprit rien et s'en vexa. A Jeanne Bonneton qui l'adjurait de remonter aux Moïlles, il répondit sèchement :

– Non. C'est une orgueilleuse [8] !

Au fond, il n'était pas trop fâché de n'avoir plus à la revoir. « Je suis complètement dépassé », avoua-t-il un jour aux filles de son patronage, robustes paysannes sans complication avec lesquelles on avait plaisir à travailler et qui, elles, ne boudaient pas la bonne nourriture que Dieu nous donne !

Au moment où Marthe tombait dans cet isolement, elle reçut heureusement une visite importante. Frère Marie-Bernard effectuait avec frère Jean, franciscain capucin comme lui, une tournée de mission dans les paroisses les plus déchristianisées de la région. Ils s'étaient d'abord rendus à la cure de Châteauneuf pour faire le tour des problèmes. L'abbé Faure n'avait pas caché le cas de Marthe Robin, ni qu'il ne pouvait plus la voir. Double raison pour frère Marie-Bernard de monter à la Plaine.

Il en revint édifié. Spécialiste de Thérèse de Lisieux, il venait de publier sur elle un livre, *Message nouveau*. Dans l'esprit de la petite voie de sainteté, Marthe l'avait ébloui.

De retour à Châteauneuf, il déclara au curé :

– Mais c'est une sainte que vous avez là !

– Une sainte ?! répliqua le curé, suffoqué.

– Vous ne la connaissez pas !

Pour la première fois le mot « sainte » était prononcé [9].

Beaucoup de choses alors changèrent. Frère Marie-Bernard orienta les lectures spirituelles de Marthe et lui suggéra d'entrer au tiers ordre de saint François, ce qu'elle fit le 2 novembre 1928. Et l'abbé Faure, remettant ses galoches de marche, reprit ses visites à la Plaine, en dépit du frère cerbère.

Mais il n'y avait pas qu'Henri Robin. Un adversaire autrement redoutable sortit à nouveau de l'ombre. Tenons-nous-en aux témoignages :

La nuit même qui suivit l'entrée de Marthe au tiers ordre franciscain, un phénomène étrange se déroula dans sa chambre. « Je ne sais pas ce qui s'est passé, dira Mme Robin qui couchait à côté de sa fille, elle a poussé un cri épouvantable. »

Jeanne Bonneton, l'amie de Marthe, qui se préparait à entrer chez les clarisses, dira plus tard à l'abbé Peyret : « Le diable lui a donné un coup de poing et lui a cassé deux dents. J'ai vu les dents cassées [10]. »

Était-ce un cauchemar ? Mais Marthe ne dormait plus. Elle confirma cette « visite » inquiétante aux Drs Dechaume et Ricard, qui, dans leur rapport, parlent de « perception intellectuelle » du démon, ce qui ne nous éclaire guère.

Par ailleurs, Mme Robin dira que la Vierge était ensuite apparue à Marthe pour la rassurer : « La Sainte Vierge apparaît à Marthe dans sa chambre, mais moi je ne l'ai pas vue [11]. »

Ces faits extraordinaires, ajoute Célina, la sœur aînée de Marthe, furent « acceptés » dans la famille. Le terme serait plutôt : « tolérés » ! On tolérait le démon comme on tolérait le curé, parce qu'on ne pouvait pas faire autrement ! La vie était devenue suffisamment difficile pour ces pauvres gens sans que le diable s'en mêle !

Et la Vierge !

On se souvient que Marie était déjà apparue à Marthe en 1921. Bien qu'elle n'en parlât plus, la jeune fille semblait, depuis cette date, assez familière de ce genre de phénomène.

Ici se place l'anecdote de la bougie, que raconte son amie Gisèle Boutteville.

Un orage se déchaîne en fin de journée. Le ciel est d'un noir d'encre. Marthe se trouve seule à la ferme, Mme Robin étant partie aux champs pour aider les hommes à rentrer les bêtes. Soudain, une forte décharge électrique fait disjoncter le compteur. A son retour, Mme Robin trouve la ferme plongée dans l'obscurité. Mais il y a de la lumière chez Marthe ! Une bougie est allumée. Or personne n'est resté à la maison.

– Mais qui donc a allumé cette bougie ?

– Ma petite maman, tu sais bien que ma maman chérie du ciel ne me laisse jamais seule [12] !

Malgré une gêne manifeste, car elle n'avait rien d'une exaltée, Marthe confia ses visions à son curé. Pour la manifestation démoniaque, elle n'avait aucun doute. Il lui semblait évident que c'était lié à son adhésion au tiers ordre franciscain. Mais la Vierge ! « M. le curé, j'ai tellement peur d'être dupe de quelque habile manœuvre ! »

La Vierge ! Le pauvre curé en avait déjà vu de toutes les couleurs avec Marthe. Mais la Vierge ! Les deux capucins étaient repartis. Il s'en ouvrit à son ami l'abbé Perrier, curé de la paroisse voisine de Saint-Uze, le seul prêtre du canton capable de comprendre une mystique. Il connaissait Marthe, qu'il prenait au sérieux. Il alla la revoir.

Elle lui confirma ses visions. Très troublé, l'abbé Perrier demanda alors conseil à son ami l'abbé Betton, homme éclairé, érudit, confesseur habituel des séminaristes, qui professait au séminaire diocésain de la Drôme.

La Vierge ! Le théologien sursauta. Cette jeune paysanne devait être une simulatrice qui cherchait à se rendre intéressante !

– Je l'aurai, cette petite !

Il monta à la Plaine. Fasciné par le regard paisible et pur de Marthe, il l'écouta en silence. Puis il l'interrogea et tenta de la faire se contredire. Mais il fut rapidement convaincu de sa sincérité. Perplexe, il hésitait lui aussi entre la Vierge et le démon, quand soudain Marthe lui déclara avec sa candeur désarmante :

– Monsieur l'abbé, je suis ennuyée parce que je vois la Trinité. Comment est-ce possible ?

La Trinité ! Le prêtre était bien plus ennuyé qu'elle ! Malgré des années de théologie, il se souvenait de sa perplexité d'enfant au catéchisme et des silences prudents de ses éducateurs dès qu'il s'agissait de définir comment Dieu peut être à la foi un et trois. Il balbutia :

– Votre vision n'est pas sensible, mais... intellectuelle [6].

Réponse habile. La Vierge non plus n'était pas « sensible » ; elle ne pouvait pas être une femme de chair et d'os ; sinon, tout le monde l'aurait vue ! Par cette réponse, il apaisa Marthe ; il ne niait pas la réalité éventuelle de la vision, il voulait laisser le temps couler. Si c'était le démon, on le saurait un jour ou l'autre par le comportement de Marthe.

Bien qu'après cette visite elle ne fût pas totalement éclairée, elle était heureuse d'avoir rencontré un prêtre ouvert aux réalités surnaturelles sans qu'il s'enfermât dans un dogmatisme sclérosant. L'abbé Betton reviendra souvent la voir, jusqu'en 1936, lorsque l'abbé Finet prendra le relais de cette difficile direction de conscience.

On regrette qu'il n'ait pas davantage témoigné. Devenu curé de Saint-Rambert-d'Albon, il répondra seulement à l'abbé Peyret qui, en 1981, commença la première enquête sur Marthe Robin : « J'ai eu le sentiment de la présence de Dieu [6]. »

N'est-ce pas là l'essentiel ?

Jusqu'alors, Marthe avait conservé une relative mobilité des mains, qui lui permettait de broder et d'écrire. En 1929, elle en perdit aussi l'usage.

« Pendant l'hiver, la malade avait souffert des bras, elle avait eu des douleurs aiguës des jambes, précise le rapport médical. Brutalement, le 2 février 1929, vers midi, apparaît une impotence avec raideur des quatre membres. Les bras ne peuvent plus servir et deviennent raides. Cette impotence fut assez brusque pour qu'elle eût encore au doigt le dé avec lequel elle brodait la veille au soir.

« Les jambes sont extrêmement douloureuses avec l'impression qu'on les arrache. Elles se replient complètement sur elles-mêmes après avoir donné l'impression d'être agitées de secousses et de mouvements involontaires de flexion. Cet état d'impotence va rester définitif.

« Au moment de l'apparition de l'impotence totale, il n'y aurait eu aucun choc émotif ni aucune disposition mentale ou psychique particulière. »

Mais tel n'est pas l'avis du père Finet qui, se référant à l'abbé Faure, parle de don volontaire :

« Le 2 février 1929, dans sa volonté d'oblation plus totale, Marthe demanda à Dieu que ses bras fussent pris. De fait, son bras droit resta replié sous sa poitrine et son bras gauche allongé le long de son corps [13]. »

« J'accepte tout avec amour. Tout ce que vous voudrez. Je renonce à moi-même et à tout », avait-elle écrit dans son Acte d'abandon.

A son sacrifice, Dieu répondait par le sacrement de la souffrance.

Quelques jours plus tard, à sa mère inquiète elle dit, avec un vrai sourire : « Tu peux m'enlever mon dé, maintenant. Je ne broderai plus [14]. »

« Ô mon cher travail ! Il me donnait l'illusion d'être encore utile à quelque chose [15] ! »

Ici, on pense à la prière de saint François : « Apprenez-nous à être frère de rien ! » Anéantissement de soi pour devenir l'instrument de Dieu.

Puisqu'il ne lui restait rien, elle ne pouvait qu'offrir ses souffrances, offrir ce qui lui restait de vie et prier.

« Qu'il est beau, notre sacerdoce à nous, qui s'exerce dans l'ombre et le silence, caché comme Jésus-hostie [15] ! Lorsque nous avons fait l'abandon à l'Amour, ne tardons plus à réaliser jusqu'au plus parfait accomplissement ce divin idéal [16]. »

Là se noue la trame du miracle. Une petite paysanne inconnue, presque ignorante, paralysée, inédique, dans une ferme isolée à l'écart de toutes les routes, va tenter de soulever le monde par le seul levier de l'Amour, qui la relie au Christ son modèle.

« En juin 1929, dit encore le rapport médical, il y a quelques mouvements des phalanges des doigts, juste assez pour pouvoir glisser les grains d'un chapelet. »

Puis cela même lui fut enlevé.

Marthe a maintenant vingt-sept ans. Elle demeure simple et gaie dans cette nouvelle épreuve qui signe la fin de sa mobilité corporelle ; dépendance totale, suprême pauvreté. Et pourtant, ses souffrances redoublent. Elle-même dira à Jeanne Bonneton, peu avant son départ de Châteauneuf : « Je brûle, c'est comme si on me trempait dans un grand cuvier [17]. »

Regardons Marthe, recroquevillée sur son divan, un grand oreiller soutenant son dos brisé. Impossible de la toucher, de la bouger, sans provoquer des douleurs insupportables. Il faut bien pourtant la laver, changer les draps, les taies d'oreillers, la longue chemise blanche qui l'habille. Avec des gestes délicats de tendresse maternelle, sa mère s'en charge, aidée par sa voisine, Mme Ferdinand Robin. Scène insoutenable de torture ! Même parfaitement immobile, Marthe souffre :

« Le démon me tente en me donnant des désirs poignants de demander qu'on me soulève, qu'on m'arrache un peu à mon lit pour me soulager, me semble-t-il. Et quand ma chère maman est obligée de me déplacer, de me soulever un peu, je voudrais me dérober à sa vue pour qu'elle ne me touche pas, tant le moindre mouvement me déchire, et mon épouvante atteint parfois un si haut degré que je voudrais crier grâce et pitié [18]. »

« Et pourtant, elle n'a rien fait de mal ! » répète le père Robin.

Alors qu'elle ne peut ni manger ni boire, la soif continue à la torturer. A ces souffrances physiques s'ajoute l'épreuve morale :

« Ce qui me coûte le plus c'est la peine que j'impose aux miens, surtout à ma chère maman. Le plus douloureux et le plus coûteux pour moi, c'est l'inaction absolue. Quelle souffrance pour moi, restée si active dans la douleur [6] ! »

Puis elle redevient paisible. Dans le silence retrouvé de la petite chambre aux volets à demi fermés, elle sent monter en elle le souffle profond de l'Esprit. Posséder l'Amour est tout son bien. Elle s'abandonne à cette douce présence qui la comble. Elle n'est plus la pauvre infirme de la Plaine, déchet d'humanité abandonné des médecins, mais un esprit illimité fondé dans l'Amour créateur.

Elle voudrait alors faire partager cette plénitude, faire comprendre aux autres que cette réalité qui l'habite n'est pas une « consolation » banale telle que la conçoivent tant de chrétiens. Ses lèvres s'ouvrent. Elle murmure :

« Une âme ne peut donner aux autres que du trop plein d'elle-même, que le surplus qui lui est donné. On ne peut faire aimer l'Amour que dans la mesure où on le possède, comme on ne peut rayonner que si l'on porte en soi la vérité qui est lumière. On aide, on encourage, on guide, on soutient les âmes dans la belle voie de Dieu, on ne les maintient dans le parfait détachement de toutes choses que par l'exemple et par l'entraînement d'une ascension continuelle ; et en continuant à développer en soi à l'infini ce don divin entre tous : la vie, la vraie vie qui est Dieu, Dieu l'amour et notre fin [19]. »

La vie ! Est-ce la publication des cahiers de Thérèse de Lisieux qui lui inspira ce désir, faute de pouvoir écrire ses révélations et découvertes intérieures, du moins de les dicter ? A ma connaissance, les plus beaux textes sont datés de 1930.

Bien que Marthe ait tenté d'écrire avec un crayon à la bouche, il lui fallut encore dépendre des autres pour faire passer son message. Lentement se mit en place ce qu'on appellera plus tard son « secrétariat ». L'initiative en revient à l'abbé Faure qui, à partir de 1930, fut enfin convaincu de la « sainteté » de Marthe, ce dont il ne se réjouissait pas pour autant ! « Je ferai votre courrier. Vous pouvez même me dicter ce que le Seigneur mettra dans votre cœur. »

Mais il ne résista pas longtemps à l'activité étonnante de Marthe. « Je n'ai jamais tant écrit de ma vie ! » se plaignait-il. Et, se rappelant ses limites lors de son ordination : « Seigneur, ne me confiez pas des âmes trop surnaturelles ! », il gémissait aujourd'hui : « Et il m'a envoyé Marthe Robin ! Qu'est-ce que je peux faire, moi, avec Marthe Robin [20] ! »

Tel était bien le problème qui se posait d'ailleurs à tout le monde. Qu'allait-on faire de cette jeune infirme souffrant un martyre perpétuel, qui n'aspirait qu'à faire partager sa passion de l'amour de Dieu ? Oui, que pouvait-on faire, sinon accueillir son message ?

Accaparé par ses multiples tâches pastorales, l'abbé Faure sollicita des « secrétaires » bénévoles, comme Paulette Plantevin, qui allait relayer Jeanne Bonneton, partie quelques mois plus tard chez les clarisses de Vals, tandis que Gisèle Boutteville, elle, s'était mariée.

Ces années 1930 seront riches en écrits de son expérience mystique. Nous en reparlerons. Il nous reste à décrire son long martyre. Car Marthe n'a pas encore tout subi. Pour elle, le pire – et le meilleur – reste à venir. Dieu l'a attirée ; de tout son cœur elle lui a tendu les bras ; de tout son amour le Christ lui tendra la croix pour ne faire plus qu'un avec elle.

6

LES STIGMATES

Revêtant l'Amour, tu seras dépouillé de toi, tu seras privé de toi tout entier et transformé en Celui qui te conduit.

Jacopone de TODI.

Et maintenant, que va-t-il se passer? Avec une certaine inquiétude, Marthe se le demande. Déjà, au début de cette année 1930, elle le lui a demandé :

« Ô Père tendre et bon, que ferez-vous de moi cette année? Où me mènera votre amour? Que me demanderez-vous [1]? »

Et comme la réponse tarde, elle s'interroge à nouveau et suggère ses réponses à elle :

« Quand je pense à la mort prochaine, je me dis : tant mieux, bientôt j'irai voir le bon Dieu. Néanmoins, j'ai comme le pressentiment que Jésus prépare encore des croix plus grandes, plus lourdes, plus sombres, des épreuves nouvelles à sa petite victime. Qu'elles viennent! Du plus profond de mon âme je les bénis. Que mon âme vive pour Dieu seul [2]! »

Elle semble enfin obtenir une réponse, sinon la réponse, puisqu'elle dicte le 22 janvier 1930 ce texte révélateur de son expérience mystique :

« De toutes mes forces, de toute ma volonté, j'ai voulu le bien et, avec sa grâce, j'ai trouvé Dieu. Après des années d'angoisse, de péché, après bien des épreuves physiques et morales, j'ai osé, j'ai choisi le Christ pour maître, modèle unique et parfait. Ou plutôt, je l'ai supplié de vouloir être mon maître, mon modèle, ma voie et ma vie. Puis un jour, après m'être depuis longtemps donnée et consacrée à lui tout entière, et avoir eu la preuve réelle et sensible que j'avais été exaucée, après un acte d'abandon humble mais confiant, il s'est révélé et donné à moi spirituellement pour le Dieu et l'époux de mon âme, vivant, agissant en elle. »

Désormais, ce n'est plus elle qui agit, mais Dieu en elle. Elle ne peut, dans sa liberté donnée et dans l'amour, que se conformer au jour le jour au bon vouloir divin, c'est comme un drame poignant qui se joue entre Dieu et son âme, à la fois si naturelle et surnaturelle :

3 février 1930 : « Suivons Jésus, obéissant jusqu'à la mort. Laissons ses gémissements, ses cris d'amour, ses cris de détresse s'imprimer en notre esprit. Laissons le glaive de feu s'enfoncer dans notre cœur. Laissons sa douloureuse passion se renouveler en nous. Laissons-nous clouer en croix avec le Christ. Allons de l'Amour à l'amour. De la mort à la vie [3] ! »

28 février : « Appuyée sur ma foi et sur la toute-puissance, forte de l'amour de Celui qui peut tout et qui favorise de son divin secours en même temps qu'il destine à une mission, j'ai en honneur de réaliser en dépit de toutes mes impuissances, de mes incapacités et de mes faiblesses l'étendue de ses desseins sur moi ; avec l'assurance qu'il peut faire infiniment plus que je ne peux expliquer, vouloir et comprendre.

« Ma joie est de vivre toute cachée en Dieu, avec le Christ, de me perdre en lui et de me laisser envahir. C'est par ma générosité à me conformer docilement à la volonté divine et par mon application à l'accomplir parfaitement mieux tous les jours que j'ai le très grand et très doux bonheur de jouir d'une manière presque continue et consciente de la présence de Jésus.

« Ce que je voudrais et rêve surtout, c'est de plaire au bon Dieu, en toutes choses, sans recherche du moi, sans recherche de rien ; c'est de l'aimer de tout mon cœur avec tendresse, sans défaillance, de l'aimer sans mesure.

« Ô mon doux Jésus, je vous aime ! Je sens que vous m'aimez et que vous m'invitez à l'amour. Que Dieu m'accorde la grande grâce de comprendre l'œuvre sainte et si sublime de la souffrance, et de la respecter toujours, en moi comme en tous.

« Ma résolution sera de vivre toujours unie à Dieu et de rendre cette union tous les jours plus intime et plus étroite pour qu'elle devienne plus féconde [4]. »

Sans relâche, Marthe poursuit sa quête d'identité au Christ.

4 mars : « Comme lui doux et humble de cœur, obéissant jusqu'à la mort, et la mort de la croix s'il le fallait [5]. »

Marthe sait alors que « la sainteté n'est pas un état spécialement réservé aux grandes âmes [5] ». Elle demeure dans l'axe de la petite Thérèse lorsqu'elle dit encore : « La vie apparemment la plus ordinaire doit nous élever aux plus hauts sommets de l'union et de l'amour [5]. »

Aimer, tel est bien le but de sa vie, comme devrait l'être celui de toute créature ici-bas. Sa vocation à elle est d'accueillir la souffrance qui l'unit au Christ, corollaire de l'amour.

Mais alors, pourquoi doute-t-elle encore, tandis que, comme elle le demande, la souffrance physique, l'abandon et l'angoisse résultant de la paralysie totale se font de plus en plus aigus ? Parce que c'est le propre de l'esprit humain de douter et de chercher. Le moi égoïste s'accroche à sa dictature, à ses privilèges.

Pour le Carême 1930, elle écrit à son amie Jeanne Bonneton, résumant exactement son projet de vie :

« Priez pour moi afin que je sache plus que jamais souffrir pour sauver mon âme et faire aimer Jésus [6]. »

Aussitôt, elle est comme prise au mot. La nuit de l'esprit, cet état de conscience terrifiant d'abandon, épreuve suprême des grands mystiques, s'abat sur elle :

« Tout chancelle. Mon âme est désemparée. Laisserez-vous votre petite victime dans la tourmente ? Envoyez-moi un faible rayon de votre lumière, laissez glisser sur ma petite âme une faible étincelle pour ranimer mon courage. Ne m'abandonnez pas, ô Jésus, car il fait nuit en moi [6]. »

Elle va jusqu'à demander la mort pour être délivrée de ses souffrances. Jésus aussi, la veille de sa passion, a demandé à son père « d'éloigner le calice ».

« Quand donc irai-je à mon tour me désaltérer aux sources intarissables de la Lumière et de l'Amour [7] ? »

Elle s'excuse aussitôt de sa faiblesse :

« Je ne désire pas mourir pour être délivrée du combat, de la souffrance. Non, non ! C'est l'éternité qui m'attire, c'est Jésus qui me tend les bras, c'est la patrie entrevue que je désire. »

Cependant, la mort semble pour elle ne pas faire de

doute, c'est une question de mois. Elle l'avait déjà dit en novembre 1929 à son amie Denise Chancrin, de Châteauneuf, puis l'été 1930 à sœur Marie-Thérèse (Jeanne Bonneton) :

« En lui disant cela, j'avais un faible espoir que notre Bien-Aimé viendrait me chercher avant ce temps, mais je suis encore sur cette froide terre, où j'y étouffe tant. De quelque côté que je me retourne, je m'ensanglante [8]. »

Oui ; elle a aussi demandé la mort pour être délivrée de la souffrance. Pas seulement de la souffrance physique ; de ce poids du péché qui semble parfois l'accabler, puisque, avec le Christ, elle a accepté de porter le péché du monde. Tentation d'échapper ? Elle a conscience de la démesure, de la folie de l'amour où elle s'est engagée, et que pour l'atteindre il faut vivre dans l'héroïsme.

8 août 1930 : « Ne tremble pas, mon âme, Jésus t'appelle. Va au-devant de lui avec confiance, humilité [7]. »

Elle s'avance désormais vers l'oblation parfaite dans l'espérance la plus pure, l'espérance du désespoir surmonté, de la nuit dépassée.

Le 11 août 1930, Marthe reçut la visite du capucin Marie-Bernard qui, en 1928, l'avait fait entrer dans le tiers ordre franciscain. A la demande de Marthe, se déroula en présence de Mme du Baÿ, son amie rencontrée en cure, et de sœur Marie-Thérèse, clarisse à Vals, la cérémonie de « consécration des vierges », qui se réfère à un passage de l'*Apocalypse* (XIV, 4) : « Les vierges suivent l'Agneau partout où il va. » Ce qui implique... jusqu'à la croix.

Marthe a voulu se faire belle. Elle porte une chemise de nuit brodée comme une jeune épousée et, sur la tête, le voile blanc des mariées. Elle a même voulu se faire photographier par Max Taly pour qu'on puisse remettre un souvenir d'elle à ses amies lorsqu'elle sera morte, et elle pense que cela ne tardera pas. Elle semble épanouie et heureuse.

Puis, le 15 août 1930, en la fête de l'Assomption de Marie, elle renouvela avec ferveur son Acte d'abandon. Pour en fixer le souvenir, elle dicta le lendemain :

« Jour de bonheur et de joie bien que j'aie beaucoup souffert. J'ai renouvelé mon abandon et ma résolution : être toujours et sans réserve la véritable enfant de Marie, sa docile imitatrice; vivre filialement auprès d'elle en toute confiance et abandon, jusqu'aux suprêmes limites. Assomption! Que ce nom est doux à ma petite âme[9]! »

Assomption! Mais, malgré son intense désir, elle ne fut pas délivrée de l'épreuve de la vie. Bien que son jeûne fût absolu depuis deux ans, la mort espérée ne venait pas.

Son abandon n'en restait pas moins total dans la durée. Elle irait jusqu'au bout du désir de Dieu sur elle, prête à suivre l'Agneau partout où il va.

L'ineffable restait à accomplir. Fin septembre, Marthe vit le Christ, qui lui demanda : « Veux-tu être comme moi ? »

Dans sa prière silencieuse comme dans son Acte d'abandon, le fiat, ce oui de tout son être porté vers l'Amour était déjà exprimé :

« Mon moi, c'est Toi. Que ma vie soit la reproduction parfaite et incessante de ta vie [10]. »

La journée du 1er octobre fut comme une préparation de la passion dans une véritable tourmente de souffrances dont elle laissera ce témoignage :

« Qu'il m'a fait mal, mon Dieu! Je vous aime! Ayez pitié de moi! J'ai mal dans mon âme, dans mon cœur, dans mon corps; ma pauvre tête semble brisée. Je ne sais plus rien, que souffrir. Je sens en moi une telle lassitude; la douleur crie si fort. Et personne, personne pour m'aider! Je touche au dernier degré de mes forces. Ici-bas la douleur n'en finira donc jamais? Quand elle a meurtri le corps et le cœur, elle meurtrit l'âme.

« Ô mon Amour crucifié! Vous m'apprenez jour après jour à m'oublier. Mon Dieu, je vous aime; ayez pitié de moi! Quand verrai-je mon dieu sur la terre des Vivants? Soutenez-moi, Jésus.

« Mais je sais. Pour vaincre, il faut savoir souffrir. La douleur est le levier qui soulève la terre. [Car] le Dieu qui afflige est aussi le Dieu qui console.

« Ce n'est pas un fardeau, mais plutôt un autel. Rien n'est plus beau devant Dieu que l'oblation de soi-même quand on souffre.

« De toute mon âme douloureuse, de tout mon cœur meurtri, mon corps torturé de souffrances, les yeux aveuglés de larmes, je baise amoureusement votre main, ô mon Dieu [11]. »

Peut-on aller plus loin dans la volonté d'amour, à moins de s'identifier totalement au Christ dans sa propre passion ? Marthe est prête au sacrifice suprême après une lente agonie du corps et de l'âme.

Écrivant au novice Hugues, futur abbé de Bonneval, saint Bernard a dit que « les clous ne pourront pas blesser le Crucifié sans atteindre, à travers ses pieds et ses mains, tes pieds et tes mains à toi [12] ». Début octobre 1930, Marthe reçoit une nouvelle vision, cette fois du Christ crucifié. Il prend ses deux bras paralysés et les lui ouvre. Puis elle entend à nouveau : « Marthe, veux-tu être comme moi ? »

« Alors, j'ai senti un feu brûlant, parfois un feu extérieur, mais surtout un feu intérieur. C'était un feu qui sortait de Jésus. Extérieurement, je le voyais comme une lumière qui me brûlait. Jésus me demanda d'abord d'offrir mes mains. Il me sembla qu'un dard sortait de son cœur et se divisait en deux rayons pour percer l'un la main droite, l'autre la main gauche. Mais en même temps, mes mains étaient percées pour ainsi dire de l'intérieur [13]. »

« Jésus m'invita encore à offrir mes pieds. Ce que je fis instantanément, comme pour les mains, me plaçant les jambes comme Jésus sur la croix, les allongeant un peu parce qu'elles étaient repliées, les étendant comme Jésus sur la croix. Elles restèrent en partie pliées, comme celles de Jésus. Comme pour les mains, un dard partant du cœur de Jésus, dard de feu de la même couleur que pour les mains, se divisa en deux à une certaine distance du cœur de Jésus, tout en restant unique dans son jaillissement du cœur. Donc ce dard était unique vers le cœur de Jésus et se divisait, se partageait pour frapper et traverser en même temps les deux pieds. La durée ne se précise pas. Ça s'accomplit sans arrêt.

« Les deux pieds ont été atteints en même temps et par-dessus et traversés complètement. Même douleur intense que pour les deux mains, qui brûlait les pieds. On ne peut l'exprimer que comme cela, je ne sais pas comment il faudrait dire autrement. On pourrait dire " une torturante douleur ". Une douleur torturante brûlait mes mains et mes pieds, au point que je croyais que la vie s'en allait.

« Mais néanmoins, Jésus m'invita à lui présenter mon cœur, ou plutôt ma poitrine. Les bras étaient restés étendus en croix, pendant la stigmatisation des pieds. Les bras toujours étendus en croix et les jambes toujours dans la même position, j'offris mon cœur à Jésus, à la volonté du bon Dieu.

« Mon cœur, comme mes mains et mes pieds, fut traversé par un nouveau trait de feu, partant aussi du cœur de Jésus, mais plus important que celui des mains et des pieds. Ce trait le frappa et le traversa comme de part en part. Ce trait de feu était de la même couleur que les deux précédents. Ces traits se succédèrent sans arrêt. Une douleur mortelle envahit aussitôt mon cœur et tous mes membres. Je succombai comme à un évanouissement. J'étais plus morte que vive et restai dans une sorte d'évanouissement douloureux qui dura longtemps, peut-être plusieurs heures. Un trait s'élance et on ne le voit plus ; ceci s'explique tout seul. Donc on n'a pas conscience de sa disparition. Il s'enfonce en quelque sorte dans le cœur.

« C'est dans cet état que Jésus m'invita encore à recevoir sa couronne d'épines qu'il avait prise dans ses deux mains. Jésus m'était apparu d'abord en croix, puis je l'avais vu se détacher presque aussitôt de la croix, et après je ne l'ai plus vu sur la croix, mais avec ses plaies divines, car il se détacha aussitôt de sa croix. Pendant que partaient de son cœur les dards de feu, il était déjà détaché de sa croix.

« Jésus plaça sa couronne d'épines autour de ma tête, en pressant très fort dessus. Un redoublement de souffrances m'envahit alors tout entière et je succombai sous ce fardeau. Les épines brûlaient ma tête, de la même douleur que mon cœur, mes mains et mes pieds. Je restai dans cet état de souffrances et d'amour, remerciant Notre Seigneur de ce qu'il venait de faire en moi.

« Il disparut. Le sang apparut aux mains, aux pieds, au cœur et à la tête. Après le couronnement d'épines, les mains et les pieds avaient repris leur position habituelle, par la volonté de Dieu.

« Tout en gardant la même douleur dans tout mon être qui venait d'être marqué par Notre Seigneur, peu à peu je fus ramenée, et dans la journée je pus parler. La stigmatisation avait eu lieu dans la matinée. C'est ma maman la première qui vit que le sang avait coulé [14]. »

Tel est le récit de Marthe, qu'elle dicta peu après sa passion. Elle le répéta quelques années plus tard au père Finet, récit semblable avec quelques variantes cependant.

« Alors, des traits de feu partent du cœur de Jésus. Il étend Marthe en croix. Elle sent la croix dans son dos, elle éprouve une brûlure intense. Puis elle offre ses pieds. Un dard a encore jailli du côté de Jésus et frappe en même temps les deux pieds. Un troisième dard, sans se diviser, la frappe au côté gauche, provoquant une blessure de dix centimètres de longueur. Des pieds, des mains et du côté le sang coule. En même temps, Jésus applique sur la tête de Marthe la couronne d'épines. Elle la sent même contre les globes de ses yeux. Le sang coule de toute la tête[15]. »

Presque chaque nuit, Marthe versera désormais des larmes de sang. Et le vendredi suivant, puis chaque vendredi, elle revivra la passion du Christ, jusqu'à la fin de sa vie, en 1981.

Le père Finet termine ainsi son récit, qu'il tient de la bouche de Marthe :

« En outre, Jésus l'ayant placée sur sa croix brûlante, lui dit : " Désormais, je t'appellerai ma petite crucifiée d'amour. " Quelque temps après, de nouvelles souffrances l'attendaient. Jésus lui est apparu et lui a dit : " C'est toi que j'ai choisie pour vivre ma passion le plus pleinement, après ma mère. Personne après toi ne la vivra aussi totalement. Et pour que tu souffres jour et nuit, tu ne dormiras jamais plus [16]. " »

Marthe n'éprouva aucun doute quant à la réalité de l'extraordinaire phénomène. Quelques années plus tard, elle expliquera elle-même au père Finet :

« Il est nettement révélé à l'âme ce qui va être fait en elle, en même temps qu'elle est invitée à ne pas s'y dérober. Le bon Dieu prépare par des prières à dire oui à sa volonté. C'est une imposition amoureuse de la part de Notre Seigneur qui vient imprimer dans son être les plaies de son crucifiement.

« Notre Seigneur ne dit pas le mot " stigmatisation " mais emploie le terme " comme lui ". Il dit qu'il va donner à l'âme les mêmes souffrances que lui, les mêmes marques que lui, voulant revivre en elle toute sa passion. L'âme n'a plus à reculer et comprend et voit à ce moment ce que Jésus veut.

« L'âme supplie alors Jésus de faire ce qu'il veut, sans que cela paraisse à l'extérieur, sans qu'on s'en doute autour d'elle.

« J'ai toujours été amenée à une plus intense souffrance tous les jours, comme j'ai été emportée dans l'union, sans que ma volonté n'y ait aucune part sinon d'adhérer aux vouloirs divins. Ça va tellement vite, tellement loin que l'âme en a le vertige. Il lui semble qu'à certains moments tout va se rompre, la vie va s'en aller, parce que l'intensité des souffrances est si grande, l'union devenue si intime, que l'âme n'y résistera plus, du moins dans les débuts. Cette souffrance et cette joie ne se mesurent pas. On va, on va, sans savoir où le bon Dieu emporte. On sait que c'est en lui, dans sa divine volonté, dans son amour. L'angoisse demeure, mais elle est toute faite d'abandon.

« C'est dans cette union d'amour, devenue lumière, que Notre Seigneur révèle à l'âme ce qu'il veut faire en elle ; que ce qui s'est passé en elle jusque-là était bien de lui et non d'elle, sorte de phases de la Passion, soit dans les souffrances, soit dans les états d'âme déjà vécus. L'âme a été emportée si loin qu'elle ne peut plus reculer et elle ne le veut pas. Elle n'a plus de vouloir que le sien, car depuis longtemps elle lui a dit de ne faire en elle que ce qu'il veut [14]. »

« Marthe, précise le père Finet, a vu d'abord le Christ en croix, puis comme détaché de la croix. Au début, il y a une sorte de Lui à nous [à Marthe], qui n'existe plus ensuite, parce que l'union est si complète que c'est uniquement Lui. Donc, la première fois Jésus s'est d'abord montré en croix, disant à Marthe que le moment était venu où il allait imprimer en elle ses plaies sacrées. Et sans attendre plus, il a agi [14]. »

Agi comme elle le souhaitait par une identification totale à sa personne. Et l'on pense à sainte Thérèse de Lisieux qui avait reçu le 9 juin 1895 l'inspiration de « s'offrir à l'Amour miséricordieux comme victime d'holocauste ». On pense aussi à sœur Élisabeth de la Trinité, du Carmel de Dijon, qui appelait cette même fusion dont Marthe serait l'expression suprême, comme le couronnement.

« Ô feu consumant, Esprit d'amour, dit Élisabeth, survenez en moi afin qu'il se fasse en mon âme comme une incarnation du Verbe ; que je lui sois une humanité de surcroît en laquelle il renouvelle tout son mystère [17]. »

Vient aussi à l'esprit l'image de l'affineur d'argent qui reconnaît que l'argent en fusion est purifié quand son visage peut s'y refléter. De même, en Marthe totalement purifiée, le Christ se reconnaît et s'incarne.

Sur cet événement, Marthe restera toujours très discrète. Presque jamais elle n'emploiera le mot « stigmate » dans ses dictées. A Jean Guitton qui l'interrogera discrètement elle répondra :

– Dieu fait ce qu'il veut. Quand il veut mettre en croix, il met en croix. Il me semble qu'une voix m'avait préparée d'avance, que cette voix m'avait désignée un jour prochain, comme si Jésus m'avait dit : « Viens, ma petite Marthe, j'ai quelque chose à te dire », et ce quelque chose, c'était d'être comme lui, d'être Lui. Je n'ai jamais *entendu* cette voix intérieure. C'était beaucoup plus simple, et cela n'a pas traîné. Cela va tellement vite qu'on en a le vertige. La souffrance est si grande, l'action est si intime qu'on a, comment dirais-je... l'impression qu'on se disloque, qu'on ne pourra plus résister.

– Avez-vous senti quelque chose comme ce que les mystiques appellent un dard, une sorte de pointe de feu ?

– Oui, j'ai senti un feu brûlant. Mais il faut laisser de côté l'extérieur. L'intérieur, c'était Jésus, Jésus dans sa vie divine. Bien sûr, Jésus ne souffre plus depuis qu'il est dans sa gloire, mais il est toujours présent dans son offrande. Et nous, nous pouvons souffrir encore comme il a souffert. On a l'impression que Jésus souffre en nous, hors du temps, hors de l'espace, mais Jésus dans sa gloire.

– Job dit : « Ce fut comme un feu dévorant allumé dans mes os. Tout en moi se désagrégeait. »

– Je n'ai jamais lu Job. Dieu est *un feu dévorant*, c'est vrai.

– Avez-vous eu l'impression que c'était un phénomène qui était fait une fois pour toutes, ou qui reviendrait encore ?

– Dès le début, j'ai compris que c'était pour toujours. Mais c'est devenu toujours plus intime, toujours plus intérieur. Ce qui m'intéresse, c'est la Passion, c'est Jésus seul. Je ne sais pas comment vous expliquer cela... Ces choses-là sont si douloureuses que, si Dieu ne vous soutenait pas, on mourrait. Et pourtant, c'est délicieux ?

– Comment le douloureux et le délicieux peuvent-ils aller ensemble ?

– Je ne peux pas vous expliquer. C'est insupportable et c'est délicieux.

Un silence. Enfin, elle tente d'expliquer :

– Quand vous dites « délicieux » vous pensez sans doute à quelque chose de sensible, à un plaisir, à une joie humaine. Ce n'est pas du tout cela. C'est une joie vive, mais c'est une joie divine, ou plutôt c'est une joie intérieure. C'est une souffrance extrême, insupportable, mais c'est une souffrance qui est très douce.

– Avez-vous entendu parler des stigmatisés ? Connaissez-vous l'histoire de saint François d'Assise ?

– Oh non ! Non, certes. Si vous saviez comme mon curé allait peu dans ce sens-là ! Je n'avais lu aucune livre, je n'avais jamais entendu parler de ces choses, je ne connaissais rien [18].

Bien entendu, les Drs Dechaume et Ricard ont interrogé Marthe en 1942 sur ses stigmates. Voilà ce qu'en dit leur sobre rapport médical :

« En 1931, fin octobre, début novembre *, Mlle Robin commença le vendredi à souffrir la Passion, phénomène qui s'est toujours répété depuis, chaque semaine. En même temps apparurent sur le dos des mains et des pieds des stigmates. Ils se présentèrent d'abord comme des ecchymoses bleu rougeâtre, douloureuses, et persistèrent sous cette forme pendant deux ans. Puis, sur les mains, sur les pieds et au côté gauche, tout près de la ligne médiane, s'y substituèrent des plaies douloureuses qui restaient « écorchées » sans hémorragies, sans croûtes. Ces plaies saignaient le vendredi, puis elles disparurent au bout de six mois. Les stigmates prirent alors un autre caractère. Du sang apparaissait, le vendredi seulement, mais sans plaies et surtout sans stigmates permanents.

« Toutefois, en 1934, 1935 et 1936, il arriva plusieurs fois que la Passion ne fût pas sanglante. En 1936 notamment, les stigmates n'apparurent pas pendant deux mois. Cet état resta le même jusqu'en septembre 1939, puis il subit une aggravation certaine. Les stigmates, qui n'apparaissaient sans plaie que le vendredi, sont devenus à peu près permanents sur la tête, les pieds, les mains et le côté, mais toujours sans plaies. »

Comment réagit la famille de Marthe à la vue de ces

* Comme en plusieurs autres points, il y a erreur de date dans ce rapport. Les stigmates sont apparus début octobre 1930.

manifestations extraordinaires? Couchant auprès d'elle, Mme Robin fut la première à voir le signe visible des stigmates. Le père Finet raconte:

« Elle fut très effrayée, voyant ce que Jésus avait fait en Marthe, qui, en outre, était dans cet immense abattement. Elle en fut plus bouleversée qu'effrayée. Plus tard, ce même jour, elle a lavé Marthe: le front, le cœur, les mains, les pieds. Elle s'est bien rendu compte que cet état venait de Dieu et de l'acceptation par son enfant de la volonté divine [14]. »

Peu de temps après, Marthe reçut la visite de son amie Gisèle Bouteville, devenue Mme Signé. Mais elle ne lui souffla mot des stigmates, malgré le poids écrasant du secret. Lorsque Gisèle s'en alla, Mme Robin courut après elle dans la cour.

– Dites, petite!

Gisèle se retourna. La fermière semblait bouleversée. Elle cherchait ses mots. Enfin, à voix basse;

– Je voudrais vous dire... Je suis bien ennuyée pour ma petite. Elle saigne.

– Mais, maman Robin, d'où saignc-t-cllc?

La mère était tellement émue qu'elle demeura muette. Puis elle porta sa main à son cœur, à son front, elle ouvrit ses deux mains.

– Mais c'est les stigmates! s'écria Gisèle.

– Comment? C'est quoi, cette maladie?

– Ce n'est pas une maladie.

– Pas une maladie?!

Mme Robin courut à la buanderie et revint avec du linge taché de sang.

– Je l'ai lavé, je l'ai fait bouillir, je l'ai passé à la Javel et ça ne s'en va pas! Mais qu'est-ce que c'est?

Les deux femmes se regardèrent, aussi effrayées l'une que l'autre, mais pas pour les mêmes raisons.

– Maman Robin, il ne faut pas garder cela pour vous. Marthe doit en parler à M. le curé.

– Elle ne veut pas qu'on en parle! Ne lui en parlez pas.

« Je n'ai donc pas osé aller le dire à M. le curé », conclut Gisèle [19].

Mais comment le curé, qui venait voir Marthe régulièrement, eût-il pu ignorer un phénomène qui allait se renouveler tous les vendredis? Quand il l'apprit, il demeura accablé.

Une stigmatisée ! Et il fallait que cela tombe sur lui, alors qu'il n'avait souhaité qu'être le modeste berger d'une paroisse rurale !

Oui, comment cacher un tel événement ? Robin, bouleversé, avait appelé un médecin ! Le docteur Aristide Sallier, de Saint-Uze, examina les plaies et n'y comprit rien. Il raisonna en médecin :

– Si elle perd du sang, elle va se déshydrater. Donc, il faut au moins la faire boire »

Comme elle n'y parvenait pas, il l'y força. En vain. Marthe ne pouvait déglutir et l'eau ressortait par les narines.

Alors, il eut ce mot étonnant par lequel il constatait humblement à la fois son impuissance d'homme de science et la force surnaturelle qui agissait en Marthe :

– Mademoiselle, priez pour moi [19] !

Dans son récit au père Finet, Marthe insiste sur ce point : elle ne voulait pas, surtout pas, de stigmatisation visible, pour ne pas se faire remarquer.

« Mais Jésus dit à l'âme qu'elle n'a pas à s'inquiéter de cela, qu'il saura bien le cacher quand il voudra et laisser ignorer ce qu'il fait autour d'elle dans la mesure où il le voudra. Il le laisse ignorer quand il veut et à qui il veut. Il agit ainsi pour un témoignage extérieur de sa toute-puissance auprès de certaines âmes. Auprès d'autres, il garde le secret. Bref, il conduit tout. Il n'y a plus rien de l'âme à ce moment. Jésus peut cacher ses grâces pendant des mois et dire tout à coup à l'âme : aujourd'hui tu auras à parler à un tel, à tel prêtre, etc. Il a fallu que M. le curé le voit pour que je le lui dise : il est venu un vendredi [14]. »

« Le vendredi suivant, rapporte le père Finet, à qui la stigmatisée fera plus tard toutes les confidences, Marthe commença à vivre la Passion de Notre Seigneur, d'une manière plus réelle, plus complète et extérieurement. Le sang coula pour la seconde fois. Quand les stigmates furent lavés, ils apparurent d'un rouge bleuâtre, tantôt ouverts, tantôt pas ouverts. Même la plaie de la couronne d'épines s'ouvrait en même temps, lorsqu'elle saignait. Les plaies s'ouvraient en saignant. Les marques rouge bleuâtre durèrent un temps assez long, c'est-à-dire plusieurs mois. A la supplication de Marthe, Notre Seigneur consentit à les effacer. Toutefois, elles réapparurent encore quelque temps après, mais sans s'ouvrir, comme une simple marque rouge bleuâtre, comme lorsqu'on se donne un bon coup : c'était violet-rouge. Marthe a redemandé à Notre Seigneur de les faire disparaître à nouveau. Toutefois, ils ont disparu de nouveau quelques mois après par un effet de la volonté du bon Dieu. *Deo gratias* [14] ! »

Ayant constaté *de visu* les stigmates, l'abbé Faure courut à Saint-Uze chez son ami l'abbé Perrier, qui ferma les yeux et murmura :

– Vous allez être débordé !

– Oui. Déjà quelques femmes montent en pèlerinage le vendredi [19].

D'abord quelques-unes, bien discrètes, avaient demandé à prier avec Marthe. On ne pouvait pas mettre dehors des femmes qui voulaient prier en silence au chevet d'une malade. Serrées dans un coin de la petite chambre, elles regardaient, les yeux agrandis de stupeur et d'espoir, le mystère d'union et d'amour qui s'incarnait dans la chair tourmentée de Marthe Robin.

On ne pouvait pas non plus leur demander de se taire. On chuchota ; la rumeur se répandit de Saint-Bonnet à Châteauneuf, de Saint-Martin à Hauterives.

Alors, vint beaucoup de monde, que Marthe reçut en dehors des jours où elle souffrait la Passion. Un mouvement de bas en haut qui durera un demi-siècle, qui dure encore.

Un autre miracle, plus discret, se produisit. *Les gens changeaient*. Ils sentaient fondre leur cœur durci. Ils oubliaient leurs sordides querelles, leurs petitesses. Ils se convertissaient. La terre de Galaure, si longtemps desséchée par un athéisme politique contre nature, recommençait à respirer Dieu.

Et ce mot, d'abord discret, simple chuchotement de femmes à la veillée, montait par-delà les fermes et les villages :

– Une grande sainte nous est donnée à la Plaine !

Que les stigmates soient ou non un phénomène d'autosuggestion (nous aborderons ce problème en détail dans la deuxième partie), il demeure certain que Marthe ne les recherchait pas en tant que signes visibles. Rien n'était aussi éloigné d'elle. Elle avait demandé la souffrance, elle acceptait maintenant ce qui lui était envoyé, elle demeurait totalement disponible à l'Esprit, offerte sans réserve, comme le Christ.

« Tout devient de plus en plus mystère pour moi. Mais qu'ai-je besoin de savoir ? Ce n'est pas à moi, ni à personne, de sonder les secrets de Dieu. Je n'ai qu'à adorer, accepter, bénir et m'abandonner pleinement à la Providence. Ô Vierge Marie, faites que je sois chaque jour plus docile, plus patiente et plus simple [20]. »

Se rendit-elle compte que les stigmates, habituellement réservés aux grands mystiques que l'Église canonise, allaient la sortir de l'ombre et risquaient de faire de la petite paysanne de Galaure une femme célèbre ? Et comment réagit-elle à cette perspective diamétralement opposée à celle qu'elle souhaitait : vivre dans l'ombre ?

« Qu'on m'ignore et qu'on m'oublie. Je ne demande pas que Dieu fasse en moi des choses visibles, mais uniquement d'être une humble petite enfant, douce et humble de cœur [20]. »

Là est la clé de Marthe Robin. Pour vivre, il faut d'abord mourir à soi. On possède deux textes bouleversants de Marthe, dictés par elle. Le premier, au soir de Noël 1930. On imagine la veillée familiale dans la petite ferme. Par la porte de sa chambre ouverte sur la cuisine, Marthe entend craquer le bois dans la cheminée. Elle sent les siens proches d'elle. Maman Robin passe doucement un mouchoir fin humecté d'eau sur les lèvres sèches. Les lèvres s'entrouvrent. Elle parle :

« Noël ! Que pouvons-nous adorer de plus merveilleux que la naissance du fils de Dieu venu allumer le feu sur la terre ? Quand une étincelle de cet amour a jailli dans un cœur, il incendie l'âme du désir de connaître et d'aimer ce Dieu toujours plus, de l'aimer sans partage. Ah ! si l'on comprenait l'action des dons du Saint-Esprit dans les âmes, merveille de l'Amour, clarté suprême qui oriente les âmes dociles à se laisser guider !

« Aimer la vérité, obéir à la lumière, répondre à l'appel de Dieu ! »

Une prière s'élève alors dans son cœur :

« Seigneur mon Dieu, soyez toujours le flambeau de ma vie. Rendez plus vives les sources mystérieuses qui jaillissent de mon âme. Que je vous découvre partout et vous contemple de plus en plus. Avec vous, je possède tout. Baignez mon âme dans la lumière, mon cœur dans l'amour, ma vie dans l'abandon ; ce qui est croire, aimer, souffrir, surnaturaliser, immortaliser ma vie, tout est là [21]. »

Puis, quelques jours plus tard, cette méditation datée du 31 décembre 1930 :

« Voici la fin de l'année qui s'achève dans l'union intime de mon âme avec Dieu. Tout mon être subit une transformation aussi mystérieuse que profonde. Année d'épreuve, année de douleurs. Année de grâces et d'amour. Mon bonheur actuel sur mon lit d'infirme est profond, durable, parce que divin. Oui, l'année a été douloureuse par la permanence des souffrances, féconde aussi je l'espère. N'est-ce pas sur les ruines de la santé que l'âme ressuscite ? Je pense à la route parcourue depuis le début de ma maladie. De cette pensée il n'en ressort que de l'amour, de la reconnaissance envers Dieu si miséricordieux et si bon. Quel travail ! Quelle ascension Dieu a opéré en moi ! Mais que de soubresauts de cœur, que d'agonie de volonté il faut pour mourir à soi !

« L'Amour me mène et me conduit, je n'ai que la douceur de me laisser mener par ce chemin lumineux si peu suivi, parce que si peu connu. Quand les épines sont nombreuses, Jésus soutient de plus près, ce qui fait avancer malgré les blessures. Confiance et courage ! Jésus se fait si tendre et si bon pour une petite âme ensanglantée, prenant sur lui tout le pénible de l'épreuve en ne me laissant que le mérite de le suivre sans résistance.

« La maladie retranche nos moyens d'action mais elle en crée d'autres plus généreux, plus difficiles aussi, peu compris, mais si peu étudiés. Il y a des âmes vouées à l'inaction extérieure, il y en a aussi et bien nombreuses qui sont vouées à l'inaction par la maladie, l'infirmité. Celles-ci aussi bien que celles-là travaillent silencieusement sur un champ vaste et inconnu. C'est la prière, le renoncement, la souffrance unie à l'action. Tout se complète, Dieu est le maître de toutes les âmes et pour chacune le maître de tous les jours.

« J'achève l'année dans un chant de reconnaissance. Soyez béni mon Dieu de vos bontés pour moi. Soyez béni Jésus pour m'avoir portée si tendrement le long du chemin. Esprit-Saint, soyez béni pour avoir si merveilleusement illuminé ma vie [22]. »

Il ressort de cette expérience que la passion sanglante se confond avec l'extase amoureuse et la justifie. Aimer quelqu'un, c'est le suivre jusqu'à la mort. Évidemment, les stigmates sont un scandale aux yeux des incroyants. Même un croyant sera choqué que le Christ puisse proposer de faire souffrir sa passion à une créature aussi innocente que Marthe. « Il me demanda d'offrir mes mains. Il m'invita à offrir mes pieds. Il m'invita encore à recevoir la couronne d'épines. Il la plaça sur ma tête en pressant très fort. »

On a envie de crier : « Assez ! »

Mais les yeux de la foi – ceux de Marthe – ont une vision différente. Ce n'est pas une exécution, une mise à mort ordinaire ; c'est un martyre d'amour, une communion mystique.

« Parce que Marthe aime Jésus, nous dit l'abbé Peyret, elle ne veut pas le quitter. Quand on aime, comment abandonnerait-on celui qu'on aime, juste au moment de sa souffrance ? Être proche de lui est alors le plus nécessaire [23]. »

Mais, dira le rationaliste, Jésus a subi sa passion il y a quelque deux mille ans ; c'est une très vieille histoire.

Ici, on n'est plus dans le temps. Le mal n'étant pas déraciné dans le monde, Jésus restera crucifié jusqu'à la fin des temps. « Avec Jésus, nous dit encore l'abbé Peyret, Marthe va engager le combat contre les forces de l'enfer. » Et il faut bien reconnaître que la souffrance reste le plus puissant levier de cette espérance d'amour susceptible de transformer le monde. Dans la passion de Marthe Robin commence sa mission ; l'une et l'autre ne font qu'un.

7

LA MISSION

> Mère toute parfaite, toute-puissante et toute bonne ! Dans mon désir de répondre pleinement au dessein de Dieu, je vous supplie de m'aider à faire de ma vie le chef-d'œuvre d'amour qu'Il attend et désire.
>
> Marthe Robin, *l'Alouette* [1].

Cloîtrée dans sa petite chambre, le corps immobile, l'esprit et le cœur purifiés, Marthe Robin prenait son envol dans la dimension missionnaire. Le concile Vatican II a rappelé que l'Eglise et sa mission tirent leur origine de l'amour de Dieu en sa source, c'est-à-dire de l'expérience mystique du Christ.

Comme le peuplier de la Plaine au carrefour des vents, Marthe se tenait sur la croix, sentinelle de la foi au carrefour du monde, telle une invitation à s'engager sur ce chemin de la connaissance.

Dans cette perspective, elle demeurait très proche des siens et de ses visiteurs. Ceux-ci étant de plus en plus nombreux, l'abbé Faure organisa le « pèlerinage », les premières visites groupées étant celles des enfants du patronage. Des visites qui commençaient à importuner surtout Robin et son fils Henri, lorsqu'ils rentraient fourbus du travail et trouvaient leur cuisine envahie.

– Laissez donc Marthe tranquille !

Mais Marthe était heureuse. Elle avait enfin compris le but de ses souffrances. Convertir les gens, les faire entrer dans cette dimension spirituelle oubliée vers laquelle ils tendaient inconsciemment, pris dans la mystérieuse évolution du monde. Elle découvrait en l'humble ferme des Moïlles le lieu choisi par Dieu pour y enraciner une œuvre à laquelle le Christ lui demandait de se consacrer, « la grande œuvre de son amour ».

Les anciens témoins ont gardé le souvenir du rituel des visites, qui, insensiblement, se créait. D'abord, il fallait en passer par l'abbé Faure, et certains en étaient agacés. On ne pouvait pourtant pas lui reprocher de tenter de « récupérer » Marthe ; tout montre au contraire qu'il n'acceptait son nouveau rôle qu'à contrecœur, parce qu'il ne pouvait pas faire autrement, dès lors qu'on ne pouvait plus cacher Marthe.

Rendez-vous pris par le curé, les visiteurs attendaient leur tour dans la cuisine, où « maman Robin, rondelette et souriante, recevait gentiment », rapporte un témoin.

Naturellement, pour compenser la gêne, chaque visiteur apportait son petit cadeau, comme il est de règle chez les gens bien élevés. Rapidement, cela fit beaucoup de cadeaux ! Un poulet, une douzaine d'œufs, une motte de beurre. Les paysans, qui n'osaient ou ne voulaient pas donner de l'argent, ne pouvaient offrir que ce qu'ils produisaient ! Mais Marthe ne mangeait rien, et sa famille produisait ce dont on avait besoin. Après avoir été ruinés par les maladies de Marthe, les Robin allaient-ils s'enrichir grâce à cette manne céleste ?

Très consciente de ce risque, Marthe, avec l'accord des siens, fit d'abord distribuer ces dons aux pauvres par l'intermédiaire de la paroisse. Puis elle organisa un service de dons aux démunis, des colis confectionnés par Victorine Reynaud et autres volontaires, que l'on envoyait par la poste ou remettait aux curés des paroisses et aux missionnaires de passage. Telle est l'origine de la « corbeille de Marthe ».

Prenons une visite type. Mme Rodet, d'Anneyron, entre dans la ferme et salue maman Robin.

– Je vais prévenir la petite ! dit la fermière.

La « petite » semble dormir. Mais elle ne dort jamais !

– Mme Rodet est là.

Marthe détourne son regard fixé sur un point invisible du plafond et murmure :

– Ah, pourquoi m'as-tu fait revenir ? C'était si beau, là-haut !

Confuse d'avoir interrompu la vision céleste, Mme Rodet

entre et s'assoit. « Malgré la demi-obscurité de la pièce *, j'ai bien vu les gouttes de sang séchées autour de la tête. En fin de visite j'ai dit avec elle une dizaine de chapelet. Je n'ai pas osé lui poser de questions [2]. »

Le lecteur sera sans doute déçu par ce genre de témoignage. Il en existe des milliers de semblables, tout au long de sa vie. L'essentiel demeurait invisible, indicible : ce qui se passait dans le cœur du visiteur, sa découverte de l'amour infini de Dieu, que Marthe obtenait par sa prière. « Faites, Seigneur, que toutes les âmes qui frôlent la mienne aient leur part à l'enivrant bonheur que j'éprouve : Jésus, la joie et l'amour de ma vie [3]. »

Essayons d'y voir plus clair. En 1932, Marthe a trente ans. Elle rayonne de la richesse intérieure de sa transformation mystique. Un charisme émane d'elle, qui attire à la fois les gens à problèmes et les chercheurs de vérité. Au village, on murmure : « Nous avons une grande sainte; un jour des foules viendront la voir **. » D'où Marthe tire-t-elle ce charisme ? Des livres savants des mystiques ? des dialogues avec des théologiens ? Non. Emportée dans le creuset brûlant de son monde intérieur mis à nu par la souffrance, l'humble paysanne des Moïlles a capté la source vive, celle que Dieu ne révèle qu'aux tout-petits :

« Notre Seigneur connaissant mon excessive pauvreté et misère m'enseigne lui-même les choses qu'il veut que je sache. Jésus est pour moi le livre des livres dans lequel il m'est permis de lire sans relâche. C'est par ce livre que le Seigneur m'a appris tout ce que je sais et que je dois faire. Du saint tabernacle où il me parle, il m'a rassasiée quand j'avais faim de choses si bonnes, si belles, qu'elles dépassent toute description [5]. »

Avant tout, elle fait passer ce message : « J'ai compris le rôle de la souffrance au lieu de m'en révolter. »

7 septembre 1931 : « Si je jette les yeux sur les années écoulées je me dis : je pourrais être sainte, je devrais l'être. Les divines miséricordes continuent. Je ne vis que par l'ardent désir d'y répondre pleinement, de tout faire par

---

* Déjà, Marthe supportait difficilement la lumière. Toutefois, ce n'est qu'en 1939 que les volets seront hermétiquement clos, la chambre n'étant éclairée que par une veilleuse.

** Mme Pernod à Françoise Degaud [4].

amour, pour mourir d'amour! Les souffrances physiques, les tortures morales agissent si bien sur mon activité spirituelle! [1] »

Mais elle a conscience de sa fragilité. Cette dévotion dont elle commence à être entourée ne va-t-elle pas lui tourner la tête ?

« Je compte surtout sur la Mère bien-aimée [Marie] pour me garder plus que jamais humble, docile, confiante et bien petite afin que le bon Dieu soit bien libre en mon âme [1]. »

Et encore, le 17 octobre 1931 : « Demeurer humble, effacée, silencieuse; une âme toute cachée en Dieu avec le Christ Jésus; n'appartenir qu'à lui seul, docile et bien fidèle à tous ses désirs d'amour [1]. »

Car tel est le prix de l'ineffable amour : « Nos œuvres en elles-mêmes n'ont aucun mérite. C'est l'amour qui les inspire qui nous sanctifie. Recueillir avec douceur et avec amour sans rien laisser perdre de ce qu'elle contient chaque minute que Dieu me donne pour la lui offrir. Ce serait si triste de tout recevoir de l'Amour et de ne pas tout donner à l'Amour [1]. »

C'est pourquoi elle n'a qu'un désir : « Aimer, aimer à la folie! Je n'ai besoin de rien, qu'être tout amour, que grandir en amour pour finir en beauté. L'Amour seul m'attire. Je ne désire plus la souffrance, je la possède et par elle j'ai cru souvent toucher au rivage du ciel. Aujourd'hui, je ne sais plus rien demander à Jésus, excepté l'accomplissement de son adorable volonté et de son amour infini [3]. »

Comment douter de son bonheur? A côté des souffrances? Non, grâce aux souffrances! Enfin si dépouillée d'elle-même que le Christ peut l'envahir.

29 août 1932 : « Doux moments, félicité, béatitude! Oui, je suis heureuse, ô mon bien-aimé, parce que je sens mon cœur palpiter dans le vôtre, vivant et souverain, maître en moi; quel mystère! Je me sens en paradis. Ô mon Dieu, si vous me donnez tant de paix, si vous me rendez si heureuse sur cette terre, que sera-ce au ciel [3] ? »

Voilà donc Marthe engagée sur le chemin généralement solitaire de la béatitude mystique. Et pourtant, tel ne sera pas son destin. Pourquoi ?

Parce qu'elle est si fondamentalement identifiée au Christ qu'elle veut avec lui affronter la cruelle humanité pour l'attirer à son Père.

Marthe dit, le 3 mai 1932 : « Étendre sur la terre le règne de la vérité et de l'amour, voilà ma mission. Je voudrais ne laisser comme trace de mon passage ici-bas qu'une traînée lumineuse de vérité et un grand incendie d'amour divin [6]. »

Le 29 août 1932, Marthe se pose la question qui nous concerne tous : « Comment Jésus est-il si peu aimé ? Pourquoi ne répond-on pas à son amour [3] ? »

Et pourtant, n'est-ce pas évident ? « Tout pacte d'amour entre Jésus et une âme sera un jour payé par des merveilles de grâces [7]. » « L'amour, ce feu ardent qui me consume ! Que j'aimerais le communiquer à tous ; que tous participent à mon bonheur [3] ! »

Dès lors, sa voie, sa mission, lui paraissent évidentes : « Jusqu'à la fin du monde, je serai l'apôtre de l'Amour. Aussi longtemps qu'il restera sur terre des hommes qui souffrent, qui luttent, qui cheminent dans l'erreur, j'intercéderai en leur faveur, je viendrai les aimer, les secourir, leur montrer leur véritable patrie [1]. »

Et même après la mort : « Sans nom, sans gloire connue de la terre, je veillerai sur les miens si chers, sur tous, parée de la belle couronne de ma grande mission qui se poursuivra plus rayonnante [1]. » Oui, « livrons-nous sans réserve à cette mission divine [8] ».

Mais comment ? Elle, si misérable créature, paysanne inconnue, paralysée au fin fond de la campagne française, loin des routes, des voies de communication ? Comment faire aimer l'Amour ?

« Ce ne sont pas des paroles qu'il faut aux incroyants, aux égarés. Ils ont besoin de vertus qui resplendissent, les éclairent, les attirent. Les exemples d'une vie toute proche de la sainteté ont une force de séduction et de persuasion incomparable. Il faut vouloir être un petit rayon sur la terre pour être une lumière immortelle. Il faut vouloir être une lampe dans l'Église militante pour devenir une étoile dans l'Église triomphante [7]. »

Alors, elle s'offre totalement, vivante hostie, et elle prie, prenant sur elle la souffrance de tous.

« Donnez-moi, Seigneur, donnez-moi surtout un ardent amour et la flamme nécessaire pour remplir dignement ma sublime mission de porteuse de lumière et de chaleur. Que je sois sans cesse un petit brasier toujours ardent [9] ! »

En 1933, Marthe eut une série de visions du Christ, grâce auxquelles sa mission se précisa :

« C'est alors que Jésus me parla de l'œuvre splendide qu'il voulait réaliser ici à la gloire du Père, pour l'extension de son règne dans toute l'Église et pour la régénération du monde tout entier, par l'enseignement religieux qui y serait donné et dont l'action surnaturelle et divine s'étendrait dans tout l'univers. Œuvre à laquelle je devais tout spécialement travailler et me donner, suivant son commandement et ses conseils divins, sous la direction du prêtre que de tout temps il avait choisi et élu dans son cœur pour son édification et auquel il donnerait un jour des collaborateurs fidèles et dévoués pour l'aider à absoudre, à instruire et nourrir les âmes et les conduire à son amour [10]. »

Donc il ne s'agissait plus d'une petite école locale, mais d'un véritable séminaire universel. Et, à nouveau, allusion était faite au prêtre qui la dirigerait, le rôle de Marthe n'étant pas précisé, ce qui la troubla : « Ce que je n'arrivais pas à comprendre c'était la participation directe qui m'était imposée dans tout cela. »

Cependant, une précision lui fut bientôt donnée : « A ce moment, Jésus ouvrit les bras, les yeux baissés vers la terre qu'il couvrait majestueusement de son ombre en la considérant avec une tendresse et une complaisance ineffable. [Puis] il me désigna l'endroit précis où il désirait son œuvre, et qu'il fallait acquérir. »

A la suite d'autres visions, d'autres précisions lui furent données : Ni école, ni mission, mais « un foyer de mon amour », « quelque chose de nouveau », une œuvre dont « tous les membres soient des saints, rayonnant par l'exemple d'une vie surnaturelle et l'exercice incessant de la charité », impliquant « le don de soi à chacun dans un don total à Dieu ». « Marie en sera la reine aimée et écoutée. » Ce « foyer » sera « connu des points les plus reculés de la terre », « refuge des grandes détresses humaines », mais aussi « des pécheurs innombrables ».

Pour la première fois, le nom était prononcé : « Je veux qu'il soit un foyer éclatant de lumière, de charité, d'amour ; le centre unique des grandes résurrections spirituelles, après la défaite matérielle des peuples et de leurs erreurs sataniques, l'oasis vivifiante aux âmes de bonne volonté, aux âmes anxieuses et découragées, aux pécheurs endurcis et sceptiques, la maison de mon cœur ouvert à tous. Son rayonnement grandira à la mesure de l'infini et de l'éternel. »

Mais pas seulement des pécheurs : « Des prêtres nombreux, animés de l'ardent désir de la perfection, viendront aussi s'y édifier, s'y instruire et s'y sanctifier. J'y attirerai de même des personnalités de divers peuples qui recevront ici, par tout ce qu'ils verront et apprendront, le sens véritable et la sublime grandeur de la vie et les vraies voies du salut. »

Marthe entendit encore : « Chaque foyer aura son caractère particulier pour diviniser tous les hommes, en faire des temples vivants de Dieu. » Chaque foyer sera indépendant, « tous unis dans un seul esprit, pour former une seule famille », en union avec le foyer-centre établi à Châteauneuf, qui devra être « édifié sans arrêt malgré les difficultés de l'heure et les angoisses croissantes ».

La vision insistait : que le foyer ne soit pas une chapelle, une secte : « Cette famille ne s'enfermera pas en d'étroites frontières, mais les débordera, universelle, puisque l'humanité a même origine, même nature, même destinée. »

On ne s'y endormira pas dans des pratiques rassurantes et sclérosantes, « l'uniformité extérieure superficielle et débilitante ». On recherchera « l'amour et la charité compris, sentis et pratiqués ».

Sous cette condition, assurait le Christ, « je répandrai sur l'œuvre et sur chacun de ses membres des flots de lumière et de grâce, j'y opérerai des prodiges étonnants ».

Tandis que Marthe s'interrogeait sur son rôle à elle, paralysée et impuissante, il lui fut révélé : « Le prêtre que je me prépare pour son établissement sera un apôtre d'une très grande influence. Néanmoins, il ne pourra jamais rien faire sans toi, ni loin de toi. C'est par toi que je veux lui transmettre mes ordres et lui faire connaître ma volonté. C'est par toi, à ta prière et incessant holocauste que je veux lui communiquer ma lumière et ma grâce. Tu lui diras tout, au fur et à mesure, ce que je demande. Tu ne pourras de même jamais rien faire sans lui. Je veux vous confondre en moi pour la mission que je veux vous confier, pour toutes les âmes que je veux vous donner et pour la gloire de mon nom. »

La visionnaire effrayée entendit alors : « Ne tremble pas. C'est moi qui ferai tout. Je serai la lumière et la force ; je serai l'amour et la vie en chacune de vos âmes, dans lesquelles je veux régner. »

Étonnée, stupéfaite, Marthe murmura : « Je n'avais pas à discuter les ordres de Dieu ; je n'avais plus qu'à m'incliner et à obéir. Je devais faire part tout de suite de ce qui m'avait été dit. Quel martyre [11] ! »

Mais faire part à qui ? A l'abbé Faure, malgré cette évidence : il n'était pas celui destiné à fonder les foyers, le père promis par ses visions.

Devant ce torrent, le pauvre curé de Châteauneuf demeura perplexe. Des foyers de lumière, de charité et d'amour ? A Châteauneuf-de-Galaure ? Puis dans le monde entier ? Mais que pouvait-il faire, lui, pauvre prêtre de campagne ? Et que pouvait faire Marthe, la petite infirme de la ferme des Moïlles ?

Pendant des jours, des mois, Marthe se laissa envahir par les images de ses visions. Comment obéir ? Comment agir ?

Puis elle s'apaisa. N'avait-il pas dit aussi : « Ne tremble pas. C'est moi qui ferai tout » ?

Le Christ avait demandé que l'amour règne entre les hommes sur la terre. Mais les hommes se déchiraient à tous les niveaux du tissu social. En France, le Front populaire allait s'opposer au capitalisme sauvage dans la lutte des classes. On sortait à peine d'une guerre planétaire que déjà Hitler, prenant le pouvoir dans une Allemagne assoiffée de revanche, préparait une Seconde Guerre mondiale. Guerres, conflits sociaux, querelles familiales et conjugales, la liste était sans fin, l'homme un loup pour l'homme.

Pour réduire l'esprit agressif qui règne sur le monde, pensa Marthe en méditant ses visions, il faudrait que les gens se rencontrent, toutes classes sociales mêlées. Il faudrait mettre ensemble avec la même volonté de dialogue et d'amour patrons et employés, prêtres et laïcs, hommes et femmes, jeunes et vieux, et sans distinction de races. Il faudrait les faire réfléchir et surtout prier ensemble, car la prière dite dans l'humilité donne les solutions.

Ainsi germait en elle l'idée nouvelle : créer des « communautés laïques », sur le modèle des premières communautés chrétiennes, où la règle était le partage des biens et le rayonnement de l'amour.

En 1933, on était loin de cette idée aujourd'hui familière de communauté de base, dans le partage et la mixité. Même avec les enfants, cela paraissait alors impossible!

Les enfants? Et si on commençait par eux? Marthe se dit :

« Le cœur des petits enfants n'a-t-il pas été créé pour prier, pour aimer? Pourquoi en est-il si peu qui prient? Pourtant, plusieurs enfants réunis dans la prière feraient pour le ciel des choses merveilleuses! Les enfants sont les trésors du Seigneur [12]! »

Enfin, l'idée s'imposa : « J'ai compris. C'est dans la paroisse même que doit s'accomplir cette œuvre que le Seigneur appelle la grande œuvre de son amour, dont il m'a parlé tant de fois, demandant même que l'on fasse sans tarder la première fondation par la création d'une école pour enfants et jeunes filles. Il a promis, avec la Très Sainte Vierge, de la combler de son amour en disant que l'école sera un jour une des branches de l'œuvre, d'un rayonnement efficace [13]. »

Mais le curé n'était pas enthousiaste. Ouvrir une école chrétienne dans ce pays anticlérical, fief de la « libre pensée », où la haine des prêtres était parfois telle que, lorsqu'ils se déplaçaient, on jetait leurs bagages sur la route?

On a vu que depuis sa fermeture en 1905 après la séparation de l'Église et de l'État, il n'y avait plus d'école libre chrétienne à Châteauneuf. Existait seulement un « patronage » qui lui donnait beaucoup de soucis, coûtait cher et ne groupait qu'une dizaine de jeunes. L'abbé Faure s'en était plaint à son confrère de Saint-Uze, qui lui avait répliqué, en 1928 :

– Si tu écoutais Marthe!

L'abbé Faure reprit le chemin de Saint-Uze.

– Marthe veut que j'ouvre une école. Mais je n'ai pas d'argent. Il faudrait acheter un local, trouver des enseignants. D'ailleurs, j'en ai parlé à tous nos confrères de la vallée. Dix-sept curés! Aucun n'y croit.

– Sauf moi! Si c'est Marthe qui te le demande, tu dois le faire, et tout de suite!

L'abbé Faure s'en retourna, perplexe, à Châteauneuf; puis, accablé, il monta à la Plaine. Marthe l'attendait. Elle se souvint alors de sa vision : « Il me désigna l'endroit précis où il désirait son œuvre et qu'il fallait acquérir [10]. »

– Un local ? C'est simple monsieur le curé. Le vieux château !

Cette bâtisse du XVIe siècle des comtes de Montchenu dominait le village. En 1813, la famille l'avait liquidée pour payer ses dettes. Le domaine avait été morcelé, le château acquis par un certain Pistol qui y avait installé un dancing. L'endroit était malfamé. Du rez-de-chaussée on passait à l'étage, où des demoiselles de petite vertu attendaient le client.

L'abbé Faure tendit l'oreille. Comme le curé d'Ars, les dancings étaient sa bête noire, le lieu inventé par Satan pour pervertir la jeunesse. A défaut d'ouvrir une école, neutraliser le dancing serait une bonne chose !

Justement, le château était en vente ; le dancing ne faisait plus ses affaires ! Mais avec quoi le payer ?

– Ce que Dieu demande, il le donne ! répondit Marthe avec force.

La vente aux enchères fut bientôt affichée, à un prix dérisoire ; mais cela ne voulait rien dire. Les prix pouvaient monter.

Alors, le curé se lança, mais sans se découvrir. Même en 1933 en pays de Galaure des gens pouvaient croire que les curés de campagne étaient riches.

Il délégua un paroissien, le fermier Perrossier, ainsi qu'un villageois de Mureils, M. Genthon.

Le 28 février 1934, le château était adjugé à la paroisse de Châteauneuf pour quatorze mille francs. Il n'y avait pas eu d'enchérisseurs. Qui aurait voulu de ce vieux château, trop éloigné du village pour faire un commerce, pas même capable de faire un dancing ; dont toutes les vieilles pierres se descellaient et le toit laissait filtrer la pluie ?

Aussitôt, M. Perrossier et quatre jeunes : Gaillard, Cheval, Montagne et un séminariste, Auric, futur curé de Châteauneuf, se mirent bénévolement au travail dans les vétustes locaux. On refit le plancher du premier étage, on aménagea des salles de classe ; Auric installa lui-même l'électricité. Faute de moyens financiers, on dut malheureusement sacrifier le toit à la Mansart qui donnait au château toute son allure, pour le remplacer par une banale couverture de tuiles.

Pendant ce temps, l'abbé Faure faisait le siège du maire pour lui arracher son indispensable autorisation en vue de l'ouverture d'une nouvelle école.

– Vous n'y pensez pas, monsieur le curé ! Le pays est anticlérical en diable et libre penseur. Si je signe, je ne serai pas réélu !

– Monsieur le maire, la libre pensée c'est de pouvoir choisir son école ! Marthe le demande.

L'institutrice, Mlle Deleuse, arriva de Cléon d'Audran avec son assistante, Mlle Michel. Et l'école primaire paroissiale ouvrit le 12 octobre 1934.

Hélas, les pessimistes semblaient avoir eu raison. Les familles ne se bousculaient pas. Sept enfants seulement furent inscrits. Le curé ne cachait pas sa déception. Allait-on fermer à peine ouvert ? La loi exigeait un minimum de huit élèves. Une nièce de Marthe se dévoua pour faire le compte.

Marthe gardait confiance. Effectivement, à la rentrée d'octobre 1935, dix-huit élèves s'inscrivirent. On en comptera quarante-six en 1938, soixante-neuf en 1939 et soixante-quatorze en 1940. Mais n'anticipons pas.

Le temps passait. A nouveau, Marthe sentit qu'elle s'enlisait. Dans sa vision de 1933, le Christ lui avait demandé de créer des foyers de lumière, de charité et d'amour, jusqu'aux points les plus reculés de la terre ! L'école, c'était bien, mais cela ne suffisait pas. Un prêtre lui avait été promis, elle en avait même eu la vision ; mais il ne venait pas.

« Il me semble, écrivait-elle le 15 janvier 1936 à sœur Marie-Thérèse, que le cœur pleinement confiant est celui qui, fasciné par la puissance infinie de l'amour divin, ne laisse pas les impossibilités humaines limiter son espérance [14]. »

Un prêtre lui avait été promis ; à la fois jeune et disponible, capable de rompre avec les habitudes sclérosantes ; un prêtre généreux, oublieux de lui-même et ouvert à l'Esprit, inspiré par la folie de l'Évangile. Et elle répétait sans cesse dans son cœur : « Ce que Dieu demande, il le donne ! »

8

UN JEUNE PRÊTRE LYONNAIS TRÈS OCCUPÉ

En décembre 1935, une demoiselle Blanck, de Lyon, qui militait pour les missions, rendit visite à Marthe. Très impressionnée par la stigmatisée, elle lui demanda si elle pouvait lui offrir quelque chose. Marthe répondit :

– Je voudrais bien un tableau de la Sainte Vierge pour notre école de Châteauneuf. Mais pas comme on en voit partout. Je voudrais un tableau de « Marie médiatrice de toutes grâces ».

– J'ai ce qu'il vous faut. Une belle lithographie venue de Collevalenza. J'en ferai faire une grande aquarelle, et dès qu'elle sera encadrée, je vous la ferai porter [1].

En quittant les Moïlles, Mlle Blanck rendit visite à l'abbé Faure. On parla de Marthe. Les réserves du curé à son égard, sa gêne évidente, ne lui échappèrent pas. Elle essaya de le faire parler. La gêne du prêtre tourna au désarroi.

– Je me sens dépassé par son cas. Ses projets sont au-dessus de mes moyens. Il faudrait trouver un prêtre capable de prendre ma place auprès de Marthe.

De retour à Lyon, tandis qu'un peintre reproduisait la gravure, Mlle Blanck s'ouvrit du problème de Marthe dans les milieux religieux où elle évoluait, mais sans pouvoir trouver la solution que souhaitait l'abbé Faure. De toute évidence, un prêtre du diocèse de Lyon ne pouvait pas être détaché dans celui de Valence.

Le problème du transport du tableau était plus simple à résoudre. Mlle Blanck en parla à une religieuse du Cénacle, proche de Fourvière, mère Scatt, qui suggéra :

– Je connais M. le chanoine Finet, qui nous donne des conférences sur la Vierge. C'est un prêtre très dynamique qui se déplace beaucoup en auto, comme sous-directeur de l'Enseignement libre des diocèses Rhône et Loire. Il a quelque huit cent cinquante écoles à inspecter! Organisé comme il est, il trouvera bien le moyen de faire un détour jusqu'à Châteauneuf-de-Galaure. Je lui en parlerai à sa prochaine conférence au Cénacle.

Le jour venu, mère Scatt lui dit :

– Nous connaissons près de Châteauneuf-de-Galaure, dans la Drôme, une pauvre fille paralysée, complètement isolée dans une ferme, qui manifeste une étonnante dévotion à Marie médiatrice, dont vous nous parlez si bien, monsieur le chanoine!

– Marie médiatrice, dites-vous?

– Oui. Une de mes amies lui a promis un tableau de la Vierge, assez encombrant et fragile. Si un jour vos déplacements vous amènent dans la Drôme...

L'abbé Finet sourit.

– Vous me prenez par mon point faible, ma mère! Vous ai-je dit que j'avais ajouté à mes vœux canoniques un vœu supplémentaire? Ne jamais refuser ce qui me serait demandé au nom de Marie. C'est donc promis. Je lui porterai ce tableau.

Et le 10 février 1936, l'abbé Finet prit la route, le tableau soigneusement emballé dans sa malle.

Issu d'une bonne famille bourgeoise de Lyon où son père était orfèvre, ce prêtre était âgé de trente-huit ans, quatre ans seulement de plus que Marthe. Jean Guitton, qui le rencontrera plus tard, le présentera comme « un personnage balzacien, avide de responsabilité et de sacrifice, né pour l'action autant que pour la contemplation, trouvant son équilibre, sa joie et son hygiène dans le surmenage ». Et d'ajouter : « Insatiable, il garde une place vacante pour une corvée imprévue, un nouveau service à rendre, d'autant plus libre qu'il se surcharge davantage [2]. »

Mais l'abbé Finet était aussi beaucoup plus : un homme de foi, surtout; totalement donné à sa vocation, capable pour son Dieu de renoncer à toutes les petites ou grandes ambitions personnelles et aux plans de carrière qui marquent la vie des hommes trop organisés, y compris des ecclésiastiques.

Sa voiture filait à toute allure sur la nationale 7. L'homme était pressé, ayant une série de visites à faire au retour pour l'enseignement libre. Aussi comptait-il seulement déposer le tableau à la cure de Châteauneuf, devant laquelle il stoppa à onze heures.

L'abbé Faure l'accueillit avec reconnaissance et lui proposa aussitôt :

– Voulez-vous voir ma paroissienne ?

– Je n'ai pas beaucoup de temps... Qui est-ce ?

– Elle s'appelle Marthe Robin. Une âme d'élite !

L'abbé regarda sa montre.

– Vous savez, des âmes d'élite, j'en connais beaucoup ; parce que je confesse des femmes !

Sans trop savoir pourquoi, le curé insista :

– Vous auriez intérêt à la visiter. Celle-là est d'une qualité supérieure.

L'abbé Finet éclata de rire.

– Entendu pour la qualité supérieure, monsieur le curé !

A onze heures trente, l'auto s'immobilise devant la ferme des Robin. Personne n'est prévenu, le hameau ne possède pas de téléphone. Après avoir frappé, le curé pousse la porte de la cuisine. Mme Robin est là, occupée à préparer le repas. Robin est assis sur une chaise. Il a mauvaise mine, s'étant blessé à un orteil en travaillant aux champs *.

Les présentations faites, on fait asseoir l'abbé Finet, tandis que l'abbé Faure entre seul dans la chambre de Marthe, pour la prévenir.

Il y demeure longtemps. Entre l'abbé Finet et les Robin, la conversation se fait rare. L'abbé déballe alors le tableau, ficelé dans un grand papier. Et là, un choc.

A considérer l'œuvre au strict plan de l'art, on pourrait aujourd'hui la trouver mièvre et sans valeur, pur produit de l'iconographie italienne du XIXe siècle. Il nous faut donc aller au-delà.

C'est un mandala, un graphisme à symbole. Marie est représentée debout sur le globe. La couronne marque la prééminence. La Vierge est illuminée par la colombe, l'Esprit-Saint, de qui elle détient sa force. Très peu féminine (pas de hanches ni de poitrine, une taille à peine soulignée) pour marquer qu'elle n'a pas été mère en passant par le désir charnel, mais par l' « opération de l'Esprit », signifiant ainsi la filiation divine de l'enfant.

Le ciel est lumineux. C'est la grâce, l'incréé. Le bas du tableau, où le monde est plongé, est sombre, nuageux, monde obscur du créé, de la pesanteur, de l'évolution labo-

---

* Il mourra quatre mois et demi plus tard, le 23 juin 1936, emporté à soixante-seize ans par une affection cardio-rénale.

rieuse. Sous ses pieds, la Vierge écrase le serpent, symbole du mal.

Unissant les deux mondes, un arc-en-ciel déploie ses cou leurs, alliance entre Dieu et l'homme, par Marie médiatrice. Entre ses pieds jaillit un lys, symbole de pureté, qui monte jusqu'à son cœur, où s'épanouit la fleur, d'où naît l'hostie marquée du signe christique JHS.

La Vierge a les mains ouvertes, bras étendus, en signe d'accueil. Mais elle ne sourit pas, comme écrasée par sa tâche immense, presque impossible : médiatrice entre l'homme et Dieu !

C'est vrai, l'abbé Finet, qui a complètement oublié la présence muette du couple Robin, est ému. Toute sa vie a été placée sous la protection de Marie, qui ne lui a jamais manqué. Il n'a pas le temps de réfléchir plus avant. L'abbé Faure sort de la chambre et annonce d'une voix mal assurée :

– Marthe demande que vous lui apportiez vous-même le tableau.

A partir du moment où l'abbé Finet est entré dans la ferme, une étrange impression l'a saisi. Il ne connaît pas grand-chose de Marthe Robin. Il a vaguement entendu parler de ses stigmates, mais rien de précis, car la hiérarchie de son église lyonnaise est restée en dehors de cette affaire relevant de l'évêché de Valence. Et le voilà aujourd'hui, lui, prêtre lyonnais en vue, chanoine de la cathédrale primatiale, mêlé à cette histoire !

Il se lève et, tenant à deux mains le tableau de Marie médiatrice qu'il a hâtivement remballé, il s'avance vers la chambre de Marthe. Et alors...

« Je croyais amener un tableau de la Sainte Vierge, racontera-t-il plus tard, mais c'est plutôt elle qui m'amenait ! »

Dès qu'il entre, Marthe a un choc. Dans la demi-obscurité de la pièce elle a reconnu ce prêtre ! Mais lui ne la connaît pas du tout. Quel est ce mystère ? Elle l'a vu dans une vision ! C'était... oui, il y a six ans !

Marthe sera toujours très discrète sur cet événement étrange qui révèle ses dons de seconde vue. Elle en témoignera plus tard devant Jean Guitton, au cours d'une de ses visites à la Plaine, en présence du père Finet, qui assistait à l'entretien :

– Vous vous rappelez, mon père, comment je vous ai connu ? Vous étiez venu m'apporter un tableau de la Vierge, enveloppé de tas de ficelles. Vous êtes entré dans ma chambre. Je vous avais vu six ans avant votre arrivée ici, pendant la catastrophe de Fourvière. Je vous ai revu avec les pompiers et les terrassiers, quand vous avez secouru les pauvres gens qui étaient pris sous les pierres. Je vous avais vu avant de vous voir. Et c'est pourquoi je vous ai reconnu [3].

Mais écoutons l'abbé Finet lui-même raconter le drame de Fourvière :

« Le 13 novembre 1930, à une heure du matin, la colline de Fourvière s'est éboulée ; un éboulement terrible. La colline domine la cathédrale Saint-Jean où j'étais vicaire. Immédiatement, on est venu me prévenir : " Venez vite, la colline s'éboule ! Il y a des morts et des blessés ! "

« J'ai bondi, je suis arrivé rue de Tramassac, derrière la place Saint-Jean. Là, dix-neuf pompiers avaient placé leurs échelles contre les murs des façades qui n'étaient pas tombées ; l'intérieur de ces maisons était rempli de matériaux. On entendait encore quelques cris de personnes à moitié ensevelies, pendant que d'autres ne criaient plus : elles étaient mortes. Je suis allé vers le Chemin Neuf, coupé par l'éboulement, et je suis revenu auprès des pompiers. Et tout à coup, j'ai pensé que dans une maison, dont tout l'arrière donnant sur le Chemin Neuf était déjà éboulé, au cinquième étage, dans la partie encore non éboulée, il y avait le directeur de notre école libre de la paroisse. Oh, me suis-je dit, je vais aller le prévenir pour qu'il sorte vite et qu'il ne soit pas enseveli s'il y a un deuxième éboulement.

« Je suis entré dans l'allée voûtée et, à ce moment précis, un second tremblement, terrible ! J'ai voulu sortir ; on ne pouvait plus, l'allée était bouchée. J'ai cherché la montée d'escalier ; impossible de monter, les marches bougeaient sous mes pieds. Je me suis donc abrité sous l'allée. J'avais mon mouchoir devant le nez, à cause des poussières. On était dans l'obscurité totale. Une femme m'est tombée dans les bras. Je lui ai dit : " Ne vous tourmentez pas, madame, vous allez avoir une grande grâce, celle de mourir avec votre vicaire ! " Vous voyez, je l'ai tout à fait tranquillisée...

« Au bout d'un moment, les poussières s'étant dissipées, je suis sorti et je suis revenu sur la place Saint-Jean. Là, autour du matériel à incendie, se tenaient quelques pompiers, torches en main ; ils faisaient l'appel. Les dix-neuf pompiers qui étaient avec moi quelques minutes avant étaient tous morts ensevelis, ainsi que quatre agents cyclistes. Il y avait hélas beaucoup d'autres victimes parmi les civils. C'était absolument dramatique, les gens fuyaient de tous les côtés. »

Le père Finet marque une pose, puis reprend :

« A l'heure où cette catastrophe se préparait, il y avait ici Marthe, que je ne connaissais pas. La Sainte Vierge était venue lui demander de prier beaucoup, dans cette nuit du 13 novembre, pour sauver la vie de son futur père spirituel. Durant cette nuit, Marthe a tellement souffert qu'il a fallu appeler le curé de Châteauneuf, l'abbé Faure, pour la soutenir. Six ans avant de me connaître, Marthe, par sa souffrance, a obtenu que je ne périsse pas avec les dix-neuf pompiers, mais que j'aie la vie sauve. Je vous dis cela pour vous montrer ce qu'est la communion des saints [4]. »

Ainsi donc, en cette nuit tragique, quelqu'un, à quatre-vingts kilomètres de là, le protégeait. Dans l'obscurité de sa chambre, Marthe avait eu la vision de la catastrophe. Sans le connaître, elle avait prié intensément pour le prêtre que Dieu lui destinait.

Plus tard, elle l'avait même revu en vision. Il s'approchait d'un jeune garçon. Le père Finet l'a dit à Jean Guitton :

« Quelques jours après l'éboulement, j'ai été appelé auprès d'un petit garçon de quatre ans nommé Lapicorey qui allait mourir. Que pouvais-je faire pour ce petit ? Après des hésitations, étant donné son âge, je lui fis faire sa première communion. Marthe m'a dit, six ans après : " J'étais près de vous pour que vous ayez l'idée de le faire communier [2]. " »

Mais revenons à la rencontre décisive du 10 février 1936. A la vue de l'abbé Finet, Marthe est tellement émue qu'elle ne dit rien. Elle admire le tableau. Très peu de paroles sont échangées. Pour rompre le silence angoissant qui s'étend, ils prient ensemble.

C'est fini. Le prêtre se lève, il va repartir. Alors, Marthe :

– Voulez-vous revenir cet après-midi ?

L'un et l'autre se sentent conduits, ils ne résistent pas vraiment, mais ils ont besoin de recul pour y voir clair.

Voici l'abbé dans la cuisine. Il est midi. Le repas est prêt et la bonne odeur du pot-au-feu envahit la pièce. Maman Robin propose spontanément :

– Vous mangerez bien un morceau avec nous, monsieur l'abbé !

Le prêtre se tourne vers le curé et l'interroge du regard.

– On ne va pas vous déranger, madame Robin, répond l'abbé Faure. M. Finet déjeunera à la cure. Nous avons à parler.

A cet instant, l'abbé Faure a-t-il compris qu'il tenait enfin l'homme qui prendrait spirituellement Marthe en charge, qui le déchargerait de ce fardeau trop lourd pour lui et conduirait la stigmatisée vers sa mystérieuse vocation ? Mais qui conduit qui ?

Au même moment, dans la petite chambre voisine, à l'abri des volets à demi clos, Marthe ne peut quitter du regard le visage énigmatique de cette Vierge médiatrice qu'elle a appelée de ses vœux, et toute la puissance spirituelle qui émane du regard bleu se concentre sur elle. Les deux prêtres quittent la ferme, elle entend le moteur de l'auto. Derrière la porte montent les bruits du repas, coupés des commentaires des Robin sur la visite de cet élégant abbé lyonnais. Mais Marthe n'entend que les battements profonds de son cœur et la voix intérieure qui lui dit : « C'est bien celui que tu attendais, celui que je t'ai promis. Tout va se jouer cet après-midi. Laisse-toi guider par moi. »

Dans la salle à manger de la cure de Châteauneuf, les deux prêtres font honneur au repas préparé par la vieille gouvernante. Entre deux bouchées, l'abbé Finet interroge. Le curé parle. Il parle de plus en plus. Il ne mange plus. Il raconte tout : la longue suite des maladies de Marthe, la paralysie, l'inédie, les stigmates, les souffrances de la passion qu'elle revit tous les vendredis en union avec le Christ.

Cette lourde suite d'épreuves émeut l'abbé Finet, ces souffrances endurées patiemment depuis dix-huit ans, souffrances d'abord acceptées, puis offertes, puis désirées. Quelle leçon pour eux tous, qui font profession de spiritualité et se noient trop souvent dans les petits ennuis de l'existence ordinaire !

Un peu avant quatorze heures, l'abbé Finet se lève et prend congé de l'abbé Faure.

– Je retourne seul à la ferme, monsieur le curé.

Le ton est assuré. Le curé ferme les yeux. A cet instant,

c'est comme si on lui retirait un poids énorme qui pèse sur ses épaules depuis treize ans. Désormais, c'est une affaire entre eux trois : Marthe, l'abbé Finet, et Elle, Marie médiatrice. Un joli conte pour ses enfants du patronage. Cela existe donc encore aujourd'hui les contes, ou plutôt les miracles ?

Ce qui va se passer semble encore plus extraordinaire que dans les contes. Dès qu'ils se retrouvent seuls dans la chambre, Marthe, le regardant droit dans les yeux, lui demande :

– Nous nous sommes déjà rencontrés, n'est-ce pas ? En 1930.

Georges Finet est surpris. Il secoue la tête.

– Non, je ne me souviens pas.

– Souvenez-vous. Le 13 novembre; la catastrophe de Fourvière. Puis, quelques jours plus tard, vous vous êtes penché sur un jeune garçon, agonisant. Vous hésitiez à lui donner la communion.

Le prêtre est sidéré. Comment peut-elle savoir ? Il n'en a parlé à personne. Marthe poursuit de sa voix douce et claire :

– J'étais près de vous lorsque vous avez décidé de le faire communier. Vous avez bien fait.

– Oui. L'enfant est mort.

– Mais vous êtes ici. J'ai tellement prié pour vous. A Fourvière, j'avais peur que vous ne preniez des risques.

L'abbé Finet va rester trois heures avec Marthe. Il a lui-même raconté :

« Pendant la première heure, Marthe me parla en termes profondément émouvants de la Sainte Vierge, véritable confidence d'amour de l'enfant sur celle qu'elle appelait sa maman chérie. Moi qui faisais des conférences mariales, j'en étais ébloui. Elles se connaissaient bien, toutes deux ! Elle en parlait comme d'un être plein de mystère avec lequel elle avait des relations d'intimité. Je m'aperçus, moi qui prêchais si souvent sur Marie, que mes paroles ne pesaient pas très lourd à côté de ce que j'entendis alors. C'était merveilleux ! »

Puis Marthe tente d'en savoir plus long sur le prêtre.

– Qui vous a amené à Marie médiatrice ?

– C'est une longue histoire. Né à Lyon le 6 septembre 1898, j'ai été baptisé le 8. C'était la fête de la nativité de la Vierge et l'on procéda comme de coutume à la bénédiction de la ville du haut de la basilique de Fourvière. En ce temps-là, à dix-huit heures, un premier coup de canon invitait les Lyonnais à se mettre à genoux, un second retentissait pour la bénédiction, et un troisième invitait à se relever. Après mon baptême, ma mère m'a ramené dans ses bras. Quand elle a entendu les coups de canon, elle a, au moment de la bénédiction, consacré son fils à la Sainte Vierge, pour toujours.

Très ému, le prêtre s'interrompt et Marthe respecte son silence. Puis il reprend :

– Élève des Chartreux de Lyon depuis 1910, j'avais été à Ars en mai 1915 suivre une retraite d'orientation. J'ai surtout prié pour ne pas être prêtre, car je redoutais le sacerdoce. Le 29 mai, dans la chapelle de la Providence d'Ars, j'ai été frappé par l'Esprit. En sortant, j'ai dit à mon camarade de collège Alfred Ancel * :

– Le Seigneur m'a possédé. Je vais me faire prêtre.

– Moi aussi, me dit-il.

« Je partis aussitôt pour Rome effectuer une année de séminaire. J'échappai au massacre de la guerre, mais mon parrain Joseph y laissa la vie. Il avait trente-huit ans ; mon âge aujourd'hui. C'est étrange ; ma marraine, qui s'appelle Marthe, est morte aussi à trente-huit ans.

– Ils vous ont amené ici.

– Après la guerre, je terminai mon séminaire avec Alfred Ancel à l'université Grégorienne de Rome, où nous avons décroché nos doctorats de philosophie et de théologie. C'est lui qui me fit découvrir la spiritualité mariale de Grignion de Montfort. En 1924, j'ai été ordonné prêtre à Lyon avec mon ami Ancel. Nommé vicaire à la paroisse d'Oullins, la banlieue ouvrière de Lyon, je n'avais qu'une pensée : convertir tout le monde ! Avec une bande de jeunes ouvriers, on allait prêcher le soir dans les cafés, et je tentais en vain de démontrer l'existence de Dieu par A plus B. Le cardinal archevêque Maurin m'a tiré de là en me nommant vicaire à la cathédrale de Lyon. Je protestai en vain.

– Mais Marie ? Marie médiatrice ?

– J'ai eu l'occasion de la faire connaître plus tard en préparant des jeunes à la consécration à Marie, selon Grignion de Montfort. On allait naturellement à Fourvière. Les Dames du Cénacle voisin me demandèrent alors des conférences. Je devais en faire huit, je n'ai jamais cessé depuis !

---

* Futur supérieur du Prado, puis évêque auxiliaire de Lyon, décédé en 1984 après avoir été un fidèle soutien des Foyers de charité.

Marthe l'a écouté en silence. Son cœur bat très fort. Elle ferme les yeux et s'abandonne à l'Esprit. Puis, soudain transformée, comme portée par une énergie nouvelle, elle se met à prophétiser. Elle parle des grands événements qui vont se dérouler dans le monde, les uns catastrophiques, les autres « riches en grâces ».

– Nous assisterons à l'unité des chrétiens. Et après, il y aura l'unité entre chrétiens et juifs. Les erreurs diaboliques seront détruites. Cela aboutira à une résurrection, à une immense grâce : la nouvelle Pentecôte d'amour ! Elle sera précédée d'un renouveau de l'Église ! L'institution va se rajeunir par l'apostolat des laïcs. Ils vont avoir un rôle très important à jouer.

– Mais, objecte l'abbé, il faudra que ce laïcat soit formé !

– Certes. Il le sera dans des centres multiples, notamment dans des foyers, des foyers de lumière, de charité et d'amour.

Plus tard, le père Finet sera frappé d'entendre les papes parler du « printemps de l'Église », d'une « nouvelle Pentecôte d'amour ». « Marthe m'a annoncé cela en 1936. Elle m'a dit que l'Église allait totalement se rénover. Elle annonçait le concile. Mais alors, je ne savais pas bien ce qu'elle voulait dire, et pourquoi elle était si pleine d'allégresse ! »

– Qu'est-ce donc que ces foyers de lumière, de charité et d'amour ? demande-t-il.

– Quelque chose de tout nouveau dans l'Église. Non pas un ordre religieux, mais un laïcat consacré. De grandes familles avec à leur tête un prêtre, et la Sainte Vierge pour mère. Des retraites seront organisées pour tous, mais l'enseignement qui sera donné sera vécu par la communauté comme un témoignage d'unité et de prière.

Pour la première fois sont exprimés la spiritualité et le dynamisme des futurs Foyers de charité. « J'ai compris plus tard, dira le père Finet, que la lumière était l'enseignement du prêtre qui devait mener à Dieu-Amour. Mais pour cela il faut d'abord pratiquer la charité fraternelle. »

Devant l'abbé de plus en plus surpris, Marthe poursuit :

– Les foyers de lumière, de charité et d'amour auront un rayonnement dans le monde entier. Ils seront une réponse du cœur de Jésus au monde après la défaite matérielle des peuples dues à leurs erreurs sataniques *.

Du côté de la cuisine, la vieille horloge à balancier sonne seize heures. Est-il possible qu'ils parlent depuis deux heures ? Un long silence s'établit dans la petite chambre. Enfin, la voix fraîche de Marthe s'élève à nouveau. Le prêtre croit y déceler comme un imperceptible tremblement. Mais elle le regarde avec assurance, comme si elle savait déjà.

– Monsieur l'abbé, j'ai quelque chose à vous demander de la part de Dieu.

Il sursaute. Qui lui a jamais parlé ainsi ? Marthe poursuit :

– C'est vous qui devez venir ici, à Châteauneuf, pour fonder le premier foyer de charité.

Stupéfait il demeure silencieux ; puis il cherche ses mots, bredouille et finalement se dérobe.

– Mais je ne suis pas du diocèse de Valence ! Je suis de Lyon !

– Qu'est-ce que cela peut faire puisque Dieu le veut ?

Il tente de reprendre pied.

– Ah ! excusez-moi, je n'y avais pas pensé !

Puis, ébranlé par la tranquille assurance de Marthe, il demande :

– Mais pour faire quoi ?

– Bien des choses. Notamment pour prêcher des retraites.

– Mais je ne sais pas !

– Vous apprendrez.

S'est-il déjà rendu à la formidable puissance qui le submerge ? Il murmure :

– Oui... Des retraites de trois jours, ce serait une bonne chose.

– Non ; trois jours ne suffisent pas pour convertir, pour changer une âme. La Sainte Vierge demande cinq jours pleins.

– Et à qui s'adresseront ces retraites ?

---

* Marthe faisait ici allusion au communisme athée. Le 8 novembre 1989, après que François de Vivie m'eut demandé d'écrire une vie de Marthe Robin, je découvrai pour la première fois Châteauneuf, son Foyer et les Moïlles. Comme je stoppai ma voiture devant la ferme, ma femme me dit soudain : « Et maintenant, quel miracle va accomplir Marthe ? » Dans la nuit qui suivit, le mur de Berlin tomba, sous un irrépressible élan de liberté, prélude au formidable, à l'impensable effondrement communiste de l'Europe de l'Est. *(Note de l'auteur.)*

– Pour commencer, à des dames, à des jeunes filles.
– Et que se passera-t-il d'autre pendant ces retraites ? Des carrefours, des échanges ?
– Non. La Sainte Vierge demande le silence complet.
– Et vous croyez que je pourrai garder des femmes en silence pendant cinq jours ?
– Oui, puisque la Sainte Vierge le demande. Jésus donnera des grâces extraordinaires.
– Mais où fera-t-on ces retraites ?
– Dans notre école.
– Est-elle organisée pour cela ?
– Non. Ce n'est pas un internat.
– Il faudra des lits, une cuisine. Qui fera ces travaux ?
– Vous.
– Et avec quel argent ?
– Ne vous tourmentez pas. La Sainte Vierge y veillera.
– Mais comment pourrai-je faire venir des retraitantes dans ce village inconnu ?
– La Sainte Vierge elle-même vous les enverra. Vous n'aurez pas besoin de faire de la publicité.

Un silence. Puis à nouveau la voix claire de Marthe. Elle lui cite deux autres cas où il a failli mourir : un cheval emballé, et la guerre de 1914. Le prêtre demeure abasourdi, car il n'en a jamais parlé à personne. Alors, Marthe s'écrie :

– C'est parce que vous devez créer les Foyers de charité que Dieu vous a gardé en vie !

Il se rend, sans trop savoir ni pourquoi, ni comment. Cinquante ans plus tard, il s'interroge encore : « Je ne savais rien sur elle ; et pourtant, sous mes surprises et mes questions, au plus intime de moi je n'ai pas hésité une seconde. »

Ce jour-là, il murmure seulement :

– Quand faudra-t-il prêcher la première retraite ?
– Le lundi 7 septembre. Le 8 c'est la fête de la nativité de la Vierge. La retraite durera jusqu'au dimanche 13, dans l'après-midi.
– Je ne puis refuser. Mais encore dois-je demander l'autorisation de mes supérieurs.
– Oui. Vous devez vous mettre dans l'obéissance.

Il est dix-sept heures. Ils parlent depuis trois heures. Marthe ferme les yeux. Elle prie. Discrètement, il prend congé.

« J'étais abasourdi ! En sortant de la chambre de Marthe,

je pensais : quelle aventure ! Mais la foi n'est-elle pas une aventure ? »

Et, fasciné par cette idée simple, il répète comme un leitmotiv : « Proposer l'Évangile aux hommes de ce temps en allumant des foyers de lumière, de charité et d'amour ! »

Pour la première fois de sa vie, il conduit lentement. La nuit tombe sur les collines vertes. Au milieu des labours, les fermes se calfeutrent et allument leurs feux. Ce paysage est d'une beauté surnaturelle ! Mais déjà, voici Châteauneuf, sa grande rue en pente, le clocher carré de l'église, la cure.

L'abbé Faure se précipite.

– Alors ?

– Elle m'a eu... Je veux dire, Marie. Marie médiatrice !

Le curé bondit de joie.

– Ah ! Merci, mon Dieu ! Maintenant, je vais avoir quelqu'un pour m'aider.

– Ce n'est pas encore acquis. Il me faut l'autorisation de mes supérieurs et l'agrément de l'évêque de Valence. On ne change pas facilement de diocèse. Vous allez venir avec moi à Lyon.

– J'irai où vous voudrez, jusqu'au bout du monde ! Laissez-moi seulement téléphoner au curé de Saint-Uze, pour qu'il apporte demain la communion à Marthe. C'est la fête de Notre-Dame de Lourdes, l'anniversaire de la première apparition à Bernadette.

– C'est vrai. Et je l'avais oublié ! Nous le célébrerons tous les deux à Fourvière ! Et nous confierons tout à Marie.

Ils partent ensemble. A Lyon, l'abbé Finet installe le curé à la direction de l'Enseignement libre, où il loge lui-même.

Le lendemain matin, 11 février, ils montent à Notre-Dame de Fourvière où ils célèbrent la messe à l'intention des futurs Foyers de charité. Après quoi, l'abbé Finet se rend seul à l'archevêché, où il rencontre son supérieur, Mgr Bornet, évêque auxiliaire et directeur de l'Enseignement libre du diocèse de Lyon. L'affaire promet d'être dure. L'évêque se défend pied à pied. Il tient à garder l'abbé Finet. Enfin, convaincu par son enthousiasme communicatif :

– Si Marthe vous le demande, vous pouvez accepter.

Quelque peu étourdi, l'abbé Finet passe chez Mgr Rouche, le vicaire général. Là encore, il doit lutter pied à pied, convaincre.

D'abord, il s'aperçoit que Marthe est beaucoup plus connue qu'il ne le pensait dans la hiérarchie de l'Église. Mais l'Église éprouve une telle méfiance pour les phénomènes surnaturels en général et pour les stigmatisés en particulier !

Enfin, Mgr Rouche donne son accord pour un détachement partiel. Le prêtre rend alors visite à son père spirituel, le jésuite Albert Valensin, homme de prière, professeur de théologie aux facultés catholiques de Lyon, spécialiste de ce que l'Église nomme avec pudeur « les états mystiques ». Surprise :

– Marthe Robin ? Mais je la connais ! Mgr Pic, l'évêque de Valence, m'a conduit auprès d'elle ces derniers temps. Je suis resté avec elle trois heures durant.

– Et que pensez-vous d'elle, mon père ?

– Elle me rappelle Catherine de Sienne *. Elle ne vous trompera jamais. Elle est d'Église. Vous pourrez faire tout ce qu'elle vous dira. Tout ! Je serai toujours avec vous pour vous aider et vous soutenir. Si on vous attaque, je vous défendrai.

Le voilà fort de l'appui de ses supérieurs. Il a été convenu que dans un premier temps il gardera ses fonctions à l'Enseignement libre et dirigera spirituellement Marthe en faisant une fois par semaine le trajet entre Lyon et Châteauneuf.

L'abbé Finet effectue alors la dernière démarche officielle, auprès de l'évêque de Valence.

« Mgr Pic m'a reçu les bras ouverts. Tout de suite on s'est entendu. Il a béni le projet. »

Quand on connaît la réticence traditionnelle de l'Église vis-à-vis des phénomènes mystiques, on reste émerveillé.

Une question toutefois peut se poser. Puisque Marthe était déjà si connue, voire reconnue des autorités de l'Église, on se demande pourquoi son évêque n'avait pas délégué auprès d'elle un prêtre ou un religieux compétent pour la guider, puisque tel était le vœu de son curé. Pourquoi a-t-il fallu attendre si longtemps et passer par Lyon pour trouver ce prêtre ? Fourvière, la colline inspirée, Marie médiatrice ? C'est vrai que Dieu a l'éternité devant lui et qu'il écrit droit avec des lignes courbes !

---

* Mystique stigmatisée du XIVe siècle, religieuse italienne célèbre par ses extases. Animée par une ardente charité, elle regroupait des « familles spirituelles » et, comme Marthe, on venait de partout pour lui demander conseil. Canonisée en 1461, elle a été proclamée docteur de l'Église en 1970, avec Thérèse d'Avila.

9

UN FOYER DE CHARITÉ ET D'AMOUR

> Innocence acquise du mystique, qui passe à travers les obstacles sans s'en apercevoir.
>
> H. BERGSON

Désormais, Marthe se sentit de plus en plus assurée dans sa mission. Chaque semaine, l'abbé Finet montait à la Plaine dans sa petite auto noire pour l'assister dans sa passion, qui demeurait le pôle essentiel de sa vie. Puis, ensemble, ils formaient les plus grands projets pour la création à Châteauneuf du premier foyer de lumière, de charité et d'amour.

Tout l'été on aménagea l'école en vue d'y recevoir les premières retraitantes. Installation de fortune ! En guise de chambres, des boxes individuels isolés par des draps tendus sur des ficelles ! La paroisse avait prêté des chaises pour la minuscule chapelle.

Le lundi 7 septembre 1936, l'abbé Finet vint prêcher la première retraite. Une sorte de vertige s'empara de lui. Les événements semblaient se bousculer. Il avait bien failli manquer ce rendez-vous capital en raison d'un congrès de l'Enseignement libre, et il comprenait qu'il lui faudrait bientôt choisir entre Lyon et Châteauneuf. Ou plutôt, Châteauneuf devrait donner des preuves à ses supérieurs toujours réticents.

L'abbé Faure, rayonnant, l'accueillit, entouré par trente-trois retraitantes, parmi lesquelles les deux plus jeunes, Hélène Fagot, vingt-neuf ans, professeur à la Croix-Rousse, et Marie-Ange Dumas, vingt-trois ans, professeur de philosophie à Lyon, deviendront un jour les deux premiers membres consacrés des Foyers.

En 1936, elles n'en étaient pas là. Hélène Fagot raconte : « J'avais envie de faire une retraite sérieuse. Le père Finet m'a dit : " Allez à Châteauneuf-de-Galaure. " Je n'en avais jamais entendu parler. A mon arrivée, la secrétaire m'a dit : " Dans quelle histoire on est tombé ! Il y a une voyante dans le pays [1] ! " »

A la vue des retraitantes, Hélène fut déçue. Elle pensait participer à une retraite de jeunes, et elle découvrait surtout des « dames à chapeau ». Sa déception s'accentua à la vue des boxes. Et pas d'eau courante ! Un broc, une cuvette !

Au deuxième jour de la retraite, l'abbé Finet lui parla de Marthe et lui conseilla d'aller la voir, mais elle se déroba. Une voyante !

Le soir, l'abbé Faure et l'abbé Finet montèrent ensemble à la Plaine. Selon le rituel, le curé de Châteauneuf portait la communion à Marthe, mais elle le repoussa doucement.

– Non, monsieur le curé. Pas vous. Le père.

L'abbé Faure comprit que son rôle était terminé. Désormais, Marthe se plaçait en d'autres mains, s'engageant avec l'abbé Finet dans une aventure spirituelle dont personne ne pouvait dire encore où elle les mènerait. Le curé de Châteauneuf l'avait souhaité ainsi. Il connaissait ses limites. Malgré les maladresses de ses débuts, il faut lui rendre hommage pour sa modestie, son dévouement et son effacement volontaire.

– C'est à vous, père, dit-il humblement à l'abbé Finet.

Puis il se retira discrètement.

« Père ! » « En ce jour anniversaire de mon baptême, a raconté l'abbé Finet, je recevais ce titre merveilleux de père, que je devais partager dans la suite avec tous mes frères responsables des Foyers de charité [2]. »

« Père. » Encore un point où Marthe se trouvait en avance de vingt ans. En 1936, on n'appelait pas, comme aujourd'hui, les prêtres « père », terme réservé à certains religieux et aux confesseurs, qui ne s'est généralisé qu'après le concile. Marthe, qui ne connaissait pas le latin, savait que « abbé » vient de « abbas », père.

C'est donc ainsi qu'elle accueillit Georges Finet, qu'elle l'intronisa comme le premier des pères des Foyers de charité qui bientôt fleuriront dans le monde entier, avec pour mission d'absoudre, d'instruire, de conduire les retraitants à l'amour de Dieu dans le partage de la vie fraternelle.

Quand il la quitta après lui avoir donné l'eucharistie, Marthe apaisée renouvela son offrande : « Seigneur, je m'offre à vous pour être l'hostie vivante de l'œuvre. Je veux être sacrifiée afin que cette œuvre vive, s'étende et prospère, qu'elle produise des fruits de vie [3]. »

L'œuvre des Foyers de charité prenait pour elle la valeur d'un véritable sacerdoce, comme elle l'avait écrit le 14 mai 1930 à son amie mère Marie-Thérèse Lautru : « Qu'il est beau notre sacerdoce à nous, qui s'exerce dans l'ombre et le silence, caché comme Jésus-hostie [3] ! »

Cependant, la retraite ne s'achevait pas dans la sérénité. L'Adversaire veillait. Reprenons le récit d'Hélène Fagot :

« A la fin de la retraite, dans la nuit du samedi au dimanche, toutes les participantes ont été réveillées en sursaut. C'était une succession de bruits différents. Tout d'abord, comme un bruit de vaisselle cassée. Comme la vaisselle de la cuisine était posée sur des tréteaux, j'ai pensé qu'ils avaient cédé. Après, on a entendu un bruit énorme de moteur. Il y a eu deux crises d'hystérie cette nuit-là. D'autant que, réveillés eux aussi, les grands ducs faisaient du bruit dans le grenier. »

Manifestations démoniaques ? Elle en était sûre !

« Je suis sortie de mon box. Mais on m'a renvoyée me coucher. Marie-Ange Dumas enfilait des dizaines de chapelet. »

Le lendemain matin, lorsque le père Finet arriva pour dire la messe, Hélène l'interpella :

– Il faut faire exorciser cette maison ! Sinon, je n'y reviendrai pas [4] !

Le père Finet a confirmé cette étrange affaire :

« Dans la nuit de samedi à dimanche, le démon furieux se manifesta en faisant tomber les casseroles de la cuisine, jetant des chaises à terre, ainsi que de la vaisselle. Au milieu de la nuit, il jeta certaines retraitantes hors de leur lit, sur le sol. Elles ont eu une frousse à tout casser, si bien que, quelques jours après, le chanoine Balobat, le curé Faure et moi-même avons exorcisé la maison [5]. »

Le dernier jour de la retraite, le père Finet amena Hélène et Marie-Ange dire adieu à Marthe. Malgré sa nuit agitée, Hélène ne cachait pas son enthousiasme : « Dès ma première visite à Marthe, j'ai été conquise, mon cœur fut pris [6]. »

Marie-Ange demeurait réservée. L'abbé Faure les attendait devant la ferme.

– Vous devriez bien rester pour faire la classe dans ma petite école, dit-il à Hélène.

– Mais, monsieur le curé, c'est bien trop tard pour y songer ! La rentrée est dans vingt jours.

Le père Finet les raccompagna en auto jusqu'à Châteauneuf, où un car les attendait. Là, Hélène se retourna, pensive, et regarda le château.

– Ce serait drôle, tout de même, si je revenais ici un jour pour faire la classe !

– Drôle ? répliqua Marie-Ange. Non, pas pour moi [6] !

Le 22 septembre, Hélène et Marie-Ange retournèrent à Châteauneuf et rendirent visite à Marthe. La stigmatisée savait qu'elles deviendraient les éléments moteurs de l'école, l'une des branches vitales du futur Foyer de charité ; mais elle ne voulut pas les influencer, se bornant à leur dire, en les quittant :

– Ah, mes petites ! Si vous saviez [6]...

Hélène savait déjà. Marie-Ange se débattait. Puis tout s'éclaira.

Le 30 septembre 1936, ayant démissionné de leurs postes respectifs à Lyon, les deux jeunes femmes prirent leurs fonctions à Châteauneuf. Marie-Ange prit la direction du cours supérieur et de la première année de brevet, Hélène Fagot le cours moyen et les petites. Vingt-quatre élèves s'étaient inscrites, dont quatorze internes. Elles s'occupèrent aussi des repas, un travail écrasant. Pour ces femmes de la grande ville, prendre en charge ces petites rurales, ce n'était pas une « promotion » au sens humain du terme. Mais chaque soir, il y avait Marthe !

Quelques mois plus tard, l'inspecteur d'académie visita l'école. A la fin de la visite, il dévisagea longuement Marie-Ange et Hélène et leur demanda, perplexe :

– Mais que faites-vous là ? Est-il possible que vous soyez venues vous enterrer dans un pays pareil ?

Puis il vit leur regard lumineux et leur joie. Il sourit.

– Je vois... Vous avez des idées derrière la tête [7] !

Des idées, elles en avaient beaucoup ! Le père Finet aussi. Poussés par Marthe, ils organisèrent une deuxième retraite, qui se déroula du 26 décembre 1936 au 1er janvier 1937 pour profiter de la disponibilité des locaux pendant les vacances de Noël.

On y baptisa un adulte. Petit événement pour ces francs-tireurs de l'Église, Mgr Pic, l'évêque de Valence, était là.

– Je vous apporte la bénédiction de l'Église.

Puis il ajouta en aparté :

– Mais pour le moment, contentez-vous-en [8] !

La nuit du 31 décembre au 1er janvier fut consacrée à l'adoration du saint sacrement, une tradition qui n'a jamais cessé depuis aux Foyers. Mais lorsque le soleil se leva sur l'année nouvelle, la terre trembla violemment. Le père Finet, qui était allé prendre un peu de repos au sortir de la veillée nocturne, fut éjecté de son lit, ainsi qu'une retraitante, Mlle Véricel. Il assura que l'épicentre en était le Foyer. Le *Petit Dauphinois* confirma le tremblement de terre, qui ne provoqua pas de dégâts.

« Personne n'a fait le rapprochement avec le démon », note Hélène encore traumatisée par la nuit bruyante de la première retraite. Seule Marthe déclara au père Finet : « C'est le démon qui voulait démolir le Foyer ! Mais désormais, soyez tranquille, il ne pourra plus rien faire contre lui [5]. »

Ainsi furent fondées les premières « retraites de chrétienté », à Noël, à Pâques et pendant l'été. La petite équipe de base se divisa les tâches. Hélène et Marie-Ange se chargeaient de l'accueil, le père Finet prêchait, Marthe priait. « Elle emportait dans sa prière toutes les participantes », note l'abbé Peyret. C'était « comme un enveloppement maternel », souligne le père jésuite Monier.

Cependant, une nouvelle et très cruelle épreuve attendait Marthe. Depuis la mort de Joseph Robin en 1936, la santé de sa femme se dégradait. Fin 1937, une nouvelle crise (sigmoïdite) se déclara. Le Dr Sallier, de Saint-Uze, rendit son diagnostic :

– Elle est perdue.

Marthe le savait, mais elle refusa l'inéluctable. Après le départ du médecin, elle appela Hélène.

– Nous allons commencer une neuvaine à Notre-Dame de Lourdes. Si maman guérit, elle ira à Lourdes !

Quatre jours plus tard, le médecin revint et palpa la

malade. La tumeur avait disparu ! Marthe ne parut pas autrement surprise *.

– Remercions Notre-Dame de Lourdes [9] ! »

Marthe entendait tenir intégralement sa promesse, même si Mme Robin ne s'était pas engagée à aller à Lourdes. Cette anecdote est significative de la forte personnalité de Marthe qui, bien que totalement dépendante, savait imposer sa foi et sa volonté.

Mais Mme Robin refusait d'aller à Lourdes. Cela coûtait trop cher et elle détestait voyager, n'étant jamais sortie de son canton. « Pour elle, faire une valise était une chose atroce », a dit Hélène.

Au printemps suivant 1938, Marthe l'emporta à l'arraché. Hélène accompagnera maman Robin à Lourdes, un voyage très pénible dont il ne sortit rien de bon, à moins que l'essentiel nous demeure caché.

Heureusement, Marthe fut bientôt reprise par sa grande œuvre. Les conférences du père Finet connaissaient de plus en plus de succès. Il fallait passer à la vitesse supérieure en créant un véritable foyer, une communauté d'accueil permanente distincte de l'école.

Une entreprise aussi vaste – Marthe voyait très grand – ne pouvait se faire que si le père Finet s'installait à Châteauneuf. Or, le cardinal Gerlier refusait de se séparer de lui. Il accepta enfin à regret, mais en lui imposant deux jours de présence à Lyon par semaine.

Aussitôt, le prêtre prit à bras-le-corps le problème du Foyer. Il s'agissait d'abord de racheter les anciennes parcelles entourant le vieux château, pour pouvoir bâtir à l'aise dans l'ancien parc morcelé au XIXe siècle.

Grâce aux donateurs, les capitaux ne manquaient pas. On acheta d'abord les terrains nus, puis les maisons délabrées Puech et Champion, « après une bonne neuvaine qui fut exaucée sur-le-champ », raconte Hélène Fagot. Ce fut plus difficile avec la maison Paquien, « obtenue après avoir

* Hélène Fagot raconte : « Je le revois encore, assis entre deux lits. Il avait une main sur le ventre de Mme Robin, l'autre touchait le pied du divan de Marthe : "Eh bien ! Eh bien ! Mais il n'y a plus rien ! Rien !" Il répétait la phrase, semblait à peine y croire. »

placé, sur le conseil de Marthe, une médaille miraculeuse à l'intérieur, sur la cheminée [5] ».

Ensuite, on acheta la maison Mondet et le terrain Borin, où devait être édifié le Foyer lui-même. L'argent tombait régulièrement, miracle quotidien...

Le creusement des fondations du Foyer, énorme bâtisse de cinq étages intégrant une chapelle de cinq cents places, une salle de conférences, un réfectoire et de nombreuses chambres commença en 1939 avec l'entreprise Stirbick, de Saint-Étienne. Le moment était mal choisi. La guerre éclata le 3 septembre. En outre, les ouvriers ne trouvaient pas le rocher et durent creuser, creuser. Il existait d'autres solutions techniques, mais Marthe exigeait que le Foyer soit bâti sur le roc! Et on finit par le trouver.

Dès le début de la guerre, le château-école fut réquisitionné pour héberger des réfugiés de Modane (Savoie). Les pensionnaires furent renvoyées dans leur famille, et l'une d'elle, huit ans, dit à sa mère :

– J'ai peur. On était bien plus protégées là-haut, tout à côté de Marthe [5] ! »

Ainsi se tissait dans l'esprit de la nouvelle génération la réputation de la stigmatisée.

Mais tout a un prix. Peu de temps après la déclaration de guerre, Marthe avait demandé au père Finet, juste avant son départ pour l'armée où il avait été mobilisé comme officier d'artillerie :

– Je voudrais faire le sacrifice de mes yeux.

– Vous avez déjà tout donné!

– Non; pas tout. Je n'ai pas besoin d'y voir [10].

Bien que très réticent, le père Finet accepta. Marthe voulait, non seulement en esprit mais dans son corps, partager les ténèbres qui s'abattaient sur le monde.

D'après l'abbé Peyret, « l'offrande de sa vue fut immédiatement exaucée », dès que le père Finet lui en eut donné l'autorisation [10].

Marthe était donc aveugle! Le rapport médical Dechaume et Ricard précise :

« L'état physique tel que nous venons de le décrire resta le même pendant dix ans, jusqu'en septembre 1939. A partir de cette date, il subit une aggravation certaine. Les stigmates, qui n'apparaissaient sans plaies que le vendredi, sont devenus à peu près permanents sur la tête, sur les pieds, les mains et le côté, mais toujours sans plaies. La tête, qui était restée mobile, ne peut presque plus bouger, la malade ne peut lui faire exécuter que quelques petits mouvements car, si elle la bouge, la tête perd l'équilibre et tombe sur l'épaule sans qu'elle puisse la relever.

« Depuis cette même époque (septembre 1939), la vision a presque complètement disparu ; elle a même complètement disparu pendant longtemps jusqu'à la fin des hostilités (juin 1940). Actuellement (1942), la malade ne voit pas, elle ne peut ni reconnaître, ni voir vraiment quelque chose, mais perçoit de temps en temps des impressions fugaces et douloureuses. Les douleurs dont elle souffrait par tout le corps se sont considérablement augmentées. »

Mais rien n'était simple chez Marthe. Sa pupille demeurait hypersensible à la lumière. Elle ne supportait plus le jour ! Parfois le moindre rai de lumière lui faisait perdre connaissance.

Elle vivait déjà dans la pénombre ; elle allait maintenant vivre dans l'obscurité presque complète, ce qui allait poser bien des problèmes pour les visites, les dictées, les lectures. Les mauvaises langues en profitèrent pour insinuer qu'on avait trouvé ce moyen pour la faire manger et boire en cachette ! En fait, son jeûne total n'a jamais été interrompu.

On installa une veilleuse derrière un rideau tiré entre la fenêtre et le divan. Pour lire ou écrire, l'assistante s'installait derrière le rideau. Mais les « dits de Marthe », qui abondent entre 1925 et 1939, cessèrent presque complètement. Et la prière de Marthe devint silencieuse. N'avait-elle pas tout dit ?

Sa sensibilité à la lumière a été attestée par de nombreux témoins. La chambre de Marthe, dans laquelle couchait aussi sa mère, de plus en plus malade, donnait directement sur la cuisine *. Si l'on ouvrait trop brusquement la porte, la lumière de la cuisine entrait dans la chambre et déchirait la pupille hypersensible de Marthe, ce qui arrivait lorsque ses petits neveux lui rendaient visite. De son côté, Mme Suzanne Gaillard, sa nièce, a témoigné :

« Je l'ai entendue crier de douleur quand un jour, par mégarde, j'ai bousculé la lampe qui lui a envoyé un rayon de lumière dans les yeux. »

---

* Il s'agit de sa première chambre, celle ouvrant au sud.

Marthe lui confia alors qu'un rayon de soleil matinal filtrant à travers le volet mal fermé l'avait fait souffrir plusieurs jours des yeux et de la tête.

Il est difficile de prouver s'il y eut cécité par volonté délibérée de Marthe, ou si l'on assistait à une évolution de sa maladie, qu'elle acceptait comme le reste et qu'elle devançait dans sa perpétuelle offrande.

En juin 1940, le front du Nord rompu, les blindés allemands déferlèrent sur la France. Lyon traversé, une colonne s'engagea dans la vallée du Rhône. L'armistice signé le 25 juin la stoppa devant Valence.

Les Allemands, qui avaient occupé Châteauneuf-de-Galaure, vinrent examiner avec méfiance les profondes tranchées du futur foyer, mettant en fuite les bandes de gamins qui y jouaient à la guerre. Puis ils remontèrent vers le nord. En échange des côtes françaises de Bordeaux à Bayonne, les occupants refluaient au-delà de Lyon. C'est ainsi que Châteauneuf et sa riante vallée de Galaure demeurèrent en zone « libre ».

Le père Finet, qui avait échappé aux périls de la guerre et aux camps de prisonniers, revint à Châteauneuf en juillet. Le cardinal le déchargea de ses fonctions à la direction de l'Enseignement libre, et il put s'installer définitivement à Châteauneuf, bien que, pendant sept années encore, l'archevêque lui demandât d'assurer à Lyon deux jours de présence par semaine, tant il regrettait de le voir partir.

Les événements tragiques de la guerre avaient affecté Marthe et son fervent petit groupe, dispersé les écolières et interrompu les travaux du Foyer qui, malgré les difficultés matérielles en apparence insurmontables, reprirent en octobre 1940. Les terrassiers achevèrent les fouilles du bâtiment principal, dont les fondations furent coulées fin octobre 1940.

Hélas, un autre événement tragique allait frapper Marthe. En novembre, l'état de sa mère empira ; on dut l'hospitaliser à Lyon, à la clinique Sainte-Anne des religieuses de la Charité, dont la supérieure était mère Marie-Thérèse (Marguerite Lautru), l'amie de Marthe des premiers jours. Là, le beau-frère du père Finet, le docteur Ricard, l'opéra en urgence d'une occlusion intestinale due à la sigmoïdite dont elle souffrait depuis quatre ans. Mais le mal était irréversible.

Dans sa petite chambre obscure des Moïlles, Marthe vivait aussi les souffrances de sa mère demeurée dans la clinique lyonnaise. Elle semblait mystérieusement reliée à elle, comme par un phénomène de dédoublement de conscience (bilocation) tel qu'elle l'avait éprouvé en 1930 avec l'abbé Finet.

A Marie-Ange Dumas qui la visitait à la Plaine, elle dit soudain :

– Maman a trop chaud. Il faut ouvrir la fenêtre.

Mais comment prévenir la clinique ? Les Moïlles ne possédaient pas le téléphone, pas davantage le Foyer ou l'école. Marie-Ange descendit jusqu'à l'hôtel Marron, au bas du village, et contacta enfin Hélène Fagot, qui raconte :

« J'étais à la clinique, à genoux à côté de Mme Robin. Marie-Ange m'a appelée : " Marthe vous fait dire que sa maman a trop chaud. Il faut ouvrir la fenêtre [11]. " »

C'est la fin. Le vendredi matin, 22 novembre, Mme Robin entre en agonie. Marthe aussi ; comme chaque semaine elle revit dans sa chair la passion du Christ. En l'absence du père Finet, l'abbé Faure est auprès d'elle. Et soudain, Marthe sort de son inconscience et murmure :

– Il faut ramener maman ici, immédiatement.

Cette sortie de l'extase est si imprévue, le ton si poignant, à la fois impératif et suppliant, que le curé n'hésite pas. Il ne téléphone pas car il sait qu'on ne l'écoutera pas. Marthe veut sa mère auprès d'elle au moment de la mort, il va aller lui-même la chercher *.

A treize heures il arrive à la clinique de la Charité, monte à la chambre. La fidèle Hélène est toujours au chevet de l'agonisante.

– Marthe vous fait dire de ramener sa mère, immédiatement.

L'institutrice le regarde avec effarement.

– Mais, monsieur le curé, elle va mourir en route !

– C'est un ordre. Obéissez.

* Rappelons que Marthe elle-même était instransportable, en raison de son hypersensibilité. Elle n'a jamais quitté sa ferme.

– J'obéis, mais à condition que le transport se fasse en ambulance et en compagnie de mère Lautru.

Pendant que l'ambulance fonce sur la route le long du Rhône, Marthe achève douloureusement la passion du Christ. A quinze heures, sa bouche sèche s'est ouverte :

– Mon Père, je remets mon âme entre vos mains.

Puis elle pousse un grand cri, et sa tête retombe sur la gauche, soutenue par l'oreiller. Elle est comme morte, inconsciente. On la croirait morte si ce n'était un très léger souffle que seul un miroir peut percevoir.

A dix-sept heures trente, lorsque l'ambulance stoppe dans la cour de la ferme, Marthe est toujours inconsciente. L'infirmier porte la mère, il entre dans la chambre. Il approche le visage d'Amélie Robin de celui de sa fille, puis il l'étend sur son lit, placé perpendiculairement au divan de Marthe. La mère et la fille sont toujours sans connaissance.

Le père Finet vient d'arriver. Devant mère Lautru, Marie-Ange, Hélène et Henri Robin, il administre les derniers sacrements à Mme Robin. Obligée de regagner l'école, Hélène quitte la ferme. Quelques minutes plus tard, Mme Robin meurt. Du moins il apparaît à tous les témoins qu'elle est morte.

A cet instant précis, Marthe, sans connaissance depuis la veille en dehors du bref rappel du matin, reprend brusquement conscience. Que se passe-t-il ?

Dans son livre *Metanoïa*, Aimé Michel écrit : « L'extasié, apparemment sourd, aveugle et insensible peut, *s'il le faut* et quand il le faut, entendre, voir et sentir sans sortir de son état [15]. »

En effet, l'inhibition sensorielle sélective provoquée sur les sens par l'extase n'endort pas la conscience, au contraire. C'est la transmission des processus sensoriels qui se trouve bloquée par stimulation de la formation réticulée, ensemble de neurones, centre de la vigilance, qui permet l'état d'éveil. Tout se passe comme si le cerveau effectuait un tri des informations que lui livrent les sens. Chez le mystique, rien n'est plus important que son union à Dieu. On ne peut donc pas le réveiller, sauf dans certains cas : un ordre précis du guide spirituel auquel il a fait allégeance et, dans le cas qui nous occupe, la mort de la mère.

Mais voici plus étonnant encore. Marthe, bien que totalement paralysée, soulève son buste et se penche vers sa mère. Pendant douze minutes, raconte le père Finet, « elle parle à l'âme de sa mère [12] ».

Le prêtre, qui a noté les paroles de Marthe sans pouvoir évidemment entendre les réponses, si réponse il y eut, commentera plus tard : « Il semble que s'entrouvre ainsi pour nous le mystère de la mort, dans cette distance qui sépare la mort apparente de la mort réelle. C'est sans doute le moment où le Seigneur engage un dernier et pressant dialogue d'amour avec tous ses enfants [12]. »

Enfin, Marthe dit à sa mère :

« Partez maintenant dans les demeures éternelles.

Puis elle ajoute après un grand silence :

« Petite maman, entre au ciel ! C'est fini ton purgatoire ! »

Alors, Marthe retomba dans sa mystérieuse inconscience, où elle demeura jusqu'au dimanche matin.

D'après Jean Guitton, Marthe a voulu prendre sur elle le purgatoire de sa mère, lui évitant, par ses souffrances, les souffrances purificatrices *post mortem*. « Cela dura pour Marthe plusieurs mois », dit le philosophe [13].

Quelques jours plus tard, Marthe confia au père Finet :

« Le Seigneur m'a demandé de faire le purgatoire de ma maman ; je dois donc immédiatement, *pendant neuf mois*, subir une augmentation de la peine des sens et les trois derniers mois vivre la peine du dam [14]. »

Pour un réprouvé (un damné), le dam est la privation de la vue de Dieu, c'est l'enfer. Pour un mystique, c'est la nuit de l'esprit. C'est ce qu'éprouva Marthe. Elle perdit même la filiation du père Finet qui ne pouvait plus ainsi la soutenir dans l'épreuve, il eut même la douleur de s'entendre appeler « monsieur » ou « M. Finet » !

Tout ceci paraît disproportionné. Quel crime la pauvre Amélie Robin avait-elle donc à se reprocher, alors que tous les témoins de sa vie nous la montrent comme une brave femme, dévouée, accueillante, aimante, enjouée.

Désormais sans père ni mère, Marthe vécut entourée des membres du Foyer, sa petite famille d'adoption. Cependant, son frère Henri continuait à exploiter la ferme et les familles de ses sœurs venaient régulièrement la voir.

La stigmatisée se trouvait maintenant seule dans sa chambre. Non pour elle qui ne se plaignait jamais, mais pour ses visiteurs, on fit poser un plancher de bois sur le sol de terre battue. Pendant ces travaux, Marthe fut précairement installée dans le réduit-placard de la cuisine, sous l'escalier de l'étage, cachée par un simple rideau !

Malgré les difficultés de la guerre, les travaux du Foyer avançaient. L'oncle de ma femme, Jean Dintilhac, alors jeune juge d'instruction à Saint-Étienne, qui visita Marthe à cette époque, nous a raconté : « On manquait de tout sur l'énorme chantier. On demandait un camion de ciment, on vous promettait seulement de la chaux vive. Mais finalement le ciment arrivait. Il en était de même pour les matériaux : menuiserie, sanitaire, carrelages ; on obtenait à l'arraché du troisième choix, mais c'était toujours du premier choix qui arrivait ! »

La prière de Marthe semblait aplanir toutes les difficultés.

« Je sens de plus en plus que la seule attitude sage sur terre c'est l'abandon complet entre les bras de " notre Père ", disait-elle. Cette confiance illimitée en Dieu est en même temps la meilleure preuve d'amour que nous puissions lui donner et le meilleur moyen de nous assurer la paix. Je comprends la grandeur et la toute-puissance d'une âme qui n'attend son secours que des cieux, comme le dit si bien la petite sœur Thérèse de l'Enfant-Jésus. C'est donc entre les bras de ce père si divinement bon et sous son regard d'infinie tendresse quoique généralement voilé, que repose l'enfant de son amour et que Jésus continue en pauvre petite victime son œuvre de rédemption et de sanctification, mais sans me faire sortir du sein du Père [16]. »

Cependant, au pays on jasait. Les mauvaises langues se demandaient comment on pouvait poursuivre un tel chantier en pleine pénurie et d'où venait tout cet argent.

Les retraitants et les amis du Foyer, les visiteurs de Marthe, de plus en plus nombreux, donnaient généreusement. Soulignons que tous ont demandé à rester anonymes. Il est certain que la défaite et les difficultés de l'heure appelaient à la réflexion, à la remise en cause des mentalités, au profit des vraies valeurs.

Cela ne veut pas dire qu'on ne connut pas de moments critiques. Les travaux avançaient au jour le jour au rythme des rentrées d'argent. L'architecte déplorait l'absence de tout planning financier, sur lequel le père Finet, malgré son talent certain d'organisateur, était incapable de s'engager. On attendait les dons sans qu'aucun mécène ne se soit engagé sur l'ensemble.

L'entrepreneur avançait malgré tout avec confiance. Parfois, le gouffre financier prenait des proportions critiques et la banque refusait le découvert. Un jour, cent soixante-dix mille francs vinrent à manquer. L'architecte pris de panique vint trouver le père Finet à son retour de Lyon, où il était resté plus longtemps que d'habitude.

– Monsieur l'abbé, ce qui nous attend, c'est la faillite, la prison !

Le père sourit, comme s'il savait. Il était de ceux qui, comme le dit André Frossard du père Kolbe, « voyant la Sainte Vierge partout ne voyaient de difficultés nulle part ». Il gagna son bureau et ouvrit le courrier qui s'était accumulé pendant son absence. Les chèques tombaient ! La dette fut largement couverte. Et c'était ainsi à chaque difficulté, toujours surmontée *in extremis*.

Les mauvaises langues ne jasaient pas seulement sur les moyens financiers. A partir du 8 septembre 1941, la mixité des retraites fut admise au Foyer. Elle fut introduite à la demande de Mgr Robert, un confrère de séminaire du père Finet, que ce dernier avait admis parmi les femmes. Mais un prêtre est un homme comme les autres ; les retraitantes demandèrent aussitôt qu'on autorise la présence de leur mari, voire de leurs fils s'ils le désiraient. Après accord de Mgr Pic, la mixité des retraites fut de règle à Châteauneuf, ce qui ne se voyait nulle part ailleurs dans ce genre de réunion. Cette petite révolution mettra dix à vingt ans pour s'imposer en France. Marthe exigea en contrepartie un respect rigoureux du silence, d'un bout à l'autre de la retraite, « le silence étant la condition de la qualité d'une retraite mixte », disait-elle.

Le silence chez les laïcs, autre révolution !

Tandis que l'énorme bâtiment du Foyer de charité s'élevait lentement derrière le vieux château, avec non moins de lenteur l'Église sortait peu à peu de sa réserve vis-à-vis de Marthe, dont la modestie, mise en parallèle avec ses charismes, ne pouvait qu'impressionner favorablement les plus sévères théologiens.

Parmi eux, le père Garigou-Lagrange revenait régulièrement à la Plaine. La première visite de cet éminent dominicain, professeur à l'Angelicum de Rome, thomiste de réputation internationale, remontait à 1935. Chaque année, allant de Rome à Limoges pour visiter sa mère, il s'arrêtait à Vienne sur le Rhône et couchait au Carmel. Là, il avait entendu parler de Marthe Robin et désira la voir, mais discrètement pour ne pas se compromettre ! Le père Valensin, le jésuite ami du père Finet, l'avait conduit aux Moïlles, d'où il sortit très favorablement impressionné [17].

C'est sans doute par lui qu'on commença au Vatican à s'intéresser à Marthe. « Tâchez d'en savoir davantage », lui dit-on.

Il revint en 1941 à Châteauneuf, cette fois officiellement. En l'absence du père Finet, Mgr Robert l'accompagnait, qui raconte lui-même l'histoire [18].

Avait-on à dessein choisi un jour où Marthe revivait la Passion ? Toujours est-il qu'elle se trouvait en extase, ce qui déçut le théologien, qui comptait l'interroger. Mais comment, en l'absence du père Finet, la faire sortir de l'extase ?

Très sûr de lui, le dominicain se pencha vers elle.

– Au nom de la sainte obéissance, je vous l'ordonne : sortez de votre extase.

C'était oublier que seuls son père spirituel et son évêque pouvaient l'en faire sortir.

Le dominicain quitta la chambre fortement agacé et très déçu. Obstiné, il revint cependant à Châteauneuf, cette fois mandaté par le pape Pie XII, affirme le dominicain Manteau-Bonamy, qui visitera Marthe en 1945.

Guidé par l'abbé Joseph Petit, ex-médecin, ancien curé de Saint-Martin-d'Août, le théologien trouva cette fois Marthe bien éveillée et lui posa de savantes questions :

– Quel est le plus digne en Marie : sa maternité divine, ou sa plénitude de grâce ?

– La mère de Dieu est nécessairement pleine de grâce !

– Mais encore ? Est-elle plus grande dans son immaculée conception ou dans sa maternité divine ?

– Si elle est immaculée dans sa conception, c'est en vue de sa maternité divine.

– Oui. Comment n'y avions-nous pas pensé...

On regrette de ne pas connaître la suite du dialogue ! Toujours est-il qu'en sortant de la chambre, rapporte l'abbé

Petit, le père Garigou-Lagrange « était hébété, ensuite il parlait tout seul sur la route, il se disait à lui-même : " Ah ! si tu pouvais aussi bien parler de la Sainte Vierge ! " Il se répétait encore : " Tais-toi, Garigou ! Cette Marthe en sait tellement plus que toi ! " » (Voir annexe.)

Peu avant sa mort, le père Garigou-Lagrange aurait murmuré : « Que suis-je, à côté de cette humble fille[19] ? »

Marthe avait prophétisé que des Foyers de charité naîtraient sur toute la terre. C'est en 1943, alors que le premier Foyer était loin d'être achevé, que l'abbé Régis Béton fonda le second Foyer, à La Léchère, en Savoie.

Né à Villefranche-sur-Saône en 1901, ordonné prêtre en 1938 à Chalon-sur-Saône, il avait créé, à la demande de son évêque, un petit centre religieux aéré en louant en Savoie, à La Léchère, un bar ordinairement malfamé. Mobilisé en 1939, comme aumônier de division, il avait reçu en 1941 l'offre flatteuse de devenir l'aumônier de l'École militaire de Saint-Cyr. Cependant, il hésitait. Il décida de se confier à Marie et alla prier à Fourvière. Là, un chapelain lui fit rencontrer le père Finet, qui l'envoya à Marthe.

On a vu que Marthe avait un talent certain pour susciter des vocations. Le père Béton raconte :

« Marthe m'a dit :

– C'est Satan qui vous a fait faire la proposition de rester aumônier militaire jusqu'à votre retraite. Il croyait la partie gagnée, il ricanait déjà car, vous parti, il serait revenu sept fois plus fort. Heureusement, vous avez prié la Vierge. C'est elle qui, de Fourvière, vous a conduit jusqu'ici. Elle aime les prêtres. Elle voit en eux son fils Jésus.

Il ne comprenait pas encore. Marthe dit alors :

– Là où vous avez acheté ce café malfamé, Dieu veut que vous fassiez un Foyer de charité.

– Puisque Dieu le veut, moi aussi je le veux.

– C'est bien, petit. On va prier la Sainte Vierge pour qu'elle pousse les murs. Un jour viendra où ce sera très grand, à La Léchère, terre bénie de Dieu ! »

Avant de prendre congé, elle lui dit encore :

– Un prêtre est toujours un multiplicateur. Mais dès qu'il cesse d'être lumière, il devient éteignoir !

Un silence. Puis Marthe ajouta d'une voix sourde :

– Que j'aurais voulu être prêtre pour célébrer la messe ! Mais non, je n'aurais pas pu. Je serais morte d'émotion au pied de l'autel de ma première messe !

L'abbé Béton refusa la proposition de l'armée et s'installa à La Léchère, où, avec l'accord du père Finet, il créa l'amorce d'un Foyer. Il donna d'abord des conférences, qui connurent tant de succès que l'ex-bar, comme Marthe l'avait prévu, devint trop étroit. En 1943, Marthe lui demanda de construire un vrai grand Foyer pour les retraites de chrétienté.

– Mais je n'ai pas d'argent !

– Je vous accompagnerai partout.

Il voyagea, fit des quêtes, des conférences, du porte-à-porte. Invisible, Marthe semblait le guider. Et pourtant, elle lui avait interdit de parler d'elle. Elle ne comptait pas. « C'est le Christ seul, par Marie, qui agit », disait-elle [20] *.

Comme nous le verrons plus loin, le grand Foyer de charité de Châteauneuf-de-Galaure ne sera terminé qu'en 1947.

* Mgr Jauffrès inaugurera en 1954 le Foyer de La Léchère, (quatre-vingt-dix pièces, une chapelle). Le père Béton est mort en 1983 à la tête d'un Foyer en pleine expansion. Le troisième Foyer de charité sera créé en 1943 à La Gavotte, près de Marseille, par le père Briqueler et Hélène Serra.

10

MARTHE ROBIN DEVANT LES MÉDECINS

En 1942, informé de la régularité des stigmates et de la persistance de l'anorexie et des mouvements de foule qu'ils suscitaient, Mgr Pic, évêque de Valence, envoya à la Plaine deux médecins lyonnais très connus, le Dr Jean Dechaume, professeur à la faculté de médecine, chef de clinique neuropsychiatrique, et le Dr André Ricard, chirurgien des hôpitaux de Lyon, beau-frère du père Finet, qui avait opéré Mme Robin en 1940.

Voici la lettre que l'évêque adressa au docteur Ricard le 11 avril 1942 :

« J'ai l'honneur de vous demander d'examiner selon les principes de l'art que vous pratiquez, Mlle Marthe Robin, à Châteauneuf-de-Galaure, en mon diocèse. Les phénomènes qu'elle présente semblent de telle nature et peuvent avoir, du point de vue religieux, de telles conséquences, que je crois de mon devoir d'évêque de provoquer cet examen. Vos observations et vos recherches auront tout d'abord pour objet l'état actuel de la personne, ce que l'on peut savoir de l'évolution de la maladie depuis le début, les causes auxquelles on peut attribuer cet état et cette évolution, le diagnostic que l'on peut tirer de cet examen du point de vue strictement médical. Selon nos prévisions, vous pourriez procéder à cet examen le mardi 14 courant, après avoir prêté, devant nous ou devant notre délégué, le serment prescrit en pareille occurrence par le droit ecclésiastique [1]. »

La stigmatisée de Châteauneuf-de-Galaure face à la science ! Impensable d'imaginer que ces deux praticiens pouvaient délivrer un certificat de complaisance, soit minimisant, soit exaltant les phénomènes inexplicables pour faire plaisir à l'évêque, ou au contraire à la faculté ! Non seulement leur conscience se trouvait engagée, mais encore leur réputation.

L'examen médical eut donc lieu le 14 avril 1942. Ils interrogèrent d'abord Marthe sur ses antécédents héréditaires, l'histoire et l'évolution de ses maladies. Nous avons déjà reproduit chronologiquement leurs observations. Puis se déroula l'examen clinique complet, durant plusieurs heures.

Les médecins rédigèrent un rapport de trente-cinq pages dont l'original fut remis à l'évêque de Valence, avec deux copies pour le Vatican et le père Finet.

En voici les passages les plus significatifs :

« Nous soussignés, Drs Jean Dechaume et André Ricard, déclarons avoir rempli le mandat à nous confié par Mgr l'évêque de Valence, et ce, de la manière suivante, après avoir prêté le serment prescrit.

« Nous avons trouvé Mlle Robin alitée dans une petite chambre que les volets à moitié fermés maintenaient dans une demi-obscurité. Elle-même était couchée dans un lit de très petites dimensions.

« L'interrogatoire, puis l'examen que nous lui avons fait subir se sont déroulés de neuf heures à quatorze heures, avec une interruption de onze heures quarante à douze heures. L'interrogatoire a eu lieu en présence de Mgr l'évêque et de M. le chanoine Finet.

EXAMEN CLINIQUE

« Nous avons procédé ensuite de douze à quatorze heures à l'examen physique de Mlle Robin avec la présence et l'aide intermittente de Mlle Germaine Colin. Les volets avaient été complètement ouverts et le lit tiré au milieu de la chambre.

« La malade avait été par nos soins complètement dévêtue. Sous ses couvertures et son drap elle portait une chemise ouverte derrière et fermée en haut seulement par deux boutons-pression, un fichu était en plus posé sur ses épaules. Le dévêtissement a pu être fait, de par cette disposition de la chemise, sans trop de difficultés, ce qui aurait été impossible autrement.

« Nous avons pu constater alors que le sujet se présente sans amaigrissement sensible, sans aspect cachectique *. Dans l'ensemble, les téguments sont normaux et ne présentent aucun des caractères que l'on constate chez les malades déshydratés,

* Rappelons que Marthe ne mange rien depuis quatorze ans, qu'elle ne boit plus depuis douze ans.

dénutris ou cachectiques. Ils ne sont pas spécialement pâles et ne présentent nullement l'aspect d'une pâleur anémique. La peau est souple, partout sans plis, glissant normalement sur le tissu cellulo-adipeux sous-jacent qui n'a pas disparu, elle ne présente ni œdème, ni sécheresse, ni hypersudation. La malade nous dit ne transpirer que l'été.

« Le dermographisme est normal.

DESCRIPTION DES STIGMATES SANGLANTS

« La tête, le visage et les mains présentent ce que l'on est convenu d'appeler les stigmates sanglants de la Passion. Aux mains, ils siègent sur la face dorsale, assez exactement au milieu du dos de la main, sur la région métacarpienne. C'est une tache de sang assez frais, arrondie, à contours irréguliers, plus épaisse au centre qu'à la périphérie, mesurant sur la main droite trente-cinq millimètres sur trente. Le stigmate est plus marqué, plus épais à droite qu'à gauche.

« Il n'y en a pas sur les pieds, ni sur le thorax. Toutefois, nous avons constaté sur la chemise, au moment du dévêtissement, une large tache de sang, à peu près au milieu du plastron, légèrement à gauche : elle avait environ les dimensions d'une demi-paume de main.

« Sur la tête et la face, les taches de sang sont abondantes. Du sang coagulé, noirâtre. Tout autour de la tête, sur le front, les tempes, la région occipitale, de larges marques, confluentes par endroits, forment comme une couronne. On ne peut décrire exactement chaque tache, elles sont irrégulières de forme comme de dimensions, souvent de la dimension d'une pièce de cinq francs, mais leur ensemble forme un tout revêtant exactement l'apparence d'une couronne. Les taches occipitales sont masquées par les cheveux dont quelques-uns y adhèrent.

« A la face, les stigmates revêtent ce caractère particulier de couvrir les paupières, les yeux sont donc entièrement entourés de sang. Le maximum de largeur de ce cerne sanglant est en dessous de l'angle interne de l'œil, jusqu'au pli palpébral inférieur. Des paupières, le sang a coulé des deux angles internes et externes par des traînées très nettement marquées. En dehors, ces rigoles gagnent la région temporale et descendent jusqu'au bord inférieur du maxillaire inférieur, sur le plat de la joue, immédiatement en dehors de la saillie malaire. En dedans, elles descendent, au nombre de trois ou quatre, en dedans de cette saillie, gagnant le sillon naso-génien où elles descendent plus bas que la commissure labiale. Une traînée plus externe suit le pli sous-palpébral, puis descend immédiatement en dedans de la pommette et s'arrête un peu plus haut que la commissure.

« Après avoir constaté l'existence de ces stigmates sanglants, nous avons soigneusement lavé à l'eau chaude, avec un linge fin, le front, le visage et les mains. Toute trace de sang a ainsi disparu et nous avons minutieusement examiné la peau : elle est absolument intacte, strictement normale, garde la même coloration et le même aspect que partout ailleurs, ne présente aucune effraction, même la plus minuscule, ni aucune trace de cicatrice ancienne. Nous n'avons du reste trouvé au cours de l'examen, en aucun point du corps, la moindre exulcération, ni même la moindre lésion qui pût expliquer la provenance de sang et de sang abondant.

« Cet examen des stigmates a été fait à neuf heures trente. Nous avons de nouveau examiné la peau à quatorze heures, elle était aussi exactement intacte que quatre heures et demie auparavant.

« Nous n'avons pas vu apparaître les stigmates *. Nous nous efforcerons de préciser ce point qui fera, si cela nous est permis, l'objet d'une note complémentaire. »

Résumons la suite de l'examen.

L'auscultation du cœur (qui bat à soixante-douze) et des poumons montre un sujet normal. La tension artérielle est de 11/7,5, le temps de coagulation de six minutes, la formule sanguine normale.

Si le foie est un peu gros à la palpation, aucune tumeur abdominale ne se révèle.

D'après les déclarations de la patiente, il n'y a qu'une faible émission d'urine, toutes les trois semaines environ. « Les selles seraient encore moins fréquentes. »

Si Marthe ne boit pas, n'oublions pas qu'elle respire. L'air de sa chambre est chargé d'humidité.

Les médecins observent que les cheveux, bruns foncés, sont de longueur moyenne. Marthe déclare qu'on ne les lui coupe que tous les six mois. De même on ne lui coupe jamais les ongles, qui sont friables et semblent s'user d'eux-mêmes au contact du drap.

Le système dentaire est très défectueux. De nombreuses dents ont été arrachées et aucune de celles qui restent n'est intacte.

La langue, qui ne peut être extériorisée, est d'aspect normal, humide, rose.

L'ouïe est normale. Le rapport n'indique pas une sensibi-

---

* Soulignons que l'examen a eu lieu un mardi, Marthe subissant les stigmates le vendredi. *(Note de l'auteur.)*

lité exceptionnelle. Si Marthe « entend » de très loin ceux qui arrivent, ce n'est donc pas avec les sens.

L'examen des yeux ne montre rien d'anormal, sinon la douleur ressentie sous l'effet de la lumière. De ce fait on n'a pu examiner le fond de l'œil. L'iris, de coloration brune, est intact, de même que la pupille et la cornée.

« Le visage présente une mobilité extrême, la diversité d'expression est très grande, nous en avons eu maintes fois la manifestation au cours de l'interrogatoire. La parole est absolument normale et l'élocution facile, ni scandée, ni gênée, ni achoppée. La salivation semble pratiquement inexistante, le sujet dit n'avoir jamais d'effort de déglutition à faire parce qu'elle ne salive pas. »

EXAMEN NEUROLOGIQUE

« 1. *Sensibilité objective.* Aucun trouble de la sensibilité objective, ni tactile, ni douloureuse, ni thermique. Pas de troubles du sens stéréognosique. Mais hyperesthésie extrêmement marquée, la simple palpation est douloureuse en n'importe quel point du corps.

« 2. *Réflectivité.* Réflexes tendineux strictement normaux. Aux membres supérieurs, le radial et le tricipital existent, normaux. Aux membres inférieurs, le rotulien existe, normal, l'achilléen, difficile à chercher à cause de la position, est trouvé cependant normal. Il n'y a ni réflexes polycinétiques, ni exagération des réflexes tendineux. Les cutanés abdominaux sont obtenus. Le cutané plantaire des deux côtés se fait en flexion. Pas de réflexes de défense.

« 3. *Système musculaire.* Aucune atrophie, ni diffuse, ni localisée ; pas de secousses fribrillaires, pas de myoclonie ; les réflexes idio-musculaires paraissent normaux.

« 4. *Troubles trophiques.* Pas de déformations articulaires. Les articulations, qui paraissent comme soudées, ne sont pas ankylosées, il n'y a aucune déformation au palper des extrémités osseuses, pas de gonflements articulaires, les reliefs osseux se dessinent nettement sous la peau.

« La main est fermée, sans atrophie localisée, notamment des interosseux, de l'adducteur du pouce, des éminences thénar et hypothénar, sans déformation particulière, sans rétraction tendineuse, sans troubles trophiques cutanés ni des phanères, sans troubles vaso-moteurs, sans sudation anormale. On ne saurait parler de griffe. Nous avons essayé d'ouvrir les doigts, avons commencé à les étendre, mais avons dû nous interrompre à cause de la douleur provoquée.

« Aux pieds, léger œdème malléolaire. Il n'y a pas de déformation en pied-bot, ni varus, ni valgus, ni talus, ni équin. Il n'y a pas de griffe. Les pieds sont à angle droit sur la jambe, il est possible d'en mobiliser les articulations, mais, comme pour la main, l'essai n'a pu être poussé loin et pour la même raison.

« Nous avons examiné le dos. Nous n'avons pu faire cet examen de façon complète à cause de la fatigue du sujet qui avait déjà subi à ce moment plus de quatre heures d'investigations et de la douleur provoquée par le déplacement total du corps. Notre examen n'a donc porté que de la nuque à la région lombaire, nous n'y avons constaté aucune déformation apparente de la colonne, aucune atrophie musculaire ni même un sensible amaigrissement, aucune ulcération trophique.

« 5. *Mobilité, contractures.* Membres inférieurs : aucun mouvement, y compris ceux des orteils. Membres supérieurs : aucun mouvement, sauf de très légers mouvements des phalanges de l'index et du pouce, à droite comme à gauche, et qui permettent tout juste de faire glisser les grains d'un chapelet.

« Par ailleurs, les muscles n'apparaissent pas contracturés, ils ne le sont pas du reste au palper, mais la contracture apparaît dès qu'on essaie de mobiliser un segment de membre. Il s'agit alors d'une contracture massive, frappant non seulement le membre en cause mais tout le corps, créant un état de rigidité totale et entraînant des douleurs très intenses *.

« Le sujet est donc complètement impotent, fixé dans l'attitude que nous avons décrite (sauf les légers mouvements des doigts), jambes en flexion complète, mollet contre la cuisse. La tête en position instable reste passivement mobile. La face a une diversité et une mobilité d'expression extrêmes, si bien que la malade, couverte comme elle l'est habituellement jusqu'au cou, paraîtrait au premier abord un sujet normal.

« 6. *État psychique.* Au cours de notre examen physique, comme au cours de notre interrogatoire, nous n'avons rien remarqué qui fasse penser que Mlle Robin puisse présenter des troubles psychiques.

« Nous n'avons pu noter aucune altération de l'affectivité. Pas de troubles de caractère. Aucune manifestation permettant de penser qu'il existe des troubles de l'idéation. Pas de troubles de l'attention, de la mémoire, aucun signe de débilité mentale, aucune manifestation délirante. A aucun moment Mlle Robin

---

* Ce point est important. Marthe n'est pas réellement paralysée, comme peut l'être un arthrosique. Il n'y a aucune inflammation des articulations. La paralysie vient de son extrême sensibilité; c'est une défense contre la souffrance qu'occasionne le moindre contact. *(Note de l'auteur.)*

n'a présenté le comportement et l'état mental que l'on est habitué à rencontrer chez les pithiatiques *.

« Nous avons, au cours de notre examen, acquis la conviction que Mlle Robin ne présentait aucun trouble psychique important.

PHÉNOMÈNES MYSTIQUES

« Mais, pour nous en tenir à la mission qui nous est confiée, nous attirons l'attention sur les déclarations suivantes qui peuvent être l'objet d'interprétations diverses et peuvent mettre en discussion l'état mental de Mlle Robin. Elle nous a fait, au sujet de certains phénomènes qu'elle éprouve, des déclarations que nous reproduisons aussi fidèlement que possible en utilisant, autant que faire se peut, les termes mêmes employés par elle.

« 1. *Souffrances.* La malade souffre, elle souffre de façon constante, mais elle n'a nulle part de signes objectifs permettant de faire rentrer ses douleurs dans le cadre de celles habituellement constatées et décrites. Ce ne sont ni des douleurs radiculaires, ni des douleurs tronculaires, ni des douleurs de type médullaire ou thalamique. Il n'est pas possible, pas plus qu'il ne lui est possible à elle, de donner une description physique de sa douleur. Elle la caractérise en disant : " C'est une souffrance d'âme qui arrive jusqu'à mon corps. "

« Cette douleur, pour être constante, est cependant beaucoup plus intense par moments. Alors la malade dit qu'elle ne peut même plus parler. Elle se rend compte de ce qui se passe autour d'elle mais ne peut, au prix d'un très grand effort, que dire quelques mots à voix extrêmement basse. L'intensité des douleurs serait au maximum le vendredi et le samedi, pendant qu'elle souffre la Passion.

« 2. *La Passion.* Elle la souffre chaque semaine. Elle commence le jeudi soir vers vingt et une heures (heure solaire) par une profonde angoisse de tout ce qu'elle va avoir à souffrir et à expier, angoisse qui atteint jusqu'au corps. Elle souffre alors de partout et cette souffrance amène une sueur sans que cela soit pourtant une réalité **. Elle se sent totalement isolée, abandonnée de tout et de tous, spirituellement et humainement ; le démon est déjà autour d'elle qui la tourmente intérieurement et

---

* Sujets souffrants de désordres nerveux fonctionnels que l'on appelle aujourd'hui « conversion hystérique ». *(Note de l'auteur.)*

** Référence à la Passion du Christ la veille de sa mort : « Il eut une sueur comme de grosses gouttes de sang qui coulaient jusqu'à terre » (Luc, XXII, 44). *(Note de l'auteur.)*

extérieurement. Elle souffre de plus en plus, jusqu'à « la mort », qui survient le vendredi à quinze heures (heure solaire).

« Puis a lieu " le jugement ", où elle porte les péchés dont elle est chargée. Celui-ci fini (il dure deux heures), elle recommence à souffrir, puis vient " la nuit du tombeau ", où elle souffre quand même tout en " n'étant pas là ", jusqu'au dimanche où, à l'appel du prêtre, elle " revient " et redevient humaine. Cet appel n'est pas entendu d'abord par les oreilles. Elle est rappelée par le fait de l'obéissance et ce n'est qu'ensuite que ses oreilles entendent.

« 3. *Apparitions*. Elle a des apparitions de la Sainte Vierge, déterminant des extases. La première a eu lieu en mai 1921, sans raison apparente avons-nous dit. Elle l'a vue, comme elle l'a vue souvent depuis, " avec les yeux du corps ". Pendant les extases déterminées par ces apparitions, elle n'a pas le sentiment de sa position dans son lit. Elle se sent simplement emportée et attirée vers l'apparition.

« 4. *Le démon*. En octobre 1927, elle a eu son premier contact caractérisé avec le démon, mais elle ne l'a pas vu " avec les yeux du corps ". C'était une vision " imaginaire " sous forme d'animaux anormaux et monstrueux. Elle l'a vu plus tard " avec les yeux du corps ", sous des apparences humaines. C'étaient alors des individus nus ou vêtus qui sont venus près de son lit et l'ont secoué, elle-même a été gifflée, secouée, frappée, violemment jetée à droite ou à gauche. Actuellement, elle ne voit plus le démon avec les " yeux du corps ", c'est quelque chose qui reste intellectuel *.

« 5. *Communion*. Elle n'avale pas l'hostie quand elle la reçoit. Elle n'avale pas l'hostie que l'on pose sur sa langue. Lorsqu'elle l'a sur la langue (parfois elle ne touche même pas la langue) elle voudrait la garder dans la bouche, mais elle ne le peut pas. L'hostie est absorbée sans qu'elle l'avale, elle ne peut du reste effectuer le mouvement de déglutition. C'est " comme un être vivant qui entre en moi ", dit-elle.

DIAGNOSTIC

« Actuellement, Mlle Robin, âgée de quarante ans, ne présente aucun signe clinique d'affection pulmonaire, cardiaque ou osseuse. L'examen viscéral est négatif, en dehors d'une hypertrophie hépatique.

« Atteinte d'une amaurose presque complète, elle est immobilisée au lit, avec une impotence totale des quatre membres fixés

* On a vu que l'Église fait une distinction entre les visions et apparitions. *(Note de l'auteur.)*

en attitude curieuse par une contracture particulière qui contraste avec la mobilité anormale de la tête semblant reposer en position instable.

« Cette impotence ne s'accompagne pas d'atrophie musculaire, de troubles de la sensibilité objective, de modification de la réflectivité tendineuse ou cutanée. Il n'y a aucun signe de la série pyramidale, cérébelleuse, extrapyramidale. Il n'y a pas de réflexe de défense. L'amaurose ne s'accompagne pas de trouble de la musculature intrinsèque ou extrinsèque des yeux.

« La malade a du sang coagulé sur les téguments, réalisant les stigmates sanglants. Elle ne présente cependant aucune lésion cutanée visible et aucun dermographisme anormal.

« Son psychisme paraît normal. Il n'y a ni débilité mentale, ni trouble de l'intelligence, du caractère ou de l'affectivité. Rien ne nous a permis de penser à un état délirant.

« La malade dit présenter des douleurs intenses, elle déclare avoir des troubles des fonctions végétatives : absence de sommeil, absence d'alimentation. Elle dit enfin présenter des phénomènes qualifiés par elle du nom d'extases, d'apparitions, de participation à la Passion.

« Étant donné les conditions locales de l'examen, l'absence de documents médicaux précis sur l'histoire antérieure, les constatations faites, nous reconnaissons d'emblée que nous sommes en présence d'un cas clinique d'interprétation difficile, de diagnostic compliqué et délicat, d'autant que les examens spéciaux tels que radiologique et ophtalmologique n'ont pu encore être faits.

« Mlle Robin a présenté ou présente : des manifestations nerveuses ou plus exactement neuro-psychiatriques : impotence des membres, cécité, douleurs, extases, apparitions. Des troubles viscéraux de type hémorragiques avec hypertrophie hépatique. Des phénomènes cutanés réalisant les stigmates sanglants sans lésions apparentes de la peau malgré la présence de sang sur les téguments.

« Nous sommes conduits à éliminer dans le diagnostic :

« 1. Les affections sanguines du type hémogéno-hémophilique, car les hémorragies se sont strictement localisées à certains viscères (pas de gingivoragie, d'épistaxis, de purpura). Pas de signes hématologiques des affections hémorragiques : les temps de saignement et de coagulation sont normaux, de même la formule sanguine; le signe du lacet est négatif.

« 2. Les affections viscérales. Avec le recul du temps, rien ne nous autorise à penser que cette malade ait eu un néoplasme gastrique *, ou même un ulcus ** gastro-duodénal ; rien ne per-

* Tumeur bénigne ou maligne.
** Ulcère, lésion d'organe ne se cicatrisant pas.

met de retenir l'hypothèse de lésions importantes du rein ; d'une maladie grave du foie, cirrhose alcoolo-tuberculeuse, néoplasme hépatique ; derrière l'hypertrophie hépatique peut-être existe-t-il une lithiase biliaire * ?

« 3. Les affections ostéo-articulaires. La malade n'en présente aucun signe. Il ne s'agit ni du mal de Pott, ni de rhumatisme chronique.

« 4. Affections neurologiques. Nous éliminons une quadriplégie spasmodique par atteinte des deux voies pyramidales dans la région cervicale, puisqu'il n'y a aucune modification de réflectivité tendineuse ou cutanée. Nous éliminons aussi la contracture parkinsonienne, les paraplégies en flexion cutanéo-réflexes, les rigidités de décérébration classiques par lésions pédonculaires.

« Nous éliminerons les manifestations nerveuses d'un mal de Pott méconnu ; les tumeurs cérébrales, même à évolution lente ; la méningite et ses séquelles ; la myélite, qui n'expliquerait pas la cécité ; la sclérose en plaques.

« Nous sommes conduits par élimination au diagnostic d'encéphalite, au sens large du mot, en tout cas à celui de maladie à virus neurotrope **. Nous savons en effet que certaines affections réalisent le tableau de pseudo-tumeurs avec troubles de la vision allant jusqu'à la cécité, avec syndrome d'hypertension intracrânienne. Nous savons aussi que certaines lésions pédonculaires donnent des rigidités de décérébration avec des contractures et des attitudes d'interprétation complexe.

« Il a été démontré que des lésions de la région hypothalamique sont susceptibles de réaliser chez l'animal des manifestations viscérales hémorragiques et des lésions ulcéreuses du tube digestif. Il est classique de décrire des troubles des divers métabolismes et des syndromes anorexiques par atteinte de la région hypophyso-infudibulo-tubérienne ; de dire qu'il existe dans la région du plancher du troisième ventricule des centres du sommeil, dont la lésion peut donner agrypnie ou hypersomnie.

« L'on sait que l'atteinte de la région pédonculaire voisine peut donner des hallucinations, se rapprochant des états oniriques. Récemment, certains neuropsychiatres ont pensé que les états hystéroïdes pouvaient trouver leur substratum organique dans des lésions ou des troubles fonctionnels de la région hypothalamique.

« Enfin, nous devinons même les rapports intimes qui réunissent le foie et le système nerveux, et nous connaissons les

* Dont semble aussi souffrir la mère. *(Notes de l'auteur.)*

** On a vu que c'est la thèse que nous avons présentée au chapitre 3. *(Note de l'auteur.)*

syndrômes, comme la maladie de Wilson, où s'associent signes neurologiques curieux et insuffisance du foie, lésions d'encéphalite et d'hépatite.

« Ce rapide exposé nous permet de comprendre que, du point de vue médical, en présence de cette malade dont les symptômes ne rentrent pas dans l'un des cadres nosographiques que nous sommes habitués à envisager, nous essayons d'établir ainsi le diagnostic :

« Fièvre typhoïde de la première enfance ayant laissé une meiopragie hépatique, point de départ de la lithiase biliaire possible actuelle. A seize ans, affection à virus neurotrope touchant l'encéphale. Les épisodes cliniques et les séquelles permettent de penser qu'il n'y a pas eu atteinte de la corticalité cérébrale, des voies pyramidale et cérébelleuse, mais que, par contre, la région basale du cerveau (région hypothalamique et plancher du troisième ventricule, région pédonculaire) a été lésée.

« a) Symptômes neurologiques : impotence des membres avec attitude et contracture ne rentrant pas dans les cadres classiques.

« b) Symptômes viscéraux du type hémorragique ou ulcéreux, notamment gastrique.

« c) Manifestations cutanées réalisant les stigmates sanglants.

« d) Troubles des fonctions végétatives : nutrition, sommeil, règles.

« e) Bien qu'il n'y ait aucun trouble de l'intelligence ou du psychisme, la malade dit présenter des phénomènes que l'on pourrait essayer d'interpréter médicalement comme des hallucinations oniriques à base mystique.

« Étant donné ce que l'on sait du polymorphisme des syndromes post-encéphaliques, étant donné ce que l'on commence à connaître des fonctions des régions avoisinant le troisième ventricule, de leur rôle dans la vie végétative, des troubles psychiques d'origine sous-corticale, il est certain que des médecins essayeront, par des recherches complémentaires, à étayer plus sérieusement encore ce diagnostic d'encéphalite avec atteinte probable des centres végétatifs de la base, et voudront apporter une interprétation organicienne des stigmates par des perturbations vaso-motrices d'origine centrale et des phénomènes d'ordre mystique par des hallucinations oniriques à base mystique, voisines des hallucinations pédonculaires.

Causes de cette évolution

« Nous avons dit que le diagnostic médical le plus vraisemblable était celui d'encéphalite ou de maladie à virus neurotrope, mais nous n'en avons pas apporté la preuve absolue.

« Dans l'étiologie de ce syndrome complexe, il nous faut éliminer un certain nombre de causes qui ne manqueront pas d'être invoquées.

« Nous éliminerons la supercherie et la simulation. Nous en avons la certitude morale, notamment en ce qui concerne les stigmates et l'alimentation, mais pour en apporter la preuve absolue il est nécessaire de prévoir la mise en observation et la surveillance totale et constante de cette malade pendant quelques semaines.

« Nous éliminerons également l'origine hystérique *, ou plus exactement pithiatique ** des symptômes observés. Rien vraiment dans le comportement de cette malade, tout au long de l'examen prolongé auquel nous l'avons soumise, ne nous permet de penser que ce syndrome soit d'origine pithiatique. On pourrait retenir en faveur de cette origine l'anesthésie pharyngée, ce serait vraiment insuffisant. D'aucuns diront que les manifestations cutanées de type stigmate, que l'absence de signes d'organicité, notamment des modifications des réflexes tendineux, sont en faveur de l'origine pithiatique. A cela nous répondrons que des manifestations réellement organiques ont pu être considérées comme des accidents pithiatiques par des neurologues avertis.

« On nous objectera qu'il s'agit d'associations organico-fonctionnelles ; une partie du syndrome est bien organique, les manifestations viscérales par exemple ; mais le syndrome neuropsychiatrique associé est fonctionnel ou pithiatique. Nous ne le croyons pas. Pour étayer leur affirmation, les partisans de l'origine pithiatique de ces troubles devront, si nous nous en tenons à la définition de Babinski, nous faire la preuve que tout ou partie de ce syndrome peut disparaître par la suggestion. Nous sommes intimement convaincus qu'il est impossible d'apporter une telle preuve et nous avons la certitude morale qu'il ne s'agit pas, même pour une partie, de manifestations pithiatiques.

RÔLE DES CHOCS PSYCHIQUES DANS L'ÉVOLUTION DE CE SYNDROME

« Il est nécessaire de se demander si les chocs psychiques ou moraux ont pu avoir une action dans la genèse de ce syndrome. Chez cette malade, ils ont pu être de deux ordres :

« – Il y a ceux qui ont trait à la guerre. C'est pendant la guerre de 1914-1918 que la maladie a commencé à évoluer. Il y eut

* Hystérie : Névrose caractérisée par une disposition très particulière à exprimer par des manifestations corporelles spectaculaires des troubles ou des conflits affectifs inconscients.

** Pithiatisme : Ensemble de troubles corporels sans cause organique, qui peuvent apparaître et disparaître par persuasion ou suggestion [2].

aussi des modifications importantes des stigmates sanglants dès le début de la guerre 1939-1940.

« – Il y a ceux d'ordre religieux. L'hématémèse grave qui faillit emporter la malade eut lieu le 3 octobre 1927. C'est à cette date qu'à partir de 1931 fut fêtée dans le calendrier religieux la dernière des saintes françaises, sœur Thérèse de l'Enfant-Jésus, mais c'est bien en 1927 que fut choisie cette date du 3 octobre. Une aggravation brutale est survenue le 2 février 1929, ce jour est important dans la liturgie religieuse, c'est la fête de la purification de la Vierge. A cette date, brusquement, les membres supérieurs devinrent impotents.

« Mais si nous faisons nous-mêmes ces rapprochements, la malade n'y insiste pas spécialement. La conjonction des dates et des faits, qu'il s'agisse de la guerre ou de la religion, n'attire pas de sa part d'affirmation, d'explication ou d'interprétation. Lors de notre interrogatoire médical, elle n'a pas retenu notre attention par des déclarations prouvant qu'elle tenait à faire une liaison nécessaire entre ces faits, ces dates et les aggravations de son état.

« Si bien que, du point de vue médical, nous n'avons aucun argument nous permettant de penser que les événements extérieurs (guerres, fêtes religieuses) ont joué un rôle actif dans l'évolution de la maladie, en tant que chocs moraux susceptibles de modifier soit l'état physique, soit l'état psychique.

« Nous avons déjà été et nous voici de nouveau conduits à incriminer, pour expliquer l'évolution morbide et l'état actuel de Mlle Robin, une maladie à virus neurotrope, une encéphalite. Nous ne doutons pas de l'organicité du syndrome neurologique et nous pensons que son origine encéphalitique est vraisemblable.

« Si nous voulons aller plus loin, nous sommes bien obligés de reconnaître notre impuissance. Nous n'avons, dans l'état actuel de nos connaissances, aucun moyen scientifique d'en donner une preuve absolue. Nous nous avouons d'ailleurs incapables de classer de façon précise les contractures présentées par cette malade. Ce que nous pouvons affirmer sans aucune discussion possible, c'est qu'elle n'est pas pyramidale ou parkinsonienne, qu'elle n'entraîne pas l'attitude habituelle des rigidités de décérébration. Nous ajoutons également que nous n'avons jamais rencontré de contractures pithiatiques réalisant un tel tableau.

« Nous accepterions volontiers l'origine centrale des symptômes viscéraux et nous sommes prêts à les interpréter comme des manifestations viscérales de lésions encéphaliques.

« Nous croyons à la réalité des troubles de la vie végétative (nutrition et sommeil), mais nous ne nous prononcerons sur ces faits que lorsque la mise en surveillance aura prouvé de façon absolue leur réalité.

« Nous affirmons la réalité des stigmates sanglants en dehors de toute simulation et supercherie, stigmates sans lésion cutanée évidente et que d'aucuns mettront sur le compte de troubles vaso-moteurs d'ordre psychique (?). Nous aimons mieux reconnaître que nous ne voyons ni la cause, ni le mécanisme intime de ces stigmates dans l'état actuel de nos connaissances.

« Quant à nous, nous les considérons comme des manifestations d'ordre surnaturel.

« Nous sommes d'ailleurs prêts à les étudier scientifiquement en faisant nôtres les pensées du Dr Alexis Carrel, aujourd'hui régent de la Fondation française pour l'étude des problèmes humains :

« Certaines activités spirituelles peuvent s'accompagner de modifications aussi bien anatomiques que fonctionnelles des tissus et des organes. On observe ces phénomènes organiques dans les circonstances les plus variées parmi lesquelles se trouve l'état de prière. Cet état psychologique n'est pas intellectuel. Il est incompréhensible des philosophes et des hommes de science et inaccessible pour eux. Ce type de prière exige comme condition préalable le renoncement à soi-même, c'est-à-dire une forme très élevée de l'ascèse. Les modestes, les ignorants, les pauvres sont plus capables de cet abandon que les riches et les intellectuels. Ainsi comprise, la prière déclenche parfois un phénomène étrange, le miracle [2].

« Il suffit d'avoir passé quelques heures en toute liberté d'esprit auprès de Mlle Robin pour être convaincu que ce sont bien là vérités éternelles. »

Ce rapport (qu'il fallait publier pour mettre fin aux rumeurs fantaisistes) décevra beaucoup de monde. Malgré la conclusion finale, les religieux n'y trouveront aucune preuve certaine du miracle ; les rationalistes protesteront contre les conclusions hâtives. Mais pouvait-il en être autrement ?

L'examen médical d'un état mystique est en soi un non-sens. Si, écrit Aimé Michel, « vous dites que, vous éveillant de votre corps à vous-même, vous devenez extérieur aux choses et contemplez une beauté d'une merveilleuse majesté, on vous écoutera avec attention, on mesurera votre tension, votre pH salivaire, votre glycémie, on vous priera de raconter votre enfance, et l'on aboutira à rendre compte de votre discours sans retenir rien de ce que vous avez eu l'intention de dire [3] ».

Tel était bien l'avis de Marthe. Les manifestations physiques extérieures spectaculaires étaient pour elle secondaires. Elle aurait préféré n'en pas avoir pour passer inaperçue. Elle demandait à Dieu de l'en préserver, et, si elle les accepta comme le reste, c'est qu'elle pensait que le dessein de Dieu était de réveiller la foi chez les témoins en les conduisant du visible à l'invisible. Pour elle, l'essentiel se passait ailleurs, dans le mystérieux échange entre sa conscience et les entités qui la visitaient. Et cela, aucun médecin, aucun témoin ne pourrait jamais en rendre compte.

Ce qui va suivre en est la vivante illustration.

Les Drs Dechaume et Ricard avaient souhaité l'hospitalisation de Marthe pour mieux étudier les phénomènes physiologiques dont elle était l'objet : stigmates, inédie, absence de sommeil. En 1949, le Dr Alain Assailly, neuropsychiatre catholique parisien, professeur à l'Université catholique de Paris et à la Faculté libre de philosophie comparée, spécialiste de ce que l'Église appelle pudiquement les « manifestations du surnaturel sensible », bien connu pour ses consultations de prêtres et de religieux, fut introduit auprès de Marthe et autorisé à étudier son cas. Voici le récit très intéressant qu'il donne de cette rencontre.

« Après m'avoir présenté à Marthe, le père Finet se retira. J'eus la surprise de me sentir à l'aise au chevet de la stigmatisée, dont je perçus seulement après quelques minutes les contours de la tête.

« Elle me posa quelques questions sur ma famille et sur mes activités professionnelles en témoignant d'une délicatesse empreinte d'une grande charité, et j'en vins très vite au but de ma visite.

– Je ne doute pas le moins du monde de votre loyauté. Mais vous devez comprendre que, médecin, je serais heureux de pouvoir vous mettre en clinique pendant un ou deux mois afin de convaincre mes collègues de la réalité des phénomènes extraordinaires que vous présentez. Votre mission peut comporter aussi ce genre de témoignage, et le vôtre aurait du poids auprès des incroyants et de la plupart des catholiques pour qui de telles manifestations relèvent d'une supercherie... " plus ou moins inconsciente ", ajoutent-ils avec quelque condescendance.

« Marthe garda le silence et, après quelques instants, je crus devoir renouveler ma demande en précisant que l'idéal serait qu'elle soit surveillée par des équipes constituées de médecins et d'infirmières, catholiques et incroyants.

« Marthe me répondit doucement :

– Docteur, je n'ai qu'une règle : celle de l'obéissance. Que donc mon directeur, mon évêque, ou le Saint-Père évidemment, décident de m'hospitaliser, je dirai oui aussitôt et vous pourrez m'emmener si vous le décidez. Mais croyez-vous vraiment que le problème soit là où vous le cherchez ? Convaincre ceux qui doutent, par de simples examens ? Non ! Ils se perdraient dans des explications scientifiques plus ou moins valables et dans des hypothèses bien difficiles sans doute à vérifier. En outre, ne s'éloigneraient-ils pas de l'essentiel, qui est de reconnaître et de comprendre l'infinie bonté de Dieu ?

– Je veux bien admettre ce que vous dites. Mais nous aurions au moins la preuve de la réalité des phénomènes et cela découragerait ceux qui, doutant de la sincérité du père Finet et parfois de la vôtre, répandent des calomnies regrettables.

– Non, docteur. Le problème n'est pas là.

« Je résolus de ne pas insister et lui confiai un cas tragique de ma clientèle qui provoqua chez elle des paroles d'une bonté touchante. Elle souffrait dans son cœur, mais aussi dans son âme. »

Le Dr Assailly prit congé de Marthe. Un peu plus tard, il retrouva le père Finet.

– Eh bien, mon cher docteur, vous vous êtes bien bagarré avec Marthe ?

– Bagarré, non. Mais je lui ai manifesté le désir que j'avais avec beaucoup de la voir mettre en observation dans ma clinique.

Le médecin espérait que le prêtre allait abonder dans son sens et ordonner à Marthe de s'y soumettre. Après un long silence, le père Finet articula :

– Oui, je sais ; elle vient de me le dire. Elle m'a dit aussi qu'elle serait heureuse de vous revoir cet après-midi.

Un second entretien se déroula donc pendant quarante minutes. Reprenons le récit du docteur Assailly, dont tous les mots comptent.

« C'est alors que j'éprouvai un renversement total de mes attitudes intellectuelles à l'égard des manifestations du surnaturel sensible. Elle me parla de la rédemption en termes tels que je me sentis plongé dans le mystère de l'amour rédempteur. Elle ne fit aucune allusion à son cas, mais je sentis qu'elle vivait réellement ce qu'elle disait.

« Dès lors, que pouvaient signifier pour moi nos recherches sur les mécanismes éventuels d'apparition des stigmates ou l'étude biologique de son inédie, au regard du message que comportaient de telles passions ?

« Quand, quelques années plus tard, le père Finet me demanda d'examiner la plaie que Marthe portait sous le sein gauche et qui saignait assez abondamment, je le fis sans aucune curiosité médicale, estimant d'ailleurs que si j'avais eu un instrument approprié, je me serais gardé d'explorer cette plaie en profondeur.

« Il me semble, d'après ce que m'ont dit d'autres stigmatisées, que le paroxysme de la souffrance morale corresponde au moment où le cœur de Jésus, qui soutient dans un contact d'amour douloureux celui de la stigmatisée, se détache et s'éloigne. " Alors, m'a-t-on dit [ce n'est pas Marthe], on voudrait continuer à souffrir et bien davantage pour éviter ce moment terrible. " On pense à la déclaration tragique du Christ sur la croix : " Mon Dieu, pourquoi m'avez-vous abandonné [4] ? " »

Effectivement, « ni un examen clinique, ni une radioscopie, ni même un scanner, ne peuvent déceler un mystère d'amour », nous dit l'abbé Peyret. Les médecins ne voient que les phénomènes sensibles, les effets physiques de la vie mystique. L'essentiel leur échappe (tout au moins en tant que médecins), parce qu'il est ailleurs, hors de portée de leurs instruments ou de leurs examens. (On a vu que certains : Carrel, Assailly sont capables de transcender ces limitations.)

De même, l'analyse chimique d'un tableau de Rembrandt ne dira rien du génie du peintre, qui est d'un autre ordre, dans une autre dimension. Et aucun miscroscope ne découvrira le mystère du génie d'Einstein ou celui, démoniaque, de Hitler.

Cet épisode est révélateur. Il n'est pas unique à Marthe. A ceux qui regrettent que la stigmatisée n'ait pas spontanément demandé à être hospitalisée, on ne peut que répondre que c'eût été pour elle se faire encore plus remarquer en se donnant de l'importance, ce qu'elle souhaitait avant tout éviter. L'extase mystique, finalité de ceux qui ont été choisis, est une union amoureuse de la créature et de son Dieu, qui échappe par essence à tout contrôle.

Si l'Église ordonne certains contrôles, elle ne fait que céder à la pression des rationalistes qui crient à l'imposture, à la fraude. Le contrôle élimine les simulateurs et démontre, certes, la bonne foi des mystiques. Mais ceux-ci n'ont pas besoin de ce certificat, tout juste bon pour ceux qui font commerce de leurs dons parapsychiques, qui ne représentent que l'activité résiduelle de la vie mystique.

Dans son bilan *les Phénomènes physiques du mysticisme* [5], le Dr Thurston cite le cas de la jeune Bavaroise Marie Furtner qui, en 1835, après diverses maladies, était devenue inédique. On l'accusait de fraude. Bonne catholique mais nullement mystique, elle accepta de se soumettre à un rigoureux contrôle médical, qui naturellement fut contesté par les sceptiques.

« On tenta alors de la décider à se soumettre à une deuxième période de surveillance médicale. Le respect de soi de la modeste paysanne prit immédiatement l'alarme. Elle déclara qu'elle aimerait mieux mourir, plutôt que de se laisser [à nouveau] observer, peser, tirailler et dévisager effrontément par une foule d'inconnus bizarres. Il est fort probable que la répugnance de Thérèse Neumann à subir en clinique une période d'observation est due à un sentiment analogue. »

Il n'y aura pas d'autre examen médical de Marthe Robin. En 1980, Mgr Marchand, évêque de Valence, en prescrira bien un, prévu au printemps 1981. Mais Marthe sera morte entre-temps, comme si elle avait préféré mourir, plutôt que de « se laisser observer, peser, tirailler et dévisager effrontément par une foule d'inconnus bizarres », alors que la vraie question était ailleurs.

11

LE FOYER PREND MARTHE EN CHARGE

Après la mort de Mme Robin, comme il ne restait à la ferme que son fils Henri, incapable de s'occuper de Marthe, le Foyer la prit tout naturellement en charge. Pour qu'elle soit plus au calme, on décida de faire agrandir la maison, en y ajoutant derrière et sur le côté une nouvelle construction à un seul niveau, une aile couverte de tuiles. Les travaux furent exécutés pendant l'automne 1942. Grâce à cet agrandissement, la nouvelle chambre de Marthe ne donnait plus sur la bruyante cour de ferme, par où arrivaient les visiteurs et les véhicules, mais à l'arrière, sur le verger paisible.

Dans cette pièce de quatre mètres sur trois mètres cinquante, dix à quinze visiteurs au maximum pouvaient se tenir debout, devant le petit divan. Un couloir obscur faisant office de sas, on entrait dans la chambre sans y laisser passer la lumière. Cette chambre est demeurée inchangée jusqu'à la mort de Marthe ; elle a été conservée telle depuis.

Deux membres du Foyer furent mis à la disposition de Marthe et de l'accueil des visiteurs à la ferme. Sa notoriété s'étendait maintenant bien au-delà de la région. Malgré les difficultés des transports, on venait la voir de très loin.

Jusqu'à ce jour, l'autorité religieuse avait gardé un silence prudent à son égard. Enfin, Mgr Pic s'exprima le 7 août 1943 dans *la Semaine religieuse* de Valence ; lisez attentivement, ce n'est pas une mise en garde mais une mise au point :

« Depuis onze ans que notre attention d'évêque est attirée sur la personne et l'action de notre diocésaine Mlle Marthe Robin, nous nous sommes fait un devoir de ne rien publier à son sujet, de ne la nommer dans aucun de nos écrits. Cette réserve, imposée par la prudence et conforme aux prescriptions de l'Église, correspondait pleinement au désir sans cesse manifesté de cette âme qui veut écarter de sa personne toute curiosité intempestive et, dans la souffrance, se consacrer uniquement au bien des âmes qui l'approchent.

« Des circulaires de teneur et de provenance diverses, sans nom d'auteur ni d'imprimeur, et sans l'*imprimatur* cependant requis pour les relations de ce genre, ont vulgarisé son nom, ajoutant à des données exactes de nombreux détails fantaisistes, mettant parfois fort indiscrètement en cause les plus respectables théologiens, évêques et même cardinaux.

« Nous demandons à nos prêtres et à nos diocésains de s'inspirer pour le cas présent aussi de cette même réserve qu'il est nécessaire d'observer strictement si l'on ne veut pas ouvrir la voie à des controverses où l'incompétence se donne libre carrière et qui finirait par jeter le discrédit sur ce qu'il y a de plus respectable dans la vie des âmes et sur l'Église elle-même. »

Ce texte constitue en fait une reconnaissance implicite. Il avait été rendu nécessaire par la ferveur parfois excessive des fidèles, qui engendrait fatalement une réaction des incroyants et des adversaires politiques de l'Église. On imprimait même des tracts ! Il fallait éviter les odieuses polémiques qui, en Allemagne, se déchaînaient autour de la stigmatisée Thérèse Neumann.

Cela n'empêchait pas l'évêque d'agir en faveur de Marthe, on l'a vu avec l'abbé Finet chaleureusement accueilli. Mgr Pic visitait Marthe, mais toujours discrètement. Il avait assisté à la deuxième retraite du Foyer de Châteauneuf et ordonné des examens médicaux par des médecins objectifs.

L'abbé Peyret, aujourd'hui l'un des porte-parole du diocèse, n'hésite pas à écrire : « Enthousiaste par tempérament, Mgr Pic demeura vigilant. Le seul reproche qu'on pourrait lui adresser est d'avoir trop parlé de " la petite Marthe ", de l'avoir ainsi involontairement arrachée à sa vocation de vie cachée [1]. »

Ajoutons que l'évêque de Valence intervint personnellement dans l'établissement des plans du Foyer de Châteauneuf. Pressentant l'avenir, il vit encore plus grand que le père Finet et fit modifier les plans en conséquence.

Conçu en 1939, commencé en pleine occupation, le Foyer fut achevé après la Libération, mis en service en novembre 1947 et inauguré le 17 mai 1948 par Mgr Pic, en présence d'une foule considérable, ce qui constituait la reconnaissance officielle de la mission de Marthe.

Cet énorme bâtiment de cinq étages pouvait accueillir trois cents retraitants. Ainsi se réalisait le grand projet de Marthe, un lieu de silence et de méditation en vue d'une conversion intérieure, l'amorce d'un élément nouveau dans la vie de l'Église, ni monastère, ni congrégation, mais communauté au plus large sens du terme, à l'exemple des premières communautés chrétiennes.

Les retraitants étaient accueillis par ces mots :

– Vous qui arrivez ici plus ou moins " dé-sourcés ", accablés de ce bruit qui ferme vos âmes, les rend sourdes à la voix légère de l'Amour, il faut vous ressourcer, recommencer, renaître ! Découvrir Jésus-lumière.

Et le père Finet ajoutait solennellement la célèbre phrase de Mérimée : « " Qui que tu sois, ami, n'entre pas ici sans désir ! " Et si le désir de Dieu ne t'a jamais effleuré, ou t'a quitté, alors, demande à Dieu " le désir du désir ". »

Car, nous dit un retraitant, « l'Amour ne s'impose pas, il se donne au désir d'Amour, et Dieu se cache pour que nous le cherchions [2]. »

La retraite est d'abord « descente silencieuse en soi-même, vers le plus intime, ces régions intérieures que, souvent, l'agitation quotidienne rend inaccessibles ».

Le profond silence observé par les retraitants devient pour eux source de joie et de charité, dans un authentique renouvellement intérieur.

Comme dans l'Église primitive, une communauté de baptisés, les membres du Foyer assurent tous les services, soutenant ainsi l'annonce de l'Évangile par leur travail et leur prière fraternelle.

Certaines retraites dites « fondamentales » tentent de répondre aux grandes questions que se pose l'homme de notre temps : sens de l'amour humain, du travail, de la souffrance, de la mort. Elles donnent une vision synthétique des grandes vérités de la foi à la lumière de l'Écriture. Tous les points importants du Credo sont médités. Elles insistent sur la paternité de Dieu et sur la maternité de la Vierge.

A l'issue de la retraite, le retraitant peut demander la consécration à Jésus, par Marie, selon la formule de Louis Marie Grignion de Montfort qui engage à vivre les exigences du baptême.

Pour être pleinement réussie, la retraite doit entraîner une véritable conversion, un renversement radical impliquant l'abandon de la vision égoïste au profit d'une vie désormais donnée. Cette conversion peut être brutale par la révélation bouleversante que « Dieu nous aime », ou encore lent cheminement suivant le mot de Péguy : « Un approfondissement constant de notre cœur ». Elle se réfère discrètement à l'exemple de Marthe, « cette âme-hostie aux fécondités insoupçonnées [2] ».

Et, certes, l'exemple de Marthe se révélait contagieux.

« J'ai compris qu'il ne fallait plus perdre de temps, rapporte une retraitante, mais tout faire pour servir Dieu et nos frères dans la construction du royaume d'amour. Je compris que Marthe Robin, par sa vie admirable, offerte pour la rédemption du monde, était une servante de Dieu toute magnanime dans son effacement, sa discrétion, son humilité, sa volonté de rester cachée, se considérant comme la plus petite des servantes, tout comme la Vierge Marie [3]. »

En 1951, Marthe fut éprouvée par deux décès. D'abord celui de son évêque, Mgr Pic, dont l'aide paternelle et la clairvoyance avaient été pour elle un soutien décisif.

La mort frappa aussi son frère Henri, de la façon la plus dramatique. Il se suicida, le 8 août, en se pendant à une poutre de son grenier.

Resté célibataire, Henri Robin avait continué à exploiter la ferme après la mort du père, et ce malgré l'invasion des visiteurs. Sa vie avait toujours été difficile, sa santé médiocre : il fut réformé en 1940 pour « albuminurie et grisaille pulmonaire sans signe évolutif » (rapport Dechaume). Il ne laissa pas un bon souvenir aux visiteurs, n'étant pas d'un caractère sociable.

Il supportait mal aussi le père Finet qui, tout à sa mission, le bousculait un peu. Avant 1942 et même après l'agrandissement de la maison, il avait dû subir les visiteurs en prenant son repas dans la cuisine, unique pièce commune.

« Il est indifférent et sec », avait noté l'un d'eux en 1942. « Il vaque aux travaux de la ferme, une cigarette aux lèvres, ne vous regardant même pas quand vous lui adressez la parole. »

On a expliqué son caractère bourru par les terribles névralgies faciales dont il souffrait. Et, certes, sa patience était mise à rude épreuve par les visiteurs, dont certains, de simples curieux, indiscrets, venaient seulement pour voir « la sainte du village », comme ils allaient visiter ensuite au bourg voisin d'Hauterives le « palais idéal » du facteur Cheval.

Cependant, Françoise Degaud, une proche de Marthe, m'a dit qu'il était « gentil, seulement timide », et avait bien du mérite à supporter cette contrainte.

Mais cela explique-t-il le suicide? On ne peut faire fi de ses douleurs faciales. « Certaines douleurs physiques naturelles, dont les névralgies du nerf crânien trijumeau, écrit Aimé Michel, sont tellement atroces qu'elles ne se résolvaient jadis que par le suicide [4]. » Même de nos jours, il n'existe pas de médicament pour calmer cette souffrance, tant elle est intense et fulgurante. On ne saurait donc trop se garder de juger un tel drame. Respectons seulement le mystère de la mort d'Henri, sachant combien il eut du mérite de supporter l'envahissement continuel de sa propre maison.

Marthe aimait son frère et l'acceptait comme il était. Elle s'entendait bien avec lui et lui donnait des conseils pour la gestion de l'exploitation. Elle demanda que l'on grave sur sa tombe cette citation de saint Jean : « Qui reçoit celui que j'aurai envoyé me reçoit. Et celui qui me reçoit, reçoit Celui qui m'a envoyé. »

Peu après sa mort, qui la frappa douloureusement, elle aurait dit : « Je sais qu'il est sauvé. » Malgré la condamnation de l'Église à l'égard du suicide, Marthe croyait que le cœur de Dieu est assez vaste pour compatir aux êtres éprouvés au-delà de leurs forces.

Ce suicide lui inspira cette recommandation, la même que fit un jour à ses religieuses infirmières Thérèse de Lisieux : « Ne laissez jamais des boîtes de médicaments forts sur la table d'un malade. » Et on ne peut s'empêcher de se poser la question : Marthe, dans ses terribles souffrances, face à sa vie d'handicapée totalement dépendante qui est suprême pauvreté, n'a-t-elle pas, comme Thérèse, connu la tentation du suicide, tout au moins dans ses « nuits de l'esprit » lorsqu'elle se croyait abandonnée de Dieu, écrasée par le péché du monde?

Il est difficile de répondre. Mais je ne peux m'empêcher de faire un parallèle entre sa vie de souffrances acceptées jusqu'au bout, son abandon sans réserve à la volonté de Dieu pendant les cinquante années que dura sa passion, et la fin très volontariste de Sigmund Freud à la même époque.

Le 21 septembre 1939, à quatre-vingt-sept ans, las de souffrir du cancer de la mâchoire qu'il avait contracté en abusant des cigares, le père de la psychanalyse dit au Dr Schur, son médecin à Londres où, juif persécuté par Hitler, il s'était réfugié :

– Souvenez-vous de notre premier entretien. Vous m'aviez promis de m'aider. La vie n'est plus maintenant pour moi que torture et cela n'a plus de sens.

Convaincu par ce mot horrible, le médecin asquiesça et donna le lendemain la piqûre libératrice. Freud mourut le 23 septembre dans son sommeil.

Sa vie « n'avait plus de sens ». Alors que pour Marthe la souffrance lui donnait tout son sens ! Freud, dont on ne peut méconnaître les immenses découvertes dans le domaine de l'inconscient, plongeait vers le bas. Marthe se laissait emporter vers le haut, ce qui exaltait sa vitalité. Et on pourrait lui appliquer ce mot que Jacques de Bourbon-Busset adressait à sa femme : « Quand tu as pu laisser se déployer ton désir d'absolu, tu es devenue une autre, libérée, joyeuse, confiante en l'avenir [5]. »

Marthe n'allait pas trouver dans le successeur de Mgr Pic l'enthousiasme de ce dernier. Peu après sa nomination, Mgr Urtasun lui rendit visite et s'offusqua de l'obscurité dans laquelle elle vivait. Évidemment, il avait entendu certaines critiques suggérant que cette obscurité avait pour but d'empêcher de voir de trop près les stigmates ou la manière clandestine dont Marthe devait s'alimenter ! Comme si tout cela était un coup monté par les prêtres pour fabriquer un pèlerinage et encaisser de l'argent...

A l'issue d'une rencontre au grand séminaire de Valence avec ses futurs prêtres, répondant sans doute à une question, le nouvel évêque déclara :

– Je suis allé voir Marthe Robin. Il fait bien sombre dans cette chambre ! Il faudra que je regarde cette situation de plus près [6].

Saint Thomas n'était pas mort ! Le pire est que le prélat mit son projet à exécution. Retournant voir la stigmatisée, il exigea que l'on ouvrît en grand les volets. On imagine le supplice de Marthe, autant physique que moral, devant la suspicion de son évêque !

Comme saint Thomas, il fut d'ailleurs convaincu, « il vit et il crut », puisque non seulement il ne modifia en rien l'activité du Foyer et la vie de Marthe, mais il toléra que certains offices y fussent célébrées en français, le prêtre face au public, une réforme que Vatican II n'introduira qu'en 1965.

Dix ans plus tard, le 11 février 1961, il présida en personne le vingt-cinquième anniversaire de la fondation des Foyers de charité, célébré à Châteauneuf en grande pompe. Il était entre-temps passé de Valence en Avignon et vint autant comme évêque métropolitain que comme ami. L'évêque qui l'avait remplacé, Mgr Vignancourt, était là également, ainsi que l'archevêque de Lyon, le cardinal Gerlier, qui lui aussi avait oublié sa méfiance primitive à l'égard de Marthe.

Mgr Urtasun déclara dans son homélie : « Pour accomplir un devoir divin transmis par l'une de ses plus vertueuses paroissiennes, clairvoyante et mortifiée, l'abbé Faure avait ouvert contre toute sagesse humaine une petite école, grain de sénevé d'où devait sortir le grand arbre du Foyer [7]. »

Quant au cardinal Gerlier, il se réjouit « des effets merveilleux de la grâce du Seigneur au cœur d'une petite paysanne de la Galaure, semblable à Bernadette Soubirous [8] ».

Effectivement, l'Église jugeait l'arbre à ses fruits, un bilan déjà positif : après Châteauneuf et La Léchère (père Béton), puis La Gavotte créé près de Marseille par le père Briqueler, vint s'ajouter le Foyer de Roquefort-les-Pins, entre Grasse et Nice, dirigé par le père Bonnafous.

Le père Finet décida alors de faire des fondations hors d'Europe. Il envoya le père Marcel fonder le premier Foyer africain à Aledjo, au Togo, dont Marthe dira : « Ce pays est très pauvre, mais le Seigneur l'a choisi pour y apporter sa richesse d'amour [9]. »

A la demande de Mgr Thiandoum, archevêque de Dakar, le père Pagnoux fonda un Foyer au Cap-des-Biches. Bientôt, des dizaines de Foyers fleuriront dans toute l'Afrique et tous les continents *.

* Voir annexe en fin d'ouvrage.

En pays de Galaure, les écoles aussi se multipliaient. En 1953, Mme Sibert fit don de sa ferme de Saint-Bonnet où le père Finet fonda une école de garçons. En 1954, il créa un centre ménager dans l'ancien presbytère de Saint-Bonnet, origine du futur collège agricole des Mandailles.

Revenons à Marthe Robin. Désormais, il est difficile de suivre la chronologie. Le temps n'existe pas pour elle. Sa semaine est marquée par la Passion, qui commence le jeudi soir et s'achève le samedi ou le dimanche. Elle reçoit donc du lundi au jeudi.

Grâce à Françoise Degaud, professeur au collège de jeunes filles, qui l'été fut son assistante de 1972 à 1981, on a une idée précise de ces journées.

Dès huit heures trente, elle monte à la ferme, parfois en compagnie du père Finet. On commence par le courrier, toujours très abondant, qu'elle lit à Marthe derrière le rideau, à la lumière de la petite lampe, car les volets sont fermés. Ensuite, Marthe répond aux questions de ses correspondants, qu'elle dicte, « avec netteté et concision », puis elle dicte les lettres de remerciements aux donateurs : colis reçus au Foyer ou à la ferme, chèques de plus en plus nombreux.

« Elle se souvenait de tout et précisait à ses correspondants l'utilité de chaque objet reçu pour l'œuvre des Foyers. »

Elle est surtout émue par les petits dons de petites gens aux revenus modestes, l'intention étant de se priver de quelque chose au profit d'un plus pauvre.

Dans les nombreux appels au secours qu'elle reçoit, elle sait lire à travers les lignes et vibre d'émotion. « Elle pleurait, puis dictait la réponse avec son cœur débordant de tendresse. » Ce trait montre son extrême sensibilité. Les lettres se terminent souvent par une formule poétique : « Entendez au plus profond de votre cœur votre petite Marthe. Elle vous embrasse autant de fois qu'il y a d'étoiles dans les cieux et de pâquerettes dans les prés. »

Par contre, Marthe est exaspérée et scandalisée de recevoir des lettres de gens qui lui demandent de dire l'avenir. Elle arrête aussitôt la lecture :

– Assez ! Je ne suis pas une voyante extralucide ! Déchirez vite !

Elle reste toujours réservée quand des prêtres ou des religieux lui demandent conseil.

– Consultez votre supérieur ou votre directeur de conscience. Ce n'est pas à moi de répondre.

Par contre, elle répond volontiers aux jeunes qui l'interrogent sur une vocation naissante. Elle écoute avidement les nouvelles des Foyers tant proches que lointains et leur prodigue ses conseils, tout autant que son aide matérielle. Elle s'intéresse de très près à la rédaction de *l'Alouette*, l'organe de presse des Foyers, dont Françoise Degaud coordonne la rédaction sous la responsabilité du père Finet.

Le courrier est souvent interrompu par une assistante de Marthe chargée de préparer les colis. Les dons en nature arrivent à Châteauneuf par la poste ou sont remis à la ferme par les visiteurs eux-mêmes. Pendant la guerre, vêtements et nourriture étaient très appréciés, notamment des prisonniers de guerre en Allemagne.

Après 1945, les colis (jusqu'à vingt kilos) ainsi confectionnés par le Foyer furent destinés aux nécessiteux, surtout des personnes âgées sans ressources, que Marthe appelait affectueusement ses « petits vieux », et aussi des missions étrangères signalées par les Foyers outre-mer.

Marthe veille à tout, faisant ajouter un chapelet ici, un médicament là ; elle recommande de faire des paquets solides, avec des adresses bien lisibles à l'encre indélébile.

Les prisonniers de droit commun ne sont pas oubliés. « Je vous remercie de tous les livres, écrit l'un d'eux. Pour un prisonnier, un livre est une porte ouverte sur un monde qui vit, sent, vibre, dialogue, exprime ses sentiments. C'est la gomme qui efface la cellule, les murs, les grilles et les barreaux [10]. »

Grâce à une assistante sociale qui visite les prisons, Marthe s'intéresse ainsi à plusieurs condamnés à mort avant leur exécution. Elle connaît les prisonniers par leur nom, les appelle par leur prénom et « les porte dans son cœur », comme tous les pauvres et affligés.

Elle est tellement préoccupée par les plus abandonnés qu'elle possède sa propre caisse pour leur venir en aide, alimentée par tout un petit commerce, assortiment de médailles et objets de piété cachés dans le grand tiroir de sa commode ! Ce trait montre l'indépendance de son caractère.

L'heure du déjeuner n'arrête pas son activité, puisqu'elle

ne mange jamais ! Il y a tellement de lettres ! Les assistantes s'essoufflent.

« Elle avait un tel rythme de vie, souligne Françoise Degaud, qu'il y avait de quoi exténuer une personne en bonne santé ! Marthe n'avait pas un instant de répit. »

Paralysée, aveugle, anorexique et sans sommeil !

Le mardi, au début et à la fin de l'après-midi, c'est-à-dire en dehors des travaux agricoles, Marthe reçoit les membres de sa famille, surtout ses sœurs et ses nièces, et des amis du pays. Quelquefois elle invite à dîner et se préoccupe particulièrement du repas.

Le mercredi et le jeudi sont réservés aux visites de tous ceux qui veulent la rencontrer, parmi lesquels, naturellement, on donne la priorité aux retraitants des Foyers de charité. Ils viennent de partout, en train, en voiture, à bicyclette, et même à pied durant la guerre, comme cette femme de Valence, Mme Junique, qui fit quatorze kilomètres à pied depuis Saint-Vallier en poussant sa bicyclette au pneu crevé sur laquelle elle avait mis un cageot de légumes pour la « corbeille de Marthe ».

Les visiteurs font la queue dans la cuisine, réchauffée l'hiver par une petite cuisinière à bois. (On n'utilise plus la cheminée monumentale.) Ils écrivent leur nom sur un grand livre où se côtoient les remerciements et les demandes : « Pour la conversion de mon papa. » « Pour la guérison de mon cousin. » « Merci de m'avoir exaucée. » « Pour le retour de ma fille. » « Pour ma vocation religieuse. »

Sachant poser les questions qui déchargent le cœur et aident à voir clair en soi, Marthe sait aussi garder le silence qui accueille au-delà des mots, et toujours proposer la prière qui unit à Dieu à travers elle, attirant à Lui comme un aimant.

Le nombre des visiteurs ne cesse d'augmenter. Cinquante à soixante personnes par jour à la fin des années soixante-dix. Ce qui fait plus de cinq mille par an. On a estimé qu'elle a reçu dans sa vie environ cent mille visiteurs, en dehors de ses familiers. Recevoir soixante personnes en l'espace de dix heures exige une disponibilité à toute épreuve, une santé de fer. Le soir, Marthe est épuisée. Un jour, ce cri lui échappa, rapporté par le père Van der Borght, fondateur du Foyer de Tressaint :

« Oh ! les retraitants, je voudrais les voir tous dans le pré ! »

Mais le lendemain elle continuait à recevoir avec le même sourire, le même amour.

Il faut aussi une organisation minutieuse, avec des inscriptions préalables qui rebutent certains, comme Ephraïm, futur fondateur des communautés du Lion de Juda, qui faillit manquer là l'occasion de sa vie ; heureusement, Marthe veillait !

Soixante personnes par jour, cela signifie qu'on ne peut accorder plus de dix minutes en moyenne à chacune. Dix minutes, c'est vraiment le minimum ! Et comment refuser plus de temps à un évêque, à Jean Guitton (qui viendra quarante fois !) ou à Marcel Clément ?

Beaucoup de gens, riches ou pauvres, s'attardent. On est si bien avec Marthe ! Les retraitants arrivent de Châteauneuf en voiture par groupe de six. Après une plus ou moins longue attente dans la cuisine, chacun à son tour passe dans la chambre de Marthe, toujours obscure, ce qui déconcerte et impressionne les visiteurs sensibles et agace les simples curieux venus voir les stigmates.

D'abord, on ne voit rien. L'assistante qui vous introduit vous fait asseoir sur une chaise, placée au pied du divan. Enfin, on distingue la forme blanche de Marthe étendue, ou plutôt son visage. Elle vous met aussitôt à l'aise, elle accueille chaleureusement, elle écoute vos questions, auxquelles elle répond d'une voix claire et assurée, et c'est souvent inattendu.

Après sept minutes, l'assistante frappe discrètement à la porte, sans entrer. C'est le signal convenu : « Il ne vous reste que trois minutes. » Marthe ne tient pas toujours compte de ces avertissements, elle demeure totalement disponible ; mais elle est aussi obéissante et sait que d'autres personnes attendent ; si elle s'attarde trop avec l'une, la file d'attente va passer de cinq à dix.

Elle souffre d'autant plus de ces horaires contraignants que c'est souvent au moment où l'assistante fait le premier appel que Marthe a invité son visiteur à prier avec elle.

Cette prière diffère selon les personnes. C'est souvent une « dizaine » de chapelet. « Alors, dit une retraitante, sa voix change, on a l'impression d'avoir une enfant près de soi [11]. »

Ou bien Marthe demande :

– Avez-vous une prière que vous aimez beaucoup ? »

Elle est toujours avide de l'entendre. Parfois aussi, un silence pesant écrase l'atmosphère. Le « courant » ne passe pas. Soit timidité du visiteur, soit ultime dérobade devant la découverte d'une vérité qui obligerait à changer radicalement sa vie. La prière reste alors le dernier recours. Le père Carré répond de même à ce problème lorsqu'il affronte des visiteurs qui se dérobent :

« Alors, si l'essentiel est soigneusement écarté, la tristesse me submerge. Je ne puis que prier. Seigneur, moi je ne fais pas de miracle, mais vous [12] ! »

Si de nombreux visiteurs n'ont pas de difficultés majeures et viennent seulement la voir par amitié et pour la remercier de ce que la retraite leur apporte, beaucoup d'autres souffrent de problèmes parfois insolubles, dans lesquels certains se sont mis par leur faute. Marthe ne condamne pas. La souffrance l'a ouverte à l'essentiel, l'amour qui est source de vie et de vérité.

« Elle m'a réconfortée, dit une retraitante de la Drôme. Elle était transparente de miséricorde, comme si elle disait : "Va, je ne te juge pas ; essaye de faire mieux !" Elle était très ouverte, avait l'esprit pratique et en même temps elle se laissait conduire par l'Esprit. Même quand on ne l'avait vue qu'une fois, on avait l'impression qu'elle vous connaissait comme une maman. Elle savait ce qu'est la souffrance [11]. »

Dix minutes écoulées, l'assistante frappe une seconde fois, un peu plus fort. Si le visiteur ne sort pas, elle intervient une troisième fois. Puis elle n'insiste plus, respectant alors la volonté de Marthe. Peut-être s'agit-il d'une véritable conversion, avec un « gros poisson », comme disait le curé d'Ars ; un être désemparé qu'il faut arracher aux griffes du Malin, pour Marthe un véritable combat qui n'est que la suite d'autres combats qu'elle mène, la nuit, contre le démon.

Elle a gardé quarante-cinq minutes la retraitante dont nous venons de parler. Lorsqu'elle sort, le cœur en paix, les traits illuminés, elle dit :

– J'étais heureuse ! Elle avait ri ! Je me suis rendu compte qu'on n'avait parlé que de moi. C'est vrai, on n'allait pas la voir parce que c'était une mystique, mais parce qu'elle écoutait. Elle ne faisait pas la morale. Elle cherchait à comprendre et à éclaircir nos attitudes.

Parfois, ce n'était pas facile. Elle gardera une heure cet officier de marine, le commandant Pettieu, un incroyant entré dans la chambre par simple curiosité en amenant à la ferme, dans sa voiture, une dame de ses amies. Marthe lui parle d'abord de la guerre, puis de sa vie de marin. A la fin, il accepte avec émotion de prier avec elle. En lui quelque chose s'est brisé, son cœur s'est ouvert.

Marthe s'adapte ainsi à ses visiteurs. « Elle était très gaie, ajoute la visiteuse de la Drôme. Un jour que je lui parlais d'une séance récréative que je préparais, elle m'a dit : “ Faites chanter les Magnanarelles * ! ” Et elle s'est mise à chanter ! »

Mais les périodes de récréation, de pause, de confidence sont de plus en plus rares. Quand les visiteurs sont partis, que la nuit est tombée, l'assistante entre dans la chambre. Elle éteint la veilleuse et ouvre les volets et la fenêtre pour que Marthe puisse respirer.

« Nous restions en silence, nous priions, précieux moment de vie de famille, raconte Françoise Degaud. Ou bien nous échangions des nouvelles du village, de nos familles. Marthe m'interrogeait sur tel livre dont on lui avait parlé ou que j'avais lu. Elle aimait plaisanter, raconter des histoires ; elle était gaie et nous riions de bon cœur. Elle parlait des récoltes : “ Vous avez vu les beaux champs de colza ? ” »

Mais elle ne pouvait plus les voir de sa fenêtre, comme autrefois, elle qui aimait la nature et la beauté des paysages.

« J'entends le vent, j'entends la pluie », disait-elle parfois avec un regret déchirant de ne pouvoir, comme les autres, courir dans le vent et offrir son visage à la pluie. A-t-elle jamais espéré, demandé pour elle un miracle, une guérison ? Elle ne l'a jamais dit, mais certaines paroles échappées peuvent le laisser entendre. A ce gamin de l'école de Saint-Bonnet qui la visite et lui demande imprudemment :

– On nous a dit que vous alliez venir nous voir à Saint-Bonnet !

– Petit coquin !

Un silence, que n'osent troubler les têtes bouclées penchées vers elle. Puis elle articule :

– Et si Dieu fait que ce soit possible ?

---

* Éleveurs de vers à soie.

N'est-il pas le maître de l'impossible [13] ?

Parfois, lorsque l'assistante est partie dîner, que le bruit des moteurs d'auto s'est tu dans la cour de la ferme, la chatte se glisse, silencieuse, par la fenêtre ouverte. Inquiète, elle flaire longuement sur les sièges les odeurs étrangères des visiteurs, puis, rassurée, elle saute sur le lit. Son regard mystérieux et interrogateur plonge dans les yeux éteints de cette étrange créature de paix qui ressemble si peu aux autres humains agités et bruyants.

Après le dîner, les assistantes retournent auprès de Marthe. La nuit va commencer pour elle, avec son cortège de souffrances, de peurs et d'angoisse. Alors, dépouillée du fragile rempart de ses amis, elle sera entièrement livrée.

Soudain, elle sursaute.

– Le père arrive ! dit-elle avec soulagement.

Personne n'a rien entendu. Puis monte le bruit du moteur ; le père Finet stoppe sa voiture dans la cour.

Il arrive quand il peut, souvent tard après une journée surchargée de conférences, de confessions, d'accueil de toutes sortes et de tant de soucis qu'il laisse toujours de côté pour aider, réconforter quelqu'un qu'il sent en état de détresse.

Discrètement, les assistantes se retirent.

« Au bout d'un moment plus ou moins long, le père nous rappelait. Lorsqu'il ne donnait pas la communion à Marthe, nous priions avec eux. Puis nous sortions tous. »

Le père le dernier. Il ferme alors la chambre à clé. Marthe elle-même l'a demandé, parce qu'elle est absolument sans défense. « Je ne pourrais même pas me défendre contre une mouche », disait-elle.

Mais à quoi servira la serrure contre Celui qui s'est donné à tâche de la tourmenter ? Marthe, alors, entre dans sa nuit, lutte toujours recommencée.

Et monte à mon esprit ce que dit Moïse, quand il donna la nouvelle loi aux Juifs : « Aaron mettra sur la tête du bouc toutes les iniquités des enfants d'Israël et l'enverra au désert. Et le bouc portera toutes les iniquités dans une terre inhabitable. Puis on laissera le bouc dans le désert [14]. »

12

TÉMOIGNAGES

Malgré la crise religieuse et la profonde mutation des consciences, l'œuvre des Foyers de charité poursuivait son expansion. Après le concile, véritable « Pentecôte d'amour » que Marthe Robin avait annoncée et que vivaient et faisaient vivre les Foyers, un nouvel élan était donné, la consécration de leur rôle, ces Foyers où l'unité entre les membres, l'ouverture aux autres et la prière communautaire rendaient si proche l'Évangile. Ainsi s'étendait la mission de Marthe, soutenue par son sacrifice et sa prière.

En ces années 1960-1970, les visites continuaient de plus en plus nombreuses, mais peu de choses avaient changé aux Moïlles.

« Je me souviens d'une arrivée dans la cour de la ferme, entre un jardin fleuri et un pigeonnier, raconte le journaliste Luc Baresta. Nous attendîmes dans la cuisine. Une femme tricotait près du vaisselier. Elle nous introduisit dans la " chambre noire ". Après quelques minutes, on pressentait une forme pâle et prostrée. De cette présence devinée, baignée de nuit, surgit une voix claire et robuste, surprenante, une voix de jeune fille [1]. »

Marthe s'efforçait toujours d'arracher ses visiteurs à leurs problèmes en les orientant vers les autres. « Restons bien vaillantes, disait-elle, et prions l'une pour l'autre. »

La prière demeurait la base de sa vie. Lorsqu'elle était seule (donc surtout la nuit), Marthe priait sans arrêt. Quand elle invitait ses visiteurs à prier avec elle, ce n'était pas pour meubler le silence, mais parce qu'elle croyait à la mutation que la prière réalise dans les cœurs. Les visiteurs le comprenaient, même s'ils auraient préféré parler, ou l'écouter, dans le trop bref laps de temps qui leur était accordé.

Elle aimait parler doucement, lentement, d'une voix grave et ferme. A ceux confrontés à de lourdes épreuves ou des difficultés insurmontables, elle disait :

– Je vous prends dans ma prière.

Certains étaient déçus. « Elle ne m'a rien révélé d'extraordinaire ! » Sans doute en attendaient-ils trop dans l'ordre temporel, alors qu'elle allait à l'essentiel, que trop souvent on ignore. Elle ne disait pas « je prie pour vous », mais « je prie avec vous ». Invitation discrète à s'engager dans le chemin où elle ne pouvait avancer à votre place. Et pourtant, elle demeurait réaliste, ancrée dans la vie pratique.

« Ses états mystiques ne l'éloignaient pas des petites contingences matérielles, témoigne une Drômoise. A des candidates au bachot venues la visiter, elle conseillait de ne pas oublier de prendre un bon café [2] ! » Et elle le disait joyeusement !

Tous ses visiteurs ont remarqué que malgré ses souffrances elle n'était jamais triste. Au contraire, son visage resplendissait d'une joie intérieure. « Ah ! qu'on a ri ensemble ! » dira l'un de ses visiteurs familiers, le père Talvas, fondateur du Nid, qui témoigne de « la réceptivité immense de cette âme avide [3] ».

Marie-Claude Mollard, ancienne élève de l'école du Foyer de Châteauneuf, parle de « son petit rire, clair, joyeux, céleste que j'entends encore résonner dans mon cœur ». Et de ses charismes : « Nous repartions regonflés, heureux et pleins d'une richesse intérieure indescriptible. »

Non, elle n'était ni triste ni austère, tout au moins quand la souffrance lui laissait un répit, qu'elle mettait à profit pour recevoir. A Jean Guitton qui lui demandait de parler de sa jeunesse, elle répondit :

– J'ai de beaux souvenirs. J'ai toujours aimé rire. Encore maintenant j'aime beaucoup rire. Vous qui savez raconter, dites-moi des histoires pour me faire rire.

– Un évêque ayant appris la présence d'une sainte religieuse se précipite au couvent : « Je viens voir la sainte. » Et la portière humblement répond : « C'est moi, Monseigneur [4]. »

Marthe rit aux éclats. Puis elle se tait. Elle « entre dans le silence ». Alors, « que celui qui a des oreilles pour entendre, entende » ! Ce silence de Marthe en a bouleversé, gêné, exaspéré, confondu, converti plus d'un ! « Il ne s'est rien passé ! »

déclare à la sortie de la ferme ce visiteur déçu. Sans doute n'était-il pas prêt. Ni assez près. Il est certain que ce que Marthe taisait était plus important que ce qu'elle avait à dire, femme silencieuse par vocation et par essence, comme tous les mystiques.

Alors, celui qui venait voir les stigmates de l'anorexique ne pouvait qu'être déçu. Je dirais même confondu. Mais qui sait ? Qui sait les cheminements d'un silence dans un cœur ? Marthe disait, mystérieusement : « Il y a un temps où ce serait trop tôt. »

Son secret, avec l'amour, demeurait l'ancrage spirituel en profondeur. Tout le petit monde un peu superstitieux de la campagne et du faubourg des villes ouvrières qui la visitait le savait parfaitement. Au début, Marthe elle-même ne refusait pas les signes qu'apportent les objets ; toute jeune, elle avait porté quantité de médailles. Puis sa spiritualité s'était intériorisée. Ainsi, à Marcel Clément, tout heureux de lui montrer une relique de saint Pie X, nouvellement canonisé, elle répondit doucement :

– Moi, c'est dans le cœur que je l'ai, saint Pie X [5] !

Elle touchait au cœur, balayant l'accessoire, ce qui ramenait chaque situation au vrai problème. « En quelques phrases simples, avec sa voix si claire, elle me remettait dans la simplicité, dans l'amour, témoigne Bénédicte Mathonat. Elle me plongeait dans la miséricorde, purifiait mes repliements et m'invitait à voir plus grand [5]. »

Des quantités de visiteurs, surtout les jeunes, assurent que leur visite à Marthe a été « le moment le plus important de leur vie ».

Parfois, l'émotion est trop forte et les timides sont paralysés, muets. Alors, de sa voix claire, Marthe demande d'un ton espiègle :

– Y a-t-il quelqu'un ?

Question plus profonde qu'on ne l'imagine !

Elle conduit généralement la conversation ; et, comme le temps est toujours compté, elle la mène aussitôt à l'essentiel, comme ces journalistes à qui l'on impose de « faire court », et qui, à l'inverse des « littérateurs » débordants, donnent leur bref témoignage sans fioriture tout en laissant passer l'émotion et l'essentiel, le grand art ! De là vient sans doute la fameuse « simplicité » de Marthe. Il ne s'agissait pas de « passer le temps », de faire de la conversation mondaine, mais d'aller à l'essentiel : aider, aimer, amener à l'Amour, c'est-à-dire à Dieu, mais pas n'importe comment ; en donnant un témoignage d'amour qui ferait dire : « Comment n'y avais-je pas pensé plus tôt ? »

« Par elle, témoignent Bruno et Maÿlis Couillaud, nous avons entrevu et compris l'attente de Dieu : il nous attend et nous aime. Marthe nous montrait qu'il transfigure notre existence. Une eau vive, la présence du Christ en nous, plus forte, plus illuminative [5]. »

« De chez elle on sortait regonflé », dit Marie-Caroline Peillon, ancienne élève de l'école du Foyer. « Elle était proche de nous. J'éprouvais des sentiments de tendresse, j'étais transportée d'allégresse ! Comment dire ? C'est comme quand on a prié très fortement en groupe, ou quand on sort d'un très beau film. On se sent meilleur. On dit : C'est formidable qu'il existe des gens comme ça ! On voudrait faire partie de leur nombre. On a la paix en soi, on se sent le cœur plein de résolutions [6]. »

Marthe ne cherchait pas nécessairement des vocations pour les Foyers ou pour l'Église, bien que ce fût sa préoccupation constante. A une jeune fille de dix-huit ans, Clara Lejeune, qui hésitait entre le mariage et une vocation missionnaire, elle dit :

– A chaque âge on a sa vocation. La vôtre c'est d'être une jeune fille heureuse et non de courir le monde pour convertir, mais d'être dans votre famille et auprès de vos amis quelqu'un qui apporte la joie [7].

« Simplicité » et « joie », les deux mots clé de la « psychothérapie » de la Plaine. Une des différences entre Freud et Marthe est que le premier disposait de tout son temps et ne prenait à prix d'or que quelques « clients » sélectionnés, alors que Marthe n'avait que très peu de temps et recevait bénévolement un nombre considérable de visiteurs.

Beaucoup sont tendus, paralysés et n'osent parler. « J'étais si émue que je pouvais à peine articuler une parole », raconte Isabelle Boutet, qui a alors ce mot étonnant que seule une femme pouvait dire : « Respectant mon silence, elle se taisait, et j'ai compris que, dans son silence, elle priait. »

Une autre familière de Marthe, Marie-Catherine d'Hausen, également journaliste à *l'Homme nouveau*, a confirmé que « même en parlant elle ne cessait de prier et d'offrir [5] ».

Au moment de la quitter, Isabelle, qui croit avoir « raté sa visite », craque sur un simple mot de Marthe, qui la remercie d'être venue. Des larmes « venues d'ailleurs » ont fait céder en elle tous les blocages. Il lui avait suffi de se mettre dans la prière de Marthe pour ouvrir son cœur à la grâce que Marthe demandait pour elle.

C'est cela le miracle de la Plaine, non dans les prédictions que certains attendaient, ou quelque réponse miracle à des problèmes compliqués. « Je ne suis pas une sorcière ! », disait Marthe. Le miracle est ailleurs : « Il fallait savoir écouter ces mots simples, d'allure presque banale, avec toute son âme », dit encore M. C. d'Hausen. Alors, le sens d'un mot ordinaire éclatait, on reprenait confiance. Que s'était-il passé au juste ? Marthe avait pris sur elle dans sa prière tous les poids qui accablent.

« Dans la pénombre de sa chambre elle a vu ma grande misère profonde, témoigne Mme Vially. Elle m'invitait à lui écrire. Que de grâces j'ai reçues ! J'ai été envahie d'une immense douceur qui me remplit d'amour et de lumière, un bonheur qui dépasse l'entendement ; je m'élançais vers Dieu et vers les autres, à qui j'aurais voulu tout donner. Marthe a enfanté mon âme, elle est ma mère spirituelle, c'est une aventure extraordinaire [8]. »

Une infirmière en service de réanimation des nourrissons, lui ayant dit qu'il en mourait beaucoup malgré les soins intensifs, la couveuse, l'oxygène, les piqûres, Marthe s'écria :

– Mais il faut les caresser, ils en ont besoin, ces tout-petits [9] !

Sa sollicitude passait des enfants aux personnes âgées :

« Les vieillards, c'est la réserve de contemplation du monde, disait-elle à une autre infirmière. Ils prient pour les jeunes qui ne prient plus [10]. »

On reste émerveillé et étonné que cette humble paysanne jamais sortie de sa ferme ait pu si profondément aider, éclairer, une telle multitude de gens aussi différents. Mais l'amour n'est-il pas le plus puissant moyen de connaissance ?

« Je lui dois l'orientation de toute ma vie après ma conversion, dit Mme Thérèse Villard, de Lyon. Marthe a été pour moi un guide sûr, rempli de l'esprit de Dieu. Ses conseils étaient pleins de sagesse et de clairvoyance. Très simple et très humaine, elle s'intéressait profondément à tout ce qu'on lui disait. Puis, à un certain moment, on la sentait recueillie en Dieu à qui elle confiait tout ce qu'on venait de lui dire [11]. »

L'abbé Raymond Peyret analyse ainsi ce phénomène : « Elle avait un don de clairvoyance pour lire au fond d'une âme ou donner un conseil, surprenant pour une personne qui n'a pas étudié. D'autres fois, sans qu'elle ne dise rien d'extraordinaire, c'était le visiteur qui, pendant qu'elle parlait, recevait une illumination intérieure, provoquant chez l'interlocuteur un engagement immédiat à redresser sa conduite [11]. »

La clé de Marthe est bien là. Sa parole est simple, mais elle l'est à la perfection, mélange de bon sens paysan et de foi vécue, orientant vers l'oubli de soi et l'amour. Quoi ? direz-vous. Quoi de plus que l'honnête homélie d'un curé de campagne ? Elle avait le charisme, comme le curé d'Ars ou le padre Pio, autres gens simples mais illuminés par la foi. Foi contagieuse qui fait que les paroles simples pénètrent dans les cœurs, y prenant le relief des paroles de vie. Tout, alors, devient possible, et la conversion s'opère mystérieusement dans les âmes de bonne volonté.

Marthe mystique et missionnaire, ces deux mots la caractérisaient. Elle puisait sa force étonnante dans la prière et la contemplation. Et cette force elle la redéployait par amour au service du monde. C'est en ce sens qu'elle était « missionnaire ». Elle-même le disait à un professeur du Foyer qui souhaitait partir en mission :

– Le Foyer ou la mission, c'est toujours la mission.

Elle faisait naître un courant d'amour qui, comme des ondes excentriques, se propageait de Châteauneuf vers les plus lointaines contrées du monde.

L'écrivain Marie Winowna, qui l'a vue en 1968, souligne cet esprit missionnaire : « J'avais l'intention de lui demander conseil, et voici que la voix claire, si jeune, m'interpelle :

– Parlez-moi des églises du silence.

« Je tombe des nues. Ne suis-je pas venue pour écouter, et non pour parler ? Je ne m'attendais pas à des miracles, mais la proximité de cet être diaphane, dans la nuit indicible, me comble. »

L'entretien dure une heure. « Le père Finet, si prompt à abréger les entrevues intempestives, ne bouge pas. Ce qui me frappe chez Marthe, c'est son intelligence, l'à-propos de ses questions. Comme je l'aimais, avec cette curiosité d'en savoir vite le plus possible ! Curiosité humaine, mais irradiée de science infuse. »

Cependant, Marie comprend vite que ce n'est pas chez Marthe une vaine curiosité.

« Elle voulait profiter de la présence de quelqu'un au courant de ce qui se passe " là-bas " pour convertir le moindre détail en prière d'intercession. Elle se faisait répéter les noms difficilement prononçables. Adieu mes affaires personnelles ! Dès le début, Marthe m'avait mise à un niveau autrement vital, celui de l'Église [12]. »

On l'a dit, Marthe détestait qu'on la prenne pour une voyante, un de ces êtres soi-disant « extralucides » qui vous lisent la « bonne aventure » dans la main. Qu'elle ait eu des éclairs de médium dans ses transes et des dons de prophétie, c'est certain, mais des milliers de personnes connaissent ces états, qui n'ont rien à voir avec la mystique.

Très souvent, Marthe reconnaissait son ignorance quand on l'interrogeait avec trop de précision sur telle maladie mystérieuse.

Parfois même elle se trompait. Mme Blaison, l'épouse très courageuse du commandant du sous-marin *Surcouf*, mystérieusement disparu dans l'Atlantique en 1942, me racontait que, quelques mois avant ce drame, elle avait rendu visite à Marthe et lui avait demandé de protéger son mari, dont elle n'avait aucune nouvelle dans la France occupée, puisque le *Surcouf* se battait sous les ordres du général de Gaulle. Et Marthe avait répondu, pour l'apaiser :

– Soyez tranquille. La Sainte Vierge veille sur lui. Elle peut aussi protéger les marins jusqu'au fond des mers !

Lorsque le *Surcouf* avait été porté disparu, la pauvre femme avait écrit à Marthe pour la supplier de lui dire si oui ou non son mari était encore en vie. Mais elle n'avait pas obtenu de réponse.

S'imaginer que Marthe ne connaissait pas des passages à vide, des doutes, des « nuits de l'esprit », serait une erreur. Là, elle était vraiment comme tout le monde, et comme le Christ qui, sur la croix, s'est cru abandonné de Dieu. Mais le charisme de Marthe était d'accepter ses limites avec confiance et humilité, tout en gardant cette espérance et cette foi qui étaient le secret de la joie qui rayonnait d'elle, malgré ses souffrances.

J'ai rencontré Yveline L., antiquaire parisienne bien connue, en mai 1990. Notre amie commune, Sibylle Billot, des Éditions Perrin, elle aussi fervente de Marthe Robin, nous avait présentés.

« Je suis allée pour la première fois à Châteauneuf en 1953, me dit Yveline. A cette époque, j'étais tourmentée par un grave problème qui étouffait ma vie. Une dame inconnue, rencontrée au cours d'un dîner, m'avait incitée à m'inscrire à une retraite :

– Si le curé d'Ars était encore de ce monde, vous iriez sûrement le voir. Alors, allez voir Marthe !

« Le visage de cette dame rayonnait tellement que je lui ai fait confiance ; mais j'ai dû m'y reprendre à deux fois pour être acceptée à la retraite du père Finet. Déjà à cette époque on s'y bousculait.

« Pour Marthe, on m'avait dit : “ Un quart d'heure, pas plus. ” J'y suis restée plus d'une heure !

« Quand je l'ai quittée, je n'avais plus de problème. Elle avait tout ramené à ses justes proportions. Je me sentais tellement légère, libérée, joyeuse, que j'ai coupé à travers champs en dansant et en chantant. Marthe avait pris mon mal. Elle l'avait pris sur elle.

– Et la retraite du père Finet ?

– Extraordinaire. Cet homme, qui était la voix de Marthe, possédait un don admirable pour convertir, retourner. Il était irrésistible.

– Que voulez-vous dire ?

– Le père Finet a été le complément de Marthe choisi par Dieu. Marthe le portait dans sa passion, d'où leur charisme si efficace qui attirait les foules à Châteauneuf. J'en ai été témoin, puisque je suis revenue une dizaine de fois, amenant toujours ce qu'on appelle des « pécheurs endurcis », parfois dix et jusqu'à quinze. Le père disait en riant : “ Voilà la brochette d'Yveline ! ”

« Le père Finet était un “ père-mère ”. Tendre comme une maman, il agissait aussi comme un père pour remettre fermement les cœurs à l'endroit. C'était bouleversant. Son union avec Marthe était totale. Quand je sortais de chez Marthe et qu'une heure plus tard (on redescendait à pied) j'arrivais à la conférence, j'entendais le père finir la dernière phrase que Marthe m'avait dite. C'étaient des retraites de choc ! Amenés presque de force, les gens revenaient convertis.

– Avec Marthe, vous parliez de quoi ?

– De tout. Elle demandait qu'on lui raconte la vie, notre vie. Elle entrait dedans de plain-pied. Elle aimait la vie ; elle adorait les enfants, qui grimpaient sur son lit pour l'embrasser. Elle aimait rire et son rire résonnait, merveilleux, dans l'obscurité de la chambre. Mais ce n'est pas son rire qui m'a le plus impressionnée. C'est le silence. Des silences chargés de surnaturel coupaient nos dialogues. C'était divin.

– Il y avait beaucoup de conversions à Châteauneuf ?

– Oui. Et c'est plus significatif que les miracles que l'on attribue à Marthe. La conversion, c'est le miracle par excellence. Elle fait éclater l'esprit et le cœur. On ne peut plus rester silencieux tant la joie éclate. J'ai connu une femme qui travaillait à l'agence Opera Mundi, où elle faisait des bandes dessinées. Je l'ai tellement harcelée qu'à la fin, pour se débarrasser de moi, elle a accepté de venir à Châteauneuf. Elle en est ressortie pour entrer au Carmel de la Fontaine, dont elle est aujourd'hui la prieure.

– Avez-vous vu de vrais miracles ?

– Cela ne vous suffit pas ? J'ai vu aussi la broderie que Marthe disait tissée par la Vierge et qu'on appliquait aux malades. J'ai vu un mouchoir avec l'empreinte du visage sanglant de Marthe pendant sa passion, comme le voile du Christ de sainte Véronique. On dit que c'est la Vierge elle-même qui l'avait posé sur son visage. Mais de tout cela, le Foyer ne veut pas parler ; l'Église n'aime pas les miracles ! Pour elle, il n'y a qu'un miracle qui tienne : la conversion du cœur. Et c'est là où Marthe excellait. »

Un membre du Foyer de Courset (Pas-de-Calais) nous dit : « Entièrement disponible à son interlocuteur, Marthe avait une relation qui le faisait exister, cherchant le point par où elle pouvait lui faire comprendre qu'il était aimé, et le provoquer à grandir par la réponse à cet amour [13]. »

L'abbé Terny, père du même Foyer, complète ce portrait : « Ce qui m'a séduit en Marthe c'est son équilibre, son bon sens, son humilité. Elle était une femme au sens propre du mot, très féminine, équilibrée, aux réparties savoureuses de justesse et d'humour, qui savait sourire, taquiner, comprendre, attendre, et qui mettait l'accent sur les réalités fondamentales. Son humilité était si grande que rarement elle vous donnait des conseils. " Moi je prie ", disait-elle. Quand elle n'approuvait pas, elle se taisait. Toujours elle nous apaisait, nous mettait sur la voie et disait : " Réfléchissez. " Aux retraitants elle demandait de faire " leur petit possible " : redécouvrir la doctrine chrétienne et se mettre à l'écoute du Seigneur dans le silence, en vue d'être missionnaires. Elle comptait que Dieu mette le feu au cœur de l'homme, grâce à l'oraison. Elle disait : " Une journée sans oraison est comme un soleil qui ne se lève pas [14]. " »

Marthe était très affectueuse. A la fin de sa visite, une religieuse se mit à genoux et se pencha vers le sol.

– Mais que faites-vous, ma sœur ? demanda Marthe.

– J'embrasse le plancher de votre chambre, parce que la Sainte Vierge y vient souvent !

– Allons ! Venez plutôt m'embrasser moi [15] !

Sa « méthode » (si on peut employer ce mot) était toujours dictée par l'amour et non par la morale. Elle croyait en la victoire de l'amour et pensait qu'il transcendait même les cas les plus difficiles : aime et fais ce que tu veux. Un jour, elle reçut un couple d'amants, chacun marié de son côté. Et ils le dirent avec franchise. Une autre que Marthe eût été bien ennuyée, prise entre la morale traditionnelle et la charité. Elle leur demanda simplement :

– Vous vous aimez ?

– Oui.

– Vous avez raison, car l'amour est de Dieu.

Pas d'autres paroles ne furent prononcées. Mais en quittant la Plaine ils étaient bouleversés. Ils eurent la force de se séparer et de retourner dans leur foyer respectif [16].

Pour compléter ces « portraits » pris sur le vif, voici un témoignage exceptionnel, celui du philosophe Jean Guitton [17]. Normalien, agrégé de philosophie, professeur à la Sorbonne, il a publié ses observations dans un *Portrait de Marthe Robin*, document irremplaçable pour qui veut tenter de comprendre la stigmatisée de Châteauneuf-de-Galaure.

Au début, il se méfiait de Marthe Robin.

« J'ai eu d'abord une opinion confuse, pleine de soupçons. Dans ma province, j'avais entendu parler d'elle avant la guerre ; j'étais en défiance. »

Mais pendant la guerre, prisonnier en Allemagne, il entendit son cousin Claude Staron répéter :

– Ma femme Élisabeth connaît une fille qui lui a dit que je ne crèverai pas ici, que nous ne crèverons pas en Allemagne !

Libéré en 1945, Jean Guitton revit ses cousins. Élisabeth lui suggéra alors d'aller voir Marthe Robin. Mais, à sa grande surprise, le philosophe ne réussit pas à obtenir un rendez-vous. « La citadelle était gardée par un cerbère, le père Finet, qui jugea ma présence indésirable. »

Il renonça.

« Chose paradoxale, nous dit-il, ce fut l'esprit le plus critique et le plus négateur de ce temps (il niait l'existence historique de Jésus), le docteur Paul-Louis Couchoud, qui m'introduisit chez Marthe. Il était devenu son confident ! « Je la tiens, m'écrivait-il en 1956, pour une intelligence lumineuse, au centre d'une expérience privilégiée et d'un ineffable sacrifice. »

Alors Jean Guitton se décida et mit en jeu ses relations. Grâce à la recommandation de l'évêque de Valence, il fut enfin accepté aux Moïlles.

« Je m'étais promis de résister à l'admiration, de repousser le merveilleux, de me borner au minimum. Je pratiquais ce que Descartes appelle " le doute méthodique ", ce que Pascal conseille lorsqu'il nous dit de commencer par la négation. C'est la voie de la prudence, celle que Marthe la paysanne s'appliquait à elle-même. »

Après une longue attente, il est introduit dans « la chambre noire, profonde, inodore * et mystérieuse ». Après avoir été « aveuglé par les ténèbres », il se laisse prendre par la voix qui lui parle. « Marthe était tout entière, seulement, uniquement, une voix. Sous cette voix, l'on devinait peu à peu, dans le noir de sa chambre, une face exténuée, lunaire. »

Pendant vingt-cinq ans, Marthe ne sera pour lui qu'un murmure, une voix, « une voix dans la nuit, voix surprenante de souplesse, de variété, de tendresse latente, de douceur et de vigueur ».

Mais soudain, cette voix chétive prenait du volume.

---

* Frère Ephraïm note : « Personnellement, j'ai chaque fois été saisi par l'odeur du sang, mais tous les sens se réunissaient, happés par une présence, par le son flûté qui sortait de sa bouche [18]. »

« Elle devenait forte, capable de remplir toute la chambre. C'est alors que Marthe donnait un conseil jugé par elle important, qu'elle fixait un axe de route, qu'elle disait sa pitié, son espérance, avec une autorité sans réplique. Il semblait que la petite Marthe était devenue autre chose qu'elle-même, qu'elle était habitée par une seconde Marthe, inspirée celle-là. Puis elle revenait à sa voix première, gentille, douce et confidentielle. »

Jean Guitton et Marthe Robin se verront longuement, et très souvent, « quarante heures en vingt-cinq ans », nous dit le philosophe.

Au début, elle était un peu décontenancée par ses questions métaphysiques, intimidée aussi par le personnage, ses hautes relations dans l'Église et jusqu'au Vatican *. Puis une familiarité tissée d'affection fraternelle se noua entre eux.

Elle lui disait d'ailleurs tout ce qu'elle pensait. Lorsqu'en 1961 il lui annonça qu'il posait sa candidature à l'Académie française **, elle demeura perplexe puis elle lui dit avec sérieux :

– Moi, j'aimerais bien être membre de l'Académie française. Pourtant, je ne crois pas qu'on arrive au ciel dans un fauteuil.

Elle s'aventura même à donner au grand écrivain des conseils sur l'écriture !

– Vous ne devez pas chercher à bien écrire, à faire de l'éloquence. L'éloquence, c'est tout différent de la parole. L'éloquence, c'est humain, la parole c'est divin. Pour bien écrire, pour bien parler, vous n'avez qu'une chose à faire : être absolument vous-même.

Mais elle n'osa jamais lui dire ce qu'elle dira à Marcel Clément venu lui demander conseil pour se sortir de la difficulté d'écrire :

– Votre livre, vous ne l'avez pas assez souffert [5] !

Jean Guitton, quant à lui, homme tourmenté, parfois angoissé, avait plutôt besoin de paix et de détachement.

Finalement, a-t-elle apporté la paix au philosophe éternellement préoccupé par les questions sans réponse ?

« Je dirais qu'elle m'enlevait l'angoisse pour ne laisser que l'attention ; le tourment pour ne laisser que la peine ; le

---

* Premier observateur laïc au concile à l'invitation de Jean XXIII.

** Où il sera brillamment élu le 8 juin ; plus tard directeur de l'Académie.

tremblement pour ne laisser que la sensibilité ; et cette passion qui est toujours mêlée à nos amours, elle l'enlevait pour ne me laisser que l'amour. »

« Pendant vingt-cinq ans, a-t-il écrit dans un éditorial bouleversant du *Figaro*, j'ai fréquenté cette femme inconnue, unique. Je sens le devoir d'apporter mon témoignage, à la fois pour la science et pour la religion. Volontiers j'aurais dit, comme l'ami de Goethe, Clemens Brentano, auprès de Catherine Emmerich : " Être assis auprès d'elle était le plus beau siège du monde. "

« Marthe était si merveilleusement attentive, intuitive, encourageante, enthousiaste, parlant avec pertinence des choses les plus hautes et les plus communes, gentille et grave, enjouée, spirituelle en tous les sens du mot. Elle s'exprimait dans une langue pure où les mots étaient pris au sens plein. De Pie XII elle me disait : " Il est si transparent. Il est déjà tout. " C'est elle qui était transparente, présente à tout et à tous, parce qu'elle était transformée en compassion.

« Ce que je trouvais de plus merveilleux en elle, c'est ce détachement du merveilleux qui l'assiégeait. Elle était gaie, joyeuse, douloureuse, non doloriste, jaillissante, ressuscitante, agonisante et toute douce, toute vive. On lui apportait de tous les coins de l'horizon des problèmes, parfois insolubles. Elle ne donnait que des solutions. »

N'hésitons pas à l'écrire : la rencontre de Marthe Robin et de Jean Guitton est un événement; nous ne dirons pas « providentiel », mais plutôt « inévitable ». Qu'un homme aussi remarquable que le père Pagnoux, fondateur du Foyer de Dakar, écrive : « J'ai eu la grâce d'assister à certaines de leurs rencontres », le confirme. Il ajoutait :

« Ils conversaient sur le monde, l'Église, et notamment sur les décisions importantes de Paul VI au concile. Dans la mesure où Jean Guitton connaissait bien Paul VI, Marthe le mettait au courant de sa prière. Elle lui avait demandé de dire au pape qu'il fallait à tout prix que Marie soit mère de l'Église [19]. »

« Marthe m'a fait réfléchir sur l'essence du christianisme, me disait récemment le philosophe. Elle pétrissait la philosophie en profondeur, en limpidité. »

Les témoignages des prêtres et religieux ne sont pas moins précieux. Marthe les touchait car elle possédait un esprit sacerdotal. Ancien prêtre des Missions étrangères, depuis trente-quatre ans au Japon, le père Quennouelle, qui a fondé un Foyer de charité dans la région d'Ozaka, revenait périodiquement se ressourcer auprès de Marthe, qui témoignait d'une étonnante connaissance des pays les plus lointains :

– Il faudra que l'on fonde aux Philippines, en Corée, à Formose, en Indonésie, disait-elle en 1979.

– Et à Hong-Kong, ajoutait le père.

– Non. Pas maintenant. C'est trop tôt.

« Elle avait une grâce pour ces temps, et elle dépasse l'entendement. Certains de ses textes sont bouleversants. Marthe, c'est vraiment le mystère de la Croix, c'est le Christ crucifié, c'est l'amour de Dieu. Elle est un géant et en même temps une mère, une maternité de l'Église. En l'approchant, nous sentions le besoin de nous confier à elle, comme un enfant à sa mère. Telle est la vocation extraordinaire de cette femme. Elle était très humaine, elle savait rire. En même temps elle passait par des épreuves. On y reconnaissait alors la violence de l'Amour. Marthe était le feu ; si on touchait à l'œuvre de Jésus, elle manifestait la violence des prophètes et maniait le glaive [20]. »

« Marthe Robin connaît vitalement la réalité du sacerdoce des fidèles, souligne le cardinal Decourtray. Son sacerdoce la brûle, comme les charbons ardents qui brûlent les lèvres des fidèles. Il palpite en elle comme le cœur qui bat dans la poitrine du Seigneur. Il l'ensanglante, comme un agneau égorgé, comme le Crucifié. C'est une offrande, l'offrande totale de ce qu'elle est ; c'est une intercession en acte, pour le salut des âmes, en réponse à l'Amour infini. " Je n'ai qu'un désir, disait Marthe : sauver les âmes en aimant toujours davantage [21]. " »

Marthe recevait beaucoup de prêtres. Et de futurs prêtres, dont elle disait que dans sa prière elle « les portait et les emportait ».

« Je restai ébahi en entendant cette paysanne tenir un langage que n'aurait pas désavoué un supérieur de grand séminaire, avoue le chanoine Bérardier, de Saint-Étienne. Ses vues vous confondent, par exemple sur la manière de confesser les enfants, sur les attaches du péché qu'il faut rompre, même les plus ténues, parce que parfois ce sont elles qui retiennent davantage. » Et tout cela dit avec une extrême délicatesse. Marthe s'excuse à chaque instant de tenir un tel langage, surtout devant un prêtre, « elle qui n'est qu'une pauvre paysanne ».

Comme toujours avec Marthe, la visite s'achevait par la prière, sa « force de frappe » véritable. Et le chanoine Bérardier conclut : « Je viens de voir le surnaturel. Après avoir prié avec elle, j'avais l'impression que je venais de prier avec Bernadette. La petite voyante de Lourdes devait prier comme cela [22]. »

Aussi son impact sur les jeunes était considérable. « Si je suis prêtre aujourd'hui, témoigne un ecclésiastique de la génération sacrifiée des séminaristes de mai 1968, je le dois en grande partie à la prière et à l'offrande de Marthe, que je vis en février 1970. Elle m'a dit seulement : " Abandonnez-vous au Seigneur. " Je compris finalement que c'était bien au sacerdoce que j'étais appelé. La paix et la joie envahirent mon cœur et ne m'ont jamais quitté. Le sacrifice de Marthe l'avait emporté sur toutes les puissances des ténèbres [23]. »

L'abbé Peyret, prêtre à Valence, souligne : « Son expérience nous a plus instruits que maintes leçons magistrales entendues au séminaire. Pour nous, l'existence de Marthe Robin est un appel. Tous ceux d'entre nous qui l'ont rencontrée n'oublieront jamais sa recommandation essentielle : " Soyez saints, allez vers les autres, mais ne quittez jamais la prière, quel que soit votre travail [24]. " »

La sainteté des prêtres était son souci constant. « J'aimerais mieux qu'on convertisse leur cœur plutôt qu'on fasse tourner le soleil ! » dit-elle à Jean Daujat. Combien de prêtres lui doivent leur vocation ? Leur fidélité à leurs vœux ? En la voyant subir la Passion, combien ont été bouleversés, retournés, convertis ?

C'est cette émotion qu'exprime Mgr Jean Chabbert qui, comme prêtre puis comme évêque, a visité Marthe une douzaine de fois :

« On se serait attendu à du merveilleux, en fait il n'en était rien. Marthe ne jouait pas à la sainte, même pas à l'accompagnatrice spirituelle. De temps en temps cependant, lorsque l'on parlait de Jésus ou de Marie, un jaillissement de lumière et d'amour traversait l'échange. Tout d'un coup, avec une grande discrétion, on avait l'impression que la terre s'entrouvrait pour laisser entrevoir la beauté de l'ineffable. Non qu'elle décrivit ce qu'elle voyait de l'invisible, mais elle laissait transparaître toute sa tendresse. On ne pouvait pas ne pas être saisi.

« Je n'hésiterai pas à dire que Marthe est du nombre des plus grands mystiques de notre temps. Mais je voudrais insister sur son amour de l'humanité. Elle portait le monde dans son offrande. Elle a su se situer au cœur de l'histoire des hommes et il est bien probable qu'elle en ait infléchi le cours [25]. »

J'ai rencontré à l'hôtellerie du monastère de la Coudre le père Chevaleyre, oratorien, actuellement aumônier général du mouvement Sève fondé par Marguerite Hoppenot, et aumônier général de l'association N.-D. de la Résurrection (veuves consacrées). Il était en 1958 « chef de maison » au collège Saint-Martin, à Pontoise, et aumônier scout de la troupe, lorsqu'il fut sollicité par la hiérarchie de l'Église de France pour être aumônier national des Scouts de France, un poste dont la responsabilité l'effraya un peu. Il avait donc différé sa réponse et demandé à consulter ses supérieurs de l'Oratoire. C'est alors que son ami, le Pr Émile Visseau, de Reims, l'un des commissaires nationaux des Scouts de France, lui dit :

– Venez avec moi faire votre retraite à Châteauneuf-de-Galaure. Cela vous éclairera.

Le père Chevaleyre entendait parler de Marthe Robin pour la première fois.

La retraite était prêchée par le père Finet. Il en fut ébloui.

« Il nous a parlé de l'Amour. C'est l'homme qui m'a dit les choses les plus belles sur l'amour, les plus étonnantes, aussi. Comment il fallait éduquer les enfants dans l'amour. Il les aimait véritablement, et les écoles de Châteauneuf les marquaient pour la vie. »

Puis, de Châteauneuf, le père Chevaleyre, tout naturellement, monta à la Plaine.

« On m'avait invité à voir Marthe, dix minutes pas plus. Comme j'attendais mon tour dans la cuisine, je vis sortir de la chambre le philosophe Jean Guitton ! Cela m'impressionna. Puis j'entrai dans la chambre obscure. Il était vingt-deux heures. Je me présentai à Marthe, je lui racontai brièvement ma vie, j'en vins enfin à l'offre qu'on me faisait : être l'un des guides spirituels des Scouts de France.

– Dois-je accepter ? Que me conseillez-vous ?
– Je vois, mon père. Vous avez peur.
Elle demeura silencieuse, puis elle murmura :
– C'est vrai, ils sont très nombreux et très exigeants, ces jeunes. Vous serez livré à eux.
Un nouveau silence, un peu angoissant. Puis la voix de Marthe, fraîche et ferme :
– Vous êtes oratorien ? Eh bien, au lieu de faire de l'ascèse dans votre cellule, vous serez livré aux jeunes. Saint Vincent de Paul disait : « Les pauvres sont nos maîtres. » Les jeunes seront vos maîtres ! Si vous les aimez, vous ne le regretterez pas.
Il se lève pour prendre congé. Il est bouleversé. Marthe dit avec force :
– Je prierai pour vous.
« C'est ainsi, me dit le père Chevaleyre, que je suis devenu aumônier national des Scouts de France, de 1958 à 1967. Je ne l'ai jamais regretté ; ce furent les meilleures années de ma vie. Lorsque j'ai revu Marthe, quelques années plus tard, je lui ai dit merci. Je me souviens, la campagne de Galaure était belle. Marthe, malgré l'obscurité qui l'entourait, sentait toute cette vie autour d'elle. Elle me dit :
– Quel superbe automne ! Les pommes seront belles, cette année !
Je demeurai tout étonné. Comment pouvait-elle savoir, sentir ?
Avant de prendre congé, elle me dit encore :
– Donnez-moi votre bénédiction, mon père. C'est si bon d'être prêtre !

Si Marthe était parfois intimidée avec les théologiens qui l'interrogeaient sur le dogme, elle se sentait en pleine union avec les religieux contemplatifs. Mon vieil ami dom Marie-Bernard de Terris, abbé de Lérins de 1958 à 1989, a rencontré Marthe en 1960, au cours d'une retraite sacerdotale, où soixante prêtres s'étaient réunis à Châteauneuf. Il y est retourné par la suite.
– Je voulais lui demander conseil à propos de l'accueil de notre monastère, situé dans une région touristique, la Côte d'Azur. C'était bien avant le concile. On ne recevait pas les femmes. Elles restaient à l'extérieur tandis que leur mari ou

leurs fils pouvaient assister aux offices. Marthe m'a encouragé à nous ouvrir à tous et à toutes, ce que j'ai fait : nous avons accueilli des couples à l'hôtellerie et à l'église. C'était une petite révolution, à l'époque ! Tous les monastères le font, aujourd'hui. Marthe pensait qu'il fallait faire tomber les barrières pour accueillir. Elle était encouragement et plénitude.

– Qu'est-ce qui vous portait à lui faire confiance ?

– Elle était dans la vie. Elle n'était pas une illuminée au sens péjoratif du terme, bien qu'elle fût illuminée en profondeur. Je venais de prendre la communauté, c'était lourd ; ancien cellérier *, puis prieur de l'abbaye de Rougemont, au Canada, je n'étais pas spécialement préparé à la fonction abbatiale, qui est toute de paternité, d'ouverture à l'Esprit. Marthe m'a dit alors : « Il faut former d'abord des hommes ; le Saint-Esprit donnera le reste. »

– Que pensiez-vous des épreuves physiques de Marthe ?

– La souffrance n'est pas normale. Mais c'est le plan de Dieu. Marthe disait que Dieu est toujours là, surtout dans la souffrance, qui ouvre à la découverte spirituelle. Lorsqu'elle parlait de Dieu, Marthe restait pleinement naturelle, profondément humaine, nullement désincarnée. D'ailleurs, elle parlait peu. Sa voix était celle d'une enfant. Elle était restée une enfant dans le cœur, comme l'Évangile nous demande de le redevenir [26].

Dom Marie-Bernard de Terris avait connu Marthe par son prieur, le père Joseph Jarosson, aujourd'hui prieur de Sénanque. Celui-ci a rencontré Marthe cinq fois entre 1962 et 1978. Originaire de Lyon, sa famille connaissait le père Finet, d'où l'intérêt du témoignage qu'il me donne. Il montre que les religieux contemplatifs venaient interroger Marthe à l'occasion d'une retraite à Châteauneuf, à la fois sur leur vie spirituelle personnelle et sur les difficultés de leur communauté.

« Lérins est aujourd'hui une abbaye prospère, mais elle a connu, comme la plupart des communautés contemplatives, une crise des vocations dans les années soixante. A tel point qu'en 1969 les moines de cette congrégation cistercienne (qui compte notamment Sénanque et Lérins) durent envisager de fusionner. Ils pensaient alors se regrouper à

* Moine chargé des questions matérielles, de l'économat.

Sénanque et fermer Lérins. Marthe n'arrivait pas à accepter que l'on ferme une " maison de Dieu ". Pour sa part, le père Finet ne voulait pas entendre parler de fermer Lérins, la plus ancienne abbaye de France après Saint-Martin-de-Ligugé (410). Il me disait :

« Lérins ne vous appartient pas. C'est à Pierre !

« Marthe acquiesça enfin avec résignation à la fermeture provisoire de Sénanque *, mais elle insista sur la nécessité de prier pour obtenir la lumière et savoir comment renaître avec des vocations nouvelles. En 1977, le monastère de Lérins était reparti et comptait une dizaine de jeunes novices. Joyeuse, Marthe me dit :

« L'arrivée des novices a renouvelé les moines qui s'étaient un peu endormis dans leur passé. Cela les oblige à retrouver leur ferveur première. Aujourd'hui, le monastère est d'une autre envergure et d'une autre qualité. C'est une grande joie que les novices. »

Finalement, Marthe demeurait dans l'ombre, et le seul conseil vraiment profond qu'elle avait donné était qu' « il fallait prier personnellement pour obtenir la lumière et savoir comment renaître ».

Ce qui ramenait les moines à eux-mêmes, c'est-à-dire à Dieu. Conseil valable pour toute communauté en déclin. Le déclin vient de la séparation de Dieu par manque de ferveur dans la prière personnelle.

Mais comment s'y prendre ? Le père Joseph me dit :

« Comme je lui faisais part de quelques difficultés de vie intérieure, elle m'a conseillé de " ne pas ramasser les brindilles " et de me méfier d'un excès de scrupules (elle a dit de " délicatesse "). " Allez de l'avant ! "

« Puis, se référant à Jésus crucifié, elle m'a dit :

« – Il faut être consumé et consommé. Beaucoup, aujourd'hui, recherchent Jésus glorieux, mais non plus Jésus crucifié.

« Comme je lui demandais comment obtenir la grâce de la contrition parfaite **, elle s'écria :

« – Ah ! c'est la grâce des grâces !

---

* Le monastère a retrouvé en 1989 une communauté cistercienne fervente, issue de Lérins.

** Le sacrement de pénitence est subordonné dans ses effets à la contrition parfaite, c'est-à-dire à l'aveu sincère des fautes et à la ferme résolution de ne plus y succomber. *(Note de l'auteur.)*

« Puis, après un silence, elle ajouta :
« – Mais Jésus n'a pas demandé cela à Pierre. Il lui a dit seulement : “ M'aimes-tu ? ” »

Passons des cisterciens aux carmélites. Sœur Chantal de la Croix m'a raconté son étrange conversion :

« Dire comment j'ai connu Marthe, c'est dire comment je T'ai rencontré, Toi, ou plutôt comment Tu m'as attirée vers Toi pour Te donner à moi et tout me donner en Toi, Jésus !

« C'était en 1957. J'avais alors vingt-huit ans. J'avais goûté à beaucoup de choses, à beaucoup de plaisirs. J'avais aimé passionnément. J'avais aussi beaucoup souffert et même tenté de me suicider. Mais tout m'avait laissé un goût de vide et il me fallait désormais quelque chose de plus fort que le simple amour humain, de plus fort que la mort. Je voulais savoir, enfin, si Dieu existait.

« J'avais entendu dire que ma cousine, Yveline L. *, avait été retournée par la rencontre d'une paysanne mystique, clouée sur son lit dans la Drôme. Une vraie sainte. Quelque chose, au fond de moi, m'attirait vers cette femme, je ne savais pourquoi. Toi, mon Dieu, Tu me cherchais, mais je ne le comprenais pas encore.

« Par l'intermédiaire d'Yveline, je m'inscrivis à une retraite à Châteauneuf. Le deuxième jour de la retraite, j'allais me confesser, ce que je n'avais pas fait depuis plusieurs années, ayant abandonné toute pratique religieuse. Je le fis sincèrement (j'avais beaucoup de choses à dire), mais au lieu de me sentir libérée, je me sentis prise au piège : je “ rentrais dans l'ordre ”, je revenais parmi les “ bien-pensants ” que j'avais volontairement abandonnés et je n'en éprouvais aucune joie, aucun soulagement. N'était-ce que cela, la foi ? La communion du lendemain ne m'apaisa pas davantage.

« Ce même jour je devais voir Marthe. Mais à quoi bon, maintenant ? Que pouvait-elle m'apporter de plus ? J'y allais cependant. Lorsque j'entrai dans sa petite chambre, je lui dis sur un ton qui devait être assez agressif et suffisant : “ Je viens vous dire merci car, grâce à votre prière, j'ai communié ce matin pour la première fois depuis six ans. ” Je ne me souviens pas de sa réponse. Mais, sans insister, elle me demanda ce qui m'intéressait dans la vie. Je lui parlai du récit de ma vie que j'étais en train d'écrire pour essayer de comprendre le sens de ce que j'avais vécu jusque-là. Elle me dit alors : “ Il faut continuer. Mais il faudra l'écrire *jusqu'au bout.* ” Elle dit ces derniers mots avec force, comme si déjà elle en savait le contenu... Je ne me sou-

* Voir ci-dessus son témoignage

viens plus du reste de la visite ni de l'état d'esprit dans lequel j'en ressortis.

« Quelques instant après, je m'étendais au soleil de printemps, dans un champ. C'est alors que Toi, Dieu, mon Dieu, toutes mes résistances enfin brisées, Tu envahissais tout mon être. Enfin Tu me trouvais, je Te trouvais. Enfin Seigneur, je savais que Tu existais, que Tu étais vivant, le Vivant, et que, dorénavant, ma vie n'aurait plus de sens que par Toi.

« Quand je me relevai, je n'étais plus la même. J'avais vu Marthe à peine un quart d'heure; nous n'avions apparemment rien dit d'essentiel; mais c'est par elle, par son intercession et son offrande que Tu m'avais rejointe... J'en suis toujours aussi convaincue alors que, dans le silence et la prière, j'évoque aujourd'hui ces événements fondateurs que je continue à vivre au Carmel.

« Le soir même, je me confessais à nouveau, cette fois dans les larmes, Te demandant pardon pour mon manque d'amour envers Toi, envers ta servante Marthe que j'avais abordée avec tant de légèreté, alors qu'elle livrait sa vie pour moi.

« Le lendemain, au chemin de croix, j'avais reçu un texte à lire pour la station de la mort de Jésus en croix. Notre groupe se tenait en haut de la colline, non loin de la petite maison où Marthe, comme chaque vendredi, revivait la passion de Jésus. Soudain, je fus au Golgotha. Un vent violent s'était mis à souffler. Tu étais là, devant moi, Jésus, mon Bien Aimé, en train de mourir sur la croix et le texte que je lisais s'inscrivit en paroles de feu en moi : " Dieu ne me demande pas des paroles vaines et vagues, mais des actes... Il n'y a pas de plus grand amour que de donner sa vie pour ceux qu'on aime. "

« " Écrire ma vie jusqu'au bout ". Oui, mais en actes, en actes d'amour et du plus grand amour et non en « paroles vaines et vagues ». Le mystère de Jésus mourant sur la croix m'était donné et je le recevais de Marthe. Tu m'appelais, mon Bien-Aimé, à te suivre jusqu'au bout de l'amour. Saurais-je te répondre ?

« Dans le train du retour, mon cœur fut soudain rempli de chaleur et d'amour. C'était comme une sorte de boule de feu à la fois très douce et ineffable qui, peu à peu, m'envahissait tout entière et me semblait rayonner autour de moi comme un halo qui transfigurait toutes choses... Oh Esprit d'Amour ! Esprit de Jésus ! Voilà que Tu m'étais donné pour venir aimer à la place de mon pauvre cœur égoïste et déjà usé, incapable de le faire. Plus tard, en lisant des récits d'effusion de l'Esprit dans le Renouveau charismatique, j'ai compris que c'est vraiment ce que j'ai vécu là, dans ce train de retour vers Paris. La grâce reçue à travers Marthe se déployait, bien dans sa ligne à elle, qui a si ardemment appelé sur le monde une nouvelle Pentecôte.

« Revenue à Paris, ma transformation ne pouvait échapper à mes proches. J'étais éperdument amoureuse de Toi, mon Dieu Bien-Aimé; Tout mon être se dilatait en Toi, je ne pouvais penser qu'à Toi, ne parler que de Toi, ne lire que sur Toi. Dans la rue, j'avais envie d'arrêter les gens et de leur dire : " Dieu existe et Il vous aime ! "

« De Marthe je parlais très peu. Sauf pour dire que je lui devais tout. Mais je comprenais profondément que mon meilleur merci pour elle était de respecter ce silence qu'elle-même avait demandé, qui seul pouvait l'aider à vivre ce que Tu lui demandais de vivre.

« Cependant, très vite après mon retour, Tu m'as à nouveau fait entendre Ton appel à Te suivre, me faisant comprendre qu'il me faudrait tout abandonner. Et, après une courte lutte, j'avais dit " oui ". Mais où, comment répondre à cet appel ? Je ne savais rien de la vie religieuse et, jusqu'à présent, il ne m'avait jamais effleuré l'esprit qu'une telle forme de vie pourrait me concerner. Je ne me sentais guère capable de la vivre, d'ailleurs.

« Et puis, un peu plus tard, l'amour humain frappait de nouveau à ma porte : est-ce que Tu n'attendais pas de moi un amour humain vécu en Toi, un foyer chrétien qui rayonnerait Ton Amour ?

« C'est avec ces questions que je retournai, un an après la première, faire une deuxième retraite à Châteauneuf-de-Galaure. Lorsque je revis Marthe, je me situai rapidement : notre rencontre avait été si brève l'année précédente. Elle ne devait guère se souvenir de moi. Je lui exposai mes questions, d'une façon certainement insuffisante pour l'aider à faire un vrai discernement. Mais sa réponse vint, claire, nette, qui dissipa immédiatement tous mes doutes : "*Jésus vous veut pour Lui.* "

« En sortant de chez elle, j'éclatais de joie ! Ainsi Tu me voulais pour Toi ! Tu me jugeais capable, malgré toutes mes lâchetés, ma faiblesse, de tout abandonner pour Toi ! Ou plutôt Ton Amour pour moi était tel que Tu suppléerais Toi-même à toutes mes insuffisances ! Oh ! Jésus, mon Seigneur ! Quel émerveillement de me voir ainsi aimée de Toi !

« Cette parole de Marthe a été pour moi déterminante. Plus jamais, même aux heures de ténèbres, je n'ai pu douter de cela : que Tu me voulais pour Toi.

« Très vite ensuite vint l'appel pour le Carmel, si fort, si net lui aussi, que le 8 décembre 1958, j'entrais au Carmel de Boulogne-sur-Seine. Le jour de sa fête, Jésus, Tu me confiais à Ta Mère, notre Maman, comme disait Marthe, pour qu'elle m'apprenne à Te suivre jusqu'au bout de l'amour.

« J'ignorais la place que le Carmel tenait dans la spiritualité de Marthe et le désir qu'elle avait eu d'être carmélite. Tout cela, je ne l'ai appris qu'après sa mort, avec émerveillement. Car, pour moi, dès mon entrée au Carmel, Marthe a été un *modèle de carmélite* sur l'exemple duquel je me suis beaucoup appuyée : elle a vécu, dans la clôture de sa petite chambre, une vie de prière, totalement livrée à Dieu et totalement offerte pour le salut du monde entier. N'est-ce pas pour me préparer à cette vie que Tu voulais pour moi et dont j'étais si loin, que Tu as voulu, Jésus, que mon chemin passe par Marthe ? Pardonne-moi d'être toujours, malgré tant de grâces reçues, une si médiocre carmélite. Mais " Seigneur, tu sais tout. Tu sais bien que je t'aime ", (Jn 21, 17). »

Plus tard, sœur Chantal deviendra prieure d'un carmel très fervent des Ardennes.

Marthe Robin a inspiré et porté de nombreuses communautés nouvelles qui ont fait et font le renouveau de l'Église, comme le levain dans la pâte. Parmi toutes ces rencontres, celle de frère Ephraïm, fondateur des communautés du Lion de Juda, est l'une des plus fécondes.

« Marthe Robin nous a soutenus, confirmés, aimés, marqués, dit-il. Avec elle il fallait toujours s'attendre à des événements surnaturels. »

Jeune pasteur protestant à Valence, médecin, marié, un enfant, il avait d'abord été un révolté.

« Je ne croyais à rien, sinon en Dieu. »

Habité par une soif d'absolu, il méprisait tout ce qui était humain. Il ne cherchait pas un modèle de vie communautaire, mais des gens vivant de manière authentique en refusant le mensonge. Après avoir reçu l'effusion de l'Esprit au cours d'un passage à l'Arche de Jean Vanier, il fonda à Cordes (Tarn), avec un autre couple protestant, la communauté du Lion de Juda, pour mettre en pratique « la folie évangélique ». Puis il découvrit la puissance de l'Eucharistie et Marie médiatrice et pencha peu à peu vers le catholicisme. C'est ainsi qu'il rencontra Marthe Robin.

« Au fur et à mesure que je m'habituais à l'obscurité, que ce visage apparaissait comme un galet blanc, en moi grandissait cette impression de lumière et de liberté intérieure extraordinaire. »

Il lui posa aussitôt la question qui le tourmentait : répondre à l'appel de s'intégrer à l'Église catholique n'allait-il pas faire scandale chez les siens, donc augmenter la division des chrétiens ?

« Elle m'y a encouragé d'une manière prophétique. Elle m'a garanti, au nom de Dieu, que notre passage au catholicisme ne causerait aucun scandale, mais serait au contraire source d'unité. En même temps, elle m'a appris qu'elle avait empêché un certain nombre de pasteurs de passer au catholicisme dix ou vingt ans auparavant, parce que ce n'était pas le moment. Aujourd'hui, ce passage n'était plus un reniement, pouvant engendrer une nouvelle blessure entre frères, mais au contraire il allait provoquer une avancée œcuménique. »

Il sortit de chez elle, ébloui.

« C'était un rendez-vous avec l'évidence. Même les choses prophétiques étaient énoncées avec tant de candeur, de simplicité ! Une simple parole de Marthe vous libérait. Il est arrivé qu'elle ne dise pas un mot de Dieu, qu'elle parle simplement des petites choses de la vie, et que les incroyants sortent de sa chambre en croyant. Ce qu'elle m'a dit devait changer le cours de ma vie. En sortant de sa chambre, j'avais envie de danser, de courir sous le soleil. Quelle sensation de liberté ! Grâce à cette entrevue, ma vie, jusque-là entre mes mains, fut soudain aspirée par Dieu, happée jusqu'au vertige. A cause de toi, Marthe, ma poitrine brûle par moment, et j'ai faim et soif, éprouvant un instant les sentiments qui étaient en Christ sur la croix. Ô Marthe, avec la faim de Dieu qui me happe et que tu m'as communiquée par les paroles les plus simples qui soient, tu m'as donné aussi le moyen d'y répondre, la communauté. »

Ce qu'Ephraïm a finalement trouvé d'essentiel chez Marthe, c'est l'abandon à Dieu. « Ce n'est plus moi qui vit, c'est Christ qui vit en moi », selon l'expression de saint Paul. Alors, l'homme se trouve transformé.

« La rencontre et l'amitié avec Marthe Robin ont été sans aucun doute déterminantes pour révéler à la communauté [du Lion de Juda] sa propre vocation au cœur de l'Église. Par elle nous avons touché les plaies rédemptrices du Sauveur, par elle, dont le seul aliment pendant cinquante ans fut l'Eucharistie, nous avons appris que " son corps est une vraie nourriture ", par elle encore qui s'est offerte pour les prêtres, nous ne cessons d'approfondir notre identité sacerdotale. Nous ferons nôtre cette exhortation qu'elle a laissée comme le plus fort rappel du caractère oblatif de notre vocation : toute vie chrétienne est une messe et toute âme en ce monde une hostie. »

Quel regard Ephraïm porte-t-il aujourd'hui sur Marthe Robin ?

« Un des êtres les plus extraordinaires de l'histoire chrétienne, le plus étonnant que Dieu ait inventé dans son amour. Sa mission exceptionnelle fait d'elle une des plus grandes saintes de tous les temps. Elle est la première-née d'une nouvelle génération de l'être de la miséricorde. Son message est destiné à une génération de pauvres incapables d'ascèse mais assoiffés d'amour. Moi, le merveilleux ne m'émerveille pas. Seul l'amour m'émerveille ! »

Marthe n'en reste pas moins pour lui mystérieuse.

« Savait-elle d'emblée à qui elle avait affaire ? Pénétrait-elle immédiatement le secret des consciences ? Nous ne le saurons jamais. Elle possédait bien autre chose que le bon sens ou le don de conseil : une dans sa personnalité, discrète, sobre, humble, cachée, elle ne dévoilait ses batteries que lorsqu'elle y était forcée, à moins que ce soit l'épuisement qui la pousse à aller au fait. Elle cachait ses charismes et c'était son plus grand charisme que de s'effacer littéralement. En fait, elle prophétisait. Alors, elle faisait preuve d'une audace inouïe et parlait d'une voix forte.

« Marthe était elle-même un foyer d'amour qui rendait à chacun sa dignité de fils privilégié. Les murs protecteurs d'un bâtiment n'avaient plus qu'à monter autour de cette irrésistible attraction qu'exercent les cœurs de Jésus et Marie.

« Chez elle, tout est dans l'invisible, tout passe par le monde céleste, un peu comme ces communications qui passent par satellite. Elle est une étape de l'histoire de la révélation de la miséricorde en montrant qu'il n'existe plus qu'une voie et qu'elle est mystique ; mais cette mystique-là est toute simple.

« Messagère d'une ère nouvelle, Marthe est un foyer d'amour qui me brûle encore [27]. »

Ces mots prennent tout leur sens si l'on sait que la communauté du Lion de Juda, thérapeutique et médico-spirituelle, accueille des malades mentaux.

Autre témoignage de soutien à une communauté naissante, celui de sœur Magdeleine, qui fonda en 1939 les Petites Sœurs de Jésus, dans la mouvance de Charles de Foucauld : une communauté fraternelle centrée sur l'Eucharistie, avec partage de vie des plus pauvres. Elle rencontra Marthe en 1943.

« Elle était simple et souriante, et cependant, quelques heures après mon départ, c'est toute la passion du Christ qu'elle allait souffrir. Elle ne m'a rien dit d'extraordinaire, mais nous avons parlé sans arrêt de l'amour du Seigneur. Elle a voulu m'appeler " ma mère " pour que je l'adopte, alors que c'est elle qui devait m'adopter. Tout de suite une amitié très grande nous a unies. Elle m'a encouragée dans ma voie d'amour et de petitesse à devenir un petit enfant. Elle parlait sans cesse du Christ-enfant. »

Elles se reverront presque tous les ans.

« Chaque fois qu'il y avait une difficulté dans la fraternité, j'allais la lui confier, ou bien je lui écrivais. Elle a offert pour nous beaucoup de ses souffrances. Quelques petites sœurs la connaissaient déjà, mais elles faisaient comme moi, elles n'en parlaient pas pour ne pas exciter la curiosité autour d'elle.

« Marthe ne voulait pas qu'on parle d'elle [28]. »

« Marthe a aussi aidé et conseillé le mouvement des Focolari, créé pendant la Seconde Guerre mondiale, « pour bâtir une civilisation de l'amour ». Graziella De Luca, une des premières compagnes de la fondatrice, venue voir Marthe en 1962, raconte :

« Nous avons eu l'impression qu'il s'agissait d'une sainte, d'une grande sainte, car nous avons expérimenté dans notre âme les fruits splendides de son action. Elle disait : " Je me sens comme Jean-Baptiste qui prépare les chemins du Seigneur, tandis que je vois que votre œuvre est comme Marie. C'est Marie [29]. " »

Handicapée à cent pour cent, Marthe a beaucoup soutenu l'Arche, l'œuvre fondée en 1964 par Jean Vanier, qui se consacre à ces handicapés qu'elle ne cessait de bénir : « Elus, choisis, rédempteurs ! » Jean Vanier lui-même, qui rencontrera Marthe à partir de 1976, a témoigné :

« Elle aimait l'Arche. Elle était attentive aux plus petits, aux plus handicapés. Elle avait un sens de leur vocation. Elle connaissait la fécondité de la souffrance et de l'humilité. Elle portait dans sa prière nos communautés, et particulièrement celle du tiers monde. Elle suivait attentivement leur croissance et je suis sûre que c'est sa prière qui nous a portés et qui nous porte toujours [30]. »

Marie-Hélène Mathieu, l'une des fondatrices de l'association Foi et Lumière, qui soutient les handicapés mentaux et leurs parents, a rencontré Marthe en 1957, et ensuite une douzaine de fois :

« Je puis dire avec certitude que l'encouragement positif et plein d'espérance que j'ai reçu de Marthe a certainement joué un grand rôle dans toute ma vie, depuis notre première rencontre. Foi et Lumière, dont je lui ai parlé dès que l'inspiration m'en est venue, a connu un développement assez extraordinaire, non seulement géographique, mais surtout en qualité de vie spirituelle. J'ai toujours pensé que son rayonnement n'était pas étranger à sa prière [31]. »

Esprit charismatique, Marthe soutenait tout ce qui manifestait un élan nouveau, tels les foyers Claire Amitié de Thérèse Cornille (« Soyez toujours plus audacieuses ! », leur disait-elle), le Nid du père Talvas et le Renouveau charismatique, avec lesquels elle était en communion permanente.

On peut s'interroger sur les relations de Marthe Robin avec les papes. Le père Finet a dit que Pie XI aimait beaucoup Marthe. Celle-ci aurait « assisté » (en vision) à sa mort le 10 février 1939. Elle en aurait donné tous les détails et aurait dit : « Il est allé droit au ciel. » Dans sa première entrevue avec le père Finet, le 10 février 1936, Marthe lui avait dit que Pie XI mourrait bientôt et aurait pour successeur le cardinal Pacelli. Ceci ressort d'une confidence du père Finet à l'abbé de Mallmann (de Paris) [32].

En 1948, Mgr Pic rencontra l'abbé de Mallmann lors d'une retraite à Châteauneuf. L'évêque lui raconta qu'en mai 1940 il se trouvait à Rome pour la béatification de mère Philippine Duchêne, originaire de son diocèse. Il vit alors Pie XII et lui parla de Marthe.

« Écrivez-moi tout ce que vous savez sur elle », lui dit le pape [33].

Enfin, on a vu que Jean Guitton entretenait Paul VI de la stigmatisée. Mgr Villot, cardinal archevêque de Lyon, fit de même lorsqu'il devint camerlingue au Vatican.

Terminons cette série de témoignages par le plus émouvant d'entre eux.

Le Dr Paul-Louis Couchoud fut un célèbre psychanalyste au début du siècle. Bardé de diplômes universitaires, agrégé de philosophie, docteur en médecine, ancien élève de l'École normale, médecin et conseiller d'Anatole France, il traînait derrière lui un relent d'intolérance religieuse héritée des batailles idéologiques de son époque, tempérée par les influences du bouddhisme et une préoccupation continuelle de la souffrance humaine, qui posait pour lui une énigme et demeurait un scandale. Comme nous l'avons vu, cet incroyant radical était l'ami de Jean Guitton, qui l'avait connu à l'Université.

Retiré à Vienne (Isère), il avait entendu parler de Marthe Robin par la presse régionale. En 1956, âgé de plus de quatre-vingts ans, il voulut la voir, espérant qu'elle l'aiderait à résoudre un problème dont il avait fait le thème de son livre à venir : l'origine du christianisme. Il pensait qu'une religion part d'un personnage doté de dons paranormaux qui frappe l'imagination de l'entourage. Moïse, Jésus, Mahomet. Cependant, il se refusait à croire à l'historicité de Jésus.

Mais sa demande de rendez-vous fut refusée !

Avec humour, Jean Guitton raconte : « Le père Finet se défiait de Couchoud comme de Guitton, et sans doute pour des raisons analogues. »

Le Dr Couchoud, athée notoire, voire militant, n'avait guère de relations dans les milieux catholiques ! Il demanda donc sans fausse honte à Jean Guitton d'intervenir en sa faveur. Le philosophe s'adressa au cardinal Gerlier, archevêque de Lyon. L'affaire ne traîna pas. Le cardinal pria le père Finet de présenter le professeur à Marthe, bref de lui ouvrir les portes de ce que le Dr Couchoud appelait « le château inaccessible », la pauvre ferme du hameau des Moïlles en Galaure !

Et alors se passa la chose la plus étonnante. Ce qui suit est le témoignage du Dr Couchoud, rapporté par Jean Guitton, auquel il en fit sans réserve la confidence [34]. Nous sommes en octobre 1956.

« Sa maison est une ferme située sur un plateau, dans un paysage en forme de coupe ou de calice. Une salle paysanne, propre et pauvre. Un poêle, un chat, du silence. Je traverse un corridor noir. Obscurité totale. Le père [Finet] allume une lampe électrique. Il me désigne une chaise. Peu à peu, je discerne une forme blême qui troue les ténèbres : le visage de Marthe. Tout se passe comme si ce visage existe seul. Il en émane quelques paroles. La voix est fine, douce, nette, parfois chaude. »

Le professeur est plutôt intimidé. Il se rappelle qu'il est venu lui parler de son livre, mais devant cette mystique qui ne vit que pour et par le Christ, comment oserait-il lui parler de « l'historicité de Jésus », ou le réduire à un vulgaire thaumaturge doué de dons paranormaux ? Il parle alors de guerre et de paix, des origines de la civilisation ; puis de la difficulté pour un écrivain honnête de s'y retrouver, dans le fatras des notes et des fiches.

Comme pour échapper à cette pesanteur, Marthe a alors un mot étonnant de poète :

– Prenez des notes, alignez vos fiches les unes à côté des autres, jusqu'à ce qu'elles soient traversées d'une immense espérance.

Il la regarde avec surprise. « Ces mots, prononcés d'une voix forte, contenaient pour ainsi dire l'espérance déjà réalisée. »

Séduit malgré lui, il la compare à un prophète : « Le don des prophètes est de nous donner l'impression que l'avenir existe et qu'il est plein de bonheur. »

Mais la conversation traîne. Lorsque cela arrive, Marthe plonge avec son visiteur dans la prière. Impensable avec cet athée convaincu ! Elle, le silence ne la gêne pas. Comme un psychanalyste qui attend que se dénouent les complexes, elle attend patiemment qu'il se décide.

Peut-être le père Finet lui a-t-il dit de ne pas abuser du temps de Marthe ; beaucoup de personnes attendent dans la cuisine. Il se décide enfin à aller droit à l'essentiel. Il arrache son masque d'homme du monde et de philosophe : « J'entrai dans une affaire plus intime. » Et d'articuler d'une voix mal assurée :

– Marthe, je n'ai pas la foi *.

Ce premier pas vers l'indicible est courageux de sa part. La réponse de Marthe s'élève alors, forte et claire :

– Eh bien, je vous prends dans ma prière et je vous porterai !

Il sursaute. Lui, le grand professeur, habitué à fouiller dans les méandres de l'esprit, se faire porter par cette petite paysanne de la Galaure, ignorante et pauvre, paralysée et aveugle ? Mais il ne dit rien. Il goûte le silence, qui cette fois ne les sépare plus, mais les unit. Quelle est cette étrange

* Le récit publié par *le Figaro* dit : « Je n'ai plus la foi. »

connivence ? Il sent son cœur dur s'entrouvrir, comme une plante desséchée en quête d'une pluie tardive.

A nouveau la voix de Marthe :

– Mais Dieu ne veut pas qu'on frappe à côté quand il y a une porte grande ouverte.

Que veut-elle dire ? Que tout ce qu'il a fait jusqu'ici n'est pas l'essentiel ? Qu'il s'obstine à chercher ce qui n'est pas, alors que ce qui est lui est offert ? Qu'il suffit d'oser franchir cette « porte grande ouverte » ?

– D'ailleurs, ajoute Marthe, vous ne le chercheriez pas s'Il ne vous avait déjà trouvé.

Où a-t-il entendu cela ? Pascal, dans les *Pensées*, se référant au Christ. Cependant, Pascal n'a pas écrit exactement cela, mais « tu ne me chercherais pas si tu ne m'avais déjà trouvé ».

Ça, c'est extraordinaire ! Qui cherche qui ? Marthe Robin est en train de refaire la théologie ! Et ce n'est pas si mal. C'est même vrai. Ce n'est pas lui, Paul-Louis Couchoud, qui cherche Dieu. C'est Dieu qui le cherche, et il semble bien qu'Il l'ait trouvé !

La tête lui tourne. Après ce terrifiant plongeon, Marthe a pitié de lui.

– A propos, quel est le sujet de votre livre ?

– C'est un livre qui concerne la paix.

– Ah ! comme vous avez bien fait ! Faites ce livre, et faites-le vite ! C'est si grave.

Mais il ne l'entend pas. Il est encore sous le choc : « Eh bien, je vous porterai ! » Il reste assis dans l'ombre, il est comme l'enfant qui a trouvé la paix à côté de sa mère. Alors, « Marthe me parla longuement des fleurs sauvages qui sont dans son pays et qu'elle connaît par leur nom. »

Dehors, il se reprend. Dire qu'il se « secoue » est un mot faible. Enfin, peu à peu, il retrouve sa vraie (?) personnalité, plutôt son masque habituel.

Cependant, la relation qu'il fait à Jean Guitton est révélatrice de ce qu'il a découvert en Marthe et par Marthe : un cerveau branché sur l'au-delà.

« Cette petite paysanne est une femme supérieure. La maladie l'a concentrée. Elle ne dort pas. Elle pense donc, sans arrêt. Elle est un cerveau, peut-être un des cerveaux les plus exercés de notre planète. »

Jean Guitton, qui ne connaît pas encore Marthe, demeure perplexe. le Dr Couchoud poursuit :

« Elle n'est que cerveau, mais c'est un cerveau réfléchi. La plupart d'entre nous disent qu'ils réfléchissent ou qu'ils pensent, ou encore qu'ils prient, mais leur pensée est un vague rêve ; leur prière n'est pas une méditation, c'est un ronronnement. Marthe approfondit. Et cette petite paysanne française a longuement réfléchi aux moyens qu'elle peut avoir, malgré son immobilité, d'agir sur la planète. »

A nouveau un silence. Il reprend :

« J'ose à peine le dire. Quand je suis avec elle, je pense à Pascal. Elle est un esprit du même type, avec plus de simplicité. Ce qu'elle dit est net de contours, sobre, juste ; frappé. Avec cela une mémoire d'éléphant sur les petits détails. Et toujours ce qu'en France nous appelons l' " esprit ", et qui n'est pas amer, mais épicé d'humour et d'enjouement. Sa pensée est raisonnable, ingénieuse, efficace ; elle cherche le vrai bien des hommes. Car cette femme qui n'est qu'un cadavre, cette agonisante, veut avoir une action planétaire. »

Le Pr Couchoud et la stigmatisée n'en restèrent pas là. « Entre Marthe et Paul-Louis, dit Jean Guitton, se tissa lentement une amitié très tendre, qui allait lier le plus grand athée de l'exégèse à la mystique la plus singulière. »

Le mois suivant, le Dr Couchoud revint voir Marthe. On est en novembre 1956, les arbres sont dépouillés, une petite pluie fine tombe sur la Plaine et masque le beau paysage des collines verdoyantes de Galaure.

Il restera une heure avec elle, privilège dont il est conscient. Ils sont déjà de vieux amis. Il lui parle de clématites sauvages, sur lesquelles sa fille fait des recherches pour trouver de nouveaux antibiotiques. Elle le questionne alors sur ces médicaments. Mais peu à peu il s'enhardit à lui parler de ce que désormais il soupçonne être l'essentiel, sans encore y adhérer.

– Savez-vous, Marthe, que vous m'avez aidé à rectifier une pensée de Pascal. Vous avez dit : « Vous ne le chercheriez pas s'il ne vous avait déjà trouvé. » Mais vous avez cité Pascal à tort ! Il a écrit : « Tu ne me chercherais pas si tu ne m'avais déjà trouvé. » Vous avez corrigé Pascal !

Elle ne répond pas. Ses yeux aveugles continuent à fixer un point immobile dans le noir. Le Dr Couchoud est ébranlé par ce silence qui est réponse. Il balbutie :

– Il est possible que Pascal ait fait là un lapsus. J'ai remarqué, en éditant ses *Pensées*, qu'il mettait souvent un mot pour un autre, quand il allait vite.

– Pascal n'a pas pu écrire : « Tu ne me chercherais pas si tu ne m'avais déjà trouvé ; il ne peut dire qu'une chose qui est évidente : Dieu nous cherche le premier. Lisez les Actes des apôtres ; voyez comment saint Paul s'est converti. Dieu opère le premier *.

Un silence. L'assistante, qui trouve que le professeur abuse du temps, passe le nez par la porte entrouverte et annonce la visite d'une voisine paysanne. La voix de Marthe se fait enjouée.

– Oh, cette fois, cela va être facile !

Il la quitte, émerveillé de sa lucidité et de la simplicité avec laquelle elle résoud les problèmes. Avant de partir, il lui lance en matière de conclusion :

– Marthe, vous n'êtes qu'un cerveau !

Silence consterné. Puis elle s'écrie :

– Croyez-vous que je ne suis pas aussi un cœur ?

Il fait un « oui » très fort de la tête. Elle ne peut pas le voir, mais elle l'entend avec les yeux du cœur. Elle dit :

– On s'embrasse !

« Je l'embrassai. En la baisant sur le front, je vis une goutte de sang. »

De Marthe Robin, le Pr Couchoud dira encore :

« Que conclure ? J'ai vu une des personnes les plus étranges de cette planète. Comment imaginer son avenir ? Après sa mort, le Saint-Office s'occupera d'elle. Ou bien il la classera parmi les mystiques douteux, ou bien il la mettra en valeur. Cela, à mon point de vue, n'a pas d'importance. Le monde a toujours vécu de quelques-uns. Ce que je redoute le plus, c'est que Marthe fasse des miracles. Ce que j'ai apprécié en elle, c'est son détachement par rapport à ses états de conscience. »

Ce qui signifie : l'essentiel, chez Marthe Robin, ce ne sont pas les stigmates, l'anorexie, les visions, mais la clairvoyance de l'amour.

Sur la question religieuse, le savant se sait mal placé pour juger. Ses remarques sont pourtant intéressantes :

---

* « Prier, c'est exaucer Dieu », dit André Frossard.

« Elle est très informée de la vie mystique, mais sa formation à la piété est rudimentaire. Elle n'a pas de dévotion particulière. Elle dit : " Dieu et le Christ, cela suffit. Pour la Vierge, de la tendresse, parce qu'elle nous aide et qu'elle nous aime. " »

Mais n'est-ce pas là tout le credo catholique ?

« Pendant l'entretien, je me souvenais de la dernière phrase de mon maître : " A l'humanité de se demander, si elle veut continuer à vivre, de fournir en outre l'effort pour que s'accomplisse sur notre planète réfractaire la fonction essentielle de l'univers, qui est une machine à faire des dieux ". »

Puis il revient à l'humble chambre noire :

« Bien qu'elle soit en proie à la souffrance, Marthe a dépassé la douleur. Elle ne souffre que de l'absence de Dieu, ce qui est pour elle " un enfer ". Mais la présence de Dieu lui vient alors comme un souffle de fraîcheur, comme une joue d'enfant sur sa joue. »

Il quitta Marthe, bouleversé. Quelque temps plus tard, en un raccourci saisissant, il résuma à Jean Guitton ce qu'il pensait d'elle : « Je la tiens pour une intelligence lumineuse au centre d'une expérience privilégiée et d'un ineffable sacrifice. »

Mais lui ; lui, Paul-Louis Couchoud ? Qu'il ait été « touché », et même séduit par Marthe et que la fin de sa vie en fut transformée, les pages qui précèdent le montrent amplement. A-t-il été converti, non pas au sens banal d'adhésion à une religion, à un dogme, mais au sens profond du terme : du latin *conversio* : changement, mutation, métamorphose, retournement ?

On ne le saura sans doute jamais avec certitude. On possède toutefois un précieux témoignage de Jean Guitton. La scène se passe peu de temps avant la mort du médecin, en 1959. Le philosophe l'avait accompagné à la gare de Vienne. Ils parlèrent de Marthe.

« Alors que le train partait, penché à la portière du wagon il me récita ces quatre vers, derniers mots que j'ai recueillis de sa bouche :

Ce que tu ignores, je l'ignore.
Ce que tu sais, je voudrais le savoir.
Ce que tu pries, il m'en vient un effluve.
Ne m'oublie pas, ô vivant !

13

SI LE GRAIN NE MEURT...

> La mort dissipera le voile d'ombre qui me cache une si adorable merveille. Allons de la mort à la vie [1].
>
> Marthe ROBIN.

Marthe Robin restera donc dans l'ombre sa vie durant, comme elle l'avait souhaité. « Elle est ce petit grain de sénevé semé en terre, qui, acceptant dans une obéissance amoureuse de rester dans l'ombre tant et tant d'années, a permis un véritable enfantement à la vraie vie d'une multitude d'hommes et de femmes à travers le monde entier », a dit Hélène Sorensen, une retraitante de Dijon qui la visita six mois avant sa mort [2].

Mais le plus difficile restait à accomplir.

Le 1er novembre 1980, à la Toussaint, Marthe entra dans une phase ultime de souffrances. Elle ne se faisait aucune illusion sur la totalité du sacrifice qui allait lui être demandé. Ses voix lui avaient dit : « Tes souffrances iront en augmentant jusqu'à la mort. »

De quoi souffrait-elle ? « Sa colonne vertébrale, dit le père Finet, avait été tordue par le démon. On ne pouvait plus toucher Marthe, ce qui n'empêchait pas le démon de la secouer dans tous les sens [3]. »

Dans un autre récit, le père Finet dit : « Le 1er novembre, le démon lui brisa la colonne vertébrale, si bien qu'elle souffrait terriblement [4]. » Marthe elle-même a parlé de tétanos, ce qui pourrait expliquer ses terribles contractures musculaires; mais aucun médecin ne l'a confirmé. Une retraitante de l'Ardèche a dit : « Il ne fallait surtout pas toucher son lit, cela lui occasionnait de terribles souffrances [5]. »

Il semble en outre que, en décembre 1980, une mauvaise grippe lui ait enlevé ce qui lui restait de force. Alors, elle entendit le démon : « Je t'aurai bientôt, et complètement [6] ! »

A soixante-dix-huit ans, son corps n'était plus qu'une petite forme desséchée, recroquevillée sous les couvertures. Comme l'avait dit le Dr Couchoud, Marthe n'était plus qu'un cerveau. Mais combien lucide, doté de deux puissances infinies : aimer, souffrir. Car sa capacité de souffrir et d'offrir ne diminuait pas avec l'âge. Elle avait pourtant déjà tant donné ! Tout donné ! Elle était parvenue à ce point idéal qu'elle s'était fixé voici cinquante ans, la perfection de l'idéal thérésien : « Quand on est tout petit, Dieu fait tout. C'est en devenant comme un petit enfant qu'on arrive à la perfection de l'amour [7]. »

L'amour !

« L'amour seul m'attire. Je ne désire plus la souffrance, je la possède ! Et par elle j'ai cru souvent toucher le rivage du ciel. Aujourd'hui, je n'ai plus rien à demander à Jésus, excepté l'accomplissement parfait de son adorable volonté sur mon âme, et son amour infini. Je n'ai plus qu'un désir, celui d'aimer, d'aimer à la folie [8]. »

Philippe Madre, l'un des derniers à s'entretenir avec elle, rapporte :

« Ce qui m'a beaucoup frappé, c'était son extrême faiblesse, ces quintes de toux fréquentes vraiment déchirantes, qui hachaient ses phrases. Cependant, c'était toujours la même force qui animait ses propos, la même intensité de présence. Une seule fois, elle a laissé échapper une plainte, à peine audible : “ Je n'en peux plus ; j'ai toute ma carcasse brisée ! ” Nous avons alors voulu nous retirer, mais elle a poursuivi l'entretien comme si de rien n'était [9]. »

Elle s'affaiblissait de plus en plus, ne pouvait presque plus parler, ni recevoir de visites. Elle demeurait souvent absente lorsqu'on lui lisait son courrier. Dans le secret de son cœur elle appelait la mort :

Mon Dieu,
Quand je tendrai vers vous ma pauvre main bien lasse
En murmurant tout bas, je vous aime et vous prie,
Emmenez-moi, Seigneur, faites-moi cette grâce [10] !

Puis elle murmurait : « Comme lui, doux et humble de cœur, obéissant jusqu'à la mort, et à la mort de la croix s'il le faut [11]. »

Ce qui la ramenait à son immense amour : « Quand donc irai-je à mon tour me désaltérer aux sources intarissables de la Lumière et de l'Amour [12] ? »

Le 15 janvier 1981, le père Finet effectua à quatre-vingt-deux ans un voyage au Burundi pour recevoir l'engagement d'un père et de deux membres de la communauté africaine de Mugera. De retour à Châteauneuf, épuisé, il dut s'aliter. Appelé à son chevet, le médecin s'alarma.

– Vous êtes en pleine crise de diabète. Je dois vous faire hospitaliser à Lyon.

Informée du proche départ du père, Marthe, qui sentait venir sa propre mort, s'effraya. « Quelle pénitence pourrais-je faire pour obtenir la guérison du père ? » demanda-t-elle à sa nièce Marthe Brosse. Puis elle eut une idée :

– Il ne partira pas ! Il restera dans son lit. Nous allons demander une neuvaine de prière à tous nos enfants et aux membres du Foyer [13].

Le père obéit. « Avant même la fin de la neuvaine, dit-il, mon taux de glucose était redevenu normal. »

Après cette alerte, Marthe vit ses propres souffrances redoubler. Le père Finet raconte : « Le mardi matin, 3 février, quand je suis entré dans sa chambre pour prier, j'ai discerné ces paroles :

– Mon père, cette nuit, le démon m'a tapé la tête sur le plancher. Mettez-y donc un coussin supplémentaire.

Puis elle ajouta dans un souffle :

– Il m'a dit qu'il irait jusqu'au bout [14].

En raison de l'épuisement de Marthe, tous les rendez-vous de la semaine ont été annulés, sauf un : le Dr Philippe Madre, modérateur général de la communauté du Lion de Juda, et sa femme Évelyne, que le père Bondallaz, l'un des adjoints du père Finet, introduit auprès de Marthe à quatorze heures cinquante. Philippe Madre raconte :

« Accueil très chaleureux de Marthe, même si elle toussait à fendre l'âme. Je vois son visage livide marqué de sombres marques sur le front, la couronne d'épines. Impression de joie immense et de grande simplicité.

« Évelyne évoque la naissance très difficile de Yaël, deux ans auparavant, où Marthe avait joué un grand rôle en intervenant d'une manière tangible pour sauver la mère et l'enfant. »

Puis ils parlent de leur communauté et de l'expérience en cours de la « chambre haute », la chapelle du cabinet médical où l'adoration soutient les soins; tout le problème de l'inhumanité de certains hôpitaux est évoqué, le rapport médecin-malade, la nécessité de vaincre la résistance du corps médical en en appelant au public. Marthe dit :

– Les miracles viendront quand ce sera l'heure de Dieu.

– Vous croyez qu'il est bon d'utiliser les médias pour témoigner de ce que nous vivons, particulièrement sur la guérison de l'homme ?

– Oui. Les gens l'attendent plus qu'on ne le pense.

– Mais il y a beaucoup de résistance de la part des scientifiques.

– Il faut risquer de dire les choses. Il y a tant de malades, quelle souffrance ! On ne peut pas les laisser dans la rue. Il faut apporter aux souffrants le Christ souffrant, surtout par la prière.

Une violente quinte de toux l'interrompt. Puis elle murmure, épuisée :

– Je n'en peux plus.

– Laissons-la se reposer, dit le père Bondallaz.

Mais Marthe domine sa souffrance et poursuit l'entretien, qui porte sur l'extension de la communauté du Lion de Juda, encore modeste. Elle s'écrie :

– Oui, il faut tout quitter pour suivre le Christ !

Tout quitter ! A nouveau, une quinte de toux la déchire. Ils prient tous en silence puis prennent congé de Marthe.

En quittant la ferme, Philippe Madre songe :

« Dieu présent en ce lieu obscur. On en ressort en relativisant ce qui dans notre vie est secondaire et encombrant. Envie de tout donner pour goûter ce qu'elle goûte : l'Amour. On se rend compte au contact de Marthe combien nous sommes compliqués, et cela donne envie de s'attacher à l'essentiel, de grandir dans l'amour fraternel en communauté, sans s'arrêter aux tracasseries habituelles de la vie communautaire. Domine le sentiment d'urgence des temps et de faire connaître l'amour du Christ, tout ce que Marthe voit prophétiquement, qu'elle porte dans sa prière, son oblation et jusque dans sa chair [15]. »

Le mercredi 4 février, Marthe tombe dans des abîmes de souffrance. Prise de quintes de toux qui la brisent, elle s'étouffe. Ou bien, « il » l'étouffe! Françoise Degaud l'assiste, impuissante.

« Quand je suis arrivée dans sa chambre, elle gémissait, elle disait : " Ma tête s'en va, ma carcasse saute. " Elle était secouée comme par un hoquet. »

Cependant, personne au Foyer n'imagine que Marthe pourrait mourir, qu'elle pourrait quitter ce monde!

Ce mercredi soir, elle est entourée des membres du Foyer. On tente de l'apaiser en chantant les litanies de la Vierge. On prie saint Joseph et saint Grignion de Montfort; on récite le chapelet. Comme il le fait chaque semaine avant la Passion, le père Finet lui donne la communion. Puis elle entre en extase, et cela dure toute la nuit. Au matin, il la ramène sur terre, « au nom de l'obéissance ».

« Je l'ai sortie de l'extase sans même qu'elle puisse me parler. »

Il prie silencieusement avec elle, puis, épuisé, il va se coucher. « J'étais très inquiet à cause des menaces du démon. »

Cependant, la journée du jeudi 5 février se passe normalement, si l'on peut employer ce terme avec Marthe. Le père Finet peut même la laisser pour recevoir au Foyer les retraitants. Il revient seulement le soir à la Plaine et trouve Marthe revivant, comme chaque semaine, l'agonie du jardin des Oliviers. Après avoir récité les prières de Gethsémanie, il la quitte peu après vingt et une heures.

Bien que très douloureuse et affaiblie, Marthe dicte une vingtaine de lettres à Marie-Thérèse, en réponse au courrier le plus urgent, puis vers vingt-deux heures l'assistante se retire, et Marthe retombe, seule, dans les affres qui précèdent la Passion.

Le vendredi matin, n'entendant aucun bruit dans sa chambre, l'assistante, respectant sa volonté de demeurer habituellement dans la solitude, ne songe donc pas à venir la voir. D'ailleurs, même quand il y a du bruit on n'intervient pas. Comme je m'en étonnais, le père Ravanel m'a dit :

– Personne ne pouvait « tenir » devant les manifestations diaboliques, m'a assuré le père Finet.

Sauf le père Finet, qui a pouvoir d'exorcisme. Mais, épuisé par la maladie et par l'âge, le père Finet n'est pas là.

C'est seulement à dix-sept heures ce vendredi qu'il monte à la Plaine, pour prier avec Marthe lorsque « tout est consommé » dans le drame de la Passion.

En entrant dans la chambre, il est épouvanté. Marthe gît à terre, allongée sur le sol au pied de son divan, comme projetée au milieu des objets renversés. « Tout était en l'air, dira le père ; les coussins, les chaises. Cela n'était jamais arrivé [16]. »

Il appelle. Henriette, l'une des deux assistantes, qui se trouve dans la cuisine, se précipite. Ils soulèvent Marthe et déposent le corps léger sur le lit. Le père Finet raconte : « Ses deux bras étaient glacés. Alors, j'ai entendu : “ Il m'a tuée. ” »

S'il l'a entendu, c'est que Marthe est toujours vivante ? Mais l'assistante n'a rien entendu. C'est pourquoi, pris de scrupule, le père Finet reviendra plus tard sur sa déclaration : « Cette parole, l'ai-je entendue ? » Il ajoutera : « Une parole intérieure ? » Comme soufflée par l'âme de la défunte ?

On peut comprendre son trouble. On admet aujourd'hui que Marthe, dont le corps était rigide et froid, devait être morte quand il est entré. Mais que sait-on de la mort ? Marthe elle-même n'avait-elle pas dit : « Dans les ombres de la dernière heure, alors que l'œil ne discerne plus rien, que la voix s'est éteinte, quand il faut mettre la main sur le cœur du patient pour se rendre compte s'il a encore un peu de vie, qui peut savoir ce qui se passe entre l'âme et son Dieu, qui peut dire avec quelle tendresse il l'appelle [12] ? »

Morte ! Sur le coup, le père Finet ne peut le croire. Il la fait recouvrir de couvertures, « pour la réchauffer ».

Mais « son corps était très raide et sa bouche restait ouverte sans que nous puissions la fermer ». Et, lorsqu'il en approche un miroir, aucun souffle ne vient ternir le verre.

« Oh ! me suis-je dit ; le démon l'a tuée, la Sainte Vierge va nous la rendre. »

Henriette, l'assistante, puis Marie-Thérèse, qui arrive affolée, ne croient pas davantage à la mort, la vraie mort d'où l'on ne revient pas. Ce qui se passe doit n'être qu'un coma profond comme il en est arrivé si souvent au cours de sa passion. Tant de fois Marthe a donné tous les signes de la mort ; comme le Christ, elle est peut-être réellement morte, puis, comme lui, elle va ressusciter ?

« Personne ne pensait qu'elle allait mourir, dira plus tard le père Finet. Elle me disait qu'il [le démon] lui faisait la vie dure. » Mais n'était-ce pas habituel ?

Naturellement, on a téléphoné au cabinet du médecin de Châteauneuf. Pourquoi le Dr Andolfatto tarde-t-il à venir? On n'a pas pu le joindre, il est parti en tournée. On va tenter de le trouver.

– Alors, prions, dit le père.

« J'ai prié la Sainte Vierge pour qu'elle nous la rende. » Ils prient. Ils supplient. Pendant deux heures. Mais le corps reste rigide et froid. Le père lui ordonne de se réveiller, « au nom de l'obéissance ». En vain.

A dix-neuf heures, elle n'a pas repris connaissance. Le corps est toujours froid, rigide et sans respiration. Marthe Robin est bien morte, et cette fois le père Finet doit se rendre à l'évidence. Plus tard, il se demandera avec angoisse : « A quelle heure est-elle morte ? Je ne puis le dire, mais j'ai remarqué que le sang n'avait pas coulé de ses yeux. Elle est donc probablement morte dans la première partie de la nuit [4]. »

Morte solitaire !

« Si, à son dernier moment de vie sur la terre, Il l'a terrassée, commente Jean Guitton, j'ose croire que c'est par une dernière discrétion, pour lui permettre de s'évader solitaire hors de ce monde, sans déranger personne par une agonie. »

Mais elle est morte seule, comme le Christ, dans la souffrance et l'abandon.

« Elle est morte, nous dit l'abbé Peyret, dans l'abandon le plus complet, la déréliction, la perte des relations humaines et la perte même du Père, qui avait fait crier Jésus sur la croix : “ Mon Dieu, pourquoi m'as-tu abandonné [17] ? ” »

L'union, l'identification de Marthe à Jésus ne pouvait être plus complète.

A la ferme, c'est la stupeur. On s'était tellement habitué au miracle de cette vie qu'on ne pouvait imaginer que Marthe mourrait comme tout le monde. « Marthe est éternelle, disait mystérieusement le père Finet. Et puisqu'elle se passait de nourritures terrestres, pourquoi n'aurait-elle pas continué comme ces vieux prophètes de l'Ancien Testament qui, dit-on, auraient vécu des siècles ? »

Mais elle désirait ardemment la mort, pour voir enfin le Père. Comme Thérèse d'Avila, elle se mourait de ne point mourir ! Marthe avait dit un jour :

« Si je dois quitter ce monde par la mort la plus terrifiante, elle peut venir, je serai préparée à suivre son captivant appel, et quand le ciel s'ouvrira pour m'accueillir, j'oserai alors penser que c'est bien mon tour de tomber pour toujours dans les bras de mon père [18]. »

Tant de fois elle avait dit, mi-sérieuse, mi-enjouée : « Je voudrais bien mourir, mais le père Finet ne me le permet pas ! »

Elle avait dit encore :

« Je vis pour mourir. La mort est la grande idée, le sens de ma vie, la grâce des grâces et le couronnement de notre vie chrétienne. Elle n'est pas une fin, mais le commencement d'une belle naissance. Elle ne marque pas l'heure de la dissolution d'une créature, mais son véritable développement, son plein épanouissement dans l'amour. Elle complète notre possession de la vie divine en supprimant les obstacles qui, ici-bas, nous empêchent d'en jouir à notre aise. Elle nous permet enfin de vaquer librement à l'éternel Amour, d'avoir conscience qu'il se donne à nous et de demeurer à jamais en Lui. Le Christ est ma vie. La mort dissipera le voile d'ombre qui me cache une si adorable merveille [19]. »

Elle avait dit aussi :

« La mort sera pour moi la fin de la lutte et la délivrance de mes souffrances. Seigneur, je vous aime. Mes yeux avides d'infini sont toujours fixés en vous qui êtes mon bien. Je soupire ardemment vers le ciel, royaume de l'Amour, où l'on vous aime sans voile et sans fin [20]. »

Avec Jean Guitton, elle s'était interrogée sur ce grand mystère.

– On m'avait souvent dit qu'on ne pouvait voir Dieu sans mourir. Mais avec Jésus, je vois Dieu et on ne meurt pas. On voit Dieu et on vit.

Elle était demeurée éblouie par cette constatation. Alors, le philosophe avait risqué la question essentielle :

– Comment imaginez-vous ce qui se passera pour vous lorsque vous mourrez ?

– Pour moi, il n'y a pas tant de différence entre la vie que je mène à présent et la vie après la mort, sauf la souffrance. Je suis déjà un peu comme on est au ciel, avec la douleur en plus [21].

Elle a enfin été exaucée. Marthe Robin est morte ; elle vit désormais en plénitude.

Le père Finet envoie alors à Châteauneuf chercher ses collaborateurs, les pères Bondallaz et Colon. Ils arrivent aussitôt.

– Tout est fini, leur dit-il. Elle est retournée auprès du Père, comme elle l'a tant désiré. Elle est entrée dans la paix du Christ.

Tandis que le père Bondallaz s'agenouille auprès du divan, le père Colon, ancien interne de l'Hôtel-Dieu de Lyon, constate la mort.

Peu de temps après, vers vingt heures, arrive enfin le Dr Andolfatto, qui confirme officiellement le décès. On téléphone alors à Mgr Marchand, qui arrive à vingt-deux heures.

L'évêque de Valence se recueille longuement devant le corps, puis il murmure :

– Si le grain de blé ne tombe en terre et ne meurt, il reste seul ; s'il meurt, il porte beaucoup de fruit. Vous allez voir une nouvelle éclosion des Foyers de charité dans le monde entier.

Le samedi, Hélène Fagot, Marthe Brosse, Marie-Louise Chaussinand, les assistantes Henriette et Marie-Thérèse, procèdent à la toilette mortuaire. Le front de Marthe est encore marqué par les taches de sang de la couronne d'épine, mais, comme cela arrive souvent chez les stigmatisés après leur mort (notamment le padre Pio), les traces des stigmates ont mystérieusement disparu.

On la revêt, comme elle l'avait désiré, de l'aube blanche que les jeunes filles de l'école du Foyer portent à l'occasion de leur profession de foi. Entre ses mains jointes, on glisse un chapelet béni par le pape Jean-Paul II.

En changeant les draps, on observe une grande tache de sang à la hauteur des pieds, et d'autres taches sur le linge où reposait la tête. Jusqu'à la dernière minute elle aura souffert la Passion. Elle est bien morte avec le Christ, sur la croix, comme elle l'avait demandé.

Elle repose maintenant, le visage paisible, presque souriant, et des centaines de personnes vont défiler dans sa chambre, emportant avec eux pour la vie la dernière image de Marthe Robin, la stigmatisée.

Pour échapper à la peine qui lui étreint le cœur, le père Finet évoque à nouveau « l'entretien sur la mort » qu'il avait eu avec Marthe, en présence de Jean Guitton. Marthe avait conclu :

« Soyez tranquille ; une fois là-bas, je n'oublierai pas ceux que j'ai aimés. Je les prendrai avec moi. Et même, je ne peux pas dire que je les prendrai. Ceux que j'aime, je ne suis pas avec eux, je suis eux. Vous vous demandez ce que j'aurai envie de faire quand je serai morte ? Eh bien, je vais vous le dire : je gambaderai ! »

Ah ! cela ne sera pas « le repos éternel » ! Le contraire, plutôt !

A Jean Guitton, elle avait dit aussi :

« Lorsque je serai passée de l'autre côté, je crois que je serai encore plus surmenée que sur cette terre. Je ne saurai plus où donner de la tête. Il y aura tant à faire jusqu'à la fin du monde. »

Cependant, les membres du Foyer qui se succèdent en silence à la Plaine ne parviennent pas à le croire. Marthe est partie !

Encore sous le choc, Françoise Degaud, l'une de ses proches, se tourne vers le père Finet.

– J'ai l'impression d'être passée à côté de l'essentiel.

– Moi aussi, ma pauvre petite ! On a été tous dépassés [22] !

Dans une confidence au frère Ephraïm, le père Van der Borght dira aussi : « Après la mort de Marthe, nous avons eu l'impression d'être passés à côté du mystère qu'elle avait vécu et j'en ai été très douloureux. Puis peu à peu tout est entré dans notre cœur [23]. »

Les obsèques de Marthe Robin furent fixées au jeudi suivant pour permettre aux délégations des Foyers lointains d'y participer.

Sa mort bouleversa ses innombrables amis. Toute la journée du samedi 7 février, les membres de sa famille et du Foyer la veillèrent auprès de son lit couvert de fleurs, dans la paix et la sérénité. Les 8 et 9 février, des milliers d'amis et mille élèves des collèges affluèrent à la Plaine, « non pour prier pour Marthe, mais pour prier avec elle », souligne Raymond Peyret.

Le mardi 10 février, à quatorze heures, le corps fut mis en bière. Le matin même, *la Croix* publiait une déclaration de Mgr Marchand :

« Toute sa vie a été marquée par sa foi très vive et son sens de l'Église. Par sa prière et sa vie offerte, elle a contribué à l'existence et au rayonnement des Foyers de charité. Sa vie fut discrète et simple ; elle ne voulait pas qu'on parle d'elle, mais son bon sens et la profondeur de sa foi lui ont valu beaucoup de visiteurs à qui elle savait redonner l'espérance et le goût de Dieu. C'est une fille de l'Église qui a toujours su vivre dans le silence, l'offrande de sa propre vie. Sa mort a été simple et discrète, comme sa vie. »

Mais la télévision, les radios, les journaux avaient annoncé sa mort. Marthe Robin, quittant sa vie cachée et le recueillement des Foyers, prenait une dimension nationale.

Mardi 10 février à quinze heures, quarante-cinq ans jour pour jour après la première visite du père Finet, Marthe Robin quitte la ferme où elle a vécu, souffert, prié, aimé pendant soixante-dix-neuf ans. Un soleil presque printanier illumine le pays de Galaure.

Le cercueil est placé devant l'autel de la chapelle du Foyer de Châteauneuf. Au-dessus de l'autel brille la grande fresque de Marie reine de l'univers, telle que Marthe l'avait décrite au peintre Luc Barbier après sa vision. Les fleurs, comme une marée montante, ne cessent d'arriver et envahissent le chœur. Les manifestations de piété spontanée – jeunes priant à genoux sur les dalles, larmes inondant les visages – déconcertent les journalistes parisiens arrivés en masse et dont la majorité entend parler de Marthe Robin pour la première fois.

Très entourée, la vieille Mme Gabrielle Serve, dernière sœur de Marthe, quatre-vingt-douze ans, répond de son mieux aux questions des journalistes :

– Si je crois à ses stigmates ? Comment voulez-vous que je n'y croie pas ? Ma mère et mon père les ont vus au début ; moi j'ai vu les empreintes de la couronne d'épines. Mais ensuite, Marthe nous suppliait de la laisser seule avec ses souffrances, qu'elle voulait discrètes. Nous n'allions jamais la voir du vendredi au dimanche, elle était trop épuisée pour qu'on puisse lui parler. Elle était très maigre, car elle ne mangeait pas, ne pouvant rien avaler ni boire. Elle trempait juste ses lèvres dans un peu d'eau sucrée, qu'elle recrachait aussitôt. Pour toute nourriture, elle n'absorbait que l'hostie. Elle priait sans cesse la Vierge pour lui demander d'atténuer les souffrances de ceux qui venaient la voir. Il y a quelques jours, une jeune femme, gravement brûlée, a été sauvée grâce à elle. « Cette guérison, je l'ai gagnée par mes souffrances », m'a dit Marthe [24].

Un peu plus loin, un prêtre du Nord s'écrie :

– Marthe Robin commence aujourd'hui !

Sur un panneau sont affichés des centaines de télégrammes du monde entier. Le registre public se couvre de signatures et de témoignages parfois naïfs :

« Marthe, c'est la porte du ciel ! »

« Je l'ai rencontrée, elle m'a apporté la foi. »

« Pardon pour toutes les fois où elle a souffert à cause de moi ! »

« Marthe est vivante ! »

« Elle n'est plus dans sa maison, mais dans notre cœur. »

« Marthe est une sainte [25] ! »

Dans la foule fervente se pressent des familles entières de gitans, dont Marthe aimait la foi violente et le détachement.

La chapelle, qui peut contenir mille personnes, ne désemplit pas, et la foule défile devant le cercueil pendant trois jours.

Le jeudi 12 février, jour des obsèques, un imposant service d'ordre canalise la foule. Toute la matinée, des dizaines de prêtres confessent le peuple fervent.

Devant l'autel, le cercueil de Marthe Robin disparaît sous les fleurs d'amis connus et inconnus. L'immense périmètre du Foyer est envahi par une foule silencieuse et recueillie qui n'a pu trouver place ni dans la chapelle, ni dans le vaste sanctuaire de trois mille cinq cents places où vont se dérouler les obsèques.

« Les fidèles sont partout et prient à haute voix, note ébahi le reporter de *France-Soir*, dans les escaliers, les salles de réunion, sur les tribunes et l'esplanade. Les organisateurs ont heureusement prévu des caméras de télévision, installées dans le sanctuaire, qui transmettront les images de l'office à ceux qui n'ont pu trouver place à l'intérieur. »

Un peu avant quinze heures, le cercueil et l'imposant cortège des prêtres quittent la chapelle avec la famille pour le sanctuaire Sainte-Marie Mère de Dieu, précédés et suivis des enfants des écoles en aube blanche. La chorale entonne l'hymne de Bach : *Ô Jésus que ma joie demeure*.

Porté par les neveux de Marthe, le cercueil est alors déposé devant l'autel, une énorme dalle de pierre brute, sur laquelle s'alignent des dizaines de ciboires.

Petite, frêle, écrasée par cette foule impressionnante, Mme Gabrielle Serve conduit le deuil et prend place avec la famille au premier rang, entre le cercueil et l'autel. On remarque Mme Giscard d'Estaing, femme du président de

L'église de Saint-Bonnet et ses fonts baptismaux, où Marthe fut baptisée le 5 avril 1902. De son père on disait au village : « Clérical au fond du cœur, Robin se dit libre penseur. » Mais quand la cloche de l'église sonnait l'angélus, tout le monde se sentait heureux et protégé. *(Photo J.-J. Antier.)*

Amélie Robin, sa mère. *(Peuple libre)*

Joseph Robin, père de Marthe, agriculteur. *(Peuple libre)*

La plus ancienne photo de Marthe Robin (seize ans). Elle subit déjà les atteintes de la paralysie qui bientôt la clouera dans son lit. *(Coll. R. Peyret/Peuple libre.)*

(A droite :) Marthe à vingt-huit ans. Depuis quelques mois elle est sortie d'un long coma, totalement paralysée. Dans son regard, l'acceptation sans réserve : « Je renonce à jamais à moi-même et à tout et me voue tout entière à la prière, à la souffrance, à l'Amour. » *(Avec l'aimable autorisation du studio Max-Taly.)*

Ci-desous : La maison de Marthe Robin, au plateau des Moïlles. Le hameau comprenait trois petites fermes. A droite, celle de Ferdinand Robin. Au fond, celle de Joseph Robin, le père de Marthe. Devant, le puits commun, le puits d'où vint tout le mal. *(Photo J-J Antier.)*

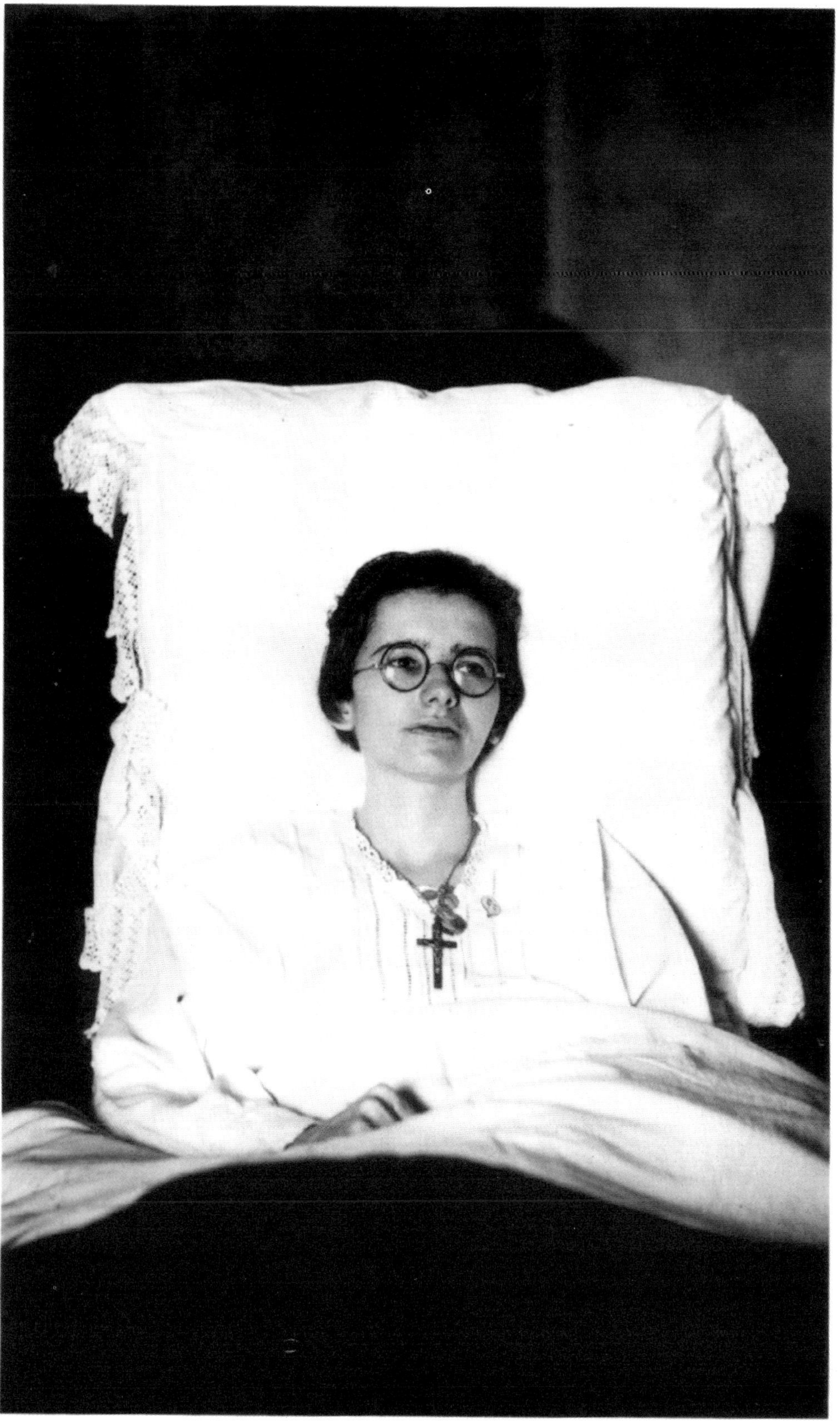

La cérémonie de consécration des vierges à Marie le 8 août 1930 : « Prenez mon corps, recevez mon immolation. Cachez-moi ! Je ne suis plus qu'une petite chose dans les bras de Dieu. » Marthe avait demandé à Max Taly de prendre cette photo pour laisser d'elle un souvenir à ses proches. Elles croyait mourir peu après. Elle vivra encore un demi-siècle ! *(Avec l'aimable autorisation du studio Max-Taly.)*

(A droite :) Un corps recroquevillé et toute la souffrance du monde dans ce regard. Mais « il suffit d'aimer et tout en moi chante le cantique de l'Amour ». *(Photo Foyer de Châteauneuf.)*

(A droite :) Châteauneuf-de-Galaure. Chaque semaine, maman Robin venait y vendre les produits de la ferme. Marthe fit sa première communion dans cette église. *(Photo J.-J. Antier.)*

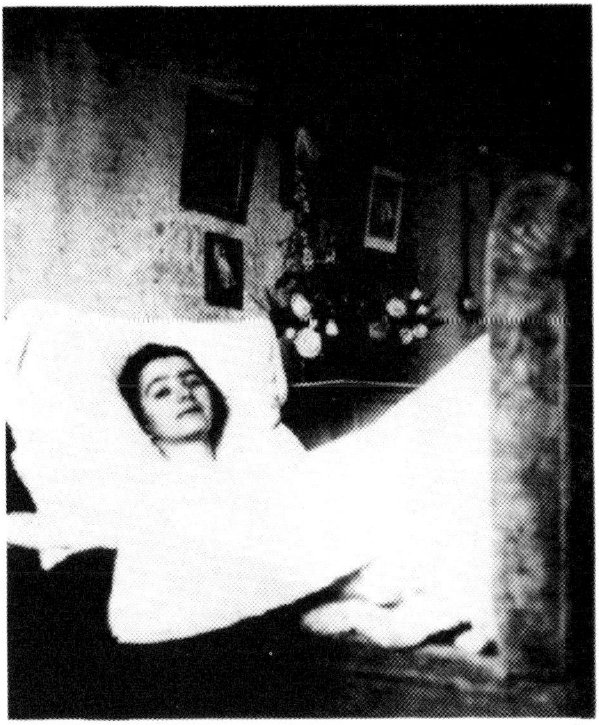

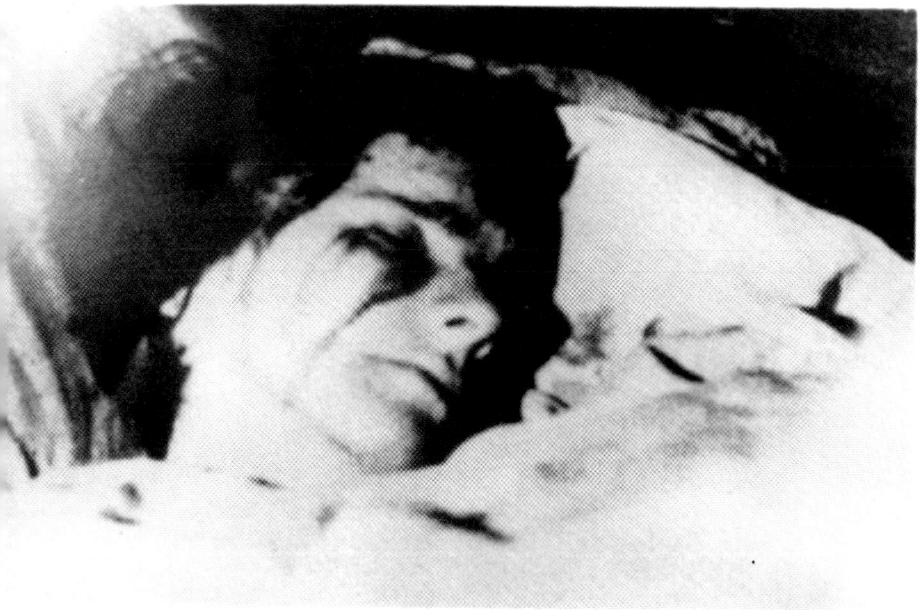

Marthe de la passion. Les larmes de sang. «J'expérimente combien il est doux d'aimer, même dans la souffrance, car c'est l'école incomparable du véritable amour.» *(Photo Foyer de Châteauneuf.)*

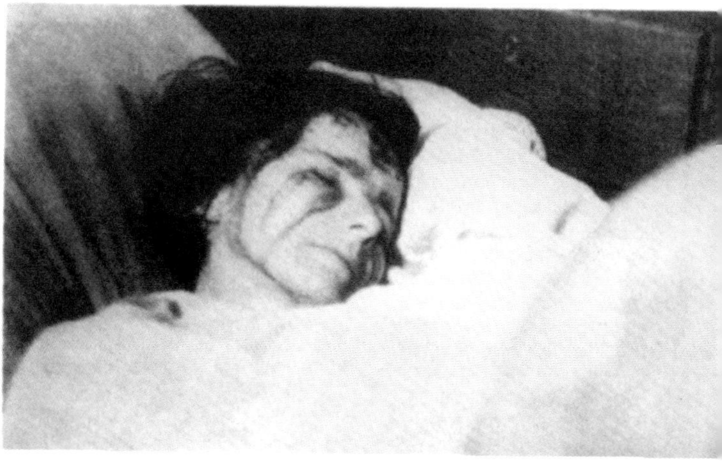

«Vous vous rappelez, père Finet, vous étiez venu m'apporter un tableau de Marie Médiatrice. - Je croyais amener un tableau de la Vierge, mais c'est elle qui m'amenait ! » *(Original du tableau, photo Foyer de Châteauneuf.)*

Entrée de la ferme. Une superbe glycine ornait la façade, encadrant la porte sur laquelle Robin avait fixé une simple croix sans Christ. « Eh bien, nous, on s'y mettra ! », s'était écriée la petite Marthe. *(Photo Foyer de Châteauneuf.)*

(A gauche:) La ferme des Moïlles, après son agrandissement. La chambre de Marthe donne à droite sur le verger, volets toujours clos. *(Photo J-J Antier.)*

(A gauche :) La cuisine où cent mille visiteurs ont attendu dans la crainte et l'espoir d'être reçus par Marthe. Une assistante emballe un paquet pour les pauvres. On imagine encore, s'activant devant le fourneau, maman Robin, toute petite et menue, et dans l'angle, Marthe, sur son fauteuil rouge. *(Photo J-J Antier.)*

Marthe Robin sur son lit de mort, le 6 février 1981. Le corps est détendu, le visage apaisé porte encore les marques des stigmates de la couronne d'épines. *(Photo Richard Milan.)*

« Comme Lui douce et humble de coeur, obéissant jusqu' à la mort, et à la mort de la croix s'il le faut. Alors se dissipera le voile d'ombre qui me cache une si adorable merveille, le Christ, ma vie. »

Les obsèques de Marthe le 12 février dans le sanctuaire de Châteauneuf. Quatre évêques, deux cents prêtres, six mille communions. *(Photo Richard Millan.)*

Le père Finet devant le lit vide de Marthe. Pendant quarante-cinq ans, il a été le père, le confident, l'ami. *(Coll. R. Peyret/Peuple libre.)*

L'auteur, devant la tombe de Marthe au cimetière de Saint-Bonnet.
Depuis sa mort, elle n'a jamais cessé d'être couverte de fleurs. *(Photo Yvette Antier.)*
«Vous vous demandez ce que j'aurai envie de faire quand je serai morte ? Je gambaderai ! »

Dans la chapelle du Foyer de Châteauneuf, la fresque de la Vierge a été exécutée en 1955 par Luc Barbier, d'après les indications de Marthe sur sa vision du 1er Août 1942 *(photo Mappus)*

Le Grand Foyer de Châteauneuf. *(Photo J.-J Antier.)*

Jean Paul II et le père Finet à Annecy en octobre 1986. Au centre, Mgr Marchand. Le père Finet a porté Marthe à son sommet pendant quarante-cinq ans de dévouement et de conseils. Il a guidé des milliers de retraitants. Le 14 avril 1990, il l'a rejointe dans l'éternité. *(Photo Observatore Romano.)*

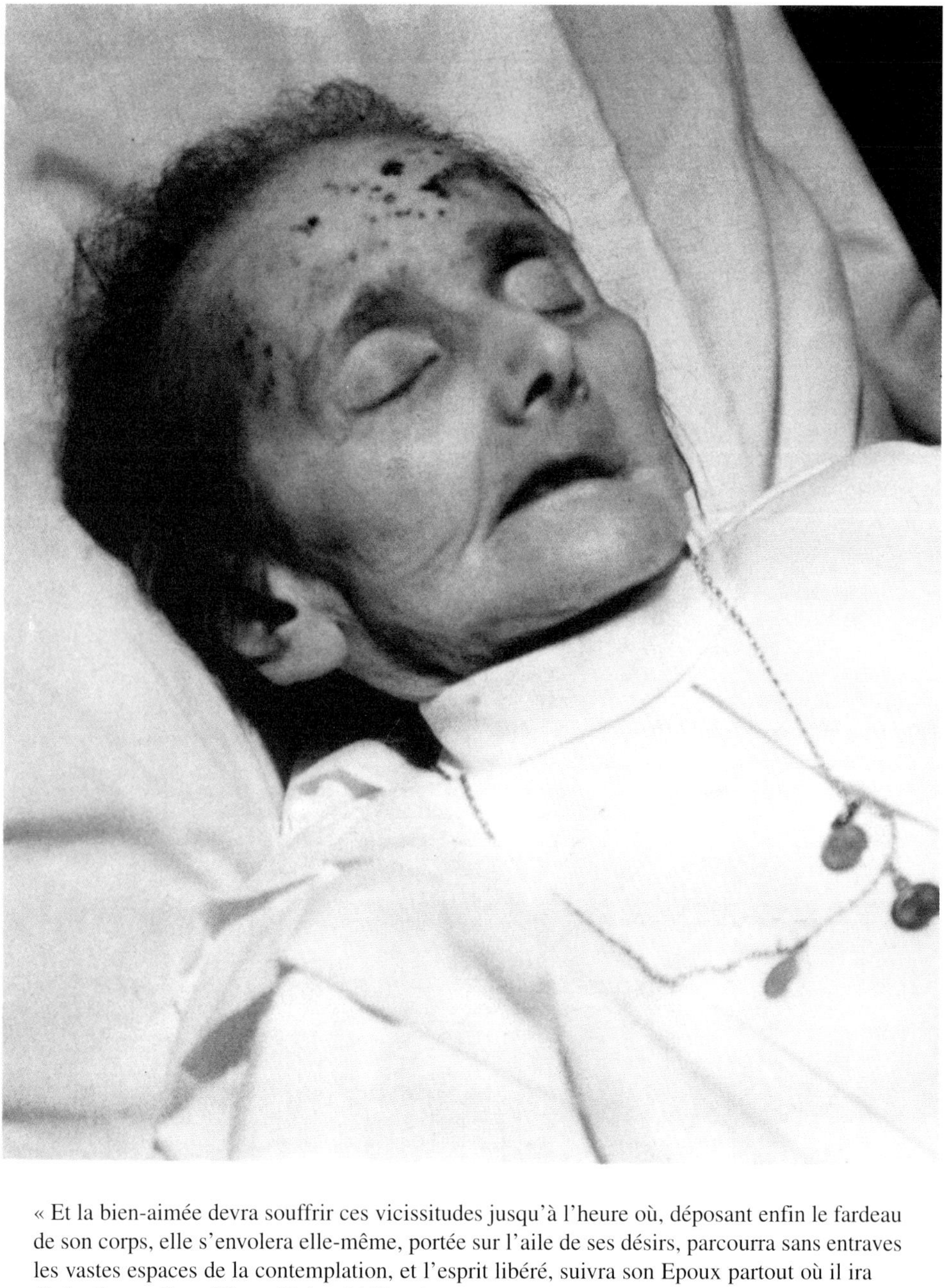

« Et la bien-aimée devra souffrir ces vicissitudes jusqu'à l'heure où, déposant enfin le fardeau de son corps, elle s'envolera elle-même, portée sur l'aile de ses désirs, parcourra sans entraves les vastes espaces de la contemplation, et l'esprit libéré, suivra son Epoux partout où il ira (Saint Bernard). » *(Photo Richard Milan.)*

la République, et l'ancien président du Conseil Antoine Pinay, quatre-vingt-dix ans *.

Juste avant que ne commence la célébration eucharistique, on voit s'avancer les plus petits de l'école, qui viennent déposer quelques fleurs autour du cercueil, « minute de douceur, d'émotion et d'extrême innocence », rapporte un témoin.

Les funérailles se déroulent à quinze heures dans le sanctuaire comble. La messe est concélébrée en français et en latin par Mgr Marchand. Le père Finet, livide, se tient à la droite de l'évêque de Valence. Ils sont entourés par Mgr Vignancourt, archevêque de Bourges, ancien évêque de Valence **, Mgr Chabert, archevêque de Rabat, Mgr Thien, ancien évêque du Viêt-Nam, trois abbés mitrés et plus de deux cents prêtres concélébrants, groupés en six rangées derrière l'autel.

A droite, la chorale des trois écoles que Marthe a fondées chante « *Ô joie sans fin je revivrai et face à face je te verrai.* »

Lorsque le père Finet commence la célébration, une intense émotion saisit la foule. Voici l'homme qui, pendant quarante-cinq ans, a cru en Marthe, en sa mission, et l'a soutenue, dans la souffrance comme dans la joie, le père vigilant, mais aussi l'ami, le confident. Il se dresse silencieux devant l'autel, face à la foule ; son beau visage aux traits tirés, inondé de larmes, exprime la douleur de la séparation.

« Il pleurait sans un sanglot, sans une expression, a témoigné Thierry Boutet. Dans ce silence on sentait se creuser un vide, un appel, un abîme où s'engouffraient quarante-cinq années d'offrande et d'amour [26]. »

L'évêque de Valence prononce alors l'homélie.

« C'est rassemblés autour du Christ ressuscité que ce soir nous accompagnons Marthe. Sa vie terrestre s'achève. A la suite de Jésus-Christ elle vient de passer par la mort à la vraie vie. Toute mort est une pâque.

« Et c'est pourquoi, dans la tristesse et la séparation, mais aussi dans la joie et l'espérance je vous invite à la méditation et à l'action de grâces.

« Si le grain de blé tombé en terre ne meurt pas, il ne porte pas de fruits. Ce texte, nous nous le sommes rappelé

---

* Jean Guitton, pris par les embouteillages, n'arrivera pas à temps.

** Mgr Pic est mort ; son nom, associé à l'œuvre de Marthe Robin, sera prononcé au mémento des défunts.

avec le père Finet et les pères du Foyer, quelques heures après la mort de Marthe. En disant ces paroles, Jésus voit dans sa passion le don d'amour qui répond à celui de son père. C'est l'heure de Dieu en Jésus-Christ. L'heure de la vraie vision. L'heure du grain de blé. L'heure du fruit qui germe dans la semence enfouie au sein de la terre. Jésus rédempteur de l'homme est ce grain de blé tombé en terre qui fait germer depuis deux mille ans des fruits abondants.

« Jésus continue : " Si le grain tombé en terre meurt, il porte du fruit en abondance. Celui qui aime sa vie la perd. Si quelqu'un veut me servir, qu'il se mette à ma suite. " Jésus nous invite à le suivre. Il nous demande d'être grain de blé et sa vie offerte a été enfouissement dans la souffrance, comme elle l'est maintenant dans sa mort. Mais cet enfouissement a été aussi la joie du don et la joie de la rencontre.

« En vivant ainsi discrètement de la passion du Christ, elle a été ce grain de blé. Le fruit qu'elle porte est pour la gloire du Père. Les Foyers dont elle a eu l'intuition essaient chacun, là où ils existent, de porter des fruits qui sont aussi pour la gloire du Père et pour le service des frères.

« Mais pour porter le fruit dont parle Jésus il faut entrer dans la contemplation du Père. Marthe fut une fille de prière et de contemplation. Cette rencontre de Dieu en Jésus-Christ lui a permis d'aider, combien de visiteurs, à se remettre dans le dynamisme de Pâques, c'est-à-dire de la mort et de la résurrection, de l'enfouissement et du fruit, de la contemplation et de l'action. C'est dans ce grand courant que chaque chrétien est appelé à se situer. Chacun à sa place. Chacun avec ce qu'il est et ce que Dieu lui demande. Chacun avec ses dons, ses qualités, sa soif de Dieu. Marthe a tenu la sienne, elle l'a bien tenue. Nous pouvons rendre grâce pour son sens et son amour de l'Église. Consacrant sa vie à Dieu, témoignant de l'absolu de Dieu, elle a toujours voulu être fille de l'Église.

« Mais cela, elle a voulu le vivre dans la discrétion et l'humilité, sachant très bien dans son fort bon sens que la foi est d'un autre ordre que le sensationnel. C'est pour cela aussi que nous respectons ce qu'elle a vécu, tout en rappelant la force de son adhésion au Seigneur.

« Vous attendez des signes, disait Jésus à ses détracteurs. Il ne vous en sera pas donné d'autre que celui de Jonas. C'est sur la résurrection de Jésus que notre foi se fonde. C'est sur cette résurrection que nos vies prennent leur sens.

« Marthe Robin, que Marie, mère de Dieu et mère de l'Église, Marie que vous avez si souvent priée, vous conduise vers son fils ressuscité, le rédempteur de l'homme [27]. »

L'office se poursuit dans une intense ferveur. Six mille communions sont distribuées et on manque d'hosties.

Après le *Magnificat* et le *Salve Regina*, le cortège funèbre quitte le sanctuaire et se fraie difficilement un passage au milieu de la foule qui remplit l'esplanade et chante l'*Ave Maria* de Lourdes. Puis trois cars emmènent les prêtres et la famille jusqu'au petit cimetière de Saint-Bonnet-de-Galaure, où Marthe va reposer aux côtés de ses parents, de son frère et de ses sœurs; une tombe toute simple sur la pierre de laquelle est dressé un crucifix. Depuis ce jour, elle n'a jamais cessé d'être couverte de fleurs, et deviendra un lieu de pèlerinage pour tous ses amis et de nombreux prêtres, religieux et religieuses, qui y rediront les paroles de leur consécration et le message même que Marthe a fait inscrire sur la dalle de granit :

« Qui reçoit celui que j'aurai envoyé me reçoit. Et celui qui me reçoit, reçoit Celui qui m'a envoyé. »

La tombe de Marthe se referme, la foule se retire en silence, rendant le petit cimetière au milieu des labours à sa paix campagnarde, seulement traversée par le chant de l'alouette.

Les journalistes ont dicté leur papier au téléphone. Très critiqués pour leur sans-gêne et leur impertinence *, bousculant ce milieu fervent de piété à laquelle la plupart sont

---

* Sans parler d'inexactitudes flagrantes, dont voici quelques échantillons : « Marthe Robin avait fait vœu de ne plus s'alimenter; elle refusait toute nourriture. » « Elle guérissait par imposition des mains. » « Elle communiait journellement. » « Elle était prostrée depuis plusieurs dizaines d'années. » « Cette femme autoritaire menait tout son monde. » « Le niveau intellectuel des stigmatisées atteint tout juste la normale », etc. Mais la palme de ce « bêtisier » revient au *Monde* : « Elle a déçu ceux de ses fidèles qui la croyaient immortelle. Personne, en dehors de quelques membres de son entourage, ne peut prétendre avoir vu ses stigmates et, en faisant preuve d'un total scepticisme, on pourrait même imaginer plusieurs Marthe Robin jouant le rôle tour à tour. On interdit aux visiteurs de se munir d'une lampe de poche, qui d'ailleurs s'éteindrait automatiquement. »

Libération n'est pas de reste : « A l'exception de son père spirituel, nul n'a jamais pu l'approcher. »

étrangers, ils vont quand même utilement contribuer à déchirer le voile de mystère qui, jusqu'à ce jour, masque le vrai visage de Marthe Robin, par sa volonté de rester humble et cachée il faut le dire, et par les consignes impitoyables du père Finet et des évêques. Il en résultait que « le secret de Marthe * » devenait une affaire un peu trop mystérieuse, donc trouble, ce dont les journalistes athées ou sceptiques prenaient prétexte pour dire n'importe quoi. Après la mort de Marthe, le silence n'était plus de mise.

Le premier, dans son lumineux éditorial du *Figaro* du 16 février 1981, Jean Guitton annonçait :

« Elle a voulu l'incognito total. Mais je suis bien sûr qu'après ses douces funérailles, des centaines de témoins vont rompre la consigne du silence pour se dresser et faire connaître cette humble fille de France qui, simplement, obscurément, a vécu au plus haut point concevable, ce qui est le fond du christianisme : la Passion (divine), la compassion (humaine). Sur toute la planète elle a fondé des foyers d'amour. »

Cependant, l'Église, dès sa mort, modéra tout enthousiasme. On a lu l'article de Mgr Marchand dans *la Croix*. Lui fit écho celui que publia le 13 février 1981 *Peuple libre*, l'hebdomadaire diocésain de Valence :

« Marthe Robin a expressément voulu vivre dans une totale discrétion. Beaucoup de retraitants du Foyer sont venus la trouver dans sa chambre de ferme, toujours à demi obscure car les yeux de Marthe ne supportaient pas la lumière. Elle écoutait tous ceux qui lui confiaient leurs douleurs et leurs espoirs, tous ceux qui cherchaient une lumière spirituelle. Et ceux qui l'ont approchée rendent témoignage de son parfait équilibre, de la robustesse de son bon sens, de son réalisme concret. Ils savent aussi la profondeur de son amour pour Dieu, son attachement tout particulier à la Vierge Marie ; quelques-uns même ont été frappés par ses intuitions.

« Mais ce qu'on retient le plus d'elle, c'est à la fois sa discrétion et sa profonde intériorité. Marthe voulait vivre en fille de l'Église. Même si elle est à l'origine d'une grande œuvre, elle ne s'est jamais crue investie d'une mission plus

---

* Des expressions comme « des grâces exceptionnelles seront un jour révélées pour la plus grande gloire de Dieu [28] » reviennent souvent dans les discours et écrits des proches de Marthe, notamment le père Finet.

ou moins officielle *. Elle voulait rester à sa place de malade handicapée, chargée de la prière. Elle disait souvent : “ Ne parlez pas de moi ; mon rôle est de prier et d'offrir. ” Là est toute l'âme de Marthe.

« Un jour, nous aurons à reparler de Marthe Robin. On écrira peut-être beaucoup sur elle. Pour l'instant, le cœur est encore à l'espérance. Pourtant, dimanche dernier, dans l'église paroissiale de Châteauneuf, un frisson parcourut l'assemblée et elle chanta avec émotion en pensant à cette “ petite Marthe ” dont aimait à parler Mgr Pic : “ Le Seigneur fit pour moi des merveilles. Il élève les humbles. ” »

Canonisée, Marthe Robin ? C'est la question que se posaient en cette fin de fête mortuaire beaucoup de fidèles, mais aussi de journalistes. Et le reporter du *Provençal*, G. Le Maout, de répondre sagement : « Pour l'heure, elle repose, lumière spirituelle, à l'abri des excès des hommes. »

Mais ce ton sage ne faisait pas l'unanimité des médias.

Certains journalistes ont peut-être été déçus, comme d'ailleurs beaucoup de braves gens dans la foule, de ne pas voir soudain éclater quelque miracle, ou seulement d'entendre quelque allusion, dans les discours officiels, à cette vie extraordinaire, comme si, décidément, en cette fin de siècle marquée par le matérialisme et le rationalisme terre à terre, l'Église ne voulait pas se compromettre avec le « surnaturel », avec les mystiques, qui sont pourtant les témoins du Christ auxquels elle se réfère.

Des prêtres ont même regretté cette prudence, tel l'abbé Richard, de *l'Homme nouveau* :

« Il est notoire que la direction des Foyers de charité n'a jamais mis l'accent sur l'extraordinaire, qu'elle l'a toujours posé discrètement sous le boisseau ; et qu'en tout cas le boisseau était hermétique tout au long de la cérémonie des

---

* Dans un texte du 7 septembre 1931, Marthe s'était définie tout en nuances : « Je veux obtenir par mes souffrances de quoi me faire une belle carrière apostolique après ma mort, jusqu'à la fin des temps. Obscure et ignorée, ce sera mon privilège dans le ciel. Sans nom, sans gloire connue de la terre, je veillerai sur les miens si chers, sur tous, parée de la belle couronne de ma grande mission qui se poursuivra plus rayonnante, plus vaste encore. Connue que de ceux que je viendrai visiter, fortifier, encourager, relever, et encore ne sauront-ils pas toujours que c'est moi, si souvent je leur demeurerai invisible [29]. »

funérailles. Beaucoup, dans la foule des assistants, y compris les cinq évêques et les deux cents prêtres, étaient bien conscients que Marthe Robin représente un trésor, à propos duquel s'impose la recommandation évangélique selon laquelle il faut se garder d'offrir des perles à ceux qui ne sont pas encore capables de les apprécier.

« Cependant, cela veut-il dire qu'il faille continuellement occulter les signes de Dieu ? Certains articles se sont permis des insinuations malveillantes. On y arguait de la discrétion pour soupçonner des manœuvres, des trucs, des simulations. Et c'est pourquoi, le moment venu, il ne sera pas inutile de soulever un peu le voile, sous lequel il n'est pas toujours opportun de resserrer les " secrets du roi ". Les phénomènes de ce genre sont des signes d'une grande importance. Il ne faut pas les sous-évaluer. »

Appel entendu ; ce livre en témoigne. La discrétion, c'est bien. Mais la vérité, c'est mieux encore, « la vérité qui nous libère ». L'Église a été sage de supprimer récemment l'article du droit canon interdisant de parler de nouveaux phénomènes d'apparition susceptibles de survenir ici ou là.

Quant aux « phénomènes extérieurs », s'ils ne sont que des effets accessoires qu'il ne faut pas confondre avec la cause, le fait qu'ils conduisent parfois à la source devrait suffire pour qu'on les prenne en considération avec un maximum de respect religieux et de rigueur scientifique.

C'est ce que nous allons tenter de faire dans la seconde partie de ce livre.

DEUXIÈME PARTIE

LES MYSTÈRES

Si nous étions tous capables de prier, nous ferions tous des miracles.

Docteur Françoise Dolto, psychanalyste.

1

MARTHE ROBIN DEVANT LA SCIENCE

Le procès de béatification de Marthe Robin ayant été introduit en 1987, faisons-nous « l'avocat du diable », et d'emblée, posons nettement les questions :

Marthe Robin était-elle une simulatrice ? Était-elle une malade hystérique, sincère mais victime d'illusions, d'hallucinations, d'autosuggestion ? Sinon, que faut-il penser des phénomènes extraordinaires de sa vie : inédie, perte totale du sommeil, stigmates, extases, visions, bilocations, télékinésie ?

Si les mystiques n'étaient que de pieux ascètes occupés à prier des entités invisibles, ils ne gêneraient personne. Mais en ébranlant le conformisme de la science et son dogmatisme, ils posent un irritant problème qui semble remettre en question le laborieux échafaudage logique par lequel cette science tente de définir les « lois naturelles » qui régissent notre corps et son environnement. Car ce qui paraît secondaire au mystique fait figure d'anomalie choquante pour l'homme de science, qu'il soit prisonnier de ses certitudes ou en recherche d'une fuyante vérité.

Examinons d'abord la première proposition : Marthe Robin était-elle une simulatrice de génie ?

Avant de répondre, plaçons le problème dans sa généralité. L'Église a canonisé de nombreux mystiques sujets à des manifestations paranormales. Or, très sévère sur le plan de la morale, elle ne reconnaît un saint qu'après une longue enquête dont un des critères est l'absolue sincérité. Un saint simulateur, c'est impensable ! Car la simulation révélerait non seulement le mensonge, mais aussi le désir illégitime de rechercher une popularité malsaine dont on tirerait avantage.

En outre, c'est une constante du mysticisme authentique, le mystique, son entourage, les autorités religieuses dont il dépend sont très gênés par ces manifestations. Ne pouvant les empêcher, ils tentent par tous les moyens de les cacher, puis de les minimiser. En quoi le fait de voler dans les airs la tête en bas, comme la mère Lukardis, sert-il à la démonstration de la sainteté, qui est d'ordre spirituel et moral ? De nos jours, même les biographes sont plutôt embarrassés par ces manifestations ; loin de les mettre en valeur, ils ont tendance à leur accorder le moins d'importance possible, ce qui est d'ailleurs une attitude tout aussi antiscientifique que l'excès inverse des observateurs trop crédules de jadis.

De toute évidence, Marthe Robin n'était pas une simulatrice. Comme nous l'avons montré et bien qu'il n'existe pas de rapport médical aussi précis que pour le padre Pio, on ne peut contester les stigmates. De 1930 à 1939, les volets de sa chambre restèrent ouverts ou entrouverts ; des milliers de personnes ont vu ou entrevu les stigmates ou ses effets ; ensuite, il régna dans la chambre une obscurité atténuée par une veilleuse, mais, pour certains visiteurs de marque éventuellement incrédules, le père Finet éclaira avec sa lampe de poche le front et le visage sanglants de Marthe en extase. Le Dr Assailly, médecin neuro-psychiatre, a examiné la plaie du côté et en a témoigné.

Qu'il s'agisse des stigmates, de l'inédie ou de l'insomnie, Marthe était trop franche et trop simple pour jouer une comédie indigne d'elle et de tout ce qu'elle voulait être : transparente.

Impensable aussi que le principal témoin, le père Finet, auquel le pape Jean-Paul II a rendu hommage, et dont toute la vie témoigne d'une véritable sainteté, ait pu se prêter à une manipulation indigne. Il n'avait rien d'un exalté et il n'a pas tout dit !

Donc, difficile de parler de complot ou de simulation. Personne n'aurait pu tenir ce rôle pendant cinquante ans. Dans la longue histoire des vrais et faux miracles, toutes les simulations ont été rapidement déjouées et les autosuggestions n'ont jamais duré. Marthe Robin n'avait pas que des amis à Châteauneuf. Sans le vouloir elle a bouleversé l'échiquier politique local. Or, ses ennemis ne sont jamais parvenus à introduire ne serait-ce que le doute, aucun de ses évêques n'a jamais prononcé de mise en garde.

A propos de l'inédie, Jean Guitton, qui visita Marthe quarante fois en vingt-cinq ans et observa l'entourage de son œil acéré de psychologue, a fait comme les milliers de visiteurs aux esprits défiants, non seulement des ecclésiastiques formés à déjouer les faux mystiques, mais aussi des laïcs franchement incrédules en matière de miracle, ou tous ces gens de loi, médecins et psychiatres qui l'ont visitée.

« Je me demandais comme eux : " Qui donc la ravitaille clandestinement ? " se dit-il lors de ses premières visites. Et d'observer comme un détective les regards, les démarches, les paroles de l'entourage. Il conclut : « La fraude n'était pas seulement improbable, mais impossible. Supposer que Marthe ait pu abuser d'enquêteurs si différents est plus improbable que l'absence de nourriture [1]. »

C'est aussi l'avis de Roger Chateauneau, l'un des journalistes les plus critiques à l'égard de Marthe, qui écrit dans *Paris-Match* du 21 février 1981 : « Pas un metteur en scène n'arriverait à mettre sur pied un pareil scénario, dont la force percutante repose sur la nudité complète des moyens et la loi du silence. »

Non, il n'est pas pensable que Marthe ait pu toute sa vie et malgré ses souffrances berner sa famille, son curé dont on a vu la méfiance, ses évêques non moins méfiants au début, un homme aussi réaliste que le père Finet, ce théologien qui lâcha tout pour se consacrer à elle et à son œuvre, d'autres théologiens avertis, des philosophes et enfin les médecins, une dizaine de généralistes régionaux, un chirurgien (M. Ricard), trois psychiatres (MM. Dechaume, Couchoud et Assailly.)

Une simulatrice ramène tout à elle ; elle est égocentrique. Marthe au contraire ne cherche qu'à aider les autres. Elle ne parle jamais d'elle. Ses facultés paranormales l'importunent. Ne pouvant les cacher à ses proches, elle exige le secret, ou la plus grande discrétion.

Le Dr P.L. Couchoud parle cette fois en psychiatre :

« Marthe a une extrême défiance de ce qu'on peut appeler le " merveilleux ", écrit-il à Jean Guitton. Et pourtant, ce merveilleux pousse autour d'elle comme une herbe folle, qu'elle voudrait couper. Elle ne peut l'empêcher de pousser : ceux qui sont autour d'elle cultivent cette ivraie *. Mais à mon point de vue, le merveilleux chez Marthe est précisément qu'il n'y a pas de " merveilleux ", au sens propre du terme. Ou plutôt, je puis, comme le conseille Husserl, mettre ce " merveilleux " entre parenthèses. Je ne retiens chez Marthe que sa pensée. Or celle-ci est raisonnable [2]. »

Quel plus bel hommage d'un homme de science agnostique ? Il ajoute à propos de l'inédie : « Quand on connaît les lieux, les personnes, la disposition des journées, la fraude me paraît absolument invraisemblable. »

Dans la mesure où l'on juge l'arbre à ses fruits, on doit admettre que les siens sont éloquents. Des milliers de détresses soulagées, des gens sans but ramenés à une foi agissante, des jeunes qui se consacrent aux autres au lieu de jouir égoïstement de la vie, des dons aussitôt redistribués aux plus pauvres.

On simule, on fraude pour un bénéfice égoïste. Marthe et les siens n'ont jamais profité des millions déversés par la générosité des fidèles. Comme les membres de sa famille, elle a vécu et elle est morte aussi pauvre qu'elle est née, simple paysanne de Galaure.

Sa générosité surtout plaide en sa faveur. Favorisée de visions, elle aurait pu n'être qu'une contemplative coupée du monde. Mais, comme le souligne Bergson, « les vrais mystiques se révèlent grands hommes d'action, à la surprise de ceux pour qui le mysticisme n'est que vision, transport, extase ».

Étant acquis que Marthe Robin n'était pas une simulatrice, peut-on expliquer ses phénomènes étranges par quelque maladie hystérique ?

Toutes les extatiques sont qualifiées de « personnalités hystériques » par les scientifiques athées qui, ne pouvant concevoir l'existence d'entités invisibles et de vie après la mort, n'ont d'autres moyens pour expliquer ces phénomènes extraordinaires qui sortent du cadre de leurs lois.

Le rationaliste, enfermé dans son ego qui limite ses perceptions transcendantales, ne peut admettre que l'état mys-

---

* On se demande à qui s'adresse cette pointe. Sûrement pas au père Finet ! Probablement aux gens simples du pays, fiers de leur sainte.

tique est une union avec une entité extérieure qu'on ne peut voir avec les yeux du corps, et qui apporte à cet extatique une énergie, indéfinissable par les moyens ordinaires de la science.

Le mystique échappant à l'expérimentation, on va chercher ailleurs pour expliquer ses états et autres phénomènes étranges dont il est le siège, mais cet « ailleurs » reste pauvre lorsqu'il se limite aux manifestations physiques, surtout si elles sont observées en hôpital psychiatrique !

Mais enfin, ces scientifiques travaillent avec ce qu'ils ont sous les yeux. Et voyant certaines malades affligées d'anomalies nerveuses pathologiques sujettes aussi à des états ressemblant au mysticisme, ils franchissent un peu vite le pas de l'amalgame. Cependant, ce n'est pas parce que tel fou voit Dieu ou croit le voir (et pourquoi pas ?) que tous les extatiques relèvent de l'hôpital psychiatrique !

Dans ce domaine périlleux, l'Église recommande de juger de la sainteté d'un mystique par son équilibre, sa volonté d'œuvrer pour les autres et pour le bien, ce qui est le cas de Marthe comme de tous les mystiques canonisés. Quant aux autres, les personnalités paranormales non mystiques, je suggère d'éviter de les juger, même s'ils relèvent de l'hôpital psychiatrique. Pourquoi ? Parce que les définitions de l'hystérie sont tellement contradictoires qu'il est impossible de prendre ces définitions au sérieux.

Le *Nouveau Larousse médical* (p. 513) définit l'hystérie comme « une névrose caractérisée par une disposition à exprimer par des manifestations corporelles spectaculaires des troubles ou des conflits affectifs inconscients ». Elle implique un terrain psychologique particulier chez une personnalité pathologique. « Elle se caractérise essentiellement par la suggestibilité. L'hystérique reproduit des maladies organiques, c'est un acteur qui se prend à son propre jeu. La personnalité est inconsciente, immature, avec un égocentrisme très marqué. L'affectivité est pauvre (*sic*), ses émotions restent superficielles, il (?) donne à son entourage une impression d'inauthenticité. »

Il suffit donc de lire ce passage pour savoir que Marthe Robin n'était pas « hystérique » !

En fait, rien n'est simple chez l'être humain réel qui se joue de nos définitions et échappe à nos tiroirs.

Globalement, l'hystérique profonde * se caractérise comme possédant, ou plutôt possédée par une sensibilité exagérée, à fleur de peau. Marthe était calme, équilibrée et silencieuse ; l'accentuation de l'ego : elle était entièrement donnée aux autres ; le mensonge pathologique : elle a passé sa vie à débusquer le mensonge chez ceux qui lui demandaient conseil et son âme était transparente.

Recherchons chez les fondateurs de la psychiatrie d'autres définitions de l'hystérie. Charcot a surtout démontré son talent d'hypnotiseur en s'exerçant à la Salpêtrière sur des êtres faibles à l'esprit dissocié.

Babinsky, critiquant d'ailleurs les expériences de Charcot, a défini l'hystérique comme étant la proie de la suggestion. Les symptômes sont suscités par elle et supprimés par la contre-suggestion. Rien de tel chez Marthe. On lui suggère en vain de mettre fin aux phénomènes tels stigmates, inédie, clairvoyance.

Pour Janet, l'hystérie est un désordre mental qui s'exprime par une exagération de la sensibilité. C'est le cas de Marthe. Mais il ajoute que l'hystérique souffre de rétraction du champ de la conscience, avec amnésie. Or Marthe étonnait ses visiteurs par la puissance de sa mémoire.

Freud parle de refoulement des idées pénibles dans le subconscient. Or Marthe acceptait la souffrance, dans son identification à la passion du Christ.

Il est évident que la folie est incompatible avec la sainteté et c'est là le critère. L'hystérique profonde est irritable, mobile, menteuse, sensuelle ; elle manque de jugement, de pondération, de convenance ; elle est impropre à un travail sérieux. Dans la grande hystérie domine l'idée fixe, le vol, le mensonge, l'impuissance à surmonter les passions, la perversion sexuelle. C'est tout le contraire de l'état de sainteté qui implique ascèse, don de soi et parfaite maîtrise.

Maître de ses passions grâce à la pratique de l'examen de conscience et à une forte volonté, le vrai mystique est libre ; pas le malade. Le malade mental subit son état et demeure prisonnier de son système, soit psychiquement (c'est alors une névrose), soit chimiquement par dérèglement hormonal, soit physiologiquement par lésion cérébrale. Le mystique accepte la souffrance et la transcende. Elle lui devient

---

* Par définition, c'est une femme. Hystérie vient du grec *hustera* : matrice, ou du latin *uterus*. Il existe toutefois des exceptions masculines.

supportable et même désirable; il s'en sert alors de tremplin, il la chevauche comme un cheval sauvage pour d'étonnantes conquêtes. Marthe Robin en est l'exemple, comme bien d'autres mystiques : Thérèse d'Avila, François d'Assise, Thérèse de Lisieux.

« L'expérience mystique est une suprême affirmation de la volonté et de la liberté, qui en sont deux composantes fondamentales et en constituent l'exigence préalable », précise Aimé Michel [3].

Cela dit, rien n'est absolument tranché. Des malades hystériques peuvent bénéficier, comme par éclair, d'extases réelles; et certains mystiques authentiques, parfois canonisés par l'Église, ont souffert de troubles d'hypersensibilité qui s'apparentent à ce qu'on appelle l'hystérie.

Il convient donc de démystifier ce terme. Si l'hystérie profonde n'a aucun rapport avec la mystique, on reste indécis quant à l'hystérie légère. Et alors se pose une redoutable question : est-ce le trouble mental qui (à la manière de la souffrance) ouvre la voie à l'état mystique, par modification physiologique de l'appareil cérébral, entraînant de nouveaux états de conscience; ou est-ce l'inverse : l'invasion (jusqu'à la possession) d'une entité extérieure, qui provoque des troubles somme toute bien compréhensibles?

Si l'on admet, comme dans la Bible, que « l'on ne peut voir Dieu sans mourir » (mourir physiquement *), il semble évident que celui qui en approche de très près et survit a quelques raisons d'être ébranlé!

Dom Aloïs Mager, professeur à la faculté de Théologie de Strasbourg, reconnaît que Thérèse Neumann, à la suite de son accident de jeunesse, présente des signes d'hystérie. Cependant, dit-il, « elle est d'un caractère bien ferme où la religion a vaincu le côté psychique et moral de l'hystérie et l'a empêché de dominer [4] ».

Ce savant bénédictin n'en est pas moins profondément troublé en se posant comme nous la question de savoir « si les phénomènes mystiques peuvent être causés par les troubles fonctionnels ». Il l'admet. Et je ne comprends pas

* Cependant, Marthe a confié à Jean Guitton : « On m'a souvent dit qu'on ne peut voir Dieu sans mourir. Mais avec Jésus on voit Dieu et on ne meurt pas. On voit Dieu et on vit. »

sa gêne, car on ne voit pas en quoi cela diminue le caractère surnaturel de l'extase. Les voies de Dieu sont impénétrables.

Soyons clairs. Marthe Robin, tout comme Thérèse d'Avila, Catherine de Sienne, Thérèse Neumann, Catherine Emmerich, Thérèse de Lisieux, présente aussi des signes pathologiques. Qui contestera que Marthe était une grande malade dont, enfant, le cerveau en formation avait été lésé par la fièvre typhoïde, plus tard par une encéphalite léthargique ? Ses crises violentes attribuées au démon pourraient être des phénomènes épileptiformes, ce qui n'infirme nullement la thèse d'une origine démoniaque, puisque l'épilepsie symptomatique n'est pas une maladie (comme l'épilepsie essentielle) mais, comme la fièvre, un symptôme ? Quoi d'étonnant que le démon donne la fièvre ou des manifestations épileptiques ? Non ; avouons-le ; ce qui choque, c'est que le démon existe ; mais là c'est un autre débat, que les scientifiques se refusent d'aborder.

Allons jusqu'au fond des choses et posons carrément la question : hystérie légère et sainteté sont-elles incompatibles ?

Le Dr Bernheim signale que toutes les femmes hystériques sont émotives, mais qu'elles peuvent rester équilibrées, dépourvues de crises de nerfs et garder le sens moral.

Le Dr Thurston, savant jésuite et médecin psychiatre dont les études font autorité, assure que « nous devons abandonner l'idée que les désordres hystériques ne s'observent que chez les sujets manifestement névrosés, déséquilibrés, menteurs, égoïstes et faibles d'esprit : il n'y a pas d'antinomie forcée entre la présence simultanée de la sainteté et l'apparition de certaines névroses ordinaires classées parmi les hystéries, extériorisées de temps à autre par des phénomènes sensationnels [5] ».

On connaît plusieurs cas de supérieures de monastères ayant subi à un moment ou à un autre des attaques caractéristiques d'hystérie, avec dédoublement de la personnalité : mère Béatrice de Jésus, clarisse de Grenade au XVIIe siècle ; mère Costante-Marie Castreca, à Fabriano (Italie) ; et naturellement la fameuse prieure volante, mère Lukardis. Toutes possédaient les stigmates dont elles se cachaient modestement.

Thérèse d'Avila était aussi une grande malade, dont les symptômes rappellent ceux de Marthe Robin. A dix-huit ans, elle fut frappée par une étrange maladie, certainement d'origine hystérique, due sans doute à un conflit insoluble entre ses natures charnelle et spirituelle.

Persuadée qu'elle est damnée, elle fait un essai dans un monastère, mais ne peut tenir. « Ce qui me déterminait c'était plutôt la crainte servile que l'amour de Dieu » (*Vie*, III, p. 32).

Elle y fait profession malgré l'opposition de son père, ce qui accentue ses conflits psychiques. « Le mal était si intense qu'il me privait presque de mes sens et quelquefois complètement. Les médecins ne pouvaient me guérir. »

Un an plus tard, elle est obligée de quitter le monastère. Elle n'en connaît pas moins ses premières extases, mais le conflit entre ses deux natures persiste. Nouvelles crises. Son confesseur tombe amoureux d'elle, ce qui n'arrange rien ! Où qu'elle se tourne, elle se trouve en conflit entre l'âme et la chair.

« Je souffrais de grandes tortures. Parfois il me semblait qu'on me déchirait le cœur. On craignait que ce fût la rage. J'étais épuisée car je ne prenais aucune nourriture ; je me contentais d'un peu de liquide ; j'étais dégoûtée de tout, dévorée par une fièvre continuelle, si dévorée par un feu intérieur que les nerfs commençaient à se contracter avec des souffrances tellement insupportables que je ne trouvais aucun repos ni jour ni nuit. Tous les médecins me condamnèrent. Outre ces maux, disaient-ils, j'étais frappée d'étisie [amaigrissement extrême]. J'étais absorbée par la souffrance qui s'étendait avec une égale intensité des pieds à la tête. Il semblait impossible de pouvoir souffrir tant de maux réunis » (*Ibid.*, p. 49).

Elle a une crise au cours de laquelle elle reste quatre jours dans le coma. On lui administre les derniers sacrements. On la croit morte et on lui scelle les yeux à la cire ! On creuse sa tombe au monastère. Mais elle se réveille, elle se confesse. Toujours dévorée de scrupules, elle se croit damnée.

Résultantes du conflit interne, ses tortures physiques continuent : « Ma langue était en lambeau à force d'avoir été mordue. » (Donc, elle souffre d'épilepsie, c'est bien un mal psychosomatique.) « Ma gorge était tellement resserrée que je me sentais étouffer et ne pouvais même pas avaler un peu d'eau. » (Trouble de la déglutition.) « Mon corps me semblait tout disloqué et ma tête dans un désordre complet.

J'étais toute roulée sur moi-même comme un peloton. Je ne pouvais remuer les bras, les pieds, les mains, la tête comme si j'eusse été morte. Il n'y avait qu'un seul doigt de la main droite qu'il me fût possible de mouvoir. On ne savait comment me toucher, car je ne pouvais le supporter, tant le corps tout entier était endolori. Pour me changer de place on était obligé de me soulever à l'aide d'un drap. »

Puis la crise passe, mais « mon dégoût pour la nourriture était très grand » (*Ibid.*, V, p. 53).

On l'a compris, Thérèse d'Avila était à ce moment de sa vie hystérique. Et pourtant c'est l'une des plus grandes saintes de l'Église. Ses symptômes sont bien ceux de Marthe Robin.

L'autre Thérèse, la « petite » qui est aussi la plus grande, souffrait d'étranges maux qui rappellent encore ceux de Marthe.

Enfant, Thérèse Martin fut frappée d'une étrange maladie physique qui la mit aux portes de la mort, crise qu'elle attribua au démon et dont la guérison inexplicable fut marquée, comme pour Marthe Robin, par une vision de la Vierge.

Comme nous, le Dr Thurston s'interroge : « Fut-ce une conséquence de l'hystérie, ou en dépit de cette condition psycho-physiologique qu'elles présentèrent aussi de remarquables phénomènes d'ordre mystique ? »

La réponse me semble dans la rupture du dualisme. Chez le croyant ordinaire il y a moi et Dieu. Chez le mystique le moi s'efface, le Dieu caché se manifeste. Alors, tout est possible.

Malheureusement, rien n'est totalement pur, et tous les saints en ont fait la rude expérience. Le moi refoulé n'est pas détruit. Il est capable de provoquer des révoltes internes en récupérant à son profit l'énergie déversée par la Transcendance. On parle alors de possession diabolique, qui se manifeste par des phénomènes physiques : corps secoué, projeté, étranglé ; meubles déplacés, bruits étranges ; et physiologiques : visions, dédoublement de personnalité. Ce qui est sûr, c'est que ce moi est poussé, porté ou contrarié par une force invincible.

Essayons de conclure.

Pour la science, Marthe Robin est une grande malade ; à

la limite une hystérique. Mais on voit mal la cause d'une névrose, puisque finalement Joseph Robin a accepté Marthe. Pour Thérèse d'Avila il s'agissait d'un conflit entre ses pulsions sexuelles et ses convictions religieuses. Marthe n'eut pas ce genre de problème.

Et, là, il faut écouter l'un des médecins qui, contrairement à ceux qui la jugent sans jamais l'avoir vue, ont le mieux connu Marthe Robin. J'ai longuement interrogé le Dr Alain Assailly, neuropsychiatre parisien, dont j'ai déjà cité un témoignage. Voici ce qu'il m'a répondu :

« Marthe Robin était-elle hystérique, comme le prétendent certains de mes confrères ? Je ne le crois pas.

« Je souhaite d'abord dénoncer la confusion entretenue entre les aspects " hystéroïdes " normaux de l'enfance (lié par son imagination, son besoin de s'affirmer, de se rendre intéressant, de se laisser suggestionner) et l'hystérie, larvée ou non, de l'adulte, qu'on ne peut confondre, surtout chez les mystiques véritables, qui sont, en fait, des super-adultes. Tous ceux qui ont vraiment connu Marthe ont pu le constater. Le véritable " esprit d'enfance " n'a aucun rapport avec cette " hystérie " légère.

« Les hystériques, même au petit pied, sont pleins d'eux-mêmes et leur imagination est, chez eux, un vase d'expansion dans lequel ils se complaisent. Ils aiment souvent donner aux autres, mais ne donnent en fait que le trop-plein d'eux-mêmes plus ou moins lourd de sexualité insatisfaite ; ils ne construisent rien de valable.

« Les mystiques véritables sont, au contraire, vides d'eux-mêmes mais pleins de ce que Dieu leur donne. Vivant de grâces, ils quittent vite le rez-de-chaussée de leurs instincts et le premier étage de leurs fonctions sensibles (et notamment de leur imagination) pour s'installer à l'étage supérieur de leurs facultés nobles : volonté, intelligence, capacité d'aimer (au sens du mot *caritas*). Leur " je ", leur " moi " et leur " soi " se spiritualisent sous l'*inspiration* et l'*aspiration* de l'Esprit Saint.

« Chez le mystique chrétien, il y a certes la rupture volontaire des amarres qui retiennent le sujet aux niveaux inférieurs, instinctuels et sensibles ; mais il y a en outre le vide des puissances supérieures qui prélude à l'accueil de l'Esprit. Comment s'étonner dès lors de la consistance même de leur vie et de la solidité de leurs réalisations sur le plan des valeurs spirituelles qui n'excluent pas d'ailleurs les valeurs humaines qu'elles transcendent ?

« Quant à l'hypothèse d'une hystérie légère sublimée et transcendée, sorte de sublimation méritoire de la névrose, on peut l'observer chez les mystiques en voie de progression, mais pas chez Marthe Robin, qui subissait chaque semaine les purifications rédemptrices de la Passion. Chez elle, l'amour total exigeait qu'elle vive cet amour à tous les instants.

« L'hystérie, je le répète, suppose un fond mental particulier fait de mythomanie souvent un peu perverse, de vanité puérile et d'hypersuggestibilité. Marthe était la loyauté même et son humilité nous confondait.

« Quant aux manifestations physiques dont elle était l'objet : paralysie, inédie, absence de sommeil, photophobie, elles sont dues à l'encéphalite léthargique dont elle fut victime dans sa jeunesse, en trois poussées virales successives, qui ont touché d'abord les membres inférieurs, puis les membres supérieurs, et enfin le pharynx et la vision.

« L'hystérie présente, au plan des symptômes, des manifestations assez voisines. Pourquoi ? En raison de l'atteinte du diencéphale susceptible d'entraîner des troubles neurovégétatifs. Encéphalitique, Marthe pouvait donc présenter des manifestations " hystériformes " (états léthargiques notamment) sans être hystérique au sens médical précis de ce terme.

« Le cas de Marthe Robin est particulièrement riche en leçons, pour nous médecins notamment ; car si notre rôle est d'aider le corps dans ses fonctions diverses autant que faire se peut, il est aussi de tenir compte de l'*esprit* qui, s'il était le banal produit de notre organisme, n'aurait pas pu se développer à ce point chez elle, dont le corps était réduit à si peu de chose *. »

C'est aussi ce point qui a frappé le Pr Arthur Tatossian, neuropsychiatre à la faculté de médecine de Marseille :

« L'approche psychanalytique doit s'arrêter là où commence l'essentiel de l'œuvre d'art ou le phénomène religieux. Alors que la folie est une absence d'œuvre, Marthe sera à l'origine d'une œuvre véritable et importante. »

* Témoignage inédit du 12 septembre 1990.

*

Pour le croyant, Marthe Robin demeure exemplaire. Comment dès lors rapprocher des thèses contradictoires ? On citera l'Écriture : quels sont ses fruits ? Ce livre apporte la réponse. Comment le corps si diminué de Marthe Robin a-t-il pu produire de tels fruits, voilà une autre question. Son cerveau est-il diminué ? Sans doute, pour ce qui concerne les centres du contrôle moteur, du sommeil, de l'appétit, etc., mais sous l'aiguillon de la souffrance, l'esprit est comme porté en avant. Le nouveau métabolisme dit « de survie » engendré par le jeûne total provoque-t-il des mutations inexplicables permettant la fusion de Marthe avec son Dieu, le dialogue ineffable avec le Christ ?

On dirait que certains êtres tentent de s'affranchir des servitudes de la matière pour passer de la pesanteur à la grâce, d'un monde à l'autre. Tel est peut-être le sens de l'évolution. « Tout se passe, a dit Jean Guitton, comme si ces émergences étaient d'autant plus intenses qu'elles surgissent d'une désintégration plus radicale[6]. » Comme si Dieu, en accord avec sa créature, se livrait sur elle à une expérimentation dont le but serait de montrer la voie de l'évolution vers l'*homo spiritus*. Jean Guitton compare Marthe à une ascète « qui diminue les fonctions qui l'adaptent à l'existence, afin d'en réveiller d'autres qui pourraient la préadapter à une vie plus libre et plus haute » ; un monde où régnerait l'amour.

Et telle est bien la finalité de Marthe Robin. Tout son douloureux passage sur la terre se résume à une aspiration passionnée vers l'Amour, qu'elle redistribue ensuite autour d'elle.

Qu'un amour aussi absolu ait des conséquences physiologiques et psychiques, quoi de plus normal ? C'est ce qu'exprime le père Lochet, du Foyer de charité de Peynier en Provence :

« Marthe ne parlait jamais de tous les phénomènes extraordinaires qui avaient marqué sa vie ; ses stigmates, ses passions d'amour, le fait qu'elle ne mangeait pas, ne buvait pas, ne dormait pas et se nourrissait exclusivement de l'hostie ; c'était là son secret vécu dans l'intimité du Bien-Aimé. Elle ne supportait aucune publicité. Et cependant, tout cela existait, avait un sens, une signification dans sa vie. C'était bien dans son cœur, dans son corps, dans son esprit l'expression de son amour, sa manière concrète de vivre le don et l'abandon total jusqu'au bout. Mais plus encore c'était comme la réponse de Dieu. Si elle se nourrit exclusivement de l'eucharistie, c'est bien pour nous dire en actes : ma vie c'est le Christ ; et le sang qui coule de ses plaies, c'est le sang du Christ ; ses souffrances c'est sa passion pour le salut du monde [7]. »

Finalement, on en arrive à cet étonnant paradoxe : comment un être lourdement handicapé peut-il devenir le creuset d'expériences nouvelles qui nous ouvrent la voie de l'avenir ?

Pour Jean Guitton, la réponse est claire : « Les états pathologiques ne seraient-ils pas parfois la condition de notre accession à ces états rares et privilégiés, semblables à des clés, qui soudain nous ouvriraient la chambre où sont les trésors [8] ? »

L'aiguillon de la souffrance nous porte en avant et en haut, à condition d'échapper à la tentation de la fuite par le bas, c'est-à-dire par le suicide.

Le jeûne provoque une modification radicale du métabolisme, donnant accès à la connaissance du Dieu offert, puis à son union, et accessoirement à divers phénomènes physiques ou psychiques. On ne peut séparer le corps de l'esprit.

Aimé Michel voit dans le contrôle de l'hypothalamus la clé physiologique des phénomènes mystiques. Situé à la base du cerveau, ce groupement de neurones est d'abord l'organe régulateur de la vie végétative : température du corps, appétit, soif. On a vu que les mystiques jeûnent et que souvent la température de leur corps s'élève paradoxalement ; que les yogi peuvent vivre nus dans la neige, ou supporter le feu.

Mais surtout, l'hypothalamus est lié aux états de conscience, par ses relations avec cet autre ordinateur cellulaire, la formation réticulée, qui commande l'état de veille, le sommeil et l'attention.

« La stimulation de l'hypothalamus postérieur, écrit Aimé Michel, provoque des états d'éveil attentif avec activation de l'E.E.G. cortical. Les ascètes jeûnent, contrôlent leur activité sexuelle, ont des états de conscience exceptionnels, on est frappé par la cohérence qui existe entre les phénomènes décrits et la transe physiologique découverte par la science. La physiologie du mystique forme un tableau, comme si le mystique utilisait la physiologie humaine conformément à l'ordre caché de celle-ci, mais à des fins inconnues se manifestant dans le prodige. Comme si quelque chose en lui savait comment obtenir de l'instrument créé par l'évolution biologique, à savoir son corps, des effets relevant d'une information supérieure à la sienne [9]. »

Cependant, les effets extraordinaires ne sont pas l'exclusivité des états mystiques. Les ascètes le sentent parfaitement, c'est pourquoi ils ne les considèrent jamais comme des fins en soi, mais comme des effets secondaires gênants qu'il vaut mieux éviter ou cacher, dans la mesure où ils représentent un danger pour leur modestie, leur état d'abandon à la Transcendance.

Ne les recherchent que les ascètes dévoyés qui font de l'argent ou de l'orgueil avec leurs pouvoirs et les mettent en valeur à la manière des médiums professionnels et autres fakirs, qui tendent non vers l'union à Dieu mais vers des avantages matériels vulgaires.

Dans cette perspective, on peut admettre que les phénomènes physiques sont secondaires, mais qu'ils font toutefois partie du plan divin, jouant un rôle dans la conversion des sceptiques et des indifférents en faisant remonter à la source de leurs manifestations.

Nous allons maintenant étudier ces phénomènes chez Marthe Robin, à la lumière des autres cas, toute cette chaîne de mystiques, depuis Thérèse d'Avila jusqu'au padre Pio, qui porte témoignage de la Transcendance, et ses marques parfois sanglantes.

2

ANOREXIQUE ET PRIVÉE DE SOMMEIL

> Ils n'auront plus ni faim ni soif. L'Agneau les conduira aux sources des eaux vives.
>
> *Apocalypse*, 7.

Parmi les phénomènes physiques les plus étonnants chez Marthe Robin figure le jeûne complet, ou *inédie*, considéré bien à tort par les sceptiques comme une pieuse légende. Il s'agit d'un fait très précis et important, une des clés, qui mérite que nous nous y attardions longuement.

Ce passage de l'Évangile de Jean s'applique exactement à Marthe Robin. Trouvant que Jésus jeûnait à l'excès, les disciples craignirent pour sa vie. « Ils le pressaient, disant : " Rabbi, mange. " Il leur répondit : " J'ai quelque chose à manger que vous ne connaissez pas. " Les disciples se disaient entre eux : " Quelqu'un lui aurait-il apporté à manger ? " Jésus leur dit : " Ma nourriture est de faire la volonté de Celui qui m'a envoyé et d'accomplir son œuvre [1]. " »

Le Christ possédait pourtant un corps bien charnel. Et Marthe aussi. Jean Guitton rapporte ce dialogue :

– Alors, vous ne mangez pas. Vous ne buvez pas. Vous ne dormez pas. Quelle drôle de vie !

– J'aimerais bien pouvoir manger, pouvoir boire un peu. Je compense en imaginant des menus.

Elle demeura pensive. Puis, faisant allusion aux colis des prisonniers et des pauvres :

– Les choses que j'y mets, je m'imagine les manger avec eux. Les odeurs, les parfums, je m'en souviens. J'ai toujours aimé le café. Le chocolat, je le trouve fade.

Comme les autres, Jean Guitton était fasciné par le jeûne

absolu de Marthe. Et comme les autres, bien qu'il ne l'avouât pas volontiers, il doutait. N'osant pas le dire franchement à Marthe, il l'attaqua de biais.

– Lorsque je raconte à un collègue [de l'Académie] que vous ne mangez pas, que vous ne buvez pas, il me répond que ce n'est pas possible : que certainement vous vous glissez la nuit dans votre garde-manger pour prendre un peu de fromage ou pour boire un peu d'eau.

Elle rit ; puis, redevenant grave :

– Je n'attache pas d'importance à ce jeûne, auquel Jésus m'a soumise. Je suis dans ma ferme, j'habite la maison de mon père ; j'ai mes vaches. Si je pouvais boire le lait de mes vaches, je ne m'en priverais pas [2].

Ce texte remet bien les choses à leur place. Mais il n'explique pas comment Marthe pouvait survivre sans manger ni boire, ni comment son corps (excepté à la fin) ne portait aucune trace de déshydratation ou de cachexie. On ne peut pas en douter. Les témoignages sérieux abondent.

De 1928, jusqu'à sa mort en 1981, elle a seulement absorbé l'hostie eucharistique, une hostie ordinaire. En général, ses proches lui humectaient les lèvres avec de l'eau ou du café, pour qu'elle puisse parler.

Elle ne pouvait pas boire, ne pouvant pas déglutir. Le père Finet a témoigné qu'il humectait sa langue avec un peu de liquide pour qu'elle ne colle pas au palais. Chaque matin, en montant à la Plaine, il apportait ce qu'on appelait « la gourde de Marthe », une petite bouteille entourée d'osier dans laquelle l'assistante du Foyer avait mis de l'eau additionnée de vin blanc, devant servir dans la journée à humecter sa bouche. Le liquide retombait sur un petit plateau placé sous le menton ; il était ensuite jeté dans le lavabo. Victorine Raynaud, qui l'assistait dans les années trente, a témoigné qu'elle lui demandait seulement de lui mouiller les lèvres.

Au cours d'une conférence à Châteauneuf le 12 février 1961, devant trois évêques, Mgr Vignancourt (Valence), Mgr Urtasun (Avignon) et Mgr de La Chanonie (Clermont-Ferrand), le père Finet a solennellement confirmé l'inédie de Marthe :

– Depuis 1930, elle ne mange pas, elle ne prend aucun liquide, pas même une simple goutte d'eau. L'eût-elle voulu, elle ne le pouvait pas. Tout mouvement de déglutition lui était impossible. Étant paralysée, aucune simulation n'est concevable, d'autant que sa vie est exposée au regard de toute la communauté.

Mais pour les sceptiques, de tels témoignages ne suffisent pas. Jean Guitton lui-même lui suggéra :

– Pourquoi avez-vous refusé d'être transportée dans une clinique, où on vous aurait pendant des mois observée sans interruption, afin que la preuve de votre jeûne soit faite ?

– Croyez-vous que cela convaincrait les gens ? Ceux qui n'admettent pas n'admettraient pas davantage. Je suis maîtresse de mon corps. Je reste chez moi. Je mourrai là où j'ai vécu. Que je ne mange pas n'a pas d'intérêt. Ne vous attachez pas à ces choses [3].

Le Pr Couchoud, qui a eu de très longs entretiens avec Marthe en 1956 et avec le père Finet, demeurait lui aussi perplexe. Il écrit :

« Elle ne pouvait pas avaler, car les muscles de la déglutition étaient bloqués. J'ai remarqué que ces muscles semblaient s'entrouvrir soudain, lorsqu'elle recevait l'hostie, à moins, toutefois, que l'hostie passât à travers ses lèvres closes et son larynx fermé, comme le dit le père Finet ; ce que je n'ai pas constaté pour ma part *.

« Ce qui est certain, c'est que Marthe fait un effort extraordinaire pour parler. Et comme tout effort d'expression distincte est payant, elle parle fort bien. La lumière lui étant insupportable, Marthe doit vivre dans une nuit absolue. Évidemment, elle ne peut prendre aucune nourriture.

« Elle est un cas unique dans mon expérience de médecin et de psychanalyste, de ce que j'appellerai le " minimum vital ". Il faut noter que cette capacité de ne pas se nourrir a un avantage. Comme elle ne mange pas, comme elle ne boit pas, comme elle n'exerce pas ses sens, en particulier le sens de la vue, elle fait une grande économie de forces nerveuses, et en particulier de cette énergie qui s'épanche à travers la rétine, lorsque nous captons la lumière [4]. »

Précisons que la déglutition est un phénomène musculaire complexe qui a pour but de faire passer le bol alimentaire dans le pharynx, puis l'œsophage, tout en obstruant le larynx qui conduit aux poumons. C'est un acte réflexe réglé par un

* Le Dr Assailly, qui a connu Marthe, m'a dit : « Il est permis de penser (simple supposition) qu'elle la gardait longtemps dans la bouche et qu'elle se délitait très lentement au niveau de sa muqueuse buccale » (témoignage du 12 septembre 1990).

centre nerveux situé dans le bulbe rachidien. Chez Marthe, il peut y avoir paralysie résultant d'une lésion cérébrale. Le Dr Assailly m'a dit que « le virus avait sans doute atteint son glosso-pharyngien et divers circuits, d'où son impossibilité de déglutir, toute cuillerée à café de liquide ressortant par les narines aussitôt » (témoignage du 12 septembre 1990). Ce blocage a pu aussi être induit lors de ses crises d'ulcères gastriques de 1926 et maintenu par engramme cérébral, un marquage des circuits. Il peut aussi avoir une cause purement psychique à connotation religieuse.

Malgré son réalisme, on observe en effet chez elle comme une attitude désincarnée, une sorte de tentative, provoquée par le creuset de la souffrance acceptée, d'atteindre dès ici-bas le « corps glorieux » promis par les Écritures. Un curieux « dit » de la stigmatisée, noté au cours d'une rencontre avec des retraitantes, le souligne, lorsqu'elle se compare (et les compare) à des hosties :

« Vous aussi devez être des hosties sans levain, ce levain qui symbolise tout ce qui n'est pas pur. Cherchez en vous, dans votre esprit, dans votre volonté, dans votre cœur, dans vos intentions, dans toutes vos actions, vos pensées et vos désirs, tout ce qui est trop naturel, trop humain et puis arrachez-le, détruisez-le, chaque jour dépouillez-vous de quelque chose, purifiez-vous davantage, sanctionnez-vous sans cesse. Chaque jour devenez plus surnaturelles, plus pures, plus saintes, plus divines, et alors votre hostie ressemblera un peu mieux à celle du prêtre [5]. »

Chez tous les mystiques, le dépouillement, le détachement des contingences charnelles et humaines a toujours été le chemin abrupt vers l'illumination, la rencontre, la fusion avec ce Dieu qui se montre si avare de contacts avec l'humanité ordinaire embourbée dans sa pesanteur charnelle.

C'est pourquoi on ne peut pas séparer l'inédie de Marthe de l'eucharistie. Elle répétait : « Je ne vis pas de rien, je vis de Jésus. Ma nourriture, c'est de faire la volonté de mon Père. »

Dans ces conditions, le « minimum vital » dont parle le Dr Couchoud serait plutôt un « maximum vital ».

Dès lors on est en droit, avec Jean Guitton, de poser la question :

« Je me demande si l'inédie de Marthe, si longue et si totale, peut, dans l'état actuel des sciences, être tenue pour " miraculeuse " [6]. »

Peut-être faudrait-il d'abord définir ce qu'on entend par miracle. « Un effet qui ne dépend d'aucune loi, ni connue, ni inconnue », a dit Malebranche.

Mais comment le savoir ? Il nous faut donc coller aux faits, étudier les précédents.

Le défaut des sceptiques est de manquer à la fois de documentation et de patience. Contrairement à ce que croient certains, l'inédie de Marthe n'est pas unique. Elle a même été étudiée de très près chez de nombreux sujets. C'est pourquoi le père de la médecine, Claude Bernard, est pris en défaut d'impartialité à propos de ce phénomène. Un jour, un médecin vint le trouver pour lui demander son avis sur le cas d'une femme vivant en bonne santé, sans avoir rien mangé ni bu depuis plusieurs années.

L'auteur de la *Médecine expérimentale* demeura sceptique, contrairement à son principe de ne repousser aucun fait, même dérangeant les dogmes établis. En rapportant le fait, il écrit :

« Ce médecin, persuadé que la force vitale était capable de tout, ne cherchait pas d'autre explication et croyait que son cas pouvait être vrai. La plus petite idée scientifique et les plus simples notions de physiologie auraient cependant pu le détromper en lui montrant que ce qu'il avançait équivalait à peu près à dire qu'une bougie peut briller et rester allumée plusieurs années sans s'user. »

N'en déplaise aux rationalistes, il existe quelque chose de plus fort que « les idées scientifiques » et « les notions de physiologie », même énoncées par Claude Bernard. Ce sont les faits. Près de la stigmatisée Hélène Ostermayr des cierges brûlaient parfois sans se consumer !

Oui, les faits sont dérangeants. Vous avez vu ceux de Marthe. En voici d'autres. Puissent-ils convaincre les sceptiques, et nous permettre enfin d'étudier en toute objectivité un phénomène, qui est peut-être un miracle, peut-être une bizarrerie de la nature, mais peut-être aussi un signe.

Les évangélistes ont rapporté le grand jeûne du Christ au désert, qui dura quarante jours. On le retrouve dans la tradition judaïque. De nombreux prophètes ont jeûné et appelé au jeûne, depuis les quarante jours de Moïse au Sinaï. Et il est certain qu'une tradition millénaire orientale (Inde, Chine,

Tibet) a privilégié le jeûne à caractère religieux, qui a valeur à la fois de pénitence et de préparation à la rencontre de Dieu, et, au plan psycho-physiologique, de mise en condition pour accéder à un nouvel état de conscience.

Le jeûne trouve aussi une place importante chez les chrétiens, même encore de nos jours. « C'est un moyen privilégié pour soutenir l'acte religieux de la prière de supplication », nous dit frère Marie-Silouane, cistercien de Sénanque. « Il rend dépendant de la force de Dieu, libère l'âme et la prépare. Il est purification et concentration de tout l'être vers sa finalité, qui est Dieu. »

Le jeûne avait pris une grande importance dans le monachisme chrétien. Saint Benoît, père des moines d'Occident, leur demande d' « aimer le jeûne », c'est-à-dire d'aller au-delà de sa dimension ascétique de purification des passions du corps. Car le jeûne laisse intact le désir de Dieu, qu'étouffent parfois les nourritures corporelles.

Et ceci explique peut-être l'inédie, qui est le jeûne porté à son absolu.

On en relève plusieurs cas en Europe au Moyen Âge, notamment celui de saint Walpurge au VIIIe siècle, que son évêque fit observer pendant six semaines tant le prodige lui semblait impossible.

Par la suite, les grands inédiques ont été étudiés lors des enquêtes de canonisation. Au XIIIe siècle, sainte Angèle de Foligno (1250-1309) aurait jeûné pendant douze ans. Un cas particulièrement bien étudié est celui de sainte Catherine de Sienne (1347-1380), patronne de l'Italie et conseillère des papes, qui jeûna pendant huit ans.

Née à Sienne d'un père teinturier qui aura vingt-quatre enfants, elle se signala dès son jeune âge par un mysticisme précoce qui contrastait avec le matérialisme de l'entourage. A sept ans elle reçut une vision du Christ et voua sa virginité à Marie. A quinze ans ses parents tentèrent de la marier, mais elle leur opposa son vœu. Elle se mortifiait à l'excès, ne mangeait plus que du pain et des herbes crues. Elle pesait trente kilos, s'imposait de ne dormir que trente minutes tous les deux jours et se flagellait trois fois par jour.

Elle entra donc volontairement dans l'anorexie, ce que la psychiatrie moderne traduira comme une réaction au matérialisme de l'entourage.

Malgré l'opposition de son confesseur le père Thomas, elle

pratiqua un jeûne total de deux mois et demi à partir du carême. Cela lui réussit tellement qu'elle ne put plus s'en passer. L'habitude prise, la nourriture la rendait malade.

Aux exhortations de sa famille et de son confesseur elle opposa ses visions. Le Christ lui avait dit : « Je répandrai sur ton âme une telle abondance de grâces que ton corps lui-même en ressentira les effets et ne vivra plus que d'une manière extraordinaire. »

Elle ne pouvait survivre sans l'eucharistie, et si on l'en privait elle se sentait en danger de mort. Elle disait à son confesseur :

« Dieu me rassasie tellement qu'il m'est impossible de désirer aucune espèce de nourriture corporelle. »

Ce que confirme sa biographe, témoin de sa vie :

– L'eucharistie satisfaisait non seulement son âme, mais son corps. Ainsi, les aliments ordinaires ne lui furent plus nécessaires et les tentatives pour les avaler étaient suivies de souffrances extraordinaires. Ceci parut si incroyable que son confesseur lui ordonna de prendre chaque jour de la nourriture et de ne tenir aucun compte des visions qui pourraient sembler lui prescrire le contraire [7]. »

Elle obéit. Mais elle rejetait tout et ses souffrances étaient atroces. Elle vomissait même du sang et cela confondit ceux qui prétendaient qu'elle mangeait en cachette.

Alors, on l'accusa d'être possédée par le diable. Cette calomnie l'amena à un tel état de désespoir qu'on craignit pour sa vie. Son confesseur céda.

Impossible de parler chez elle d'autosuggestion ou de fraude : « J'ai constamment supplié Dieu, je le fais et le ferai toujours, qu'il veuille m'accorder de vivre comme les autres. »

A la fin de sa vie, elle écrivit à son confesseur : « Mon corps subsiste sans aucune espèce de nourriture, même pas une goutte d'eau. Ma vie est suspendue, me semble-t-il, à un fil [7]. »

Ce jeûne total est attesté dans sa bulle de canonisation.

Le plus étonnant est qu'elle garda toute son activité, soulageant les pauvres et admonestant les papes. Ici, l'inédie est signe de son don corporel pour sauver l'Église déchirée par le schisme et la corruption. En renonçant au besoin de nourriture terrestre, elle accède au désir dont elle dit qu'il est la nourriture des anges : « C'est le désir de Dieu qui attire l'âme et en fait une même chose que Lui », incorruptible et immortelle.

Autre cas surprenant, au XVe siècle, celui de la religieuse Élisabeth von Reute. Au père Konrad son confesseur (plus tard son biographe fidèle), elle déclara : « L'Esprit-Saint m'ordonne de me priver à l'avenir de nourriture, et pourtant je continuerai à vivre. Mais cela me semble si extraordinaire que je ne ferai rien sans votre conseil. »

Il l'autorisa à s'abstenir, ce qu'elle fit pendant trois années entières. L'entourage ne le supporta pas. « Le diable s'en mêle, dit-on ; il va à l'office, dérobe du pain, de la graisse, et les glisse sous le lit. »

La supérieure lui apporta alors un bol de bouillie d'orge et lui ordonna de le manger. A peine s'exécuta-t-elle qu'elle fut prise d'abominables douleurs. Et le biographe conclut : « Lorsque Bethe recevait l'eucharistie, elle était nourrie dans son corps et dans son âme. »

Signalons encore, à la même époque, saint Lidwine de Schiedam (1380-1433) ; sainte Catherine de Gênes (1447-1510), qui demeura vingt-trois ans sans manger ; la bienheureuse Catherine de Racconigi (dix ans) ; au XVIe siècle, Domenica del Paradisio (vingt ans) ; le bienheureux Nicolas de Flüe (dix-neuf ans) ; au XVIIe siècle Benoîte Rencurel, la bergère visionnaire du Laus, avec laquelle on entre dans des observations scientifiques.

Gardée jour et nuit en 1659 à l'archevêché d'Embrun pendant deux semaines, elle n'absorba qu'une cuillerée d'eau par jour, et s'en abstint les huit derniers jours. Sadique, le vicaire général Javelly l'obligeait à assister à sa table à ses propres repas sans jamais qu'elle acceptât la moindre nourriture. Elle s'en sortit florissante, alors que l'homme qui doutait se mit à dépérir.

Le XIXe siècle compte une dizaine d'inédiques incontestables à caractère religieux.

En Bavière, Marie Fürtner (morte en 1884) serait restée plus de quarante ans sans manger. Observée à l'hôpital de Munich, son cas n'est pas contesté, mais elle buvait de l'eau.

Sœur Espérance de Jésus, examinée en 1866 à Ottawa par le professeur Landry, aurait jeûné deux ans. Son évêque la fit observer par les Drs Baubien et Ellis. Son poids n'avait pas varié.

Aveugle et paralysée, Joséphine Durand, de Genève,

demeura quatre ans privée de nourriture et d'eau, à l'exception de l'eucharistie.

L'un des cas les mieux observés est celui de Louise Lateau (1850-1883). Cette simple paysanne de Bois d'Haine, en Belgique, avait été traumatisée à treize ans par un grave accident : une vache l'avait piétinée. Elle devint mystique. Stigmatisée à dix-huit ans, elle connut visions et extases et cessa peu à peu de s'alimenter. A vingt et un ans elle était complètement inédique, mais, chose extraordinaire, cette simple servante de ferme continua à exécuter les plus durs travaux, excepté le vendredi.

Jusqu'à sa mort, donc pendant treize ans, elle n'absorba que l'eucharistie. En outre, comme Marthe Robin, elle ne dormait presque jamais. En vain tenta-t-elle d'obéir à son évêque et à son médecin qui lui ordonnaient de s'alimenter. Son estomac rejetait tout. Le Dr Warlamont fit même analyser le lait qu'elle s'était forcée à avaler et qu'elle avait vomi. Le laboratoire n'observa aucune trace de sécrétion gastrique et le médecin conclut que chez Louise les processus de digestion étaient interrompus, comme l'étaient les processus excrétoires.

Travaillant « comme un esclave », aidant les plus pauvres, elle dut tout de même s'aliter en 1876 et vécut encore sept ans, étroitement surveillée. Même ses adversaires anticléricaux durent admettre que la fraude était impossible.

Très pieuse, Louise, à la demande de son évêque, prêta serment de son inédie, et le renouvela à l'article de la mort. Comme Marthe Robin, elle fuyait la notoriété et mourut aussi pauvre qu'elle avait vécu. Même le père Thurston, médecin jésuite méfiant de nature, parle à son propos de « miracle » [8].

De son côté, un autre spécialiste des phénomènes mystiques, le Dr Imbert-Gourbeyre, professeur à l'école de médecine de Clermont-Ferrand, a étudié personnellement, entre 1873 et 1875, Marie-Julie, du village de La Fraudais, en Loire-Atlantique [9].

Après sa stigmatisation, le besoin de manger diminua. Le 5 février 1874, elle annonça : « Je ne prendrai bientôt plus de nourriture. La sainte eucharistie me nourrira. »

Elle arrêta de s'alimenter le 12 avril. Son jeûne dura quatre-vingt-quatorze jours, puis elle s'alimenta. Le 28 décembre 1875, elle reprit l'abstinence complète, cette fois pendant cinq ans, un mois et vingt-deux jours.

Signalons encore au XIXe siècle Rosa Andriani, qui demeura vingt-huit ans sans manger, Domenica Lazzari (quatorze ans), et Teresa Higginson.

Le XXe siècle ne compte que quelques grandes inédiques religieuses, dont Marthe Robin et Thérèse Neumann.

Celle-ci, déjà célèbre pour ses stigmates, n'absorba pendant trente-cinq ans d'autre nourriture qu'une parcelle d'hostie. Elle ne buvait pas.

On a reproché à Marthe Robin de ne pas s'être soumise à un contrôle scientifique en milieu hospitalier. A la demande de son évêque, Thérèse Neumann s'y résigna. Médecins, scientifiques et théologiens sceptiques furent admis dans sa chambre de Konnersreuth. Ils déléguèrent quatre infirmières qui se succédèrent pendant quinze jours et quinze nuits en permanence pour vérifier si réellement elle ne prenait pas d'autre nourriture que l'eucharistie. Ce contrôle sévère fut qualifié de « pénitentiaire » par le Pr Ewald. Toute fraude était impossible ; des centaines de gens l'épiaient.

Mais cette affaire, mise sur la place publique, fit le jeu de la presse à sensation, qui l'exploita et permit aux agnostiques de se déchaîner, ce qui consterna Thérèse qui voulait rester inconnue.

L'Église ayant ordonné de ne plus rien publier, selon sa réserve vis-à-vis des phénomènes mystiques, la presse antireligieuse et positiviste avait désormais le champ libre. C'est sans doute à cause de ce scandale, qui atteignit son paroxysme en 1929, que Marthe Robin et son entourage se refusèrent à se prêter au jeu du monde. C'est pourquoi elle demeura si longtemps méconnue du grand public.

Fait exceptionnel chez les inédiques, Thérèse Neumann travaillait normalement : messe matinale, aide aux malades du village, dur travail de domestique à la maison. Comme Marthe Robin, elle était toujours disponible et joyeuse.

La dernière inédique chrétienne connue est Marie-Roselina Veira, de Tropeco (Portugal), née en 1964. Elle n'aurait rien mangé ni bu depuis l'âge de douze ans, pour « respecter la volonté du Christ [10] ». Il est encore trop tôt pour se prononcer à son sujet.

Quel bilan peut-on dresser de ce panorama de l'anorexie religieuse ? Quels points communs se dégagent ?

Les femmes sont surtout concernées. En outre, on

observe que quinze pour cent des stigmatisés sont inédiques, et beaucoup visionnaires. On sait que le jeûne favorise l'émergence des images de l'inconscient ; ce qui ne préjuge en rien de leur origine, car l'inconscient n'est pas seulement une banque de données à la manière de la mémoire, mais aussi un « ailleurs » hors de l'espace-temps.

Le jeûne est souvent précédé par une douloureuse épreuve physique et (ou) morale, qui est finalement acceptée et surmontée dans un grand mouvement d'abandon, de don de soi, dont le but est l'amour.

Mais toutes ces belles théories tombent devant les anorexies non mystiques.

La Royal Society de Londres rendit compte du cas de Janet Mac Leod, de Kincardine. Épileptique à quinze ans, alitée, ses mâchoires s'étaient bloquées en 1769. « Aucune force humaine ne peut les lui ouvrir », déclara son médecin. Il y parvint cependant, mais l'estomac rejeta la nourriture liquide et même l'eau.

« Tous les processus normaux d'excrétion sont suspendus, écrit le Dr Thurston, à l'exception de la respiration et de la transpiration [11]. »

Janet avait les jambes repliées sous le corps. Elle n'était pas émaciée. L'inédie totale dura quatre ans, à l'exception de deux prises d'eau. Puis les mâchoires se détendirent et la malade se remit peu à peu à manger.

Un autre cas étonnant qui ne peut être qualifié de mystique est celui de Mollie Fancher, de Brooklyn (1848-1901), observée en milieu hospitalier de 1866 à 1893 et qui vécut anorexique environ quatorze années. Son cas offre de nombreuses similitudes avec celui de Marthe Robin.

Malade dès l'enfance, atteinte de tuberculose, son anorexie se déclara vers l'âge de quinze ans. Parlant d'« indigestion nerveuse », les médecins lui conseillèrent de prendre de l'exercice, de faire de l'équitation. Elle n'en récolta qu'un traumatisme crânien après une chute de cheval. Peu de temps après, elle fut victime d'un nouvel accident. En descendant du tramway, sa robe longue resta prise au véhicule qui la traîna au sol sur plusieurs mètres.

A dix-huit ans, invalide incurable, elle s'alita. Pliées sous elle, ses jambes se tordirent et s'atrophièrent, son bras se paralysa, elle devint aveugle. Totalement inédique, elle ne dormait pas. Sujette aux convulsions, elle demeurait sous contrôle médical permanent, avec garde de nuit, ce qui rendit impossible toute fraude alimentaire, pour laquelle n'existait d'ailleurs aucun mobile.

Son médecin, le Dr Speir, lui administra même des émétiques. « L'estomac ne rejeta rien, dit-il, prouvant ainsi qu'il était vide. » On tenta de la nourrir de force avec une pompe stomacale, mais « cela la jeta dans des convulsions et sa gorge se noua ». Naturellement, pendant ses quatorze années d'inédie, toutes les fonctions d'évacuation se trouvèrent interrompues, comme en témoignèrent les infirmières.

L'estomac s'atrophia. Le médecin signala qu'à la palpation il ne le trouvait plus et sentait la colonne vertébrale ! Il ajouta :

« Je peux dire avec certitude qu'elle n'a rien mangé pendant quatorze ans. Je la force de temps à autre à prendre une cuillerée d'eau ou de lait en utilisant un instrument pour lui ouvrir la bouche. Mais cela lui est douloureux. Ce cas renverse toutes les thèses médicales existantes. En un mot, il est miraculeux. »

Les médecins les plus éminents de la ville se penchèrent sur ce cas, sans le résoudre. Dans une interview au *New York Herald* du 29 octobre 1878, le Dr Ormiston déclara : « La ténacité de sa vie durant quatorze ans, sans une alimentation suffisante pour soutenir un bébé pendant une semaine, me fait croire, malgré moi, à des visitations surnaturelles. »

L'intéressée elle-même l'avait suggéré : « Je reçois de la nourriture d'une source que vous ignorez tous [12]. »

Et cependant, Mollie Fancher, de religion protestante, n'avait rien d'une mystique. Aucun prosélytisme religieux n'émanait d'elle. Ignorant le spiritisme, elle bénéficiait pourtant de don de seconde vue, affirmant converser avec des morts. Elle pouvait aussi lire les lettres sans les ouvrir. Elle voyait ce qui se passait dans des villes lointaines. Sujette au dédoublement de la personnalité, elle en projetait quatre qui se révélaient la nuit au cours de transes cataleptiques.

Elle connaissait des assauts aussi terribles que ceux de Marthe Robin. Pendant ses spasmes, elle se trouvait projetée à terre. Le Dr Speir a dit : « Les spasmes étaient si violents qu'elle a été lancée d'avant en arrière avec une force énorme. Elle semblait jetée en l'air, soulevée au-dessus du lit [13]. »

On songe à quelque possession démoniaque, ou à des manifestations explosives de contenus psychiques (affects) refoulés dans l'inconscient.

Voilà les faits, précis, incontournables. Essayons de comprendre le phénomène à la lumière de la physiologie, de la psychologie et de la religion.

Les médecins appellent anorexie l'inappétence absolue pour la nourriture solide et la boisson. Théoriquement, on ne peut pas s'abstenir de nourriture solide plus de quarante jours. La mort survient, semble-t-il, par inanition. Toutefois, en 1919, le lord-maire de Cork, nationaliste irlandais, ne succombe à une grève de la faim qu'après soixante-quatorze jours de jeûne.

L'anorexique (ou inédique) est celui, ou celle, qui n'accomplit aucune des fonctions ordinaires de la vie, sauf la respiration, la transpiration et la circulation sanguine, incontournables. On distingue les inédiques volontaires qui ont fait vœu du jeûne absolu, et ceux à qui cela est imposé, cas de Marthe.

Mais rien n'est simple chez l'être humain.

Parmi les anorexiques involontaires, on distingue les vrais et les faux. Les vrais souffrent de la maladie de Simmonds, traduisant l'atteinte hypothalamique de l'axe gonadotrope, entraînant un déficit des fonctions de l'hypophyse.

Les faux anorexiques entrent dans le cadre psychiatrique. La conscience accepte un comportement normal : manger pour vivre. Mais un mécanisme inconscient refoulé bloque le système volontaire.

Dans les deux cas (qui peuvent s'interpénétrer) on constate l'impossibilité de manger, car manger rend malade. C'est ce que distingue le jeûne de Gandhi, purement volontaire et contrôlé, de celui de Marthe Robin, involontaire, dont il est impossible de dire s'il vient de lésions cérébrales, d'une névrose, ou d'autre chose.

On distingue encore les anorexiques partiels, qui s'abstiennent de toute nourriture solide et liquide, mais boivent de l'eau (qui n'est pas un aliment) et les anorexiques complets comme Marthe, qui ne peuvent même pas déglutir. Chez elle comme chez beaucoup d'autres, l'absorption d'une petite hostie de quelques grammes une fois par semaine ne constitue pas une rupture du jeûne total.

Il faut encore distinguer les anorexiques pathologiques, qui sont de pauvres malades, et les inédiques mystiques, qui, tout en vivant un phénomène exceptionnel, conservent leur équilibre mental.

Le *Dictionnaire des sciences médicales* de 1890 définit l'abstinence des anorexiques hospitalisés :

« Il est des abstinences qui ont été observées par des hommes si clairvoyants qu'on ne peut guère les révoquer en doute. Or, elles ont généralement lieu chez des femmes atteintes d'une lésion particulière du système nerveux, et dans lesquelles les fonctions de décomposition étaient dans une inertie pour ainsi dire absolue, comme le prouvaient la sécheresse de la peau, l'absence des évacuations intestinales et de toutes les sécrétions muqueuses, l'absence de menstruations, celle même de la sécrétion urinaire. Toutes ces femmes vivaient dans la plus parfaite inaction, et chez elles le flambeau de la vie ne jetait qu'une faible lueur à chaque instant sur le point de s'éteindre. »

Constat du fait donc, mais il s'agit là de malades hospitalisés que le Dr Imbert-Gourbeyre compare à « des animaux hibernants qui vivent de leur propre subsistance, immobiles et endormis pendant toute la saison froide [14] ».

Autre est l'abstinence mystique, qui laisse intactes les facultés mentales, parfois physiques, et ne détruit ni la santé ni même le dynamisme. On se souvient que Marthe épuisait ses secrétaires.

Naturellement, la psychanalyse a tenté d'expliquer le mystère. Pour le Dr Freud, l'anorexie exprime le refus de devenir adulte chez l'adolescent, son incapacité à assumer la transformation propre à la puberté. Ce n'est pas le cas de Marthe, qui cessa de s'alimenter à vingt-six ans. Mais il est vrai qu'elle a toujours gardé une voix d'enfant !

« C'est une forme particulière de schizophrénie », reprennent en chœur les psychanalystes. Mais Marthe n'était pas schizophrène.

D'après Lacan, l'enfant refuse de manger « afin que demeure vivante la dimension du désir ». Cela est déjà plus nuancé. Toutefois, ce n'est valable que pour les enfants gavés. Ce n'était pas le cas de Marthe, qui avait appris à apprécier la valeur d'un morceau de pain.

Cependant, les psychanalystes nous mettent sur une piste intéressante lorsqu'ils suggèrent avec Ginette Rimbault et

Caroline Eliacheff que « les facteurs prédisposants de l'anorexie relèvent d'une difficulté d'autonomisation et d'acquisition du sentiment d'identité [15] ».

Que Marthe soit totalement dépendante, c'est évident. Qu'elle ait renoncé à son moi, à son ego, d'une manière radicale, c'est tout aussi certain. Telle est la voie inévitable de l'ascèse, même si elle n'entraîne pas généralement l'anorexie.

Autre remarque intéressante : « L'anorexie mentale pourrait ne pas être un paradigme psychosomatique, mais un support de conceptualisation [14]. »

Marthe est possédée par la certitude que « Dieu seul suffit » (la devise de Thérèse d'Avila). L'eucharistie la nourrit totalement.

Enfin, on trouve souvent chez les anorexiques un fantasme de culpabilité pour un crime qu'ils n'ont pas commis mais qu'ils doivent payer. Pour Marthe, ce serait le péché originel et ceux du monde actuel, qu'elle assume généreusement, après s'être identifiée au Christ.

D'après la psychanalyse actuelle, l'anorexique tente désespérément de dire quelque chose d'essentiel à son entourage. Chez Marthe c'est la primauté de l'amour, de la vie spirituelle et du rapport à Dieu, renforcés par ses visions, s'opposant à la vie terre à terre de ces campagnards plus ou moins incroyants préoccupés d'abord de vivre, puis de bien vivre.

Marthe vivait d'une spiritualité innée, elle pratiquait un véritable mysticisme expérimental où le vécu de l'Absolu n'avait qu'un lointain rapport avec le catéchisme tel qu'il était alors dispensé. De toute évidence, elle ne trouvait pas dans son entourage la réponse à son attente mystique, même chez le bon curé de Châteauneuf qui se préoccupait surtout du dogme, de la morale, et qui avait en horreur le « mysticisme ».

Comme l'écrivent très justement G. Rimbault et C. Eliacheff, « la mère vit dans un monde matériel de devoir, de santé, de réussite sociale. L'anorexique demande autre chose. La plupart de ces mères ignorent qu'il y ait " autre chose ", et cette ignorance, les filles ne la pardonnent pas [16] ».

Ceci peut s'appliquer à Marthe Robin, jusqu'à sa prise en charge par le père Finet. Mais ensuite ? L'habitude est prise ; le corps s'est soumis à un nouvel état ?

Motiver l'anorexie est une chose. Plus ardu est de comprendre comment l'anorexique peut survivre. L'alimentation apporte à l'adulte des calories nécessaires pour entretenir l'effort. Marthe étant alitée, peut-on suggérer qu'elle pourrait s'en passer et vivre sur son capital ?

Un an, peut-être, mais cinquante ?

L'alimentation apporte aussi des substances rares, les vitamines et les oligo-éléments, indispensables à la vie, que le corps ne peut fabriquer. Comme ils ne se stockent pas, ils doivent être renouvelés chaque jour.

Peut-on suggérer que, le rôle de ces substances étant de participer aux réactions chimiques en permettant l'utilisation des nutriments, le fait de ne pas utiliser les nutriments pourrait rendre les vitamines inutiles ? Cela reste hautement improbable.

En outre, la vitamine K intervient dans la coagulation du sang. Son absence favorise-t-elle les hémorragies des stigmates ? Mais avec quoi le sang se refait-il, qui nécessite la vitamine B^{12}, l'acide folique ?

Les scientifiques, quant à eux, déclarent le phénomène « impossible » lorsqu'il est poussé à l'extrême (anorexie totale et durable). Cela amène à parler de « miracle ».

« L'abstinence totale, écrit le Dr Thurston, impose un effort presque intolérable à l'organisme. Si elle se poursuit et laisse intacte la vitalité du sujet, nous sommes induits à présumer l'action de quelque influence ou force inexplicable par des causes naturelles et normales [17]. »

L'inédie peut-elle avoir une origine surnaturelle ?

Dans les *Études carmélitaines* d'avril 1933, le père dominicain Lavaud, commentant les inédies de Mollie Fancher et de Thérèse Neumann, reproche au médecin jésuite Thurston de « faire montre d'une rigueur hyper-critique lorsqu'il est question de phénomènes dûment observés ». Cependant, Thurston s'était défendu d'« avoir jamais exprimé le moindre doute sur l'authenticité du jeûne de Thérèse ni sur ses stigmates, au contraire ». « En 1929 et 1930, rien n'a passé sur ses lèvres sauf l'hostie de la sainte communion. Il semble n'y avoir aucune raison de douter de la réalité de cet *inedia*. Ce que j'ai hésité à accepter, ce n'est pas le jeûne, mais la déduction que le jeûne est miraculeux. Je n'ai pas nié davantage qu'il puisse très bien être miraculeux. J'ai seulement allégué que nous ferions bien de suspendre notre jugement jusqu'à ce que la science médicale soit en état de se prononcer de façon plus positive sur les facultés anormales de sujets paralysés aux complexes neurologiques. »

Ceci, écrit dans la revue des jésuites britanniques *The Month* de septembre 1931, reflète exactement le doute et la perplexité qui travaillent les autorités religieuses devant les faits dits « surnaturels ». Et la science n'ayant rien trouvé de positif, notre faim demeure ; qu'on me pardonne ce jeu de mot.

Le père Thurston insiste, à propos de l'inédie et de l'horreur de nourriture de certaines mystiques :

« Ces manifestations ne sont pas nécessairement surnaturelles ou divines. Des symptômes semblables sont fréquents dans beaucoup d'affections nerveuses. Je soutiens seulement, pour le moment, que, dans ces états d'union mystique, les fonctions normales des processus de la sensibilité et de la nutrition semblent souvent profondément altérées ou, en tout cas, partiellement suspendues. L'élément psychique paraît dominer, d'une manière étrange, le physique. La transe hypnotique elle-même présente des phénomènes d'espèce identique [18]. »

Ce qui complique tout, c'est que les phénomènes refusent de se laisser réduire et qu'il y a imbrication du « naturel » (ce qu'explique la science) et du « surnaturel » (ce qu'elle n'explique pas). Elle a déjà bien du mal à débrouiller ce qui revient au physiologique et ce qui relève de la psychosomatique !

Doit-on laisser de côté ce qu'on ne comprend pas ? Mais l'Église ne peut pas faire l'impasse sur l'inédie, des cas lui étant soumis dans les procès de béatification. Le cardinal Lambertini, *promotor fidei* (avocat du diable) au Vatican pour ces procès, demanda l'avis de l'Académie des sciences de Bologne, qui nomma une commission d'enquête. Au vu de quoi le cardinal imposa d'abord l'observation la plus stricte pour éliminer les fraudes. Chose curieuse, il posa comme principe qu'un jeûne prolongé ne saurait être tenu pour miraculeux s'il avait débuté par une forme quelconque de maladie et si le jeûneur était alité ! Pourquoi cette exclusive ?

Devenu pape (Benoît XIV), il fixa la condition du jeûne

mystique : « Posséder les vertus au degré héroïque. C'est la sainteté qui fait preuve. » Doivent s'y ajouter les effets habituels de l'union mystique : extase, science infuse, prophéties ; le serment de l'intéressé(e) et de ses témoins. Le jeûne doit être pratiqué « sous l'impulsion de l'Esprit et dirigé par l'obéissance ». Mais on a vu que les plus saints inédiques n'obéissent guère pour ce qui est de la nourriture !

En fait, ce qui établit le jeûne surnaturel, c'est que, « nourris par l'eucharistie, les serviteurs de Dieu se trouvent rassasiés ». (Pignatelli.)

Quand y a-t-il miracle ? S'il y a arrêt prolongé des fonctions métaboliques et lorsque le sujet demeure en activité.

En fait, pour les gens d'Église comme pour les scientifiques, l'énigme demeure totale. On est en pleine confusion entre ceux qui admettent ou non les faits, et entre ceux qui, les ayant admis, les interprètent.

Peut-on échapper à l'alternative corps/esprit, matérialisme/spiritualisme ? N'y a-t-il pas une explication qui pourrait satisfaire tout le monde ? N'est-on pas aveuglé par la tendance occidentale au dualisme matière/esprit ? Et si le scandale, l'inédie, ne résultait que de l'idée superficielle que nous nous faisons de la vie en général, et de l'être humain en particulier ?

Je suggère à propos du naufragé qu'en cas de privation de nourriture la cause de la mort qui s'ensuit pourrait n'être pas la seule inanition, mais la faim ; pas même le désir de se nourrir, qui peut s'effacer, mais le traumatisme mental produit par la peur. En effet, la seule privation de nourriture ne peut, comme pour la privation d'oxygène, expliquer la mort, car on observe de trop grands écarts dans la durée de résistance des victimes.

« Aussi longtemps qu'il y a de la chair sur les os, écrit le Dr Thurston, les organes vitaux, et plus spécialement le cerveau et le système nerveux, sont nourris aux dépens du tissu musculaire. Tant que le cerveau est en repos, le transfert de ces réserves se poursuit librement, bien que tout l'organisme vive sur son capital [19]. »

L'inédie n'est pas la preuve de la sainteté. Mais elle peut être un signe, une voie, un moyen donné à l'homme pour transcender la matière. Marthe dit : « Je ne vais pas mourir. J'expérimente combien il est doux d'aimer, même dans la souffrance, car la souffrance est l'école incomparable du véritable amour. »

A propos de sa patiente, Elisabeth, stigmatisée et inédique, le médecin allemand Lechler, ayant constaté qu'elle demeurait égale à elle-même, lui posa sous hypnose la bonne question :

– Qui vous empêche de maigrir ?

– Il ne faut pas que je maigrisse. J'ai peur de mourir.

Donc, se dit Lechler, son métabolisme se trouve sous la dépendance de ses impressions mentales [20].

Banal, pensera-t-on, bien qu'on ne puisse imputer la peur de la mort à Catherine Emmerich, Louise Lateau et Marthe Robin, qui la désiraient ardemment. L'intérêt de l'observation est ailleurs. En poussant la suggestion sous hypnose, Lechler prétend avoir fait grossir sa patiente de sept livres en une semaine, sans augmentation de nourriture ! Et on est bien obligé de constater que des inédiques comme Louise Lateau, Thérèse Neumann et Marthe Robin (sauf à la fin de sa vie), ne maigrissaient pas tout en perdant leur sang *.

Cette création de matière *ex nihilo*, par le seul pouvoir du mental, n'est-elle pas aussi extraordinaire que les hémorragies chez les stigmatisés inédiques ? Et ne se rapproche-t-on pas de la perte de masse des mystiques en lévitation, qui semblent échapper aux lois de la pesanteur ?

D'où ma conclusion : quel que soit le processus, s'il a pour cause le mental humain, c'est-à-dire l'invisible, l'immatériel, rien n'empêche aussi qu'il soit provoqué par une entité extérieure. Refuser cette option serait à l'évidence antiscientifique, sauf si l'on réduit la définition du fait scientifique à ce qui peut être prouvé, contrôlé, revu et corrigé.

D'autre part, comme l'écrit Aimé Michel, « si l'on retient ce que rapporte Lechler, on met la main dans un engrenage, puisque le jeûneur constitue un défi aux lois les plus fondamentales de la physique connue. Si l'on peut par suggestion créer ou faire apparaître de la matière, que signifient les mots possible et impossible [21] » ?

C'est bien toute la différence entre phénomène naturel et phénomène miraculeux.

Il y a donc une modification extraordinaire des processus

---

* Sous stricte surveillance médicale, jour et nuit, Thérèse Neumann manifestait, en inédie absolue, d'incroyables variations de poids : de 55 kg habituellement, le poids tombait à 51 kg après la passion du vendredi, puis remontait à 55 kg le samedi.

du métabolisme. Le sujet n'absorbant que de l'air (oxygène et azote) et de l'eau (hydrogène et oxygène) par la respiration (l'hostie, quelques grammes de froment pur, ne compte pas), comment peut-il produire les éléments indispensables à la vie : carbone, sodium, calcium, potassium, fer, magnésium, etc ? Ou comment s'en passer ? (Le cerveau fonctionne au carbone et à l'oxygène.)

Il y a le *prana*, disent les Orientaux, que ces phénomènes n'émeuvent pas outre mesure. Le prana serait une « énergie vitale » sans support atomique. L'horreur absolue pour les scientifiques rationalistes qui ont déjà assez à faire avec la gravitation, autre énergie sans support apparent.

S'il y a beaucoup plus d'inédiques femmes qu'hommes, ce n'est pas parce que les femmes sont plus spirituelles, intérieures (introverties), abandonnées, offertes, ou... hystériques. Le moi chez elles a moins d'importance que chez l'homme, plus porté à l'action.

Y a-t-il une liaison entre l'inédie et les paralysies et contractures des membres inférieurs qui frappent certains mystiques ? Y a-t-il atteinte de la moelle épinière supérieure, centre du contrôle de la faim et autres phénomènes, et qui correspond aux *chakras* des yogins maîtres de leur corps ?

Le jeûne modifie à l'évidence les fonctions métaboliques. Tout se passe comme si l'organisme s'adaptait pour la survie. N'est-ce pas le jeûne qui provoque les états de convulsion (attribués au démon) et de tétanisme (rigidité cataleptique) par rétention du calcium, ou hypercalcémie ?

Le jeûne déclenche-t-il un métabolisme aberrant entraînant les autres manifestations (paralysie, épilepsie, hallucinations) physiques et mentales ? Le jeûne est-il produit par les lésions de la moelle (ou cérébrales), ou est-ce l'inverse ?

Reste le mystère des faits incontournables. Marthe, suractive, non seulement ne mangeait ni ne buvait, mais stigmatisée, elle perdait son sang en abondance. Certains stigmatisés perdent l'équivalent de leur volume de sang, cinq litres, au rythme de deux cent cinquante grammes par jour, et le récupèrent sans s'alimenter.

On connaît le cas des végétaux pauvres qui poussent dans le désert et ne tirent rien du sol, qui est de sable sec, mais vivent d'un peu d'humidité de l'air (comme Marthe avec sa respiration *). Toute la source de leur énergie vient du soleil.

Mais Marthe vit dans l'obscurité, comme les recluses du Moyen Âge, véritables enterrées vives telle sainte Colette.

Y a-t-il à l'intérieur même de la matière une source cachée d'énergie qui agirait à la manière des centrales nucléaires, dont l'énorme puissance vient de quelques kilos d'uranium enrichi ? Pour Marthe ce serait l'hostie, donc une énergie psychique.

Jean Guitton me disait que « le sang de Marthe est un soleil liquide ». Ne se nourrissant que d'une parcelle de matière consacrée, le sang est devenu chez elle « un organe d'adaptation à la matière, une sorte d'intime lumière ».

Je voudrais terminer ce chapitre difficile, parfois irritant, par la réflexion que m'inspire Giri Bala, une mystique hindoue. Née en 1882, elle jeûna depuis l'âge de douze ans (ni solide ni liquide) jusqu'à sa mort, donc pendant plus de soixante ans. Elle a été décrite par le yogin Paramhansa, qui la visita en 1950, elle avait alors soixante-huit ans.

Après avoir contemplé son visage « illuminé par la sagesse », il lui demanda :

– Mère, à quoi sert que vous vous soyez singularisée en vivant ainsi sans nourriture ?

– A prouver que l'être humain est esprit. A montrer que par le progrès vers Dieu il peut apprendre à vivre de lumière vivante et non de nourriture.

Cela rappelle la réponse de Thérèse Neumann à son confesseur :

– Il faut se référer à la transfiguration du Christ au mont Thabor. Lors de ma vision de cette transfiguration le 6 août 1926, j'ai laissé la faim et la soif au Thabor [22].

Le chrétien pense alors au Psaume 17 : « Je serai rassasié quand ta gloire sera visible. »

Selon Patanjali, l'un des fondateurs du yoga, l'homme est capable de contrôler la matière, donc son corps, grâce aux

---

* Observation intéressante du Dr Assailly : « Je serais prêt à admettre, à titre d'hypothèse non contrôlable d'ailleurs, le besoin qu'elle avait d'une aération humide : la petite cuvette d'eau placée sur le rebord de sa fenêtre toujours entrouverte, été comme hiver, devant être régulièrement alimentée » (témoignage du 12 septembre 1990).

chakras, sorte de centres nerveux qui correspondent à nos plexus. Le chakra vishuddha, cinquième plexus, ou « centre fluidique » (au niveau de la gorge), contrôle l'*akasha*, principe unique de la matière, ce qui permettrait à quelques adeptes très avancés de puiser l'élément nutritif « directement à la source de toute matière », selon Patanjali.

La *Bhagavata Purana*, texte très ancien, enseigne comment y parvenir grâce à la méditation, la concentration, appuyées sur la récitation des mantras, le contrôle de la respiration et les postures *. Bref, l'énergie vitale serait tirée du prana énergétique contenu dans l'air, grâce notamment au contrôle de la respiration.

Pour terminer, un mot sur cette autre particularité étonnante de certains mystiques, le phénomène d'insomnie qu'éprouva aussi Marthe Robin. Elle n'a pas dormi pendant les cinquante dernières années de sa vie. Le père Finet a écrit : « Je n'ai jamais vu Marthe dormir [23]. »

Était-ce chez elle une impossibilité physique ? Par quoi était-elle compensée, puisque sa santé n'en était pas altérée, alors que si l'on empêche un être vivant (homme ou mammifère) de dormir, il ne peut pas survivre, soit que les neurones aient besoin de cette détente pour équilibrer leur métabolisme, soit que la fonction du rêve soit nécessaire pour intégrer les informations acquises à l'état de veille.

L'insomnie des mystiques est sans rapport avec celle des hystériques, qui n'est d'ailleurs que partielle : elles connaissent au moins un cycle de sommeil, entrecoupé de cauchemars, d'où elles sortent somnolentes.

L'Histoire a retenu ces insomnies extraordinaires :

Sainte Catherine de Sienne dormait moins de trente minutes tous les deux jours. Sainte Colette la recluse dormait une heure en huit jours et elle est restée une année sans dormir. Agathe de la Croix n'a pas dormi les huit dernières années de sa vie. Sainte Lidwine a dormi trois heures en trente ans. Saint Pierre d'Alcantara, une heure par nuit pendant quarante ans. Sainte Catherine de Ricci une heure par semaine.

---

* A propos de postures, Marthe m'a toujours fait penser à un yogin en asana, immobile et concentré, ayant vaincu la perpétuelle agitation psycho-physique de l'animal humain.

Au XIXe siècle, Teresa Higginson affirmait en 1874 : « Et maintenant je ne dors pour ainsi dire jamais. » Mollie Fancher ne dormait jamais non plus. Elle admettait que ses transes hypnotiques fréquentes et imprévues lui servaient de sommeil. Louise Lateau ne dormait pas, ce qui ne l'empêchait pas de vaquer à ses occupations ménagères et charitables. Catherine Emmerich ne dormait pratiquement pas et consacrait ses nuits, comme Marthe Robin, à la prière.

Le padre Pio voyait dans ses insomnies peut-être volontaires une action réparatrice, qui lui avait été suggérée le 19 mars 1913 par une apparition du Christ, qui lui avait dit : « A cause des âmes que j'ai le plus comblées, je serai en agonie jusqu'à la fin du monde. Pendant le temps de mon agonie, il ne faut pas dormir [24]. »

Le Dr Couchoud a écrit : « Beaucoup plus inexplicable que l'inédie à mon sens est le manque de sommeil. Marthe Robin ne dort pas, sauf pendant l'extase qui suit la communion. C'est alors le sommeil du bonheur [25]. »

Là réside sans doute l'explication. La plupart des extatiques ne dorment pas, ou dorment peu, car chez eux la détente absolue de l'extase représente comme un condensé du sommeil paradoxal, le seul indispensable.

Mais ce bonheur ne dure pas. Ces nuits où Marthe est seule quand tout dort autour d'elle, seuls les malades insomniaques peuvent en imaginer la souffrance, l'abandon. Mais qui sait où finit la souffrance et où commence la joie ?

Le bénédictin dom Grammont (mort en 1989), qui fut abbé du Bec-Hellouin, disait à la fin de sa vie que ses nuits constituaient ses moments de bonheur. Et frère Marie-Silouane, cistercien de Sénanque, souligne que la veille est liée au jeûne : « Ils permettent de refaire l'unité de la personne, car le corps non satisfait est davantage soumis à l'âme, et l'âme à Dieu [26]. »

3

AUTRES PHÉNOMÈNES PARANORMAUX
(bilocation, prophétie, discernement, don de guérison)

Comme Marthe Robin et tous les mystiques l'ont dit, les phénomènes paranormaux sont les marques secondaires susceptibles d'accompagner les états mystiques. Ils ne constituent jamais un but en soi. Il ne s'agit pas, par exemple, de lire l'avenir, mais d'acquérir une ouverture de conscience qui permette de comprendre les desseins de Dieu, et une liberté qui engage à y adhérer. Les vrais mystiques sont d'ailleurs sans but, totalement donnés au bon vouloir de l'Esprit, dont ils ne se sentent que le canal.

Marthe Robin se défendait de ces états particuliers, qu'elle considérait comme un risque susceptible de rompre sa règle d'effacement, condition nécessaire de l'union à Dieu. Des témoins ont toutefois rapporté des faits. Le père Finet lui-même a laissé échapper que Marthe était l'objet de faits extraordinaires. Ils figurent dans l'épais dossier que le père Ravanel, promoteur de la cause, a remis en 1989 à l'évêque de Valence pour l'enquête préliminaire d'introduction de la cause de béatification, sollicitée par les Foyers de charité.

Du point de vue rationnel, les phénomènes paranormaux semblent naître de la régression physiologique entraînée par la maladie et par l'ascèse. Le jeûne, par exemple, favorise les visions ; le contrôle de la respiration, la concentration, font naître de nouvelles capacités cérébrales ou les développent : mémoire, perceptions, divination. Le pouvoir de guérir se rencontre chez certains mystiques. Il n'y a pas nécessairement « miracle », rupture des lois de la nature, mais capacité accrue de réception et d'utilisation de potentialités virtuelles.

Il ne faut pas confondre les faits mystiques et paranormaux. Les phénomènes véritablement mystiques, comme l'extase, dépendent d'une entité extérieure et exigent l'abandon préalable du moi permettant l'ouverture vers un champ de conscience illimité, à travers lequel se révèle puis se déploie éventuellement la Transcendance. L'acceptation de la souffrance est l'un des moyens privilégiés aboutissant à l'abandon du moi et de toute la façade superficielle, souvent mensongère et aliénante. L'ascèse est son préalable et si l'ascèse engendre aussi des phénomènes parapsychiques, on comprend que le mystique les tienne pour négligeables, tout en les intégrant dans son système de vie donnée.

Cependant, pour les témoins, ils constituent un signe, qu'il convient de respecter et d'interpréter correctement.

La bilocation est une étrange faculté paranormale qui consiste en un dédoublement de la conscience, qui parvient à se détacher du corps. Le phénomène, n'étant pas exclusif aux saints, ne constitue pas une preuve de sainteté, bien qu'il trouble le peuple avide de surnaturel. Marthe Robin possédait cette faculté.

On dit de la bilocation qu'elle s'exerce lorsque la même personne occupe en même temps deux endroits distincts, mais cette définition me semble incorrecte. La conscience étant unique se détache et se transporte librement auprès d'un être humain qui aurait, par exemple, émis un appel de détresse. Cet être voit le bilocateur comme une vision. Le bilocateur le voit de même et lui délivre son message. Pendant le temps du « voyage », son corps physique n'a pas bougé.

Beaucoup de saints maîtrisent sans dommage la bilocation. Saint Antoine de Padoue prêchait presque en même temps à Padoue et à Lisbonne. En 1774, saint Alphonse de Liguori, de son monastère d'Arezzo, assistait le pape Clément XIV à Rome pendant son agonie; sainte Lidwine, au XVe siècle, « voyageait » aussi à Rome et en Terre sainte. Au XVIIe siècle, saint Joseph de Copertino, étant à Assise, assista sa mère mourante loin de là. Mère Agnès de Langeac conversait avec M. Olier à huit cents kilomètres de son couvent. Saint Jean Bosco donnait ses ordres à la fois à Turin et à Barcelone.

Chez le mystique, ce phénomène est plus ou moins lié à l'extase; chez les autres, il dépend de la transe hypnotique.

S'agit-il d'un dédoublement de la personnalité, c'est-à-dire de la psyché? Toute une école spirite est d'ailleurs très familière du « double » psychique qui accompagne le corps. Pour ma part, je le répète, je pense que la conscience est unique. Qu'elle puisse « voyager » hors du corps, c'est une autre affaire!

Au-delà des querelles d'école restent les faits, innombrables. « La possibilité de l'apparition n'est pas contestée par les philosophes catholiques », écrit le théologien Paul Lesourd. Pour lui, le problème est seulement de savoir si les bilocateurs sont identiquement présents en deux endroits, ou si, corporellement présents en un seul lieu, ils apparaissent en un autre, que ce soit par un corps d'emprunt, ou par une modification subjective des témoins qui subiraient en quelque sorte une vision [1].

Le padre Pio était coutumier de bilocation. Un jour, le padre Paolino posa devant lui cette question :

– Je voudrais bien savoir comment se produit la bilocation et si le saint sait ce qu'il veut, où il va et comment il va.

– Il sait ce qu'il veut, il sait où il va, mais il ne sait pas si c'est seulement en esprit ou bien âme et corps [2].

Le padre Pio savait de quoi il parlait. Pendant la Première Guerre mondiale, il sauva du suicide le maréchal Cadorna, rendu responsable de la défaite de Caporetto, en lui apparaissant dans la chambre de son palais à Trévise. Il assista en 1932, comme il le lui avait promis, Mgr Damiani à Rome au moment de sa mort solitaire. Avant de mourir, le prélat écrira de sa main : « Padre Pio est venu. » Plus extraordinaire encore, en 1926, il apparut au Vatican en pleine conférence du pape Pie XI qui délibérait sur son sort avec la commission du Saint-Office, vision attestée par l'un de ses membres, le cardinal Silj [3].

Grande visionnaire et stigmatisée, Catherine Emmerich était aussi coutumière de bilocation.

« Souvent, pendant que j'étais occupée par un travail, ou malade et couchée dans mon lit, je me voyais en même temps présente en esprit parmi mes sœurs. Je voyais et j'entendais ce qu'elles faisaient et disaient, ou bien je me trouvais dans l'église quoique je n'eusse point quitté ma cellule. Comment cela se faisait-il? C'est ce que je ne puis dire [4]. »

A Châteauneuf, on assurait que Marthe Robin, sans quitter sa ferme, voyait ce qui se passait au cours des retraites, et ne manquait pas ensuite de souligner tel ou tel manquement au silence ou à la charité.

Le cas de bilocation le mieux observé est celui de Mollie Fancher à New York à la fin du XIXe siècle, cette jeune protestante dont nous avons déjà parlé à propos de l'inédie.

« Quand j'entre en transe, je suis consciente d'exister. Ce ne sont pas des rêves, mais des vagabondages indistincts qui, au réveil, me laissent des souvenirs très nets. En règle générale, quand je tombe en transe, je sors de moi-même, de chez moi, et vais de-ci de-là, et vois beaucoup de choses. Parfois j'entre dans une maison, je regarde la disposition des pièces, je vois des gens. »

Elle les reconnaît souvent, décrit la scène, et on a pu en vérifier l'exactitude.

Cette faculté de double vue est liée chez elle au mauvais état de santé. Il disparaît quand elle guérit. Il est évidemment lié à l'état de transe hypnotique et au jeûne total.

On connaît plusieurs cas de bilocation chez Marthe Robin, qui sont plutôt des faits d'« assistance spirituelle à distance ». On a vu son intervention auprès de l'abbé Finet lors de la catastrophe de Fourvière en 1930. Frère Ephraïm affirme même que Marthe a arraché quantité de gens au suicide en les visitant.

De son côté, Jean Guitton rapporte cet autre cas :

Au Foyer de Châteauneuf, Marie-Ange Dumas, fondatrice du premier collège avec Hélène Fagot, vit ses derniers jours. Vers dix-neuf heures, un prêtre lui apporte la communion, puis la laisse seule. Marie-Ange éteint la lampe de chevet et prie.

A dix-neuf heures trente-cinq, Janine Chevalier, un professeur de mathématiques, vient rendre visite à son amie. Elle pénètre dans la petite antichambre et frappe à la porte, sans obtenir de réponse. Elle entend alors la voix de Marthe, une longue invocation à Jésus. Mais elle repousse cette idée insolite, puisque Marthe, qui vit à quatre kilomètres de là, ne quitte jamais son lit.

Après avoir vainement frappé, elle appelle l'infirmière. Elles entrent. Marie-Ange, la main repliée sur son cœur, est morte.

Interrogée, Marthe confirmera la bilocation : « J'avais promis à Marie-Ange de l'aider à sa dernière heure. Je suis venue. J'ai vu la chambre. J'ai dit cette prière [5]. »

A Jean Guitton qui l'interroge sur ses « voyages » au cours de ses extases *, Marthe répond :

– Je voyage en Dieu. Il me porte où il veut.

– Alors, il vous porte à Rome ou à Constantinople ?

Oui, mais dans Jésus, et aussi avec la Vierge, tantôt plus avec l'un, tantôt plus avec l'autre. Et je suis toujours dans le même état de souffrance. C'est l'amour qui me conduit. Je n'ai que de la douceur à me laisser conduire par ce chemin.

Un silence. Elle laisse enfin échapper sa tendresse :

– Jésus est tendre, il prend pour lui ce qu'il y a de pénible et il ne me laisse que le mérite de le suivre sans résistance. Avec la foi en Dieu et la connaissance de son amour, on peut facilement se passer du reste, tandis que tous les avantages de la terre ne peuvent remplacer cette paix, cette tendresse. Quand on comprend l'amour de Dieu pour nous, on trouve que l'éternité ne sera pas assez longue pour remercier. C'est un océan. Notre bonheur fait partie de son bonheur [6].

Subtilement, Marthe a détourné la question, le voyage, et l'a transposée sur le voyage intérieur ; en même temps, elle révèle le fondement de sa vie : l'amour de Dieu vécu expérimentalement.

Marthe possédait aussi le don étrange de deviner plus ou moins le contenu d'une lettre avant qu'on ne la lui lise.

Le don de prophétie dont sont gratifiés certains mystiques faisait également partie de ses charismes. Sur cette étrange faculté de lire l'avenir, le père Van der Borght, fondateur du Foyer de Tressaint, parle du « charisme effarant de Marthe, qui était certainement un charisme de prophétie ». Il ajoute : « Elle était charismatique par définition [7]. »

Marthe se défendait énergiquement de toute confusion, ne voulant pas être prise pour une vulgaire voyante extralucide que l'on vient consulter pour « dire l'avenir » et autres « retours d'affection ». « Je ne suis pas une sorcière ! » criait-elle en mettant carrément dehors les importuns ; « je n'appartiens pas au syndicat des cartomanciennes ! »

Un jour, elle dit à l'abbé Perrier, curé de Saint-Uze : « Il y a un monsieur qui attend. Vous pouvez lui dire de s'en aller, car il veut que je lui dise la bonne aventure [8] ! »

Marthe possédait certainement un don, mais elle ne le

* Nous examinerons au chapitre 6 les « voyages » dans le passé, plus liés à l'extase.

cultivait pas, car ses préoccupations étaient uniquement religieuses, charitables et moralisatrices. Il n'empêche que, de temps en temps, le don se manifestait, malgré elle. Elle perdait alors la réserve qui lui était habituelle ; elle se trouvait comme « possédée », elle devenait « charismatique ».

L'abbé Peyret rapporte cette étonnante histoire qu'il tient d'un prêtre parisien, l'abbé de Mallmann :

En mai 1940, lors de l'invasion de la Belgique et de la Hollande, Marthe eut une vision prophétique de la ruée allemande dans le nord de la France. Elle osa déclarer à son évêque, Mgr Pic :

– Allez dire au président Daladier qu'il ne faut pas que les troupes françaises entrent en Belgique. La France serait perdue. Ce n'est pas sa mission d'attaquer.

L'évêque, accompagné par le Pr Bansillon, de l'université de Lyon, tenta en vain d'être reçu à l'hôtel Matignon. Ils purent seulement voir un membre du gouvernement, G. Champetier de Ribes, qui hocha la tête, dubitatif.

– Notre ambassadeur au Vatican, M. Charles Roux, vient de nous transmettre un message similaire de la part du pape.

– Je ne puis vous dire qu'une chose. Le pape et Marthe ne se sont pas mis d'accord [9] !

Mgr J. Manziaux a déclaré : « J'ai vu Marthe l'été 1940, après le désastre de la France. Elle m'a dit : " Le châtiment de Hitler sera terrible. " »

Si Marthe se défendait de lire habituellement l'avenir, cela ne l'empêchait pas de lâcher de petites phrases mystérieuses.

– Je prie pour elle, car elle n'a pas achevé son œuvre, disait-elle à Jean Guitton à propos de Simone de Beauvoir.

Quant à Maurice Merleau-Ponty, le philosophe de « l'expérience vécue », tenté par le marxisme :

– Il n'achèvera pas [10].

Puis elle rentrait dans sa coquille.

– On me prête beaucoup d'idées sur l'avenir, mais je ne sais rien, sauf une chose : que l'avenir, c'est Jésus.

Restent ses « visions d'avenir ».

« Elle m'a toujours affirmé, dit encore Jean Guitton, qu'il est impossible de dire si cet avenir, entrevu, pressenti, prévécu, est immédiat ou lointain ; s'il interviendra demain ou dans mille ans. Mille ans sont comme un jour. Un jour comme mille ans. Le moment présent contient le temps tout entier, dont il est le raccourci [11]. »

Le don de voyance est effectivement incapable de se situer dans le temps. C'est pourquoi Marthe donnait ses prophéties à mots couverts. La quittant, un prêtre s'entendit dire : « Au revoir, au ciel ! »

« Elle va donc mourir ? » songea-t-il, perplexe. C'est lui qui mourut, et d'une manière imprévisible : un accident de la route [12].

Parmi les nombreuses prophéties de Marthe, réalisées, citons celle que le père Finet a confiée à M. Jarosson : « Dès le début du concile, elle a annoncé que l'Église lèverait l'anathème formulée contre les chrétiens orthodoxes. »

Marthe a aussi annoncé à de nombreuses personnes la fin du communisme mondial. Quand ? « Après ma mort. » Marthe est morte en février 1981. Trois mois plus tard, les communistes, avec l'union de la gauche, arrivaient au pouvoir en France. Mais huit ans plus tard s'engageait le processus, imprévisible et irréversible, de la débâcle du communisme dans tous les pays d'Europe.

Le discernement des esprits est une variété de clairvoyance dont Marthe Robin bénéficiait aussi.

Padre Pio et le curé d'Ars lisaient dans les cœurs, les gens étaient bouleversés. Par exemple, padre Pio révélait à ses pénitents un peu rebelles des fautes oubliées. Mais pas à la manière d'un psychanalyste, qui procède par associations et recoupements laborieux. Chez le clairvoyant, la lecture est spontanée. Il lit dans l'esprit comme dans un livre ouvert.

L'Église l'appelle le don de science ou de connaissance, et le classe parmi les sept dons de l'Esprit saint.

Un jésuite de Toulouse, venu de très mauvaise grâce prêcher à Châteauneuf, en fit l'expérience avec Marthe Robin. Bien qu'elle ne le connût pas, elle n'eut aucune peine à lire en lui.

– Vous n'avez pas l'air très heureux ici, mon père ?

Il tenta d'esquiver la question.

– Il fait si noir dans cette chambre !

– Vous n'êtes pas encore ouvert à la grâce des Foyers.

Puis, comme toujours lorsqu'elle sentait une résistance, elle lui proposa de prier.

– D'accord, dit-il ; mais vous commencez.

Il s'attendait à la traditionnelle « dizaine ». Elle lui cita alors des passages de ce qu'il venait de dire aux retraitants.

« J'ai reçu un sacré coup dans l'estomac », avoua-t-il, stupéfait.

En fait, Marthe voulait lui dire seulement : « Mon père, que votre vie soit donc conforme à ce que vous prêchez. »

Puis elle lui donna tout le plan de sa retraite. « J'étais époustouflé », dit-il. Alors, elle l'acheva :

– Prenez une responsabilité dans les Foyers.

Il tenta de s'esquiver :

– Je suis jésuite ; je dépends de mon provincial !

– Dieu le demande. Votre provincial s'y soumettra.

Ce qu'il fit [13].

On retrouve ici chez Marthe l'utilisation judicieuse d'un « don de l'esprit », d'un charisme, au profit d'une réalisation concrète. Elle avait agi de même avec l'abbé Finet.

Cette autre histoire, racontée par Jean Daujat, montre jusqu'où va le discernement chez Marthe.

Le fils d'un industriel lyonnais dépensait la fortune de son père en menant grand train dans les boîtes de nuit, avec deux maîtresses. Une nuit, après boire, l'une des filles proposa :

– Allons tous les trois voir Marthe Robin. On lui fera croire qu'on est des gens pieux venus lui demander conseil. On se moquera d'elle et on rira bien !

Le trio obtint un rendez-vous. Au moment de pénétrer dans la chambre de Marthe, ils se sentent déjà moins sûrs d'eux. Ils ont à peine franchi la porte que Marthe les interpelle :

– Comme vous avez raison de venir vous moquer de moi ! C'est tout ce que je mérite !

La suite de l'histoire ? Le garçon est entré à la Trappe et les deux filles au Carmel.

Marthe Robin possédait-elle le don de guérir les malades ? Dans leur désir d'éviter que la ferme des Moïlles ne se transforme en pèlerinage, le père Finet et les responsables des Foyers sont restés très discrets sur ce sujet. Il existe cependant de nombreux témoignages.

D'une part, Marthe était compatissante. D'autre part, elle ne pouvait ignorer ces paroles du Christ : « Voici les signes qui accompagneront ceux qui auront cru : ils imposeront les mains à des malades et ceux-ci seront guéris [14]. »

« On me demande souvent d'intercéder, mais on oublie de me tenir au courant de la suite », disait-elle à Gisèle Signé.

Cette proche de Marthe raconte que, en février 1930, le Dr Beck examina la petite Renée Chevauchet, de Lyon, âgée de treize mois, qui souffrait d'une broncho-pneumonie. Il prescrivit un traitement, bien qu'il jugeât le cas sans espoir. Les parents consultèrent aussi un autre médecin, ami de la famille, le Dr Maurin, qui l'examina et confirma :

– Elle est perdue.

La mère (qui se prénommait Marthe) demanda à Gisèle Signé d'écrire à Marthe Robin, ce qu'elle fit.

Le lendemain, le Dr Maurin revint. Il ausculta le bébé, qui ne portait plus aucune trace de broncho-pneumonie. L'enfant prit ses biberons comme un nourrisson normal. Elle était guérie.

Or, il s'agissait d'un mal héréditaire, puisque quelques années plus tard, en 1935, le second enfant du couple, André, tomba malade : pneumonie, pleurésie, péritonite. Soigné par le Dr Pinel, il se retrouva hospitalisé à l'infirmerie protestante de Lyon, cours Giraud. Son état devenant critique, on fit de nouveau appel à Gisèle Signé, qui écrivit à Marthe pour qu'« elle porte l'enfant dans ses prières ». Il fut guéri.

Leur mère, Marthe Chevauchet elle-même, se trouva en danger de mort en juillet 1937. Elle devait subir une ablation de la rate. Elle portait au poignet un chapelet en corail donné par Marthe Robin, qu'elle ne cessa d'invoquer. Après deux mois entre vie et mort, elle fut sauvée. Elle rendra visite à Marthe pour la remercier [15].

Mère Marie-Thérèse (Marguerite Lautru) croyait sincèrement au pouvoir de guérison de Marthe. Supérieure investie de lourdes charges hospitalières à Lyon, elle ne peut être classée dans le genre crédule. Ses relations avec Marthe datent de 1926. Alors jeune sage-femme convertie et baptisée un an auparavant, elle venait de s'installer à Châteauneuf et s'était liée d'amitié avec Marthe, qui pouvait encore broder et tricoter.

– Comment faites-vous ces points de broderie si merveilleux ? Qui vous les a appris ?

– C'est la Sainte Vierge elle-même.

Vérité ou boutade ? Pour procurer un peu d'argent à Marthe, elle lui demanda de broder une robe de baptême qu'elle voulait offrir à une petite cousine. Le travail exécuté fut envoyé à la famille. Dix ans plus tard, Marguerite Lautru, devenue sœur Marie-Thérèse dans un ordre hospitalier de Lyon, récupéra la robe qu'elle garda comme souvenir. Un jour, elle en parla à Marthe, qui lui dit très sérieusement :

– Ce n'est pas moi qui l'ai brodée ; la Sainte Vierge a tout fait.

Convaincue, la religieuse l'utilisa dès lors comme une relique. Le père Finet raconte :

« Elle l'appliquait sur des malades qui parfois en étaient nettement améliorés et souvent même guéris totalement et miraculeusement, et ceci pendant cinq ans. La sixième année, une dame malade soignée chez elle demanda à sœur Lautru de lui prêter cette petite robe. Elle ne l'a jamais rendue [16]. »

Aussi, mère Marie-Thérèse allait jusqu'à glisser discrètement des linges ayant touché la stigmatisée sous le matelas des malades condamnés qu'elle visitait à l'hôpital.

M. et Mme Octave, de Vaux-en-Velin (Rhône), originaires de la Drôme, attribuent à Marthe la guérison inexplicable de Mme Octave en juin 1941, alors que cette jeune femme se mourait d'une fièvre puerpérale après la naissance de son fils Alain à l'Hôtel-Dieu de Lyon.

« Par la suite, dit M. Octave, je fis une visite à sœur Lautru à Châteauneuf. Elle me confirma que cette guérison était miraculeuse, d'après Marthe. Comment oublier cela [17] ? »

Mère Marie-Thérèse a raconté aussi la guérison inexplicable de l'une de ses jeunes religieuses, très malade (peut-être un cancer de l'estomac).

– Venez voir Marthe Robin.

– Non ! Je ne crois pas aux miracles.

Elle accepta seulement de venir prier avec mère Marie-Thérèse sous les fenêtres de Marthe, et de demander sa guérison.

Marthe l'entendit et fit prévenir mère Marie-Thérèse.

– Dites à cette jeune religieuse que j'ai pris sa prière dans mon cœur.

Et elle fut guérie [18].

L'abbé Peyret rapporte que, après une invocation à Marthe, le père d'une infirmière de Chabeuil, près de Valence (Marie-Catherine Jeanselme), fut instantanément soulagé en septembre 1980, alors qu'il était atteint d'un cancer de la gorge et qu'on avait appelé le SAMU. Le médecin n'y comprenait rien [19].

Le père Finet a confirmé que « Marthe obtint après sa mort des guérisons miraculeuses ». Il cite la petite Églantine (de Chartres), trois ans et demi, guérie de mucoviscidose. Les parents avaient prié Marthe au cours d'une retraite, puis ils avaient amené l'enfant dans sa chambre, un vendredi. Le mardi suivant, les médecins constataient la guérison totale [20].

Malgré sa discrétion et celle de son entourage, Marthe avait donc acquis une solide réputation de thaumaturge. Dans le petit peuple du pays de Galaure, quand quelque chose allait mal, « on venait voir la Marthe » ! Lorsque le boulanger de Châteauneuf, incroyant notoire, vit son enfant à la dernière extrémité, condamné par les médecins, il appela sa femme :

– Toi, va voir la Marthe !

La boulangère monta aussitôt à la Plaine. Marthe lui demanda d'aller chercher son mari. Quand il fut là :

– Mettez-vous à genoux et priez. Demandez pardon à Dieu.

La prière achevée, Marthe s'écria :

– Cette nuit, ton fils te demandera à manger et il sera guéri.

Le lendemain matin, lorsque le médecin effectua sa visite, croyant constater la mort, il trouva l'enfant guéri [21].

On ne peut comprendre les guérisons inexpliquées sans les replacer dans leur cadre : le mystère de la substitution. Là se trouve peut-être une des clés des miracles. Marthe prenait sur elle la souffrance des autres. Souffrance morale, et même péchés, mais aussi souffrances physiques. Elle se substituait par don d'elle-même.

Une comparaison avec Thérèse Neumann, la célèbre stigmatisée allemande, éclaire le problème. Son père, souffrant de douleurs de l'estomac, Thérèse les prit sur elle. Aussitôt, son père cessa de souffrir. C'est elle qui avait mal.

Est-ce là un phénomène psychosomatique que la science pourra expliquer un jour ? Mais voici plus clair encore. Thérèse ayant pris en charge un alcoolique, celui-ci renonça subitement à son vice. Alors, disent les témoins, « l'haleine de Thérèse se mit à exhaler sur-le-champ une odeur d'alcool ».

Ensuite, tout se passait comme si la bonne entité qui veillait sur elle la débarrassait du mal. Ceci apparaissait lorsqu'elle prenait sur elle la tuberculose d'un étudiant, qu'elle guérissait. Il suffisait à Thérèse d'assister à la messe pour que le mal dont elle éprouvait déjà les symptômes disparaisse.

Mais, diront les sceptiques, si Marthe guérissait les autres, que ne s'est-elle guérie elle-même !

C'est ne pas avoir compris le sens de ces guérisons particulières. Le Vatican instruit actuellement le dossier de béatification de Giacomo Gaglione, disciple du padre Pio et mort en odeur de sainteté en 1962. Sa vie ressemble à celle de Marthe Robin. Alité depuis l'adolescence à Caprodise, paralysé, souffrant, il se voua pendant trente ans au soulagement des malades. Or, lui-même était par essence un échec au miracle. Venu dans sa jeunesse demander sa guérison au padre Pio, lorsqu'il le rencontra, tout se déroula d'une manière imprévue. « Alors, a-t-il raconté, une joie extraordinaire m'a envahi, une espèce de félicité. » Et sa vie fut transformée radicalement, bien qu'il ne fût pas physiquement guéri.

Tout se passe en ce cas comme si la divinité agissait pour le bien supérieur.

Le padre Pio, tout comme Marthe, assurait que ce n'était pas lui qui guérissait.

Cette analyse d'Yves Chiron à propos du padre s'applique exactement à Marthe :

« S'il lui est arrivé d'annoncer une guérison, c'est qu'elle se produisait au moment où il parlait, comme s'il y avait instantanéité de la guérison miraculeuse qui concerne aussi bien la personne guérie, la guérison que le guérisseur. Comme si chacune des deux parties subissait une transformation au même instant : le " guérisseur " servant de canal à la grâce divine, le malade recevant le renouveau que la science humaine ne pouvait plus lui donner [22]. »

C.G. Jung, qui ne croyait pas au hasard, aurait parlé de « synchronicité ».

Le Pr Couchoud, qui appréciait avant tout le détachement de Marthe, redoutait qu'avec la célébrité elle ne se mette à « faire des miracles ». Ainsi chacun a tendance à annexer son saint, oubliant ce qu'il est, de manière irréductible.

Le père fondateur du Foyer de charité de Banguy, en République centrafricaine, qui a bien connu Marthe, disait : « Il ne s'agit pas de donner plus d'importance aux aspects surnaturels de sa vie qu'elle n'en donna elle-même. Dans l'approfondissement de sa vie mystique, les signes ont plutôt régressé [23]. »

Comme le souhaitait le Dr Couchoud, moins de bilocations, de stigmates, bien que l'inédie et l'insomnie soient restées totales. Qu'est-ce à dire ?

Les manifestations physiques du mysticisme pourraient n'être que les effets de la tension entre deux mondes, le naturel et le surnaturel ; mais cette estimation dualiste ne me satisfait pas entièrement. Je préférerais parler de la confrontation entre le moi et le soi, qui finit chez le saint par se résoudre dans l'individuation, lorsque le moi (l'ego) a capitulé et reconnu son maître ; ou plus exactement qu'il se dissout dans son propre néant, ne laissant que l'éblouissement du soleil, seul étant.

Cependant, dans la remarque du père il y a aussi le mot signe. Rien ne semble gratuit dans ce qu'on pourrait appeler le plan du Créateur. Les signes seraient donnés pour attirer l'attention sur le messager. Le Christ lui-même l'a souligné : « Voici les signes qui accompagneront ceux qui auront cru *. » Suit la liste, impressionnante : « Ils chasseront les démons, ils parleront en langue, ils imposeront les mains aux malades et ils seront guéris. »

Et le père de conclure :

« Marthe, c'est aussi le mystère de la Passion qu'elle a vécue jusque dans sa chair. Elle a vécu comme une intériorisation une passion plus intime en communion avec la souffrance et le péché du monde. Le Seigneur a accompli en cette petite paysanne un grand mystère dont on n'a pas fini de voir les fruits. Son rayonnement ne s'est pas arrêté au jour de sa mort. »

Ce rayonnement provient de l'identification à la passion du Christ, dont les stigmates sont le signe visible.

Entrons maintenant dans ce nouveau mystère.

---

* Marc XVI, 18, traduction dite de *la Bible de Jérusalem*, Cerf, 1973. La traduction plus ancienne de 1937 du père Buzy dit : « Voici les miracles. » Nuance !

4

LES STIGMATES

> O blessures tout amoureuses de mon Seigneur Dieu ! Je pénétrai un jour en elles les yeux ouverts, et mes yeux furent remplis de sang.
>
> Jacques de MILAN, franciscain du XIIIe siècle.

Lorsqu'en 1933 le Christ était apparu à Marthe, il lui avait dit :

« C'est toi que j'ai choisie pour vivre ma passion le plus totalement depuis ma mère, et personne ne la vivra aussi totalement après toi dans l'Église. Tu iras toujours en souffrant davantage, tu souffriras de plus en plus [1]. »

Essayons de comprendre ce mystère : Marthe de la Passion, dont les stigmates sont l'effet extérieur et visible. Elle a dit :

« Toute existence est un calvaire et toute âme un Gethsémanie, où chacun doit boire en silence le calice de sa propre vie [2]. »

Chaque semaine, le jeudi vers vingt et une heures, Marthe entrait donc en agonie avec le Christ, elle revivait dans sa chair sa passion. Et cela durera jusqu'à sa mort, pendant cinquante ans ! Impossible d'imaginer qu'elle y prenne une sorte de plaisir masochiste. Le père Finet a rapporté le dialogue pathétique qui précédait parfois son entrée en agonie. Elle a peur. Elle tremble comme un enfant.

– Mon père, vous savez que c'est jeudi, aujourd'hui ?
– Oui, mon enfant.
– Vous savez que ce soir...
– Oui, mon enfant.
– Mon père, je ne pourrai pas...

– Si, mon enfant [3].

Seul un prêtre, familier du sacrifice qu'est la messe, pouvait vraiment comprendre. L'abbé Peyret a écrit :

« Elle versait des larmes de sang. Elle priait. Elle ne priait plus Jésus, car alors elle ne faisait qu'un avec Lui. Avec Lui, et en Lui elle priait le Père. Elle était Jésus agonisant au jardin des Oliviers. On l'entendait dire : « Éloignez ce calice de moi ! » Ou encore : « Que votre volonté soit faite, Père [3]. »

En 1931, on a recueilli cette confidence de Marthe :

« Une victime d'amour doit sans cesse être martyrisée dans son corps, frappée en plein cœur, transpercée dans son âme. C'est si bon d'être une hostie d'amour ! Laisser Dieu libre d'agir en moi, me laisser faire par Lui, par le prochain, par les événements, en demeurant humble, confiante, obéissante à Dieu [4]. »

Comme le Christ au mont des Oliviers, elle connaît une pré-agonie dans la nuit du jeudi au vendredi. Puis elle revit la Passion le vendredi :

« Oh ! que Jésus m'a donc aimée aujourd'hui ! L'étreinte a été si forte, sanglante un peu même. L'Époux pare sa petite victime de ses blessures d'amour. Oh oui, oui, Jésus ! Vos clous, je les veux dans mes mains, je les veux dans mes pieds ; votre couronne d'épines je la veux autour de mon front ; votre fiel je le veux dans ma bouche ; votre lance je la veux dans mon cœur ! Vous êtes descendu de la Croix, c'est pour que j'y prenne votre place ! Oui, Seigneur, je la veux votre croix, vous me l'avez donnée en dot ! Je la veux avec tous ses trésors ! Que je sois votre épouse toute marquée des douleurs et de la pureté de Marie. Qu'y a-t-il que nous ne ferions pas si nous savions nous donner à Jésus, à son amour crucifiant, si nous voulions nous pénétrer de Lui, ne faire qu'un avec Lui [4] ? »

Puis tout s'achève dans la confiance et dans la paix. Le Christ est mort à quinze heures. L'heure varie chez Marthe, mais qu'importe l'heure quand il s'agit d'éternité ? Comme Jésus en croix, elle pousse un cri : « Père, je remets mon âme entre vos mains. »

Un soupir soulève sa poitrine. Sa tête retombe à gauche. Apparemment, elle est comme morte. En fait, elle entre en extase, mais cela, personne, pas même elle, ne peut le décrire. Seulement un cri d'acceptation et d'amour :

« Fiat quand Dieu nous choisit ! Fiat s'il nous martyrise !

Fiat au sommet du Tabor ! Fiat sur le chemin du calvaire ! Fiat dans les bras de la croix ! Fiat et merci toujours. O Dieu vivant dans mon cœur, vous savez combien je vous aime [4]. »

Le retour à la conscience a lieu le samedi. Parfois seulement le dimanche.

Marthe parlait très peu de sa passion et ses proches ne l'interrogeaient jamais. « Nous savions que nous l'aurions blessée. C'était son domaine secret », nous a dit son assistante Françoise Degaud.

On possède cependant d'elle de grands textes recueillis sur ses lèvres lors de la Passion, tel celui du 30 octobre 1931. On ne peut le lire sans épouvante.

« O nuit ! Épouvantable nuit ! Nuit de douleur, de voluptés et de pleurs. Terrifiée d'effroi j'ai assisté à la terrible passion du Sauveur, je l'ai vu subir tous les supplices, depuis l'agonie au Jardin jusqu'au crucifiement du Golgotha, y compatissant d'un cœur déchiré, sanglant ; y participant, les expérimentant dans leur horreur, dans leur douleur, dans leur amour. Surtout dans l'amour.

« J'ai connu sa souffrance de l'isolement qui broie, qui terrifie le cœur ; j'ai eu des frissons d'épouvante, des sueurs d'agonie, j'ai bu au calice d'amertume, j'ai tressailli sous les fouets invisibles qui cinglaient mes chairs, sous les épines qui s'enfonçaient dans mes tempes, des blessures cachées qui brûlent toujours mes mains, mes pieds, mon cœur. Et de toute mon âme, de tout mon être torturé des supplices de la passion, des oui ardents fleurissaient. »

Elle donne alors les raisons de son acceptation :

« Oui, Père, votre volonté est aussi la mienne. Je ne saurais vivre autrement que dans l'amour de Jésus, dans les peines de Jésus, dans les immolations de Jésus, souffrir sa passion et ses agonies, pour être expiatrice et rédemptrice et conquérante avec Jésus, comme Jésus.

« Pour vivre tout Jésus, pour devenir totalement Jésus, il faut vouloir être Jésus crucifié. Il faut se laisser tour à tour dépouiller, attirer, attacher sur la croix au doux Bien-Aimé, et demander, consentir à n'être qu'une âme, un cœur, une chair de souffrance pour tous, avec Lui. »

Là se trouve la clé de Marthe Robin :

« Dans ma soif d'amour et de donner des âmes à Jésus, j'ai laissé maintes fois sa main divine graver au fer et au feu jusqu'aux plus intimes profondeurs de mon âme ces deux mots si sublimes et si doux qui de plus en plus sont devenus ma vie : victime et hostie. »

Puis elle tente de décrire ce paradoxal mystère qui se révèle à la fois souffrance et volupté :

« Ce n'est plus immenses délices, profondes ivresses d'amour, merveilleuses clartés, divines béatitudes dans mon âme, mais tourments extrêmes, agonie d'amour. C'est la croix nue. La pure souffrance ! L'amour, la souffrance, m'étreignent de plus en plus. Je souffre une intense passion d'amour, je brûle d'amour, j'agonise dans l'abîme de cet océan de feu, sans que la plus petite fraîcheur vienne en tempérer l'amertume. Et cela m'est si tendrement bon.

« Chaque souffrance qui nous étreint, chaque sacrifice qui nous immole, chaque angoisse qui nous jette dans les ténèbres, dans la nuit de l'abandon et de l'agonie, chaque abîme effrayant qui se creuse dans notre cœur comme pour y engloutir tous nos petits bonheurs et toutes nos espérances, chaque suprême désolation est une vie nouvelle que le divin maître inocule en notre âme. »

Pourquoi tant de souffrances ?

« Il a vaincu la mort et l'aiguillon de la mort. Il fait passer dans les âmes les mêmes agonies mortelles. Il ne les enfante dans la nuit des tombeaux que pour les ressusciter à l'amour et les faire sortir plus pleinement de vie après les avoir ensevelies [5]. »

Marthe vivait donc une passion à la fois passive, puisque acceptée dans l'abandon, et active dans sa passivité même. « Suivre Jésus en portant sa croix, disait-elle, ce n'est pas mettre des boulets à ses pieds mais des ailes à son cœur, du ciel dans sa vie. La souffrance est l'école du véritable amour [6]. »

La souffrance l'unit au Christ, grâce auquel elle connaît Dieu. Mais cette extase n'est jamais égoïste.

Vers quatorze heures, le vendredi, le père Finet vient l'assister. Il a raconté que par trois fois Marthe était déportée sur le côté, pour reproduire les trois chutes de la montée du calvaire. « Je la remettais en place. Je posais sa tête sur son oreiller. Cette tête tombait sur le coussin où était parfois un petit châle blanc [7]. »

En l'absence du père Finet, Marthe était assistée par le curé de Châteauneuf. L'abbé Auric, qui avait succédé en 1955 à l'abbé Faure, a témoigné qu'au fil des années on observait moins de manifestations extérieures, mais toujours la trace sanglante sur son front de la couronne d'épines et les larmes de sang.

Le chanoine Bérardier, curé de la paroisse Saint-Louis à Saint-Étienne, assista en août 1942 à la Passion du vendredi, avec le père Finet et le Dr Ricard. La précision de son témoignage est exceptionnelle :

« Le vendredi à seize heures trente-cinq (quinze heures trente-cinq au soleil), nous rejoignons M. Finet, qui est près de Marthe depuis plus de deux heures. Il a trouvé le corps presque hors du lit, la tête à quelques centimètres du plancher. Marthe gémit doucement, mais d'un gémissement douloureux. « L'agonie à laquelle nous assistons est plutôt calme et silencieuse, nous dit-il. Certaines sont beaucoup plus agitées et tragiques. On entend alors Marthe dire sur un ton suppliant : " Non, mon père, pas ça !... Mais, père, s'il le faut, j'accepte. "

« Vers dix-sept heures, nous entendons Marthe dire :

– Mon père, pourquoi m'avez-vous abandonnée ?

« La tête a toujours ce même va-et-vient. Au lieu des gémissements, ce sont des " oh ! " secs, entrecoupés, assez rapides. Puis, très articulé, quoique à voix basse :

– Mon Dieu, je remets mon âme entre vos mains.

« Une minute après, Marthe pousse un grand cri, un cri étrange qui dure trois ou quatre secondes, et d'un coup sec la tête retombe sur le côté gauche, faisant un angle droit très marqué avec le corps. Nous avons l'impression qu'elle vient de mourir. Nous restons plusieurs minutes à genoux dans un silence absolu. Notre cœur bat violemment, la pensée se porte au Calvaire. C'est ainsi que cela a dû se passer. Nous nous relevons lentement ; nous mettons la main devant la bouche de Marthe : aucun souffle. C'est une morte que nous avons sous les yeux. Le visage est pâle, les joues sillonnées de larmes de sang qui ont coulé jusque sur la serviette qui entoure le cou [8]. »

Puis commence ce qu'on a appelé le grand silence extatique, qui dure de deux à dix heures. Le père Finet raconte :

« Pendant les deux heures suivantes elle ne donnait plus aucun signe de vie, sauf une très légère respiration. Elle m'a bien souvent expliqué comment, portant les péchés du monde, elle voyait tout le ciel s'écarter d'elle avec horreur, jusqu'au moment où saint Jean intervenait auprès de la

Sainte Vierge, qui elle-même obtenait de la part de notre Père des cieux le pardon de tous les pécheurs dont elle portait les péchés. Dès que ce pardon était donné, Marthe recommençait à gémir *, et ses gémissements très douloureux se prolongeaient tout le vendredi soir et encore le samedi pendant les premières années, le dimanche ensuite, et toutes ces dernières années jusqu'au lundi vers dix-sept heures. A ce moment elle recommençait à parler, tout en souffrant toujours les souffrances de la passion. Et cela s'est passé tous les vendredis, de 1925 à 1981 [9]. »

Voici encore un témoignage, celui de Mgr J. Marziaux, qui, au début juillet 1939, effectua sa seconde visite à la Plaine :

« Le père Finet m'avait autorisé à voir Marthe durant sa passion. C'est un privilège, mais aussi une épreuve douloureuse pour le témoin. Cette passion revécue par une grabataire marquée peu à peu par les stigmates de plus en plus visibles me hantèrent plusieurs nuits de suite. A seize heures (quinze heures au soleil), Marthe cessa de souffrir. Ses traits convulsés et douloureux comme tout son corps se détendirent. Elle devint sereine, pacifiée, mais comme morte. Je me permis de placer une glace sous ses narines. Elle ne recueillit pas la moindre buée [10]. »

Marthe se réveillait en général le dimanche matin, ce qui correspondait à la résurrection du Christ. En temps de Carême, il lui arrivait d'enchaîner deux passions à la suite ! Après quoi elle demeurait parfois trois semaines aphasique (sans voix) ; alors, les visites étaient supprimées.

C'est à cause de ces visites et du courrier qui formaient la trame implacable de sa vie active et toute donnée que le père Finet la ramenait en ce monde, « au nom de l'obéissance », comme elle l'avait expressément demandé.

« C'était difficile de la faire revenir, disait-il. Je ne pouvais le faire qu'au nom de l'obéissance, et il me fallait souvent m'y reprendre à plusieurs fois, car je craignais, en la ramenant trop vite à la terre, de la faire mourir. Je lui faisais cette prière qu'elle m'avait dictée :

« " Mon enfant, au nom du Père, du Fils et du Saint-Esprit, par Marie notre mère, je vous l'ordonne, revenez à vous. " »

Le Dr Ricard précise qu'« elle n'entendait pas d'abord

---

* Un témoin a dit : « C'est plutôt une complainte, une mélopée mélodieuse, sur trois notes, qu'on a pu comparer aux petits cris du nouveau-né. »

l'appel du prêtre par ses oreilles. Elle était rappelée par le fait de l'obéissance et ce n'est qu'ensuite que ses oreilles entendaient [11]. »

« Alors, dit le père Finet, elle reprenait ses sens et recevait des visiteurs. On lui lisait son courrier, elle dictait sans arrêt les réponses. Je restais avec elle jusqu'au milieu de la nuit [9]. »

La passion de Marthe peut se définir comme une suite d'abandons-identifications : abandon à la volonté du Christ, identification à Lui grâce à cet abandon ; identification au Père, suprême récompense ; puis la mission proprement dite : identification aux pécheurs, qu'elle veut ramener à Dieu par la voie douloureuse du Christ :

« Ma mission, c'est l'offrande. Ma vie est une messe continuelle. Je n'ai jamais l'impression que mon lit est un lit. C'est un autel, c'est la Croix [12]. »

Elle agissait parfois dans une intention précise. Lors des émeutes de mai 1968, lorsqu'elle apprit que l'armée pourrait intervenir à Paris : « Alors, j'ai supplié. Je me suis offerte à Dieu. Pour moi, je ne sais que cela : s'offrir, souffrir. J'essaye de prendre sur moi le péché du monde. Il est affreux de penser ce que les hommes ont fait de la liberté. Combien de temps cela durera-t-il [13] ? »

Au père Finet qui soulignait que son offrande était totale, elle répondit doucement :

« Je ne voudrais pas dire non. Je ne pourrais pas dire non. Mais il y a des fois, j'avoue humblement que j'aimerais dormir, pour oublier un peu. Il y a pourtant bien des faiblesses. Mais on est faible avec amour [12]. »

Ce qui est certain, et Jean Guitton en a témoigné, c'est qu'elle a connu de terribles nuits de l'esprit et la tentation de la fuite par le suicide :

« Elle qui avait parcouru en tous sens l'univers de la tentation ; qui en connaissait les frissons (notamment ceux du désespoir), elle qui me disait qu'il ne faut pas mettre des poisons sur la table de ceux qui souffrent trop ; elle qui avait été tentée par le suicide ; elle qui, chaque semaine, pouvait se dire : aurai-je encore la force ? avait l'expérience de la faiblesse [14]. »

Elle répétait :

« Je souffre dans mon esprit, dans mon corps, plus que vous ne pouvez le penser. J'ai aussi des tentations qui sont terribles. Et je comprends qu'il ne faille pas laisser de poison sur la table de nuit des malades [13]. »

A Jean Guitton, elle dit encore :

« Si vous voyez le pape [Paul VI], dites-lui que je suis toujours avec lui. Et dites-lui surtout que je comprends ses angoisses, ses tentations. Je sais ce que je dis. Il a la tentation de donner sa démission s'il se sent fatigué, s'il est malade, s'il croit que ses forces vont l'abandonner. »

Pour Marthe, donner sa démission ou mourir, c'est un peu la même chose. Elle enchaîne aussitôt :

« Dites-lui que j'en connais de pires. Il y a des jours où je n'en peux plus. J'ai tellement envie de m'en aller vers Dieu. Je voudrais tant mourir ! Mais le Père ne m'en donne pas la permission. N'est-ce pas, mon père ? Vous ne me permettez pas de mourir ? »

Dans l'ombre, le père Finet, bouleversé, demeure silencieux. Elle insiste. Sa voix se fait affectueuse, féminine ; oui, comme une femme qui userait de son charme pour obtenir une faveur :

« Mon père, quand me permettrez-vous de mourir ? »

Mais le père reste toujours silencieux. On devine son débat de conscience, son déchirement [15].

On ose à peine concevoir que Marthe toute sa vie a souffert la passion du Christ chaque semaine. Or, elle est allée bien au-delà des souffrances physiques. Sa principale souffrance était morale. Dans ces moments terribles elle se croyait abandonnée de Dieu. Le Christ aussi, au plus fort de la passion, a crié à Dieu sur la croix : « Pourquoi m'as-tu abandonné ? »

Mais pourquoi « abandonnée » ? Ayant par amour pris sur elle le péché des hommes, elle s'identifie à ce péché, elle accepte en quelque sorte d'être réprouvée avec lui.

Nous reviendrons plus loin sur ces « nuits de l'esprit ». Voyons maintenant les effets physiques de la Passion : les stigmates, qui sont comme le sceau d'authenticité de la terrible rencontre avec ce Dieu crucifié.

D'après le père Finet, Marthe souffrait la Passion depuis 1925, et d'autres témoignages le confirment. Elle reçut les stigmates en octobre 1930 (pieds, mains, côté gauche et couronne d'épines.) Chaque nuit elle versa des larmes de sang. Là encore, les témoignages abondent : « J'ai essuyé son front ensanglanté », dit l'abbé Perrier, curé de Saint-Uze [16].

Les linges ont été gardés comme relique par de nombreuses personnes, malgré la défense que Marthe en avait faite.

Mme Collon, de Saint-Vallier (Drôme), raconte :

« C'était le vendredi saint 1946. Toute ma classe de première et la classe de philosophie avaient été voir Marthe. Étendue sur son lit, elle avait les yeux fermés. On voyait des larmes de sang coagulé sur ses joues et les traces de la couronne d'épines. Elle avait une main dans l'autre et l'on voyait des traces de blessures. Dans la chambre nous entrions une à une. Avec sa lampe électrique le père Finet éclairait le visage de Marthe. On aurait dit une personne endormie [17]. »

Graziella De Luca, l'une des fondatrices des Focolari, venue la voir en 1962, avec Aletta Salizzoni, a témoigné : « Le sang provenant des blessures du couronnement d'épines coulait sur ses yeux, provoquant une cécité presque totale. »

On sait qu'en réalité la cécité avait d'autres causes, notamment l'hypersensibilité à la lumière.

« Elle m'a demandé de l'embrasser, témoigne Françoise, du Foyer de Tressaint. Je l'ai embrassée sur le front et j'ai senti sur mes lèvres la couronne d'épines. Cela m'a beaucoup impressionnée [18]. »

Marcel Clément a vu très souvent ce phénomène mystique :

« Le père Finet éclairait son visage. J'ai vu, elle était toute blanche, gémissant selon un rythme qui était à peu près celui du cœur avec des cris tantôt hauts, tantôt plus faibles. Depuis le coin des yeux, descendant le long de la ride des joues, deux lignes de sang mêlé à un liquide aqueux un petit peu grumeleux [19]. »

Marthe ne montrait jamais les stigmates de ses mains, de ses pieds, de son côté. Elle ne voulait pas qu'on parle. On possède son propre témoignage aux Drs Dechaume et Ricard, et celui de sa mère qui vit les premiers stigmates sur tout le corps, celui de ses sœurs, ceux des assistantes qui changeaient son linge et ses draps maculés de sang aux six emplacements habituels des stigmates, enfin celui, capital, du Dr Assailly qui, sur ordre du père Finet, examina la plaie béante qu'elle avait au côté *.

Voici le témoignage que m'a donné le Dr Alain Assailly :

« J'ai examiné Marthe dans les années cinquante à la demande du père Finet, qui m'a donné une lampe-torche après avoir placé un mouchoir sur ses yeux. Elle paraissait inconsciente.

« La chemise présentait au niveau du sein gauche une tache de sang rouge, frais et chaud, et elle se trouvait enfoncée entre les lèvres d'une plaie horizontale de cinq ou six centimètres, au-dessous du sein. Même si j'avais eu un stylet, je ne me serais pas permis de sonder cette plaie qui saignait assez abondamment.

« De la région autour du cœur rayonnait comme une chaleur très au-dessus de la normale, sans que je puisse préciser si, comme chez le padre Pio, il s'agissait du phénomène connu sous le nom d'*incendium amoris* (brûlure d'amour).

« En cet hiver drômois, avec la fenêtre entrouverte, la chambre était froide. Marthe d'ailleurs ne souffrait jamais du froid » (témoignage du 4 octobre 1990).

Les faits étant incontestables, restent les interprétations. Les stigmates sont-ils provoqués par l'intervention d'une entité extérieure, ou par un phénomène d'autosuggestion ?

Le Dr Couchoud a dit à Jean Guitton :

« Comme médecin et comme psychiatre, j'ai connu des cas analogues. Il y en a dans les hôpitaux. Du point de vue médical, un stigmatisé est un sujet qui, à cause de la fragilité des vaisseaux sanguins, présente des phénomènes. La peau de ces individus saigne. Lorsque ces sujets sont chrétiens, lorsqu'ils sont pénétrés par le désir de porter en eux l'image du Sauveur, alors cette image opère sur leur corps des phénomènes de sugillation [20]. »

Pour Jean Guitton, « les stigmates ne posent pas de problème, ce sont des hallucinations de la peau [21] ».

C'est vite dit ! A un sceptique qui déclarait à Thérèse Neu-

* Contrairement aux autres stigmatisés, Marthe présentait une plaie au côté gauche. Cependant, la plaie à droite, faite par la lance du centurion, n'est qu'une tradition de l'iconographie. Aucun des évangélistes ne précise par quel côté est entré le fer de lance qui perça le cœur.

mann : « Vous vous êtes imaginé ces stigmates à tel point qu'ils se sont produits », elle répliqua : « C'est évident ! Imaginez à votre tour que vous désirez avoir des cornes, elles vous pousseront probablement sur la tête ! »

« Le cas de Marthe était bien différent, reprend le Dr Couchoud. Paralysée depuis sa vingt-septième année, elle avait le système musculaire bloqué et elle ne pouvait déglutir. Là n'est pas toutefois à mes yeux l'important, quoiqu'il faille expliquer scientifiquement d'où venait le sang qu'elle versait chaque semaine. L'important, c'est qu'elle était une femme supérieure, qu'elle avait une sorte de génie. Je n'ai jamais causé avec elle sans rapporter une lumière toute simple [20]. »

Cette déclaration de l'éminent psychiatre est capitale, mais elle nous laisse sur notre faim quant aux stigmates. S'il est facile de dire : « Cela n'existe pas », il n'est pas moins simpliste d'affirmer sans preuve : « C'est un effet de l'autosuggestion. »

Voici ce que m'en a dit le Dr Assailly :

« Pour ce qui est de ses stigmates, j'ai pu les comparer (couronne d'épines et région précordiale *) avec ceux de deux fausses mystiques ; le diagnostic différentiel m'a paru évident. Superficiels chez celles-ci, la couronne d'épines présentait, chez Marthe, des turgescences dermiques que j'ai pu étudier de près chez une autre mystique authentique qui, n'ayant pas de substratum pathologique, ne présentait pas de photophobie, ce qui facilitait l'examen. D'autre part, ayant disposé un jeudi soir, vers 19 heures, sous le menton et contre les joues de Marthe, une serviette blanche, nous avons remarqué qu'en plus de traînées de sang rouge assez abondant, des taches de sang rosé étaient nettement visibles le lendemain vers 7 heures. Le père Finet m'a dit avoir observé déjà le phénomène et pensé à la sueur de l'agonie.

« Si j'accepte l'hypothèse de l'autosuggestion en matière de *préparation* de l'état de stigmatisation en raison de plusieurs cas (dont celui du padre Pio) où des années passèrent entre les premières douleurs et l'apparition spectaculaire des plaies, je suis porté à penser que l'ouverture de celle-ci suppose une intervention d'ordre surnaturel ; car une bouf-

* Blessure du cœur.

fée émotionnelle, même accompagnée d'une forte décharge de catécholamines, ne saurait suffire. » (Témoignage du 12.9.1990.)

Les stigmates de Marthe Robin étant indiscutables, étendons notre recherche aux autres cas pour éclairer le sien. Ils réservent de grosses surprises.

Historiquement, les stigmates ne remontent pas à saint François, comme on l'a affirmé, mais beaucoup plus loin, à saint Paul, qui a inventé le terme : « Je porte dans mon corps les marques [*stigma*] de Jésus [22] », cas toutefois contesté.

On connaît des cas très anciens, mais c'est la sainteté du pauvre d'Assise qui entraîna l'Église à admettre la respectabilité du phénomène.

D'après le récit de saint Bonaventure, « frère François était en prière, le 14 septembre 1224, au mont Alverne, s'élevant à Dieu par la ferveur de ses désirs, se transformant en Celui qui, par excès d'amour, a voulu être crucifié pour nous. Il vit comme un séraphin, ayant des ailes éclatantes et toutes de feu, qui descendait vers lui des hauteurs du ciel. Et alors apparut entre ses ailes l'image d'un homme crucifié. La vision disparut, lui laissant dans l'âme une ardeur séraphique et lui marqua la chair d'empreintes non moins admirables. Car à l'instant, dans ses mains et dans ses pieds, commencèrent à paraître des marques de clous, telles qu'il venait de les voir dans l'image de l'homme crucifié [23] ».

Depuis saint François, on a recensé trois cent vingt cas de stigmatisation, dont quarante et un hommes. Soixante-deux furent canonisés et vingt béatifiés. On ne compte pas les stigmatisations invisibles : douleurs sans marques apparentes.

La stigmatisation est un phénomène exclusif aux catholiques. Les théologiens la définissent ainsi : elle est localisée aux cinq plaies du Christ (éventuellement la couronne d'épines). Elle s'accompagne de très vives souffrances physiques et morales. Elle a lieu en général aux jours de la Passion. Les plaies ne suppurent pas, le sang est pur, alors que la plus petite lésion naturelle sur un autre point du corps amène la suppuration, comme chez n'importe quel blessé.

Marthe répondait exactement à ces définitions.

Les stigmates ne guérissent pas, malgré soin et remèdes. Lorsqu'ils disparaissent, c'est toujours d'une manière inattendue liée au psychisme, ou à une cause surnaturelle, ou à la mort.

Ils produisent parfois d'abondantes hémorragies (jusqu'à deux cent cinquante millilitres et plus) ; pourtant, les lésions (quand il y en a) sont en surface loin des gros vaisseaux. Ces hémorragies se renouvellent régulièrement, sans aucun motif pathologique ou accidentel.

De toute évidence, la stigmatisation est liée à la méditation sur la passion du Christ chez un sujet à tendance mystique prêt au détachement héroïque et généralement épris d'un amour excessif de la mortification. Elle survient lorsque l'identification est parfaite. Elle est toujours liée plus ou moins à d'autres phénomènes mystiques : visions, extases, lecture de pensée, contemplation de scènes du passé, hierognosie (discernement d'une relique vraie ou fausse, d'une hostie consacrée ou non), xénacousie (compréhension de langues étrangères non apprises), xénoglossie (parler ces langues), actions à distance, bilocation, inédie, lévitation, parfums exhalés. On a vu que Marthe Robin possédait plusieurs de ces charismes.

S'ajoutent chez certains stigmatisés des phénomènes pathologiques plus ou moins classés, et même des symptômes d'hystérie, ce qui ne saurait surprendre ni choquer, en raison du caractère par essence extraordinaire des phénomènes mystiques.

Quantité de saints éprouvent, comme Thérèse d'Avila, les douleurs de la stigmatisation sans en avoir les marques extérieures. Après la mort, les autopsies montrent parfois des marques au cœur, au foie, aux reins et dans les os (mystique plastique). L'organe est comme traversé par une lame. D'autres, qui ont les marques, obtiennent qu'elles disparaissent. Enfin, chez ceux dépourvus de marques, on les voit apparaître à l'injonction des supérieurs ayant déclaré, comme saint Thomas, qu'ils ne croiraient que ce qu'ils verraient !

En général, les stigmatisés ont demandé à souffrir. Souvent, ils sont d'abord atteints de maladies graves, dont ils guérissent miraculeusement. Ou bien ils sont préparés par des visions. Il s'agit parfois de jeunes enfants. La bienheureuse Catherine de Racconigi, stigmatisée à vingt-quatre ans, s'était vu présenter un calice par l'apôtre Pierre à l'âge de quatre ans. A dix ans elle avait vu le Christ. A huit ans, Magdeleine Morice recevait les stigmates.

La stigmatisation de Marthe Robin ressemble à celle de sainte Catherine de Sienne (1347-1380).

« J'ai vu mon Sauveur crucifié qui descendait vers moi avec une grande lumière, dit Catherine. Des cinq ouvertures des plaies sacrées je vis se diriger sur moi des rayons sanglants qui frappèrent mes mains, mes pieds et mon cœur. Je compris le mystère et je m'écriai : " Seigneur, que les cicatrices ne paraissent pas extérieusement sur mon corps ! " Pendant que je parlais les rayons sanglants devinrent brillants et parvinrent en forme de lumière aux cinq endroits de mon corps. »

Elle croit mourir. Elle est morte. Non, elle se réveille et, stupéfaite, elle dit : « J'ai vu les secrets de Dieu [24]. »

On retrouve les rayons lumineux chez sainte Lidwine, sainte Thérèse d'Avila, sainte Madeleine Pazzi, sainte Véronique Giuliani, etc. Marthe Robin parle de « traits de feu » sortant du cœur du Christ pour la transpercer *.

Quelquefois, la stigmatisation par rayons a des témoins. Ils entendent un bruit et perçoivent comme un ébranlement. Ils voient une lumière, une colombe, des rayons.

Autre fait qui plaide contre l'autosuggestion, quantité de saints ne croient pas à la stigmatisation quand elle arrive.

« Au premier doute, écrit Madeleine Rémuzat, ce Dieu de bonté se présenta à moi pour guérir mon incrédulité ; il imprima lui-même sur moi les marques que je croyais imaginaires. Une lumière ardente sortit de ses plaies adorables et il me fit voir sur mes mains les marques qu'elles imprimaient en dedans [25]. »

A douze ans, la future mère Agnès de Jésus éprouve déjà les douleurs des stigmates, qui deviendront visibles dix ans plus tard, au couvent. Là, elle les refuse ; elle demande au Christ de l'en débarrasser et, s'il n'y consent, elle le menace de « sauter la muraille du couvent pour s'enfuir au désert ». Les stigmates persistant, elle va exécuter sa menace lorsqu'un ange lui apparaît.

– Pourquoi refuses-tu de te laisser gouverner par Dieu ?

Elle argumente et obtient satisfaction. Les stigmates disparaissent [25].

---

* Voir Première Partie, chapitre 6.

Marthe Robin aussi a longuement « argumenté ». Parfois elle a obtenu satisfaction. Parfois non.

Comment parler d'autosuggestion alors que tous les saints demandent d'être épargnés par les signes visibles qui en feront un objet de curiosité, voire de scandale, ou d'une sainteté dont ils se savent indignes. « Ô Jésus, rendez ces marques invisibles, ou ôtez-les moi tout à fait ! » supplie sainte Lidwine. Quant à sainte Véronique Giuliani, clarisse italienne (1650–1727), elle raconte dans son Journal :

« Il me vint soudain un ravissement et le Seigneur me fit comprendre que l'heure de la grâce tant désirée était arrivée : j'allais être crucifiée avec lui. J'étais entièrement résignée à sa sainte volonté, mais je le priai de ne pas me donner les stigmates extérieurs. Il me fit pourtant comprendre qu'il le voulait pour le bien de nombreuses âmes. Quand je les vis, je pleurai beaucoup et priai le Seigneur de bien vouloir les cacher aux yeux de tous. »

Mais cela lui est refusé. Alors :

« Je vis sortir des plaies de Jésus cinq rayons ardents. Ils s'élancèrent vers moi. L'un se posa sur mon cœur, les autres sur mes mains et mes pieds. Je ressentis une vive douleur et il me sembla qu'on m'avait transpercé le cœur avec une lance acérée, les mains et les pieds avec de gros clous. »

Alerté, le Saint-Office la fit enfermer et lui retira sa charge de maîtresse des novices. Mais les stigmates persistèrent.

Parmi les stigmates, « l'anneau nuptial » tient une place à part. Il est la marque du « mariage mystique ». On en connaît soixante-dix-huit cas, dont cinquante-six avec anneau visible (dont quarante-cinq stigmatisées) ; la moitié des anneaux restant visibles après l'extase visionnaire. D'autres ne sont vus que de la sainte. Certains brillent d'une lumière étrange, d'autres émanent un parfum.

« C'est la marque d'une éternelle alliance, a dit Marthe Robin à Jean Guitton. Je crois l'avoir vu à mon doigt une douzaine de fois [26]. »

Souvent, le « mariage » a lieu très tôt, entre cinq et douze ans, les stigmates n'apparaissent que beaucoup plus tard.

Lorsqu'il s'agit de saintes du Moyen Age, on peut toujours parler de pieuses légendes ou d'exagérations. Mais les observations sur les stigmatisés contemporains ne peuvent être niées. Aucune n'a été mieux étudiée que Catherine Emmerich (1774–1824).

Modeste religieuse d'un petit couvent de Dülmen en Allemagne, dans lequel on l'a acceptée de justesse car elle n'avait pas de dot, elle reçoit la couronne d'épines le 29 décembre 1812, avec visions du Christ, alors qu'elle est considérée comme mourante dans la petite maison où elle s'est réfugiée après la fermeture de son couvent.

Certains vendredis, les stigmates saignent. Elle entrera dans un jeûne total qui durera six ans.

Un témoin, l'abbé Manesse, a raconté qu'elle tint d'abord ces événements cachés autant qu'elle put. Puis ils vinrent à la connaissance du grand vicaire de Münster, qui aussitôt prit toutes les précautions possibles pour s'assurer de la vérité.

Le préfet français de Münster (l'Allemagne est occupée par les armées napoléoniennes) s'en mêle : surveillance constante de « députés », de médecins et même de policiers ! Ce préfet lui envoie dix médecins et chirurgiens de l'armée, « avec ordre d'employer toutes les ressources de l'art pour cicatriser les plaies ».

En vain. La religieuse est gardée jour et nuit. Le curé et même le pasteur sont requis par le préfet, qui leur ordonne « d'empêcher la sainte de faire des miracles à sa façon ».

Catherine souffre plus de ces contrôles que des stigmates. « Épuisée de douleur, elle aurait préféré la mort. »

Confus de leurs tentatives, les médecins se retirent. On cesse même de faire garder Catherine quand on s'aperçoit qu'à sa seule vue les soldats protestants se convertissent !

Tous ces faits sont relatés dans les procès-verbaux déposés à l'hôtel de ville de Dülmen. Le rapport du Dr Bährens (qui se refuse à parler de miracle) précise que les stigmates saignent régulièrement, soit par plaies, soit par suintement sans lésions, « comme la transpiration des pores ». Aucun soin ne les guérit, et cependant les stigmates ne suppurent pas.

« Pendant les cinq derniers mois, l'invalide n'a rien pris, sauf de l'eau. » L'estomac rejette toute nourriture. Il y a extase avec rigidité, dont seul le prêtre peut la sortir. Le médecin conclut :

« Les phénomènes observés sont d'un caractère si exceptionnel qu'aucune loi connue de la nature ne saurait en donner une explication plausible. » Il suggère le « magnétisme animal », terme inventé en 1775 par le médecin viennois Messmer, dont on sait aujourd'hui qu'il ne recouvre que son ignorance.

Le rapport demandé par le préfet français conclut : « Il n'y a pas d'imposture. C'est un effet accidentel de forces de la nature, mais si rare qu'aucun pas n'a été fait vers la découverte de sa cause. »

Le ministre de l'Intérieur, l'évêque, le préfet, le gouverneur militaire français vont voir Catherine en 1813. « Je vis, écrit le ministre, une jeune fille à l'article de la mort, gisant sur un lit et réellement marquée des stigmates d'où le sang coulait. Elle ne pouvait ni parler ni bouger. Il était clair que ses faibles forces corporelles étaient épuisées par le miracle dont elle avait été l'objet. »

Maintenant, que ceux qui regrettent que Marthe Robin n'ait pas été hospitalisée lisent ceci :

En 1819, une nouvelle commission d'enquête est nommée, encore plus sévère. Catherine est gardée à vue à son domicile où des médecins sans scrupule s'emparent de son corps. Elle n'est plus qu'un pitoyable cobaye entre les mains des scientifiques bien décidés à découvrir ce qu'ils croient être une imposture.

Ils reconnaîtront la réalité des stigmates et de l'inédie, sans accepter pour autant de « cautionner le surnaturel », et d'avouer leur ignorance [27].

C'est pourquoi les esprits « rationnels » continuèrent à douter et trouvèrent plus simple de parler de fraude.

Or, chez les grands stigmatisés, la présomption de fraude est indéfendable : cela dure trop longtemps. (Cinquante ans pour Marthe Robin.) Ils sont trop bien observés. Et l'on retrouve chez eux des points communs qui montrent que les phénomènes obéissent à des lois précises.

Prenons le cas de Domenica Lazzari (1815-1848), une Tyrolienne de Capriana, observée par le Dr Cloche, directeur de l'hôpital de Trente.

Voici une fillette pieuse mais sans ferveur exceptionnelle. Choquée à treize ans par la mort de son père, elle présente des manifestations d'hystérie. En 1833, âgée de dix-huit ans, à la suite d'une grande peur, elle est prise d'une attaque de catalepsie et ne quittera plus son lit jusqu'à sa mort, à l'âge de trente-huit ans.

Inédique, elle cesse de manger et de boire. Par vœu ? Pas du tout. L'odeur seule de la cuisine la fait s'évanouir.

Hyperesthésique des sens, elle ne supporte pas les odeurs, pas plus que la lumière. Elle entend de son lit le sermon d'un prêtre dans l'église, à cinq cents mètres. Elle ne dort pas. Elle brûle intérieurement, et la plus légère pression sur l'abdomen lui cause d'intenses douleurs. Marthe Robin éprouvait toutes ces manifestations ; mais Domenica pouvait à peine parler et ne supportait pas les visites.

En 1837, un vendredi, les stigmates apparaissent, seulement la couronne d'épines. Autosuggestion ? Sûrement pas ! Elle le supporte très mal et pousse des cris pitoyables. Elle est prise de convulsions, se frappe de coups violents, grince des dents jusqu'à se les user. Puis elle tombe en état de mort apparente.

L'Église enquête. Les experts reconnaissent la sincérité des témoignages. L'entourage de la stigmatisée ne cherche jamais à en tirer profit. Est-ce un phénomène religieux ? Il n'y a pas d'extase mystique. La malade est vertueuse et pieuse, sans plus. Elle ne se concentre pas sur la Passion, ce qui bat en brèche les tenants de l'autosuggestion. Le père jésuite Wynne reconnaît qu'il n'y a pas chez elle de relation entre les marques que porte son corps et la sainteté.

Mais alors ? Est-ce un appel, une invitation de la Transcendance, qui ne serait pas acceptée ? « Veux-tu être comme moi ? » a demandé Jésus à Marthe.

Tous les stigmatisés sont hypersensibles, mais tous les hypersensibles ne sont pas des mystiques. L'hypersensibilité est-elle la brèche naturelle par laquelle le divin se manifeste ? En ce cas, la personne choisie est toujours libre de dire non, comme tant d'êtres, dont la rumeur et l'Histoire ne se sont pas emparées. Mais finalement Domenica Lazzari accepta la suggestion divine.

Nous voici à la fin de ce XIXe siècle qui se veut rationnel. Aucune stigmatisée n'a été mieux observée que Louise Lateau (1850-1883) de Bois-d'Haine en Belgique, devenue elle aussi un véritable cobaye entre les mains de médecins qui l'ont examinée à la loupe !

Le Dr Gérald Molloy témoigne de sa couronne d'épines : « Elle consiste en un grand nombre de points saignants, visibles les vendredis seulement. Sous les cheveux on ne peut facilement les examiner. Mais sur le front, au nombre de douze ou quinze, ils forment un bandeau large de deux centimètres, à mi-chemin entre les racines des cheveux et les sourcils. Il n'y a pas de décoloration, de cloque ni de mise à nu du derme. Mais à l'aide d'une loupe, il est possible de découvrir de minuscules piqûres de l'épiderme, à travers lesquelles le sang jaillit [28]. »

Le Dr Lefebvre, professeur de pathologie à la faculté de médecine de Louvain, a décrit la plaie du côté dont il a suivi lui aussi toute l'évolution à la loupe !

« Le saignement se produit au niveau de l'espace qui sépare la cinquième de la sixième côte. On voyait sourdre le sang, de trois petits points. Je reste au-dessous de la vérité en évaluant la quantité totale de sang perdu à deux cent cinquante grammes [29]. »

Les premiers témoins l'ont évaluée à un litre.

Ce médecin note encore que le sang n'est pas artériel, ni veineux, mais « capillaire ». L'analyse le révèle normal. Et « il n'y a aucune trace de suppuration ».

Le Dr Warlomont examina les stigmates en profondeur avec des appareils optiques et fera une communication devant l'Académie royale de médecine :

« Ces excroissances sont des papilles hypertrophiées du derme ainsi que nous l'avons démontré dans l'examen microscopique sur une parcelle excisée du fond du stigmate dorsal d'une des mains pendant que la malade était dans l'anesthésie extatique (*sic*). Les vaisseaux ont subi une amplification considérable : 28/1 000 mm au lieu de 8 à 12 [30]. »

Ce qui explique les hémorragies habituellement impossibles dans les blessures du derme.

Le médecin perd alors toute mesure. Avec un acide (de l'ammoniaque !), il provoque une plaie artificielle, mais sans jamais parvenir à obtenir du sang, ce qui constitue la preuve que les stigmates n'étaient pas provoqués par quelque manipulation frauduleuse. Cette plaie suppura peu après, juste à côté des vrais stigmates, demeurés sains.

Avec une précision quasi médicale, le père Germano décrit lui aussi les stigmates de sainte Gemma Galgani (1878-1903), à Lucques en Italie :

« A peine l'extase était-elle arrivée en avant-garde que des marques rouges se montraient au dos et à la paume des deux mains. Sous l'épiderme, une déchirure s'ouvrait dans la chair, oblongue au revers des mains et ronde, irrégulière, dans les paumes. Après un temps la membrane éclatait et, sur ces mains innocentes, on voyait l'empreinte des blessures dans la chair. La lacération était en général très profonde et semblait traverser la main : les ouvertures des deux côtés se rejoignaient. Les cavités étaient pleines de sang, en partie jaillissant, en partie coagulé, et quand le sang cessait de couler, les plaies se fermaient immédiatement. »

Comme chez saint François, il y a imitation des clous de la Passion :

« Les plaies aux paumes étaient couvertes par une grosseur, de la chair, dure, comme la tête d'un clou en relief et détaché, d'environ deux centimètres et demi de diamètre [31]. »

Le vendredi saint, le phénomène prend un caractère étonnant. Gemma subit la flagellation. Sa chair est déchirée jusqu'aux os sur le tronc, les bras, les jambes, de longues stries comme provoquées par le fouet. « Le sang coule en ruisseau » a témoigné Cécilia Giannini qui la soigne.

Elle pleure des larmes de sang, elle brûle intérieurement et ses pulsations cardiaques sont si fortes que les côtes sont déformées. Mgr Moreschini parle « de palpitations inouïes soulevant la couverture et faisant trembler le lit [32]. »

Marthe Robin était aussi soumise à des manifestations aussi violentes, que le père Finet attribuait au démon. Elle aussi brûlait d'un étrange feu intérieur.

Et nous voici au XXe siècle.

Impossible de ne pas citer longuement Thérèse Neumann, la célèbre stigmatisée allemande, née un vendredi saint (1898-1962), tant sa vie présente des similitudes avec celle de Marthe Robin.

Modeste paysanne, elle ne va pas au-delà de l'école primaire. A vingt ans elle se retrouve aveugle et paralysée à la suite d'une hernie discale. S'étant confiée à Thérèse de Lisieux, elle retrouve la vue. Cependant, elle reste alitée. Sa jambe gauche se replie et elle souffre de plaies purulentes.

A nouveau, sainte Thérèse la guérit, mais elle lui dit : « Tu devras encore beaucoup souffrir; on sauve les âmes par la souffrance. »

Entre 1925 et 1926 apparaissent les stigmates. Comme Marthe, elle revit la passion du Christ pendant ses extases du vendredi, avec une précision étonnante. Elle parle en araméen, la langue de Jésus. Et comme Marthe, elle cesse de s'alimenter et de dormir.

Tout cela a été attesté par d'innombrables témoins, non seulement des théologiens et des évêques, mais aussi des médecins et des scientifiques croyants et incroyants. Au sommet de la Passion, l'état de mort apparente a été constaté par auscultation : le cœur cesse de battre pendant cinq minutes, les pieds sont glacés, l'esprit « ailleurs ».

Ces états dureront trente-six ans.

Comme Marthe, Thérèse a son « père », l'abbé Naber, qui la dirige spirituellement et tente d'endiguer le flot des pèlerins. Comme Marthe avec le Pr Couchoud, Thérèse reçoit le Dr Fritz Gerlich qui vient la voir en 1926 pour « démasquer la supercherie ». Il repart humble et converti.

Psychiquement, Thérèse est aussi équilibrée que Marthe; comme elle, elle reçoit à bras ouverts les pauvres et les malades, déteste les curieux, les journalistes et les biographes, et se tient sur ses gardes en leur présence. Elle meurt en odeur de sainteté (son procès est ouvert) après avoir fondé un couvent d'adoration, les carmélites de Notre-Dame de Ratisbonne, inauguré par cinq évêques [33].

Parmi les grands stigmatisés, le padre Pio (1897-1968) tient une place exceptionnelle, parce que c'était un homme, l'un des rares prêtres stigmatisés de l'Histoire, et du fait que des milliers de personnes ont vu les stigmates de ses mains lorsqu'il disait la messe.

En raison de sa médiocre santé, ce jeune capucin italien d'origine rurale avait failli être rejeté de la vie monastique à laquelle son cœur brûlant d'amour aspirait. Ordonné prêtre de justesse, il s'était retiré dans le modeste monastère rural de San-Giovanni Rotondo. Les lettres qu'il adressa à son confesseur sont bouleversantes :

« Le 5 août 1918 au soir, j'étais en train de confesser nos élèves quand tout à coup je fus pris d'une extrême terreur à la vue d'un personnage céleste. Il tenait à la main une très longue lance de fer à la pointe effilée dont on aurait dit qu'elle sortait du feu. »

Aussitôt il se sent transpercé, « blessé à mort ». Mais il ne remarque pas encore les stigmates visibles.

Le 20 septembre 1918, il est seul au couvent et, après sa messe, il prie en l'église déserte et silencieuse devant un grand crucifix de bois.

« Je fus surpris par un repos semblable à un doux sommeil. Tous mes sens et mon esprit se trouvaient dans une quiétude indescriptible, une grande paix, et je m'abandonnai à la complète privation de tout. »

Il s'agit bien d'un détachement de l'ego au cours d'une extase. Soudain :

« Je vis devant moi un mystérieux personnage semblable à celui du 5 août, mais dont les mains, les pieds, la poitrine ruisselaient de sang. »

C'est évidemment le Christ, mais il n'ose l'écrire tant il se sent indigne.

« Tout à coup, je sentis mon cœur blessé par un dard de feu. Une force invisible me poussait dans ce feu. Ah ! quel volcan je sens en moi ! Je sens brûler mes entrailles ! Tout est mis à feu et à sang, âme et corps. »

Heureusement, il est soutenu par la présence du Christ :

« L'âme sentit tout d'abord sa présence, sans pouvoir le voir, et ensuite il s'approcha de si près de l'âme qu'elle sentit parfaitement son toucher. J'ai éprouvé souvent ces transports d'amour et je suis resté comme hors de ce monde assez longtemps.

« Je me sentais mourir. Ce personnage disparut à ma vue et je m'aperçus que mes mains, mes pieds, ma poitrine étaient percés et ruisselaient de sang ! Imaginez la torture que j'éprouvai. La blessure du cœur saigne constamment, surtout du jeudi au samedi. Je crains de mourir saigné. »

Il ne demande pas d'être délivré de la torture physique, mais seulement de la honte qu'il éprouve, lui, pauvre moine, devant cette manifestation qui l'identifie au Christ. Dans une autre lettre, il avoue :

« Je me vois plongé dans un océan de feu. La plaie (du thorax) qui s'est rouverte saigne toujours. Elle suffirait à elle seule à faire mourir plus de mille fois. O mon Dieu, pourquoi donc je ne meurs pas [34] ? »

Une question que Marthe Robin s'était souvent posée.

Les capucins sont en effervescence. A la demande du provincial de Foggia, le Pr L. Romanelli, médecin chef de l'hôpital de Barletta, va examiner le padre Pio en juin 1919. Il écrit :

« Ces blessures ne peuvent être classées, à cause de leur caractère et de leur cours clinique, parmi les communes lésions chirurgicales. Elles ont une tout autre origine que je ne connais pas. »

Il effectue quatre autres examens.

« La blessure du thorax montre clairement qu'elle n'est pas superficielle, écrit-il le 7 novembre 1920. Les mains et les pieds sont transpercés de part en part [35] ! »

En 1919, le père Pietro, provincial, avait ordonné au padre Pio d'enlever les mitaines avec lesquelles il cachait ses blessures, et de poser les mains ouvertes sur la table, recouverte d'un journal. « Je vis alors le trou qui traversait la main. Je pouvais même entrevoir à travers les blessures les grosses lettres du journal [36]. »

En octobre 1925, le Dr Festa examine les plaies du thorax : « L'escarre était tombée et la lésion apparut toute fraîche et vermeille avec de courtes radiations lumineuses se dégageant des bords. »

Le médecin conclut : « Une série de phénomènes, reliés harmonieusement entre eux, qui se soustraient au contrôle des recherches objectives et de la science [37]. »

Cette fois, le pape s'en mêle et ordonne un nouveau contrôle scientifique. Le corps du martyr est littéralement passé au crible. Un médecin athée, le Pr Bignami, va même jusqu'à faire apposer des scellés sur les bandages pour vérifier que nul ne verse quelque acide sur les plaies ! Là, on voit dans quel camp se trouve l'hystérie !

Le padre Pio est finalement reconnu sincère, sain d'esprit, exempt de maladies psychiques. Ses lettres le montrent comme un homme équilibré, nullement névrosé. Trois jours avant sa mort en 1968, les stigmates disparurent mystérieusement ; on ne retrouva même pas de cicatrices. Ce fait n'est pas unique et concerne aussi Marthe Robin *.

Là ne s'arrête pas la ressemblance. Comme elle, il est

---

* La disparition définitive des stigmates, trois jours avant la mort, me dit le Dr Henri Amoroso, peut exprimer le désir inconscient d'effacer toutes traces, ou bien de ramener le corps mystérieusement spiritualisé à une dépouille mortelle. »

resté cinquante années stigmatisé. Il a fait de la Vierge son guide et s'est efforcé de ressembler à Thérèse de Lisieux dans la petite voie de l'humilité et de l'obéissance ; il a offert ses souffrances pour le salut des pécheurs ; comme elle, la flamme de l'Esprit le consume et « il s'expose devant Dieu comme une bûche au feu ».

Comme Marthe, il voit la Passion, brûle d'amour, connaît la persécution du démon, se déplace en esprit hors du temps et de l'espace et a la naïveté d'espérer que malgré ces prodiges il va échapper à la curiosité malsaine des journalistes !

Grâce à ces multiples témoignages, nous espérons avoir convaincu que la stigmatisation est un phénomène réel, généralement exempt de supercherie. Mais quelle est sa cause ?

Le croyant la jugera « surnaturelle », voulue par une entité (le Christ) dans le but d'attirer l'attention, de convertir. Il sera conforté dans sa foi ; l'incroyant sera peut-être ébranlé. Sinon, il recherchera une cause « naturelle ». La stigmatisation ne serait alors qu'un phénomène sanguin créé par l'autosuggestion, généralement chez un esprit dévot influençable, voire « hystérique ».

Tout le débat porte donc sur le fait de savoir s'il est possible de produire artificiellement des stigmates. La réponse est qu'on peut reproduire des images de stigmates, de même qu'un habile faussaire peut créer de faux Renoir.

A la fin du XIXe siècle, les rationalistes pensaient avoir trouvé l'explication grâce aux expériences de l'école de la Salpêtrière à Paris, conduites par J. M. Charcot, professeur de pathologie nerveuse, qui développa une théorie suivant laquelle l'hystérie, névrose féminine, serait susceptible de provoquer des pathologies et même des stigmates. Il tenta de les provoquer par la suggestion sous hypnose.

En fait, il ne produisit que quelques cas de rubéfaction et de vésication, jamais de plaies véritables et d'hémorragies. Ce résultat médiocre conforta les adversaires dans leurs positions respectives.

On provoqua aussi l'apparition éphémère sur la peau de dessins et inscriptions que l'on baptisa dermographisme, congestion sous-cutanée des capillaires, sans hémorragie.

On rattache ces phénomènes à la faculté de certains animaux (caméléons, insectes) de modifier instantanément la pigmentation de leur peau pour se confondre avec l'environnement.

Les plus récentes écoles psychiatriques ne sont pas unanimes sur la thèse de l'autosuggestion. Même Babinski l'avait réfutée ainsi que le Pr Jean Darier, dermatologue de l'hôpital Saint-Louis, de l'Académie de médecine, dont le *Précis de dermatologie* fait autorité.

R. Schindler assura aussi pouvoir provoquer par l'hypnose, chez des sujets hypersensibles, des stigmates avec exsudations sanglantes qui résistent au traitement classique et disparaissent par suggestion hypnotique. Le seul influx du système nerveux serait donc en cause. Il aurait constaté chez des femmes hystériques de petites ecchymoses de la peau se manifestant selon une certaine périodicité.

En 1933, le Dr Leschler aurait obtenu des résultats similaires sur sa patiente Élisabeth K., mais ses pairs le réfutent pour la simple raison qu'il affirma aussi avoir observé l'inédie totale de sa patiente, phénomène que l'on jugea « impossible » !

Cependant, même l'*Encyclopédie protestante*, qu'on ne peut accuser de complaisance vis-à-vis des phénomènes mystiques, conteste que l'on puisse reproduire la vraie stigmatisation. De telles suggestions provoquées sous état hypnotique peuvent donner des stases sanguines, voire de légères exsudations, formations d'ampoules ou de taches avec inflammation, mais non les ruptures capillaires sanguines des vrais stigmatisés. Et d'avouer qu'il s'agit là « de phénomènes extraordinairement complexes », dans lesquels interviennent contradictoirement médecins, physiologistes, psychologues, psychiatres, biologistes et théologiens !

Réfutant lui aussi les conclusions hâtives des magnétiseurs du genre Salpêtrière, le Dr Jean Lhermite, professeur agrégé à la faculté de médecine de Paris, écrit dans les *Études carmélitaines* :

« Il n'existe aucun processus physiologique naturel qui, de près ou de loin, se rapproche de la stigmatisation. Lorsqu'elle n'est pas supercherie, elle répond à un mécanisme qui échappe complètement aux prises des savants. »

A la différence des manipulations expérimentales, les vrais stigmates sont profonds, nets, indélébiles, avec d'abondants saignements. Aucune suggestion d'hystérique sous hypnose n'a pu produire des plaies à vif, mains et pieds transpercés à travers lesquels on voit le jour (padre Pio) ; de plaie du thorax si profonde qu'on voit battre le cœur (Louise Plazza). Chez sainte Véronique Giuliani, l'air des poumons sort à travers la plaie béante. Le foie d'Ida de Louvain est visible. Tous les médecins affirment que la survie normale est impossible avec de telles blessures non soignées. Et pourtant, tous ces stigmatisés ont vécu de nombreuses années.

Et comment expliquer les hémorragies à répétition chez les inédiques ? Le sang renouvelé est fabriqué avec quoi ?

La sueur et les larmes de sang, dont Marthe était aussi coutumière, ne sont pas moins spectaculaires. Il ne s'agit pas d'hémophilie, dont le sujet est exempt ordinairement.

J'ai montré la différence radicale entre le phénomène mystique authentique et la psychonévrose. Les stigmatisés par extase vraie sont équilibrés, alors que les sujets utilisés par les expérimentateurs sont des malades à la volonté affaiblie, où les émotions dominent, jouets de leurs caprices et de n'importe quelle suggestion. Chez le mystique, la personnalité ne se désagrège pas sous les coups des phénomènes, elle se fortifie.

Mais pourquoi le vrai mystique ne serait-il pas un malade qui a réussi à dominer son mal, à le transcender ? De la même manière, chez l'artiste, folie et génie peuvent cohabiter.

Il semble que le stigmate, comme l'inédie, est un signe. Il dépend de processus physiologiques rares mais pas nécessairement surnaturels. Comme l'avait observé Alexis Carrel à propos des guérisons miraculeuses, il procède par exagération ou accélération des processus physiologiques classiques.

Une observation anodine va peut-être éclairer le problème.

Pourquoi les grands stigmatisés sont-ils presque toujours des femmes ? Parce que seules les femmes sont, par définition, hystériques, répondront les agnostiques, assimilant la plus haute sainteté à un dérèglement hormonal.

Une autre explication me semble plus plausible. Dans le célèbre *Sesame and Lilies* publié en 1855 par le fameux critique d'art Ruskin, on lit :

« L'éducation doit viser non pas au développement de la femme, mais au renoncement à elle-même. Cela lui permettra de se rendre compte de l'infinie petitesse de son horizon et de sa nullité face au créateur. »

Au-delà de cet écrit bassement misogyne *, on croirait lire une prescription à l'usage des mystiques (hommes et femmes) : effacement, renoncement à soi, conscience de sa petitesse face à l'infini de Dieu.

Et si là résidait le secret ?

Dès lors qu'est muselé le moi, l'ego envahissant qui fait la fausse « grandeur » du mâle et lui donne son pouvoir temporel éphémère et fragile, le soi divin peut se manifester. Toute la vie mystique se déroule au-delà. Dès lors qu'il y a identification au Christ, pourquoi n'y aurait-il pas mimétisme de sa passion ? « Ce n'est plus moi qui vis, c'est Christ qui vit en moi », dit saint Paul.

On a vu qu'un pape, Benoît XIV, spécialiste des procès de canonisation, recommande la plus grande prudence dans l'interprétation des phénomènes paranormaux, la plupart étant susceptibles d'être provoqués par des causes naturelles inconnues. Car l'Église n'aime pas les miracles. C'est pourquoi, tout en honorant telle ou telle stigmatisée, elle ne se prononce jamais sur le caractère même de la stigmatisation. C'est le contexte qui importe. L'arbre produit-il de bons fruits ? Le phénomène des stigmates s'accompagne-t-il d'une vie intérieure exceptionnelle et de vertus chrétiennes poussées jusqu'à l'héroïsme ? Ce qui est le cas de Catherine Emmerich, de Thérèse Neumann, du padre Pio et de Marthe Robin.

Nous ferons nôtre la conclusion de Mgr Amann, dans le *Dictionnaire de théologie* :

« Qui empêche la Providence de mettre en œuvre, pour le bien du stigmatisé et pour l'édification des témoins, des mécanismes psycho-physiologiques qui, en d'autres sujets normalement moins bien disposés, n'aboutissent qu'à des phénomènes n'ayant aucune valeur morale et religieuse ? Une maladie nerveuse, voire l'hystérie, qui semble renforcer les mécanismes en question, serait-elle plus que telle autre infirmité somatique, un empêchement à la vie intérieure et

---

* Ruskin conclut par ailleurs que, malgré (ou à cause de ?) cet handicap social, la femme est meilleure que l'homme. On s'en serait douté !

morale de celui qui en est atteint ? Suivant le cas, la force inconsciente idéoplastique peut être déclenchée par une méditation de la passion du Sauveur, tout comme par une suggestion étrangère. »

C'est pourquoi, conclut Mgr Amann, la stigmatisation n'est pas en elle-même « un témoignage irrécusable ni de la sainteté héroïque, ni de la grâce mystique absolument authentique ». Cependant, dans certains cas, « le croyant peut, sans imprudence, déclarer que le doigt de Dieu use, pour produire ces effets, de virtualités qui sommeillaient au fond de l'organisme ».

Donc, causes « naturelles » à l'état extrême provoquées dans certains cas par la Transcendance. La question que l'on devrait se poser est non pas : le stigmate est-il naturel ou surnaturel, mais : y a-t-il ou non, grâce à l'extase, un contact et peut-être une fusion avec la Transcendance ?

Dès lors, le stigmate, signe visible de l'union, est secondaire, comme n'a cessé de le dire Marthe Robin.

Thérèse d'Avila, qui ressentit la crucifixion sans marques extérieures de stigmates, écrivait dans son *Autobiographie* : « Cette souffrance n'est pas corporelle, mais spirituelle, et pourtant le corps n'est pas sans y participer quelque peu et même beaucoup. »

Là se trouve peut-être la clé de la stigmatisation, qui peut ou non se produire après des visions de la Passion et de la fusion extatique avec le Christ crucifié.

Dès lors, on peut ramener la stigmatisation elle-même, les lésions physiques, à un phénomène secondaire. La souffrance précède la lésion organique. Celle-ci peut ou non survenir, par « entraînement », force du désir d'identification, par osmose du mental et du physiologique et en raison de prédispositions. Qu'il y ait ou non autosuggestion dans le déclenchement du phénomène physiologique n'enlève rien à la cause fondamentale. Si elle est « surnaturelle », elle demeure inexplicable, sauf par la foi.

C'est ce que dit l'abbé Peyret lorsqu'il écrit à propos de Marthe : « Les stigmates, qui arrêtent tant de gens, doivent être dépassés. Gravés dans le corps, ils ne sont que signes d'un amour extraordinaire, d'un désir immense de travailler au salut des hommes avec le Christ. C'est dans ce double amour de Dieu et des hommes que réside la sainteté [38]. »

5

PRÉSENCE DÉMONIAQUE, ABANDON, NUIT DE L'ESPRIT

> Toute seule sur un sommet qui surplombe l'abîme, l'âme a faim de Dieu mais se sent réprouvée. Elle meurt sans pouvoir mourir.
>
> Sœur Faustine de Cracovie.

Vingt-deux jours après sa naissance, Marthe Robin avait reçu à son baptême, comme tous les nouveau-nés catholiques de l'époque, l'exorcisme prononcé en latin par le curé M. Caillet : « Ce signe de la sainte croix que nous traçons sur ton front, toi, démon maudit, n'aie jamais l'audace de le profaner. Je t'adjure, Esprit impur, au nom de Jésus-Christ et par la force de l'Esprit saint, sors de cette créature de Dieu que Notre-Seigneur a daigné appeler pour qu'elle devienne le temple du Dieu vivant et la demeure du Saint-Esprit. »

De toute évidence, cela n'avait pas découragé l'Esprit impur !

Le démon a beaucoup compté pour Marthe, comme pour la plupart des mystiques chrétiens. Marthe n'éprouvait aucun doute à son égard. Il la troublait pour entraver en elle l'action divine et son union au Christ.

Le 2 novembre 1928, dans la nuit qui suivit son adhésion au tiers ordre de saint François, sa mère fut réveillée à ses côtés par un cri déchirant. Marthe dira : « Le diable m'a donné un coup de poing. » Elle avait deux dents cassées [1] !

Elle y vit une action directe sur elle, mais aussi pour entraver la fondation du Foyer. Marthe disait à Jean Guitton : « Il machine des incidents pour démolir le Foyer [2]. »

Le père Finet a témoigné : « A la fin de la seconde retraite, c'était à Noël en 1936, j'ai voulu terminer nos cinq jours par une nuit d'adoration. A l'aube, les retraitantes sont parties. Je me suis reposé à neuf heures du matin. A dix heures j'ai été éjecté de mon lit par un tremblement de terre, qui avait comme épicentre l'endroit même où se trouvait le Foyer de charité. Marthe considéra que c'était le démon qui, dans sa rage, voulait détruire le Foyer. Le démon était pour elle un adversaire acharné qu'elle affrontait personnellement, y compris dans les moments les plus intenses de sa vie mystique [3]. »

« Avec Jésus, nous dit l'abbé Peyret, chaque semaine, en revivant la Passion, elle engageait le combat contre les forces de l'enfer [4]. »

Cette « infestation » a été confirmée par de nombreux témoins :

« Une fois, rapporte mère Lautru, je suis entrée chez Marthe. On sentait le brûlé. Le père Finet m'a dit : " Je vais vous faire voir. " Il m'a montré le bras de Marthe. Il y avait une brûlure longue d'un doigt [5]. »

Le chanoine Bérardier, curé de Saint-Louis à Saint-Étienne, qui, en compagnie du père Finet et du Dr Ricard, a assisté en août 1942 à la passion de Marthe, raconte cette « possession », un jeudi soir :

« Marthe gémit doucement, mais d'un gémissement douloureux. Nous commençons le chapelet et, brusquement, nous voyons son corps violemment projeté à droite, à gauche. Elle va frapper durement de la tête le meuble qui se trouve entre le mur et son lit. »

Or Marthe est paralysée. Comment imaginer qu'elle retrouve une mobilité dans son état d'inconscience ? Le chanoine Bérardier poursuit :

– L'intervention diabolique paraît manifeste. Le Dr Ricard nous révèle qu'il a relevé des traces de strangulation très nettes et, demain, pendant que Marthe revivra les trois heures du Christ en croix, nous l'entendons plusieurs fois pousser des cris rauques comme quelqu'un qu'on saisit à la gorge et qui étouffe. Elle a d'ailleurs confié plusieurs fois à son directeur (spirituel) que " ce sont les démons, ils sont légion ", dit-elle, qui rôdent autour d'elle et tentent de l'étrangler.

« Vendredi, à seize heures trente-cinq, nous rejoignons M. Finet qui est près de Marthe depuis plus de deux heures.

Il a trouvé le corps presque hors du lit, la tête à quelques centimètres du plancher. Une plainte continue s'échappe des lèvres de Marthe et l'angoisse nous étreint l'âme. La tête va de droite à gauche sur l'oreiller. « Oh, va-t'en ! Tais-toi ! » Parfois, Marthe ajoute : « Veux-tu te tenir tranquille ? Tu n'arriveras à rien ! » A ce moment-là, sans doute, Satan lui suggère comme une tentation de désespoir et tend à la persuader que ses souffrances sont vaines [6]. »

Selon les définitions de l'Église, le démon n'a aucun pouvoir sur le baptisé, sinon de le troubler. Chez Marthe de la faire douter de sa mission, parfois de tout saccager autour d'elle.

Il fait ainsi claquer les volets de la ferme, déchire son cahier. Il lui apparaît sous forme d'animaux monstrueux ou d'apparences humaines. « Il met des peaux de banane partout », dit Marthe résignée.

« Lorsqu'il s'attaquait à son corps virginal, note Jean Guitton, il le déportait, le frappait contre le mur, le jetait à terre. Elle n'était pas blessée, pas même découverte. L'impur respectait sa pudeur [7]. »

Cependant, on note comme une escalade dans les tentatives démoniaques pour déstabiliser le psychisme de Marthe. « Le 1er novembre 1980, écrit Jean Barbier, le grappin lui tordit la colonne vertébrale. La souffrance fut intolérable [8]. » Le père Finet va plus loin qui écrit :

« Le démon lui brisa la colonne vertébrale, si bien qu'elle souffrait terriblement et ne pouvait plus bouger. Ce qui n'empêchait pas le démon de la secouer dans tous les sens. En plus, il lui faisait taper sa tête, couronnée d'épines, contre le meuble, derrière son divan. On y voit encore quelques marques des épines. »

Puis, revenant des années en arrière :

« Quand le démon faisait cela, moi-même et Mgr Pic avons plusieurs fois essayé de la retenir sous les deux bras. Parfois elle m'échappait des mains et tapait quand même. J'arrivais difficilement à la retenir.

« Quand à Mgr Pic, elle lui a tout de suite été arrachée des mains pour être projetée sur la commode. Parfois le démon cherchait à l'étrangler. Mon beau-frère, le Dr Ricard, étant présent une fois, a observé les muscles du cou qui étaient contractés par une main qu'il ne voyait pas.

« Le prince du mensonge disait à Marthe : " Tu crois que

ton père spirituel t'aime bien ? Lorsqu'il est loin il se moque de toi ! " Marthe en restait tellement troublée que j'étais obligé de la tranquilliser.

« Et pendant que le démon agissait ainsi, la Sainte Vierge apparaissait à Marthe. Naturellement, c'est elle qui empêchait et arrêtait l'étranglement [9]. »

On n'en finirait pas de citer le père Finet :

« Étant son père spirituel, j'ai reçu d'elle beaucoup de confidences et j'ai vu beaucoup de choses, notamment combien le démon s'acharnait contre elle et comme la Sainte Vierge la protégeait [10]. »

« Il s'acharnait de plus en plus contre elle, tantôt s'en prenant aux objets qui l'entouraient, tantôt à son propre corps, mais surtout il essayait d'atteindre les fibres les plus intimes de son être. Le temps viendra où l'on pourra plus nettement lever le voile sur son action dans la vie de Marthe. On y trouve nombre d'analogies avec les épreuves du curé d'Ars. C'est ainsi qu'il cherchait à la troubler, essayant notamment de la convaincre de l'inutilité de ses souffrances pour le salut des âmes, l'engageant même à quitter sa ferme pour cesser d'être une gêne au travail de Dieu [11]. »

Le père Finet insiste sur les manifestations physiques, ce que la parapsychologie appelle les *poltergeist* (« esprits frappeurs » ou phénomènes d'extériorisation).

« On pouvait remarquer ceci : alors que, jusqu'en 1948, elle priait tout haut, à partir de cette date elle a prié tout bas. Que se passait-il ? Quand j'entrais dans sa chambre au matin (chambre qui était fermée à clé), je trouvais tout projeté à terre, les livres, les objets. Marthe disait que le démon s'attaquait à elle directement. Il enlevait l'oreiller, châle et linge, et cognait la tête de Marthe contre le meuble. Mais si elle eut beaucoup à faire avec le démon, elle eut beaucoup à faire aussi avec la Sainte Vierge. Tout à coup elle s'arrêtait de gémir. " Mon père, Maman est là. " Marthe voyait l'apparition, moi je ne voyais pas. Pendant deux heures de suite on priait ensemble la Sainte Vierge. C'était toujours la même chose le samedi et le dimanche. Et ceci pendant quarante-cinq ans [12]. »

Il est frappant de constater que les attaques démoniaques avaient lieu généralement lorsque Marthe souffrait la Passion.

Françoise Degaud, qui a été l'une des assistantes de

Marthe les dix dernières années de sa vie, me disait combien elle était choquée de la solitude de Marthe dans ces moments terribles :

« Elle souffrait en permanence. Elle me disait : “ Il n'y a pas un millimètre de mon être qui ne soit souffrance. ” Le père Finet était alors seul à l'assister. Quand il n'était pas là il n'y avait personne. Il partait avec la clé. C'est Marthe elle-même qui le demandait. Même le père Finet ne pouvait rien faire pour la soulager. Elle demeurait seule comme le Christ : solitude et dénuement devant la souffrance. Un jour, j'ai osé demander au père Ravanel : “ Pourquoi la laissait-on seule quand elle avait le démon ? ” Il me répondit : “ D'après le père Finet, personne n'aurait pu le supporter. On n'avait pas la force. ” Voilà. C'est le secret de sa vie. »

Mais Yveline Lecerf, une habituée des retraites des années soixante-dix, m'a dit : « Il ne fallait pas intervenir dans ce corps à corps divin avec Jésus crucifié.

Donc, si gênant cela soit-il pour les esprits « rationnels », impossible de faire l'impasse dans la vie de Marthe sur le démon, ou la force négative que l'on désigne par ce mot. Elle en parlait trop souvent, de même que les témoins de sa vie, y compris dans les petites choses :

Un jésuite de Toulouse la visite. Soudain, il entend couler le robinet du lavabo de la chambre.

– C'est curieux, ce robinet qui s'ouvre tout seul !

– J'ai de petits ennuis avec lui. Il s'est amusé à ouvrir le robinet parce qu'il savait que j'avais les lèvres sèches. Pourriez-vous fermer ce robinet, mon père [13] ?

Naturellement, Jean Guitton a tenté d'en savoir davantage. Marthe ne s'est pas dérobée.

– Je le connais. Il est si intelligent ! Et si vous saviez comme il est beau ! Dieu lui a laissé sa beauté, sa grandeur. C'est un malin. Il prend de drôles de biais. Quand vous le cherchez d'un côté, ne voilà-t-il pas qu'il revient d'un autre ! Mais il est sûr d'être battu. Vraiment, son métier n'a pas beaucoup d'intérêt.

– Alors, Marthe, vous avez des rapports avec lui ?

– Oh, pas proprement des rapports ! Je me borne à subir ses atteintes. Parfois il m'est arrivé de voir son visage. Je vous ai dit qu'il était beau ; c'est vrai. Mais on ne peut pas dire que son visage soit clair. Il faudrait plutôt dire qu'il éblouit. Toujours il a de la rage. Mais lorsque la Vierge paraît, il ne peut rien sur elle. La Vierge est si belle, pas seulement dans son visage mais dans tout son corps. Quant à lui, il est capable de tout imiter. Il imite même la Passion. Mais il ne peut pas imiter la Vierge. Il n'a pas de pouvoir sur elle. Quand la Vierge paraît, si vous voyiez cette dégringolade [14] !

Même les agnostiques qui ont approché Marthe sont troublés. Manifestations parapsychiques ou pas, on constate auprès de Marthe, et d'elle seule, une présence indésirable, celle d'une entité venue troubler. Yveline Lecerf m'a dit :

« On sentait physiquement le démon à Châteauneuf; c'était une présence. On avait peur. La nuit, on avait des cauchemars. C'était d'ailleurs pareil à La Flatière. On ne parlait jamais du démon, mais de l'Adversaire. Parce que je l'ai éprouvé, je le respecte. Et j'en ai peur. »

Voici un autre témoignage, que me donne le Dr Alain Assailly, spécialiste des états mystiques, dont la haute probité morale et la compétence de neuropsychiatre font un témoin privilégié. Pour lui, le démon est bien une réalité vivante :

« Un jour où le père Finet et moi conversions avec Marthe, la tête de notre amie a été projetée subitement et très violemment contre le petit meuble qui se trouvait à gauche de son lit. Le phénomène se répétant à une cadence impressionnante, je me suis levé d'un bond et j'ai tenté d'amortir les chocs en prenant Marthe par les épaules. Je sentais avec effroi que ce petit corps innocent subissait ces violences, comme un pauvre pantin disloqué absolument passif. Je l'affirme, ces mouvements ne ressemblaient en rien aux contorsions des hystériques qu'il m'avait été donné de voir dans ma longue pratique médicale.

« Le père Finet s'était levé à son tour. " Lâchez-la ", me dit-il. Puis, s'adressant à Satan avec autorité : " Au nom du Christ Jésus, de sa sainte mère la Vierge Marie, et de la sainte Église, je t'ordonne de laisser Marthe sur-le-champ ! "

« Le calme revint aussitôt, elle reposa paisiblement sur son lit.

« Je précise que Marthe, victime expiatoire soumise, comme tant d'autres, a des attaques démoniaques, n'a jamais été " possédée ". Notre langage médical traduit mal les manifestations qui accompagnent de tels états, et si j'accepte à la rigueur que l'on parle d'état " épileptiformes " ou " hystériformes ", c'est qu'en dehors même des lésions encéphaliques de Marthe, le démon peut agir sur les facultés sensibles et la sphère des instincts, et donc sur les noyaux du sous-cortex qui sont en rapport avec ces fonctions. Mais il faut éviter de confondre le mécanisme et l'agent » (témoignage du 4 octobre 1990).

Le Dr Couchoud a écrit à Jean Guitton :

« J'oubliais de vous dire un côté indéniable et bizarre de sa vie. Comme on le raconte du curé d'Ars et de son fameux " grappin ", Marthe est contrecarrée, mais non vaincue, par un partenaire étrange, sorte de " mauvais esprit ", de Poltergeist qui lui joue des tours désagréables, comme s'il était désespéré. J'ai noté ces mêmes phénomènes dans la vie de plusieurs mystiques [15]. »

Le rapport médical Dechaume-Ricard (avril 1942) y fait allusion :

« En octobre 1927 * a eu lieu son premier contact caractérisé avec le démon, mais elle ne l'a pas vu " avec les yeux du corps ". C'était une vision " imaginaire ", sous forme d'animaux, mais d'animaux anormaux et monstrueux. Elle l'a vu plus tard " avec les yeux du corps ", sous des apparences humaines. C'étaient alors des individus nus ou vêtus qui sont venus près de son lit et l'ont secouée, elle-même a été gifflée, secouée, frappée, violemment jetée à droite ou à gauche. Actuellement, elle ne voit plus le démon avec " les yeux du corps ", c'est quelque chose qui reste intellectuel. Le jeudi soir, vers vingt et une heures, elle se sent totalement isolée, abandonnée de tout et de tous, spirituellement et humainement ; le démon est déjà autour d'elle qui la tourmente. »

Comment tout cela finit-il ? Marthe l'avait annoncé au père Finet :

« Le démon m'a dit qu'il irait jusqu'au bout. Je suis certaine qu'il ne désarmera pas tant qu'il me restera un souffle de vie. [Seule] la mort sera pour moi la fin de la lutte [16]. »

Est-ce lui qui la terrassa physiquement le 6 février 1981 ? Mais son heure à elle était venue pour rejoindre l'Amour, mission accomplie.

---

* En réalité, dans la nuit du 2 au 3 novembre 1928.

Naturellement, Marthe Robin n'est pas un cas unique. Fidèle à ma méthode, je vais montrer que beaucoup de grands stigmatisés ont été l'objet d'étranges manifestations qui toutes ont des points communs. Le Dr Imbert-Gourbeyre, spécialiste des phénomènes physiques du mysticisme, écrit :

« Les stigmatisés sont sujets aux assauts diaboliques. C'est un fait si fréquent qu'il devient une caractéristique majeure de la stigmatisation [17]. »

On peut admettre que les visions démoniaques sont des hallucinations. Mais les coups ? Les blessures, les brûlures, les bâtons et autres armes retrouvées dans les cellules ? Et le tapage, entendu de tout le voisinage ?

Parfois, « il » embrase le saint spontanément, le précipite dans l'âtre :

« Plus d'une fois, raconte Raymond de Capoue, Dieu permit que le démon jetât Catherine [de Sienne] dans le feu en présence de ceux qu'elle instruisait. Les assistants s'efforçaient de l'en retirer; elle se relevait seule en souriant. Ses vêtements n'étaient même pas endommagés. " Ne craignez rien, disait-elle; c'est la mauvaise bête [18]. " »

Christine de Stumbele (1267) se voit enchaînée par des démons, plongée dans la poix bouillante, martelée. Elle voit des cadavres d'où s'échappent des vers, des serpents, des crapauds qui lui mordent le nez, les oreilles et les lèvres ; elle sent l'odeur infecte des démons.

Hystérie ? Aliénation mentale ? Mais il y a les témoins.

Pierre de Dacie voit la pauvre Christine projetée contre le mur. Elle est blessée. Elle sort des clous brûlants de sous ses vêtements, qui l'ont déchirée. « Flagellée, battue, brûlée par les démons, couverte de plaies ; le diable lui vole ses livres et ses vêtements, il la précipite dans une citerne, l'enlève de son lit la nuit, la transporte au-dehors, l'attache ou la pend à des arbres, la jette nue sur la glace, et en présence de témoins qui entendent les coups, voient les plaies, assistent aux rapts, sont infestés par l'odeur diabolique [19]. »

Dira-t-on qu'il s'agit de pieuses légendes du Moyen Age pour effrayer les esprits crédules ?

Plus près de nous, Marie-Julie Jahenny, la stigmatisée de La Fraudais (Loire-Atlantique), a été observée par le Dr Imbert-Gourbeyre, qui se porte garant de sa sincérité. Il raconte l'infestation du 26 avril 1873 :

« Le démon apparaît à Marie-Julie peu après une vision de la Vierge. " J'ai eu peur, disait-elle, et je me suis cachée dans mes draps. Il disparut, puis je suis tombée en extase. Il est revenu. Il voulait toucher mes stigmates et les guérir. Je voyais ses griffes ; il grinçait des dents. Il s'est précipité sur moi. Il me prenait par les pieds. J'ai perdu connaissance et il est parti. " »

Mais il revient le lendemain, « habillé de noir ». « Coup de vent inexplicable dans la chaumière ; des reliques encadrées de saint François et du curé d'Ars sont retournées sens dessus dessous. Un gros clou retenant un crucifix est arraché ; l'image du Christ tombe dans la ruelle. »

Un autre jour, « son chapelet est brisé, sa paillasse déchirée, le crucifix décroché du mur et jeté à terre ainsi que les deux reliquaires. Le démon cherchait à relever les vêtements de la jeune fille pour la mettre dans un état indécent. Marie-Julie luttait vigoureusement, toute échevelée, les vêtements en désordre, la figure congestionnée. " Non, je n'ai pas peur, disait-elle, j'ai confiance en Jésus et Marie. " Pendant ce temps, les assistants priaient. Ces assauts duraient plus d'une heure. Puis le calme se rétablissait, la douce Vierge consolait la pauvre obsédée, qui prenait alors une figure de béatitude [20] ».

Tout ceci ressemble aux infestations du curé d'Ars. Mais bornons-nous à évoquer les stigmatisés. Le padre Pio n'a hélas rien à envier à Marthe Robin comme à Marie-Julie. L'intérêt des témoignages de cet homme équilibré (il a confessé des milliers de personnes) est qu'il écrit de sa main, sur l'ordre de son confesseur [21]. Et on peut être sûr qu'il cherche à minimiser les phénomènes.

En juin 1912, à Pietrelcina, le démon s'acharne toute une nuit contre lui, « me battant presque à mort. Qui sait combien de fois il m'a jeté du lit pour me traîner dans la chambre ? », écrit-il au père Agostino.

Un autre matin, il se lève à l'aube, ensanglanté.

« Quand cette brute s'en alla, le froid m'envahit de la tête aux pieds. Je tremblai comme un roseau exposé à un vent impétueux. Cela dura environ deux heures. Du sang sortait de ma bouche. Du jeudi soir au samedi c'est une tragédie douloureuse pour moi. Il me semble que mon cœur, mes pieds, mes mains sont transpercés par une épée tant la douleur est forte. Notre ennemi commun fait alors tous ses efforts pour me perdre et me détruire, comme il le répète souvent. Il ne cesse de m'apparaître sous d'horribles formes et de me frapper. »

Avec des chaînes. Comme Marthe, il l'arrache du lit pour le rosser. Mais la forme la plus subtile de son action est de le faire douter de Dieu ; de le désespérer. On peut parler d'un véritable corps à corps dans lequel le padre n'a que sa foi pour lutter, égrenant inlassablement son chapelet.

Extérieurement, le combat se traduit par des détonations qui ébranlent le couvent, et que les moines terrorisés entendent avec d'étranges cavalcades et autres fracas nocturnes.

Au matin, la cellule du padre est bouleversée, papiers et livres jonchant le sol, comme chez Marthe lorsque le samedi le père Finet retournait dans sa chambre.

On se souvient aussi que, lorsque Marthe avait lancé les retraites au château, d'étranges manifestations nocturnes l'avaient secoué. On les retrouve souvent dans la vie du padre Pio. Mgr d'Agostino, évêque d'Ariano, dînant au couvent de Foggia, fut épouvanté par les ébranlements, détonations et bruits de chaînes provenant de la cellule du moine, et décampa aussitôt.

Mêmes phénomènes étranges chez Catherine Emmerich. Déjà, enfant, avec son frère :

« Souvent, lorsque nous avions prié longtemps, j'étais jetée en l'air, tandis qu'une voix disait : " Va-t'en au lit ! " Mon frère fut aussi plusieurs fois dérangé et effrayé au cours de sa prière par l'Esprit malin. »

Plus tard au monastère :

« Quand nous avions fini nos prières (jamais avant), raconte sœur Clara qui partageait sa cellule, l'oreiller était pressé sur notre visage comme si on eût voulu nous étouffer, et il semblait que quelqu'un donnait de violents coups de poing sur l'oreiller d'Anne-Catherine. Cela durait souvent jusqu'à minuit. »

« J'ai vu l'action de l'empire infernal, a dit Catherine, et là-dedans, partout, certaines formes semblables, mais empestées, conduisant à une dispersion continuelle et amenant la corruption en vertu d'une nécessité secrète et intime [22]. »

Étrange langage ! Cette « nécessité secrète » n'est-elle pas la loi d'entropie sur la dégradation de l'énergie, mais appliquée ici à l'esprit, qui par essence est destiné à lui échapper ?

Que pensent les théologiens de ces manifestations ?

« Le père du mal ne se déchaîne manifestement que contre les saints, écrit Ivan Gobry; les autres tombent d'eux-mêmes. Chez ceux qui sont arrivés à une haute vie spirituelle, les suggestions intérieures du Malin demeurent inopérantes. Il se démasque donc et tente de leur ravir leur paix par des méfaits sensibles [23]. »

Autre théologien, A. Tanquerey écrit :

« Jaloux d'imiter l'action divine dans l'âme des saints, le démon s'efforce d'exercer lui aussi son empire, ou plutôt sa tyrannie, sur les hommes. Tantôt il assiège l'âme par le dehors en lui suscitant d'horribles tentations ; tantôt il s'installe dans le corps et le meut à son gré comme s'il en était le maître, afin de jeter le trouble dans l'âme. Dans le premier cas c'est l'obsession, dans le second la possession [24]. »

Marthe Robin a souvent été obsédée; possédée ?

Le Moyen Age chrétien et l'Église du XIXe siècle ont été fort obsédés par le démon, dont la principale ruse, nous dit-on, est de faire croire à nos contemporains qu'il n'existe pas ! Allez savoir ! Le théologien moderne, qui a lu Freud, conseille de n'accepter comme phénomènes diaboliques que ceux dotés d'un caractère extraordinaire. Là encore, allez savoir !

Le démon agit par ses apparitions, soit sous des formes séduisantes pour attirer au mal, soit repoussantes pour effrayer.

Les phénomènes de vision, hallucination, apparition y sont mêlés. Sainte Gemma Galgani et padre Pio le voient sous la forme de leur confesseur; il tente de les tromper. Une fois découvert, il s'évanouit instantanément. Il prend aussi la forme d'un ange lumineux. Comme Marthe, il les rosse ; on a retrouvé Gemma cheveux arrachés, visage tuméfié, os déboîtés. Son confesseur a vu un énorme chat noir à l'aspect terrifiant couché sur elle, et qui se volatilise sous une aspersion d'eau bénite.

Le démon fait entendre des chants blasphématoires ou obscènes, il fait du tapage. Il inflige des coups et blessures, mais chez les tourmentés de la chair il sait user aussi de méthodes agréables et lascives.

A. Tanqueray dit qu'« il est des cas où ces apparitions sont de simples hallucinations produites par surexcitation nerveuse ». Mais comment le savoir ? Car le démon agit aussi sur l'imagination et sur les passions pour les exciter. On est envahi d'images obsédantes, on se sent en proie à la colère, au désespoir ; ou au contraire à « des tendresses dangereuses que rien ne semble justifier ».

Le rituel romain a prévu les exorcismes abrégés. L'exorcisme solennel n'est utilisé qu'avec la permission de l'évêque en cas de possession. Mgr Pic l'accorda en 1936 pour « désenvoûter » le manoir de Châteauneuf-de-Galaure.

Dans les cas extrêmes, le démon est présent dans le corps du possédé et le contrôle. Il n'est pas uni au corps dans l'âme. Il n'est qu'un moteur externe qui agit par l'intermédiaire du corps qu'il infeste.

Dans l'état de crise, le démon imprime au corps une agitation fébrile qui se traduit par des contorsions, éclats de rage, paroles blasphématoires. Les patients perdent conscience. Le père Surin, qui exorcisa les Ursulines de Loudun, fut lui-même infesté ! « Mon état est tel qu'il me reste très peu d'action où je sois libre. Si je veux parler, ma langue est rebelle et je sens que le démon est chez moi comme dans sa maison, entrant et sortant comme il lui plaît. » L'exorciste possédé, c'est un comble, et ceci explique peut-être pourquoi Marthe Robin faisait le vide dans sa chambre lorsque le jeudi soir elle était « visitée ».

Et pas seulement « infestée ». Dans les grandes crises où elle était arrachée de son lit et jetée contre le meuble ou à terre, Marthe semble possédée, à moins qu'il ne s'agisse de crises épileptiformes, mais comment savoir ? Le démon peut aussi bien agir à travers des phénomènes pathologiques inexpliqués, ou des tensions psychologiques, qu'il exacerbe.

Qu'est-ce qui distingue la possession de l'aliénation mentale ordinaire ? Il faut faire jouer le discernement. En quelque sorte, être plus malin que le Malin !

L'exorcisme lancé à l'insu du possédé prouvera s'il y a ou non présence démoniaque. Au contact d'un objet saint, d'eau bénite, le vrai possédé entre en fureur et blasphème. Mais le démon peut au contraire simuler la douceur.

Les Drs Charcot et Richet ont démontré le rôle de la maladie nerveuse, que l'Église prend aujourd'hui en compte, mais en soulignant que le démon peut la produire, ou l'utiliser.

Le vrai critère reste finalement la vertu et les fruits positifs qu'elle engendre, car il y a peu de différence extérieure entre un possédé réel et un quelconque aliéné.

On ne peut comprendre les manifestations démoniaques sans les replacer dans leur contexte dramatique et les intégrer à ces phénomènes étranges que Marthe connaissait bien. Le démon est là pour vous dépouiller et vous déstabiliser. C'est sans doute son utilité. Quand il vous a tout pris, vous êtes dans la nuit de l'esprit. Telle est la condition requise pour avoir part à la Transcendance, à condition de refaire surface.

« Revêtant l'amour, dit un poème de Jacopone de Todi, tu seras dépouillé en toi, tu seras privé de toi tout entier et transformé en Celui qui te conduit. »

Mais le risque pris est grand car on peut demeurer à mi-chemin, ayant perdu ses appuis terrestres sans avoir atteint l'autre rive. Dans ce cas, le Malin a gagné la partie.

On l'a vu, Marthe a connu la grande nuit de l'esprit. En 1930, elle a failli en périr. Puis, chaque vendredi, en revivant la Passion, elle a retrouvé cette « nuit » que le Christ a exprimée sur la Croix par ce cri déchirant qui a traversé les siècles : « Mon Dieu, pourquoi m'as-tu abandonné ? », cri que Marthe prononcera souvent. Et aussi le padre Pio, qui écrit à son confesseur le 4 juin 1918 :

« Les larmes sont mon pain quotidien. Je m'agite. Je Le cherche mais ne Le trouve pas, sinon dans la fureur de sa justice. Je peux dire à juste titre, comme le prophète : " Je suis venu en haute mer et la tempête m'a submergé. " J'ai crié et peiné vainement ; mon gosier s'est fait rauque et sans fruit. La peur et le frisson sont venus sur moi et les ténèbres m'ont recouvert de toutes parts. Je me trouve étendu sur le lit de mes douleurs, plein d'essoufflements et cherchant mon Dieu. Mais où le trouver ? Ô mon Dieu, je suis égaré et je t'ai perdu. M'as-tu condamné à vivre éternellement loin de ta face ? Je m'assoupis et tombe en défaillance. Parfois, les plus fortes secousses agitent mon esprit en quête de son état. Il devient véhément, puis il cède, cherchant en vain où retrouver son trésor perdu [25]. »

« Que d'agonie de volonté il m'a fallu pour mourir à moi ! » s'écrie Marthe Robin en 1930 [26].

Le 27 juillet 1918, le padre Pio note encore :

« Mon esprit est égaré, abandonné, déprimé. Ceci est le martyr le plus raffiné que ma fragilité était en mesure de supporter. J'ai perdu toute trace du souverain Bien. Je suis abandonné, seul en ma nullité et en ma misère, sans nulle connaissance de la suprême Bonté, excepté un désir, fort stérile, de l'aimer.

« Au milieu de ce total abandon, je me vois contraint de vivre, lorsqu'à tout instant il serait désirable d'en mourir. Mon Dieu, pourquoi m'as-tu abandonné ? Il est urgent que je vive en Toi et avec Toi, ou que je meure. Ô vie, Ô mort ! Mon heure est terrorisante.

« Je veux souffrir, c'est là mon désir. Mais que du moins je sache porter en paix ma défaite, avec l'abandon de Dieu et la juste punition de mon infidélité.

« Jour après jour, je descends dans un monstrueux abîme, celui de difformité, et cette demeure me fait comprendre ce qui m'attend.

« Moi, je cherche mon Dieu, je sens en moi un filet d'espérance. Mais, sevré de la lumière du jour où je suis reclus, sans un soupirail pour éclairer ma nuit sempiternelle, je rampe dans la poussière de mon néant, je me démène impuissant dans la fange de mes misères.

« Ô mon Dieu ! Quel remède pour franchir cette extrême limite qui semble n'avoir point de fin et qui trucide toute espérance ? Je me tais, ô Seigneur, en voyant dans tes rigueurs un reflet de mes fautes [26]. »

On ne peut s'empêcher de comparer ce cri à celui de Marthe :

« Chaque souffrance qui nous étreint, chaque sacrifice qui nous immole, chaque angoisse qui nous jette dans les ténèbres, dans la nuit de l'abandon et de l'agonie, chaque abîme effrayant qui se creuse dans notre cœur comme pour y engloutir nos espérances, chaque suprême désolation est une vie nouvelle que le divin maître inocule en notre âme. Il les enfante dans la nuit des tombeaux pour les ressusciter à l'amour [27]. »

Devant une telle affliction, les larmes jaillissent, parfois des larmes de sang. On connaît leur fréquence chez Marthe Robin.

Le padre Pio pleurait devant le corps de sa mère :

– Pourquoi pleurez-vous ainsi, lui demanda-t-on, vous

qui enseignez que la douleur n'est rien d'autre que l'amour que nous devons à Dieu ?

– Mais moi, je pleure d'amour.

« On est faible avec amour », disait aussi Marthe.

« Mon Dieu, pourquoi m'as-tu abandonnée ? » répétait-elle le vendredi. La bienheureuse Battista Varani le répétait aussi. Elle entendit alors cette réponse : « Plus il te semblera que je t'ai abandonnée, plus je serai proche de toi. »

Ainsi, la nuit de l'esprit est donnée pour nous apprendre à exercer notre foi pure, à aimer gratuitement, sans retour, et non avec un désir inavoué de « douceur » et autres « consolations » mystiques. Tel est le dur chemin dans lequel Dieu invite ceux qu'il a choisis.

Car finalement, l'Amour triomphe. Ou plutôt, il triomphera après le grand passage, la mort. Telle est notre foi, notre espérance. D'ici là, il reste aux élus à assumer la souffrance.

Pour notre monde, la souffrance des innocents est un scandale. Marthe Robin est donc un scandale, elle qui, pendant cinquante ans, jour et nuit, a éprouvé la souffrance, avec des paroxysmes le vendredi. « Elle souffrait en permanence, m'a dit sa confidente Françoise Degaud. Et elle demandait des souffrances supplémentaires ! »

On sent pourtant une infinie lassitude à la fin de sa vie. Après un dialogue informel sur « la vie mystique », lasse, elle dit à Jean Guitton :

– Comme nous nous ressemblons ! Vous êtes cloué à la pensée comme moi je suis clouée à la douleur. Eh bien, il faut tâcher de nous déclouer, de nous distraire.

Sa voix se brisa :

– Mais quelle heure est-il ? Pour moi, c'est toujours la nuit, et c'est toujours la douleur [28].

Et pourtant, c'est vrai, Marthe avait non seulement accepté, mais demandé la souffrance. Au plus profond de ses « nuits », elle s'écriait, comme le padre Pio : « Je veux souffrir, c'est là mon désir. » Car elle pensait, avec Thérèse de Lisieux qu'elle connaissait par cœur : « Je vois que la souffrance seule peut enfanter les âmes [29]. »

Pour comprendre Marthe Robin, il faut aborder de front, avec elle, le mystère, le sens de la souffrance acceptée, offerte, désirée, finalement transcendée et vaincue.

Elle subit la souffrance dans son enfance ; elle se révolte dans son adolescence. Puis elle l'accepte par soumission, amour et abandon à Dieu. Abandon actif, puisqu'il implique l'identification au Christ dans sa passion. Elle découvre alors que cet abandon lui fait connaître Dieu.

Toute sa vie sera un approfondissement de cette découverte inouïe, où se mêlent paradoxalement la souffrance et la joie : souffrances purificatrices et réparatrices, pour elle et pour les autres, joie de l'union divine et du pur amour.

Thérèse de Lisieux disait encore :

« Je ne désire pas la souffrance ni la mort, et cependant je les aime toutes les deux, mais c'est l'amour seul qui m'attire. Longtemps je les ai désirées ; j'ai possédé la souffrance et j'ai cru toucher au rivage du ciel ; maintenant c'est l'abandon seul qui me guide [30]. »

Marthe ne pensait pas autrement. Étant revenue des abîmes de la souffrance et de la nuit de l'esprit, elle dicta ce texte, l'un de ses plus beaux :

« Le cœur de l'homme se mesure à l'accueil qu'il fait à la souffrance, car elle est en lui l'empreinte d'un autre que lui. Même quand elle sort de nous pour entrer avec son aiguillon pénétrant dans la conscience, c'est toujours malgré le souhait spontané et l'élan primitif du plein vouloir. Quelque prévue qu'elle soit, si résigné d'avance qu'on s'offre à ses coups, si avide, si épris qu'on puisse être de son charme austère et vivifiant, elle n'en demeure pas moins une étrangère et une importune, elle est toujours autre qu'on ne l'attendait, et sous son atteinte, celui même qui l'affronte énergiquement, qui la désire et l'aime, ne peut en même temps s'empêcher de trembler à son approche. Elle tue quelque chose de nous pour y mettre quelque chose qui n'est pas nous.

« Et voilà pourquoi elle nous révèle ce scandale de notre liberté et de notre raison : nous ne sommes pas ce que nous voulons, et pour vouloir tout ce que nous sommes, tout ce que nous devons être, il faut que nous comprenions, que nous acceptions sa leçon et ses bienfaits. Ainsi la souffrance est en nous comme une semence divine, comme le grain de froment qui doit mourir avant de germer, elle est la base nécessaire à une œuvre plus pleine. Qui n'a pas souffert d'une chose, ni ne la connaît, ni ne l'aime. »

Comprendre ! Comprendre.

« Le sens de la douleur, c'est de nous révéler ce qui échappe à la connaissance et à la volonté égoïste, c'est d'être la voie de l'Amour effectif parce qu'elle nous déprend de nous et de nos tendances humaines, pour nous donner nos frères et nous donner à tous. Car elle n'espère pas en nous son divin effet sans un concours actif et pur de notre part. Elle est une épreuve parce qu'elle force les secrètes dispositions de la volonté de se manifester. Rompant l'équilibre de la vie indifférente, elle met en mesure d'opter entre ce sentiment personnel qui nous porte à nous replier sur nous-mêmes en excluant tout intrusion, et cette bonté qui s'ouvre à la tritesse fécondante et aux germes qui apportent les grandes eaux de l'épreuve.

« Mais la souffrance n'est pas seulement une épreuve, elle est avant tout et surtout une grande preuve d'amour, un renouvellement de la vie intérieure, un bain de rajeunissement pour l'action, elle atteint et déclenche nos plus intimes ressorts et nous rappelle le but où nous devons tendre parce qu'elle nous empêche de nous acclimater en ce monde et nous y laisse comme en un malaise incurable. Qu'est-ce, en effet, que s'acclimater, sinon trouver son équilibre dans le milieu restreint où l'on vit hors de chez soi ? Il sera donc toujours nouveau de dire : là où on se trouve on est mal. Et il est bon de le sentir, le pire serait de ne plus souffrir, comme si l'équilibre était trouvé et le problème déjà résolu.

« Sans doute, dans le calme d'une vie moyenne, la vie paraît souvent s'arranger d'elle-même. Mais en face d'une douleur réelle, il n'y a point de belle théories qui ne semblent vaines ou absurdes. Dès qu'on en approche, on éprouve quelque chose de vivant et de souffrant, les systèmes sonnent creux, les pensées restent inefficaces. La souffrance, c'est le nouveau, l'inconnu, le divin, l'infini qui traverse la vie comme un glaive révélateur, en nous montrant les désirs divins du Christ en chacun de nous.

« Jésus nous apprend à voir plus haut, plus loin, avec plus d'amour surtout, ce que le langage humain appelle douleur et souffrance, mais qui n'est en réalité que la condition suprême d'une éternité de bonheur et d'amour dans le ciel [31]. »

La souffrance, clé du détachement et levier de l'amour, voilà le secret de tous les mystiques et l'un des secrets du mystère humain, qu'exprime le père de Chardin : « Dans la souffrance est cachée, avec une intensité extrême, la force ascensionnelle du monde. Toute la question est de la libérer, en lui donnant la conscience de ce qu'elle signifie et de ce qu'elle peut *. »

A vingt ans, face à sa vie sacrifiée, Marthe Robin n'eut d'autre alternative que le suicide ou l'échappée par le haut, c'est-à-dire l'abandon à l'Amour. La souffrance purificatrice devient alors le creuset où s'affine l'or pur de son âme. L'union à Dieu engendre le désir absolu de trouver bon tout ce qu'il ordonne, même les pires souffrances. On ne désire plus la mort pour trouver la béatitude éternelle. C'est pourquoi Marthe, le padre Pio, Catherine Emmerich ont vécu si longtemps, contre toute logique « biologique ». A vingt-quatre ans, Marthe est donnée pour morte, puis elle surgit du néant dans la lumière de l'Esprit. Et, faisant mentir deux fois la science médicale qui la condamne, elle cesse de s'alimenter. Son secret c'est la souffrance, dont elle s'empare comme levier de l'Amour, qui est lui-même le principe de la vie.

Ayant découvert le secret, Marthe se garde bien de « jouir de Dieu » égoïstement. S'étant purifiée elle-même avec la souffrance, elle la conserve dans un but de réparation, bien dans la ligne spirituelle de son époque où le rachat des péchés a une telle importance. Elle souffre pour les autres, elle prend sur elle leurs souffrances (et même le purgatoire de sa mère!). Elle va jusqu'à « prendre leurs péchés » au risque effrayant de se sentir repoussée, réprouvée elle-même par Dieu.

« Voici que c'étaient nos péchés, et le pire de tous, l'orgueil, qui passait dans ses muscles, et dans ses veines, et dans ses gémissements », observe avec horreur au pied de son lit frère Ephraïm. « Après cela, l'intelligence était comme impuissante à sortir quoi que ce soit [32]. »

De même, le padre Pio s'était offert en victime pour « ces abandonnés qui se damnent parce qu'il n'y a personne qui se sacrifie pour eux ». Aussi conjurait-il le Seigneur de « déverser sur moi, même en les multipliant, les châtiments préparés pour eux ».

Jean de la Croix, dans *la Montée du Carmel*, souligne quant à lui le rôle purificateur de la souffrance librement

---

* *Hymne de l'Univers*, p. 100.

acceptée, et même désirée : « Rechercher de préférence non le plus facile, mais le plus difficile, non ce qui console, mais ce qui afflige [33]. »

Il s'agit de rompre tous les attachements sensibles, humains, pour mériter l'amour de Dieu.

« La véritable gratuité, écrit le théologien Ivan Gobry, consiste à aimer la peine, la souffrance et l'amertume, à cause de Celui qui la donne; la véritable preuve d'amour consiste à aimer, malgré toutes les apparences, l'Amour qui persécute. »

Pour prouver à Dieu l'absolu de notre amour, il faut accepter les épreuves qu'il nous donne et aller au-devant, puis au-delà. La souffrance obtient la purification qui conditionne l'union à Dieu; souffrance amoureuse qui consiste à se dépouiller de sa volonté propre pour s'identifier à la volonté divine.

Le Christ l'a dit clairement : « Si quelqu'un veut venir à ma suite, qu'il se renonce à lui-même, qu'il prenne sa croix et qu'il me suive. »

Le mystique « arrivé » ne se contente plus de visions, il participe réellement dans sa chair et dans son esprit. Sa vie n'est plus un spectacle, mais une action, dans laquelle la souffrance partagée devient l'instrument de l'union. Marthe exprime clairement le réalisme de l'expérience :

« C'est toujours Jésus qui nous donne la souffrance et qui se donne avec elle. Ne nous laissons pas arrêter par la forme et par la nature de la croix, mais contemplons en elle ce Dieu qu'elle porte et qu'elle nous apporte, et par laquelle nous sommes emportés en lui dans l'amour [31]. »

Pour réussir l'union au Christ et par lui réaliser l'union au Père, il ne suffit pas d'avoir la vision de la Passion. Il faut aussi la subir, vivre dans sa propre chair l'expérience de la croix. Tel est le fond de l'alchimie mystique chrétienne. L'ardent désir de la souffrance amène une purification du moi, qui entraîne le détachement de l'ego, condition préalable d'un amour désintéressé de Dieu, auquel il répond par l'union, la fusion.

Même itinéraire chez sainte Marguerite-Marie Alacoque, la visionnaire de Paray-le-Monial. A dix-huit ans elle entre à la Visitation. La maîtresse des novices reconnaît aussitôt son avidité de trouver Dieu et lui dit : « Allez vous mettre devant Notre-Seigneur comme une toile d'attente devant un peintre. »

Message reçu. Quelques mois avant sa profession solennelle, le Christ lui dit : « Je cherche une victime pour mon cœur, qui se veuille sacrifier comme une hostie d'immolation à l'accomplissement de mes desseins. »

Emportée par l'amour mystique du Christ qui la comble, elle accepte tout. L'identification au Christ est son seul objet, souffrance et plaisir confondus.

« Dieu m'a fait connaître ici l'avantage qu'il y a de souffrir, par les lumières qu'il m'a données de sa passion. »

Parce qu'elle a entendu : « Souviens-toi que c'est un Dieu crucifié que tu veux épouser », elle trouve qu'elle ne souffre pas assez. Mortifications et humiliations ordinaires de l'ordre ne lui suffisent plus. Elle est confuse de son allégresse intérieure qui emporte tout, et souhaite même en être délivrée. Comment rejoindre le Christ souffrant dans un tel bonheur? « Eh quoi, mon Dieu! Me laisserez-vous toujours vivre sans souffrir? »

Peu de temps après, le Christ lui apparaît et lui découvre son cœur.

« Mon amour règne dans la souffrance, il triomphe dans l'humilité et il jouit dans l'unité [33]. »

Parfaite définition qui s'applique à Marthe.

La vie de sœur Faustine de Cracovie, humble moniale polonaise contemporaine de Marthe, se situe dans le même esprit. Pauvre sœur tourière acceptée par charité, vouée aux besognes domestiques, elle subit toute sa vie les douleurs de la Passion (sans stigmates visibles). Illettrée, elle ne comprend rien à ce qui lui arrive, d'autant que dans son monastère on se moque de ses états mystiques.

« Le Seigneur me dit que je devais toujours me présenter devant lui comme victime. Tout d'abord, je fus prise de crainte, car je sentais ma misère insondable et ce que je suis. Je répondis donc : « Je ne suis que néant; comment puis-je servir d'otage? »

Alors, « parce que le langage de Dieu est vivant, je sentis dans mon âme que j'étais dans le temple du Dieu vivant dont la majesté est inconcevable ».

Elle reçoit la vision de la passion du Christ, mais en pleine liberté d'en accepter ou d'en refuser le partage. « Et je compris que mon nom devait être VICTIME. »

Alors, « mon esprit s'abîma dans le Seigneur et je lui dis :

" Fais de moi ce qu'il te plaît. " La présence de Dieu m'envahit tout entière et je fus inondée de bonheur, comme fondue en Lui. Je me sentais aimée et j'aimais en retour de toutes les forces de mon âme. » « Maintenant, je vois que, seule, l'âme ne peut rien, mais qu'avec Dieu elle peut tout. »

En 1936, elle est frappée par la tuberculose qui va bientôt l'emporter. Elle n'est qu'action de grâces pour la souffrance, qui ne l'écrase pas mais la soulève.

« Merci, mon Dieu, pour toutes ces souffrances. Je me sens embrasée de flammes vives. Il n'y a plus pour moi de vie, si ce n'est de sacrifice, dans l'esprit du pur amour. »

Sa vocation : souffrir pour ceux qui n'aiment pas. Elle est alors « toute plongée en Dieu comme une éponge jetée dans la mer ». Elle connaît les plus hautes extases mystiques, mais, comme Marthe Robin, elle ne tombe jamais dans un quiétisme égoïste. C'est dans l'imitation des souffrances du Christ qu'elle tire ses béatitudes.

« Les persécutions me rendent semblable à Jésus. Cette voie est la plus sûre. S'il y en avait une autre qui fut meilleure, Jésus me l'aurait montrée [34]. »

La souffrance est-elle donc un outil privilégié donné par Dieu pour transcender notre humaine condition et passer de la pesanteur charnelle à un état encore inconcevable ?

K. Dürkheim, le vieux philosophe de la Forêt-Noire, a répondu :

« L'expérience de la souffrance peut déclencher un processus qui oblige à se tourner vers ses propres profondeurs. C'est alors qu'on découvre la tension entre l'apparence (du moi superficiel) et, sous celle-ci, la Dimension profonde et agissante. Elle peut surgir lors de ces situations limites, de sorte que notre conscience brise les barrières qui lui sont habituellement imposées par une attitude réductrice. »

Mais ceci ne peut avoir lieu qu'à condition que l'homme réalise cet exploit paradoxal que jamais le moi ordinaire ne pourra accomplir : accepter consciemment de faire l'expérience dangereuse de l'auto-anéantissement.

Devant l'imminence de l'anéantissement, brusquement il lui est donné de lâcher ses défenses naturelles, de tout abandonner, d'accepter l'inacceptable.

« Et c'est alors que l'incroyable peut se produire : d'un seul coup la peur disparaît, la mort s'éloigne. C'est le calme absolu, un indicible sentiment de bonheur. Une autre Vie l'a touché, une vie au-delà de la vie et de la mort, une réalité qui débouche sur le salut qui nous est intrinsèquement destiné, nous reliant ainsi à notre donnée fondamentale surnaturelle [35]. »

Ce qui fait agir Marthe, ce n'est pas la « justice », une façon de « payer » pour les péchés du monde, mais avant tout l'amour. « La vie mystique, dit-elle à Jean Guitton, cela consiste de tenter d'être un avec Jésus [36]. » Elle s'abandonne par amour et pour l'Amour. « Mon Bien-aimé, prenez-moi avec vous. » Et ce n'est pas sa faute si ce choix initial passe par la souffrance. Mais, puisque la souffrance lui est donnée, elle l'accepte ; alors, comme le feu sous le creuset purifie le minerai d'or, comme le grain de blé meurt pour produire au centuple, Marthe est transfigurée.

Par amour, elle participe avec le Christ aux souffrances des hommes. On dirait que, dans sa ferme isolée dans une campagne perdue, elle entend le cri des hommes suppliciés, torturés, affamés, abandonnés, les prisonniers, les combattants vaincus, les veuves, les orphelins, et naturellement aussi les bourreaux.

« Oui, jusqu'à la fin du monde je serai l'apôtre de l'amour. Aussi longtemps qu'il restera sur la terre des hommes qui souffrent, luttent, qui cheminent dans l'erreur, j'intercéderai en leur faveur, je viendrai les aimer, les secourir, leur montrer leur véritable patrie [37]. »

Son travail c'est d'adorer, de louer, d'intercéder. Petite, elle puisait l'eau au puits. Maintenant, elle puise l'amour dans le cœur de Dieu et le répand sur les hommes. C'est pourquoi elle reçoit tant d'appels au secours. Elle les porte dans son cœur, dans sa prière d'adoration et dans sa chair. Comme Thérèse de Lisieux, elle porte un condamné à mort, Stanislas Juhant, criminel yougoslave sans famille ; elle correspond avec lui, l'arrache au désespoir et l'accompagne jusqu'à son exécution, qu'il accepte en priant.

Il n'y a pas de véritable amour sans identification. Tel est le sens profond des stigmates et des souffrances de Marthe Robin. « Meurs et deviens ! » Chaque vendredi, elle a fait cette prodigieuse expérience d'ombre et de lumière dans son tombeau de la Plaine. Elle fut soutenue dans son combat par une nourriture unique, l'eucharistie.

Maintenant, laissons-nous emporter par ce nouveau mystère.

6

DE LA COMMUNION À L'EXTASE

Si quelqu'un m'aime il gardera ma parole. Alors mon Père l'aimera et nous viendrons chez lui; et nous ferons en lui notre demeure [1].

Saint Jean, 14, 23.

De 1928 à 1981, Marthe Robin n'a absorbé que l'hostie, qu'un prêtre lui apportait une fois par semaine, le mercredi soir, une hostie ordinaire; une seule fois car, précise le père Finet, « les autres jours les douleurs l'en empêchaient ».

Dès le matin, elle se trouvait « en état de désir » a dit un prêtre. « Il va se donner à moi, Celui qui guérit, console, relève, bénit. »

Si ce fut son unique nourriture, ce fut toute sa nourriture :

« Jésus est à mon âme la vie que je respire, mon pain de chaque jour, la lumière dont je m'inonde, enfin mon unique et mon Tout [2]. »

La communion donne à Marthe la force de supporter la Passion :

« J'ai envie de crier à ceux qui me demandent si je mange, que je mange plus qu'eux, car je suis nourrie par l'eucharistie du sang et de la chair de Jésus. J'ai envie de leur dire que c'est eux qui arrêtent, qui bloquent en eux les effets de cette nourriture [3]. »

Marthe se prépare longuement, elle demande d'être confessée : « Je commets journellement mille imperfections », dit-elle. Elle renouvelle, comme chaque matin, son « Acte d'abandon à l'Amour miséricordieux ». Puis elle communie, « dans le feu de l'amour ». « L'hostie reçue est un feu qui brûle mes lèvres, qui brûle mon cœur, qui brûle mon être. Quel amour [4] ! »

On possède de nombreux témoignages de prêtres ayant communié Marthe. Et même un prélat. Mgr J. Marzioux l'a rencontrée en février 1939. Il raconte : « Son extrême humilité me frappa. Je lui posai bien des questions. Elle me répondait toujours avec précision. »

Il brûle de l'interroger sur son don de seconde vue, mais, sentant qu'il serait à côté du vrai problème, il renonce. « Et voici qu'à la fin de notre rencontre, elle me dit tout à coup :

– Jésus est là !

« Je n'avais rien entendu, pas même l'aboiement d'un chien dans la nuit annonçant l'arrivée d'un visiteur. Peu après, le père Finet, portant l'eucharistie, entrait dans la chambre.

« Il m'avait prévenu : " Marthe ne peut rien absorber. Présentez-lui seulement l'hostie devant les lèvres. Elle sera aspirée. " Ce que je fis en voyant, non sans une certaine émotion, l'hostie s'échapper de mes doigts quand je la présentai devant ses lèvres. Puis Marthe entra en extase avec un visage profondément serein et sans le moindre signe extérieur de vie [5]. »

Le père Finet a confirmé :

« Seule exception [de son jeûne], Marthe communiait, et d'une façon surprenante. L'hostie, aussitôt posée, était absorbée sans aucune déglutition, dont elle était incapable. Ceux qui lui ont donné la communion ont eu quelquefois l'impression que l'hostie leur échappait des mains, et même à distance, comme cela m'arriva [6]. » « Trois fois l'hostie m'a échappé des mains à vingt centimètres de distance, pour se précipiter dans la bouche de Marthe. A ce moment-là, elle tombait en extase [7]. »

Un prêtre vietnamien de passage en France a confirmé ce prodige au frère Ephraïm. Il célébrait la messe dans la chambre de Marthe. Il ne croyait pas à ces histoires d'hosties volantes et se tenait sur ses gardes. Plus exactement, il tenait fermement l'hostie en main lorsque, au moment de la communion, elle lui échappa pour aller s'engouffrer dans la bouche de Marthe [8].

Ce phénomène m'a aussi été confirmé par un autre témoin de Marthe, dom Marie-Bernard de Terris, abbé de Lérins.

Plus tard, Jean Guitton osa l'interroger. Elle répondit :

– Je ne me nourris que de cela. On m'humecte la bouche, mais je ne peux pas avaler. L'hostie passe en moi, je ne sais pas comment. Alors elle me procure une impression qu'il m'est impossible de vous décrire. Ce n'est pas la nourriture ordinaire, c'est différent. Une vie nouvelle passe dans mes os. Jésus est dans tout mon corps, comme si je ressuscitais. Et puis, je perds pied. Je suis alors détachée du corps, libre à l'égard du corps.

– En dehors du temps ?

– Je vous répète que je perds pied.

Elle ajouta après un silence :

– La communion, c'est plus que l'union. C'est la fusion [9] !

Certains mystiques sont capables de discerner si l'hostie qu'on leur apporte est ou non consacrée. Je ne sais si Marthe le pouvait. Mais le Pr Hélène Fagot raconte cette étrange histoire :

Un mercredi soir où le père Finet n'a pu porter la communion à Marthe, un prêtre accompagnant une visiteuse, Mme Favre, en a été chargé. Ils arrivent à la ferme et entrent dans la chambre de Marthe, qui dit aussitôt :

– Le Seigneur n'est pas là.

– Comment, Marthe ? Il est là, dans la custode, s'écrie le prêtre interloqué.

Marthe répète :

– Le Seigneur n'est pas là...

Le prêtre ouvre la custode : elle est vide ! Au Foyer, on a oublié d'y mettre l'hostie consacrée. Aussitôt, la voiture retourna la chercher.

Et Hélène Fagot conclut : « Marthe n'avait pas besoin de ses yeux pour réaliser la présence de son Bien-Aimé [10]. »

Après la communion, Marthe prononce son « action de grâces », et chaque mot compte :

« Seigneur mon Dieu, submergée par votre divinité, je n'aime, je ne désire, je ne cherche, je ne goûte que vous. Que je sois toute vôtre et toute occupée de vous seul, filialement unie au cœur immaculé de ma Maman chérie [11]. »

Puis elle « entre en oraison ».

« Si on me demandait : que vaut-il mieux faire, l'oraison ou la communion, je répondrais l'oraison. "Priez, priez sans cesse !" Or, il est difficile de bien prier et de prier sans cesse si le cœur ne se remplit pas de bonnes pensées, fruits de la méditation. Il en coûte plus pour faire oraison que pour communier. La communion est un acte extérieur, une joie pour l'âme; l'oraison un entretien secret entre Dieu et l'âme. La communion ne suppose pas toujours la vertu. On peut communier et se rendre coupable. L'oraison de chaque jour ne veut pas dire qu'on soit vertueux; elle est une preuve qu'on travaille à le devenir. On trouve des chrétiens qui communient tous les jours et qui sont en état de péché mortel. Mais on ne trouve jamais une âme qui fasse oraison tous les jours et qui demeure dans le péché [12]. »

L'oraison est nécessaire, ajoute Marthe avec un terrible réalisme, « pour ne pas demeurer ou devenir les pieuses nullités dont se rient les démons [13] ».

Dans les hagiographies des saints il existe de nombreux témoignages au sujet d'hosties qui se déplacent toutes seules. Ces cas méritent d'être étudiés si l'on prend au sérieux le mystère de la transubstanstiation et si l'on croit à la « présence réelle » du Christ dans l'hostie consacrée.

Est-ce le désir qui provoque cette attraction? Mais le désir de qui?

Recevant deux pasteurs anglicans qui doutaient de la présence réelle, le curé d'Ars leur dit:

– Croyez-vous qu'un vulgaire morceau de pain puisse se détacher tout seul et aller de lui-même se poser sur la langue de quelqu'un qui s'approche pour le recevoir?

– Non. Ou alors, ce n'est pas du pain.

– Écoutez bien. Ceci m'est arrivé à moi. Au moment où un homme qui doutait se présenta pour recevoir la communion, la sainte hostie s'est détachée de mes doigts, quand j'étais encore à une bonne distance; elle est allée d'elle-même se reposer sur la langue de cet homme [14].

Mais alors, il s'agirait ici du désir de Celui qui se donne, le Dieu incarné? Ce qui ne saurait surprendre le croyant.

D'autres cas figurent aux annales des mystiques. Le dominicain Bartholomée Dominique, ayant communié Catherine de Sienne, témoigna qu' « il sentit l'hostie s'agiter dans ses doigts, d'où elle s'échappa d'elle-même et vola vers sa bouche [15] ».

Un jour que Marie-Françoise des Cinq Plaies assistait à l'office, témoigne le père Cervellini à son procès de béatification (1866), « quand je fus sur le point de donner la communion, à peine eus-je fait demi-tour et prononcé les mots : " Voici l'Agneau de Dieu », je m'aperçus que l'hostie n'était plus entre mes doigts : elle l'avait déjà sur la langue. Le seigneur Borelli fut aussi témoin de l'incident. Nous étions bouleversés [16] ».

Si l'on admet les lévitations des corps et les bilocations, on peut aussi admettre ce genre de fait dont les témoignages abondent. Ici, la télékinésie est provoquée par un désir ardent. Même le prudent Dr Thurston admet la réalité du phénomène, qui n'est pas plus surprenant dans son principe que la gravitation universelle et l'attraction des corps ferreux aimantés.

Après la communion, Marthe pousse un petit cri de joie et murmure aussi cette invocation :

« Que mon cœur et tout mon être soupirent et ne tendent que vers Vous ; que je sois toute vêtue et tout occupée de Vous seul ; que je demeure perpétuellement avec Vous, en Vous, unie à Vous, pour être conservée tout entière dans la fournaise ardente de votre divin cœur [17]. »

Puis elle entre aussitôt en extase, son esprit happé par la Transcendance.

Les théologiens fixent quatre conditions pour accéder à cet état de conscience : le désir, le consentement, l'amour et l'abandon. Mais comme il est difficile de décrire ce mystère ! *.

Avec Marthe, on peut sans excès employer le terme de « noces mystiques », que le 5 avril 1930 elle rapporte en ces termes :

« Ce matin, après la communion, l'extase m'a brusquement saisie. J'ai éprouvé l'union mystique de mon âme avec Dieu. Impossible de décrire ce que j'ai compris, de redire les communications que j'ai reçues, d'expliquer les lumières que Dieu m'a données sur son œuvre en ce moment. Mais en revenant à moi je ressentais allégresse et douleur.

« La douleur provenait de me voir encore en cette vie où se commettent journellement mille imperfections ; la joie de

* Ce que je me propose de faire dans un livre à paraître... enfin je l'espère !

ce que, vivant encore sur cette terre, il me restait quelque peu de temps pour souffrir en vue de Dieu et pour sa gloire.

« Pendant que j'étais absorbée dans ces divers sentiments, le ravissement m'a saisie à nouveau et j'ai eu la vue intellectuelle de Jésus glorieux et souverainement régnant qui, du sommet de la gloire, me montrait ses plaies sacrées, émerveillement des élus [18]. »

Avec l'extase, nous pénétrons dans un nouveau degré de la vie mystique de Marthe Robin. Un jésuite de Toulouse qui l'a visitée a donné cette précision :

« Ce n'est pas l'extase classique, le repos dans l'Esprit, où l'on ne remue pas, où l'on est très lucide, on entend, on suit. Marthe, elle, n'entendait plus et ceci pendant de longues heures. Je n'ai jamais vu de cas semblable au sien [19]. »

Sa conscience est coupée de l'extérieur. Il y a individuation, fusion du conscient dans l'inconscient, où elle trouve Dieu, comme en un lieu privilégié de rendez-vous.

Le père Finet a dit qu'elle demeurait dix-huit heures consécutives en extase et il devait l'en arracher. Le père Garigou-Lagrange a déclaré que jamais aucun saint n'avait connu d'aussi longues extases [20]. Vers la fin de sa vie, les extases de Marthe s'éternisaient lorsque l'état de santé du père Finet ne lui permettait pas de venir l'en tirer * !

Rien n'est plus malaisé que de comprendre ce phénomène, d'où la tentation de le minimiser. Comme l'écrit le dominicain A. M. Carré, « la réalité se dérobe en même temps qu'elle se livre en passant par l'angoisse. L'effort de la raison ouvre les portes de la contemplation à l'entrée d'un mystère dont on ne se saisit qu'en le vivant [21] ».

Mais quel risque à courir !

« Pour savoir si la vie apparemment sacrifiée de tel mystique aboutit à un achèvement ou à une illusion, écrit Aimé Michel, c'est de l'extase, objet de toute expérience mystique, qu'il faudrait connaître. Ce que l'on ne peut puisqu'il aveugle celui qui le contemple. Si vous ne le voyez pas, vous n'en savez que ce que vous en dit votre foi. Et si vous le voyez, il ne vous enseigne que l'impossibilité de le connaître, puisque vous ne pouvez sonder l'abîme infini de sa perfection [22]. »

---

* Thérèse de Lisieux, évoquant ses « transports d'amour », écrit dans *Histoire d'une âme* : « Une fois, je restai une semaine entière bien loin de ce monde, avec un corps d'emprunt. »

« Alors que s'est-il passé ? se demande Marthe. Je voyais sans voir, j'entendais sans entendre, j'agissais sans savoir. Ce que je faisais ? Je ne saurais le dire. Je sais pourtant que j'agissais pour Dieu, avec Dieu et que moi la misère, le rien, le néant, je logeais en Dieu, l'amour souverain, la puissance infinie. Et cette union à Dieu, cette union à la trinité d'amour me tient habituellement dans un recueillement si grand et dans des régions telles que toutes les actions et œuvres extérieures ne parviennent pas à me distraire. »

Marthe saisit enfin la clé de l'extase et de toute expérience mystique :

« J'entends en moi une voix qui me presse de chercher ou plutôt de vaquer au véritable amour. Et cette voix, c'est la voix de l'Amour même. Mon cœur, d'un rapide essor, s'envole vers Dieu. Il se sent soulevé, puis dépouillé de tout et finalement livré dans les bras de Dieu où il demeure sans jamais en sortir [23]. »

L'amour.

« Si donc, poursuit Aimé Michel, il advient aux mystiques de prouver quelque chose, ce ne peut être l'objet de leur expérience, qui se dérobe par nature dans la mesure où il se donne et aussi dans la mesure où il ne se donne pas, étant, par nature, transcendance. Mais ce que l'on ne peut connaître, du moins peut-on l'aimer [22]. »

Pour l'amour, on peut faire confiance à Marthe !

« L'amour divin s'est fait sentir en moi comme je ne l'avais jamais senti encore. L'amour divin s'est emparé de mon âme en sommant l'humanité de s'enfuir, lui seul ayant le droit de commander, comme de vivre et d'agir en moi. Et mon âme d'accord avec l'Amour a balayé l'amour-propre. J'étais liée à Dieu, plus pleinement et plus profondément identifiée au Christ et à la Vierge des douleurs que jamais. »

Et alors :

« Mon cœur est semblable à un ruisseau ou plutôt à un fleuve qui va toujours grossissant, jusqu'à devenir une mer débordante, jaillissante jusqu'à la vie éternelle. Mon âme enveloppée des eaux célestes y nage avec délices. Elle sait que cette mer est la mer du divin Amour dont les vagues impétueuses, puissantes, envahissantes l'emportent à tous les rivages des divines connaissances. Elle nage jubilante en cette mer infinie [23]. »

Amour, extase, jubilation !

« Quel est le terme de cet élan quand l'objet de l'amour, révélé par la foi, est infini ? s'interroge encore Aimé Michel. Il n'y en a pas. L'amour divin est un piège sans autre issue que la consomption de celui qui aime [22]. »

La consomption par le feu de l'Amour ! Marthe, encore, témoigne :

« Ayant trouvé le bien suprême, l'unique bien, mon cœur devient une fournaise, un feu d'amour. Il brûle, brûle sans cesse sans se consumer jamais. L'incendie même qui le dévore lui donne au contraire un surcroît de vitalité et de vie divine. Le feu l'éclaire sur son abjection et cette vue le plonge dans le fond même de l'humilité. Il n'a qu'une ressource, s'enfoncer toujours plus avant dans son divin centre où les flammes ne le dévorent que pour le renouveler et lui rendre la vie [23]. »

Notre Dieu est un feu dévorant, ont dit tous les mystiques avec saint Paul [24]. Nous ajouterons qu'il est parfois comme un « trou noir » spatial, qui absorbe en lui toute énergie qui consent à se laisser happer. Tel est le grand risque de la foi, l'ineffable mystère.

C'est pourquoi saint Augustin parle de l'extase comme d'une aliénation, qui dégage l'âme du corps, afin que l'esprit de l'homme, sous l'action de l'esprit de Dieu, s'élève jusqu'à la contemplation. C'est bien une absorption de l'esprit en Dieu qui suspend en l'homme l'exercice des sens.

Mais l'être humain n'est pas fait pour demeurer en ces sphères. Il retombe vite dans sa pesanteur charnelle, où l'âme se croit alors abandonnée de Dieu. De cette nouvelle séparation, Marthe a dit :

« Après quelques heures de délicieuse union, Jésus a voulu retirer de mon âme le sentiment si intense de sa présence. Une impression de vide m'a si soudainement étreinte que ma pauvre petite âme n'était plus qu'une petite fleur ensanglantée sur la croix. Toute la journée, mon Sauveur m'a conduite d'épreuve en épreuve, de douleur en douleur. O merci ! Je vous bénis de tout, divin soleil de mon âme [25]. »

Cet autre texte montre que la soif spirituelle l'éprouvait davantage que la souffrance physique :

« Qui dira, ô mon Bien-Aimé, les désirs embrasés d'une âme follement éprise de vous, qui incessamment vous cherche, et dont la soif croît sans cesse, plus vous semblez vous éloigner. Sans doute nous avons l'eucharistie qui nous permet de posséder le Bien-Aimé, mais que durent nos rencontres ? Les enivrements d'une vision sont fugitifs et si rares, les heures d'obscurité si nombreuses. Après chaque visite, vous me laissez avec une soif dévorante de votre adorable présence. Écrasée de bonheur, je me relève haletante, aspirant plus vivement encore à l'éternelle union.

« Quand donc apaiserez-vous ma soif brûlante ? Quand donc ne fuirez-vous plus devant mon âme, qui vous cherche et qui agonise loin de vous ? Je m'éloigne, me répondez-vous, pour aviver ton désir de me posséder, car plus ce désir sera grand, plus grandira ta capacité d'aimer et plus tu me posséderas au ciel [26]. »

Heureusement, après ces purifications survient le mariage spirituel, fait d'intimité dans la sérénité.

« L'âme devient une même chose avec Dieu, dit Thérèse d'Avila. En ce temple de Dieu, en cette demeure qui est la sienne, Dieu seul et l'âme jouissent l'un de l'autre dans un très profond silence [27]. »

« Ainsi, conclut le théologien A. Tanqueray, Dieu s'empare de l'âme avec son libre consentement pour l'inonder de lumière et d'amour [28]. »

Dès lors, l'esprit a une connaissance expérimentale de l'infinie grandeur. Marthe en témoigne :

« Ô immensité sans rivage, vie de Dieu ! Quel mystère, quelle richesse, quel infini, quel abîme ! Je suis encore toute transportée d'admiration, d'émerveillement. On ne peut plus sortir de l'extase. Tout est beau, tout est grand et magnifique, tout est pur, lumineux et divin. Oui, tout est plus beau, plus vrai que tout ce qu'on peut dire, lire, écrire, imaginer ; que tout ce qu'on peut désirer, deviner, pressentir, entrevoir. Troublante et ravissante grandeur de Dieu ! J'ai vu l'amour, la lumière, les consolations, les grâces, les bienfaits du Seigneur pleuvoir sur le monde, plus serrés, plus pressés que la pluie, que les puissants rayons d'un soleil de midi. Dans son amour de père, Dieu met dans notre cœur à tous des grâces de lumière et de force pour nous retirer de l'abîme, pour nous attirer à lui et nous transformer dans la lumière [29]. »

Il est intéressant de comparer les extases de Marthe à celles des mystiques de son époque. On y retrouve les mêmes points communs, qui en confortent l'authenticité.

« Le cœur de Jésus et le mien se fondirent », raconte le padre Pio, ravi après une messe le 18 avril 1912. « Il n'y avait plus deux cœurs qui battaient mais un seul. Le mien avait disparu comme se perd une goutte d'eau dans la mer. La joie était si intense en moi et si profonde qu'il me fut impossible de la contenir : les larmes les plus délicieuses inondaient mon visage [30]. »

« Il n'y a plus rien en moi que Dieu seul, disait Marthe. L'Amour emparadise mon cœur. Je suis plongée en mon Bien-Aimé comme une éponge dans un océan d'amour et chaque vague qui me caresse et me berce m'apporte un murmure d'amour [31]. »

Sœur Faustine, humble moniale converse de Cracovie, a des accents non moins lyriques pour parler de ses extases :

« Soudain, mon esprit s'abîma dans le Seigneur et je lui dis : " Fais de moi ce qu'il te plaît. " Lorsque mon cœur et ma volonté eurent acquiescé à ce sacrifice, la présence de Dieu m'envahit tout entière. Je fus inondée d'un tel bonheur que je ne saurais l'exprimer. Je sentais que la Majesté divine m'enveloppait, je me sentais comme fondue en Dieu. Je me sentais aimée et j'aimais en retour de toutes les forces de mon âme [32]. »

Sœur Faustine insiste pour montrer que c'est Dieu seul qui agit, et non elle :

« L'âme le saisit, non pas à la fois mais par éclairs ou approches. Cela ne dure pas longtemps car elle ne saurait supporter tant de lumière. Pendant l'oraison elle subit ces éclairs qui rendent impossible son ancienne façon de prier. C'est une lumière vivante que rien ne saurait voiler ni obscurcir. Elle fait connaître Dieu et attise les flammes de l'amour [32]. »

C'est toujours de l'amour qu'il s'agit dans l'extase. Marthe aussi en témoigne :

« Éternel Amour, océan sans rivage ! Avant, je vivais dans la foi, j'aimais Dieu, je le sentais, je vivais en lui et pour lui seul, j'aimais Jésus qui me nourrissait de ses paroles et de ses exemples. Mais maintenant, je le vois. C'est la réalité, c'est l'expérience. Je goûte, j'expérimente l'Amour. »

Illusion ? Autosuggestion ? Impossible !

« Non, je ne m'abuse pas, le ciel me montrera tout ce que j'aime, mais il ne me donnera pas plus, puisque déjà je possède Dieu, que je vis de lui, avec lui, en lui, et que, le possédant, je possède tout ! Ô mon Dieu, qu'heureuse est l'âme qui, sans jamais sortir de vous, peut vaquer à la féconde action de la souffrance. Ô bienheureuse et béatifiante Trinité ! Éternel foyer de la lumière et de l'amour, dont l'ardeur ne s'éteint jamais ; feu consumant [33] ! »

On retrouve ce feu et cette lumière dans les extases de sœur Faustine :

« Je montai à pic, droit dans les flammes du soleil. Lorsque mon âme fut mise en paix et en lumière, j'exultai d'allégresse. Je ne marchais plus, je volais, je demeurais dans cette union d'amour, je flambais comme une torche. Mon esprit tourné vers le soleil s'épanouissait dans ses rayons pour Dieu seul. Je me sentis comme transsubstantiée. Maintenant je vois que, seule, l'âme ne peut rien, mais qu'avec Dieu elle peut tout. Elle est alors toute plongée en Dieu comme une éponge jetée dans la mer [32]. »

L'état d'extase que nous venons de décrire entraîne parfois la conscience dans un monde de visions. Le visionnaire est convaincu qu'il accède à une connaissance directe, hors du temps et de l'espace. Marthe en témoigne :

« Parfois j'envie ceux qui ont le bonheur de faire de la théologie. Mais la contemplation ne dépasse-t-elle pas de bien haut en connaissance, en amour, en puissance, les plus fortes études ? L'expérience est plus profonde, plus lumineuse, plus féconde que la science. Pour moi, toute ma théologie, toute ma science, c'est l'amour, l'union de mon âme à Dieu par Jésus-Christ, avec la Sainte Vierge [34]. »

Ici, on est en droit de se poser une question. Les visions sont-elles postérieures ou antérieures à l'extase ? Est-ce la vision qui déclenche l'extase, ou l'extase qui détermine la vision ?

Le désir de Dieu conduit à une première approche, qui nourrit l'amour. Dieu étant amour engendre la fusion et détermine l'extase. D'après saint Augustin, l'extase est une aliénation qui dégage l'âme du corps afin d'élever l'esprit à la contemplation, dont la vision est l'une des formes.

Mais l'inverse est aussi possible. Les Drs Dechaume et Ricard, après interrogatoire de Marthe, écrivent dans leur rapport :

« Elle a des apparitions de la Sainte Vierge déterminant

des extases. La première apparition a eu lieu en mai 1921, sans raison apparente. Elle l'a vue, comme elle l'a vue souvent depuis, " avec les yeux du corps ". Pendant les extases déterminées par ces apparitions, elle n'a pas le sentiment de sa position dans son lit. Elle se sent simplement emportée et attirée vers l'apparition. »

Emportée ! L'esprit est emporté, ravi. Extase vient du grec *ekstasis* : transport. Donc, dans ce cas précis, la vision, sans cause apparente, précède l'extase. Elle est un don imprévu et gratuit.

En fait, il existe de nombreux types de vision, dont le voyant se souvient ou non suivant qu'elles sont ou non imprimées dans la mémoire de son conscient, visions extérieures ou intérieures, qui procurent ou non l'extase.

Notées par les témoins dans des cahiers, les visions de Marthe Robin décrivent des paysages bibliques qui semblent exacts, lieux où a vécu le Christ, « ces rives du Jourdain qu'il a foulées cent fois, ces flots qu'il a calmés d'un mot, ces fleurs solitaires croissant dans les ruines, ces pierres, ces rochers, ces lys dans la vallée, ces moissons blanchissantes qu'il regardait en racontant aux foules recueillies ces touchantes paraboles [35] ».

Jean Guitton les qualifie de « visites imaginaires et précises en Terre sainte [36] ». Marthe a vu et décrit la passion du Christ. Parfois, « elle apporte des détails que l'Évangile ne donne pas, mais que les archéologues ont à l'occasion confirmés », nous dit l'abbé Peyret. Par exemple, Jésus préparant sa mère à la Passion qu'il va subir. Ou encore le cachot de Caïphe où les Juifs l'ont enfermé. Quand Marthe décrit le crucifiement, elle dit ce qu'elle voit. Ainsi, Jésus montant au calvaire, semblable à « un linge qu'on aurait trempé dans un bain de sang ».

Marthe reçut aussi des visions de saints : Thérèse de Lisieux; le père Maximilien Kolbe, dont elle se sentait si proche, dans l'intimité de la Vierge, qui vivait, souligne Marthe, en mouvance de l'Esprit, se laissant continuellement pétrir par lui.

Vers la fin de sa vie, elle cessa d'accorder à ces visions une importance décisive. A Jean Guitton qui l'interrogeait, elle déclara : « J'ai connu cela et je l'ai dépassé [37]. »

Ce détachement émerveillait le philosophe, qui nous dit :

« Ce qui m'a le plus surpris chez elle c'est la distance

qu'elle prenait par rapport à ces états extraordinaires dans lesquels elle était immergée. Elle dépassait les accidents pour aller à l'essence, à ce qu'elle appelait l'intérieur, au-delà des images. »

Il parvint néanmoins à lui faire préciser :

– C'est plus évident que votre présence ici. Jadis, quand j'avais des visions sur la Passion, je pouvais reconnaître tel ou tel visage sur le passage de Jésus ; j'entendais même les hurlements de la foule. Maintenant, je suis plus intérieure, je suis toute intérieure ; je ne vois plus rien ; je communie au fond. J'ai quitté les attributs ; je m'enfonce dans l'Essence.

– Mais vous n'y êtes pas arrivée tout d'un coup ? Il y a eu un itinéraire, un chemin, une montée comme on dit dans les livres de mystique ?

– Je n'ai jamais lu ces livres. J'ai eu des visions d'images, où je voyais les choses hors de moi. Mais quelle angoisse ! dans ces affaires-là, on n'est jamais absolument sûr *. Pourtant, il est des cas où il y a certitude, je dirai même *évidence* : c'est quand Dieu opère ce qu'il fait ; alors, Dieu fait tout. Au début, j'avais des doutes parce que j'étais encore dans les images. J'ai outrepassé ces images. Maintenant, je suis dans les attributs. Et même, si j'ose dire, j'ai quitté les attributs de Dieu pour m'enfoncer dans ce que vous appelez l'Essence. J'ai même fait un progrès à l'intérieur de cette Essence.

Il la regarde avec stupeur. Lui, le célèbre philosophe chrétien, ami des papes, il se sent tout humble soudain. Mais sa curiosité est la plus forte.

– Avez-vous dans vos expériences l'impression que votre âme se détache de votre corps ?

– On ne peut pas dire que l'âme soit détachée du corps ; elle est emportée, c'est étrange. Dieu se manifeste d'abord par la crainte. C'est si nouveau, si inexprimable ! Puis on passe à une paix, qui est un état au-delà du temps. On ne peut pas dater, on ne peut pas savoir à quel moment cela s'est produit. Je ne sais pas comment vous dire. C'est hors de soi et c'est en soi. On est emporté. On a beau résister, on est emporté dans l'amour [38].

---

* Marthe voulait sans doute dire : « On n'est pas sûr qu'il ne s'agit pas d'un rêve ordinaire. » On retombe alors dans le débat philosophique : le réel est-il nocturne, ou diurne, ou les deux ? (*Note de l'auteur.*)

Que faut-il penser de ces états ? En quoi sont-ils plus significatifs que nos rêves ordinaires ? Malheureusement, nous dit le padre Pio, « on ne peut les traduire en langage humain sans qu'ils perdent leur profond sens céleste ».

Puis soudain, le padre s'écrie, comme pris par l'évidence :

« Je m'entretins avec Jésus. Son cœur et le mien se sont fondus. Ce n'étaient pas deux cœurs qui battaient mais un seul. Le mien avait disparu comme une goutte d'eau se perd dans la mer [30]. »

Sainte Thérèse d'Avila souligne la liaison entre l'extase et la vision :

« Quand le Seigneur veut manifester dans un grand éclat sa gloire et sa majesté, cette *vision* agit avec tant de puissance qu'aucune âme ne saurait la soutenir, si Dieu, par un secours très surnaturel, ne la faisait entrer dans le ravissement et l'extase, car alors la jouissance fait perdre la vision de cette divine présence [27]. »

Peut-on dire que dans la vision il y a perte de conscience, comme dans l'extase ? Il semble que le mystique évolue dans les deux sphères du conscient et de l'inconscient. S'il demeure dans la zone intermédiaire, il peut garder une certaine conscience, donc une mémoire accessible. En fait il ne « demeure » pas. Il va de l'un à l'autre état, dans un « retour en boucle » qui constitue le mystère même de l'esprit et sa finalité profonde.

Les visions sont appelées « extérieures » lorsqu'elles s'accompagnent de la perte des sens. A propos de sainte Gemma Galgani, le père Félix témoigne que « l'on pouvait la secouer, la piquer, la brûler sans pouvoir la sortir de ce ravissement ».

On retrouve aussi ce phénomène d'insensibilisation chez les voyants des apparitions mariales. Mais il n'y a pas nécessairement extase, qui est le propre de ce que les théologiens appellent les « visions intérieures ». Alors, nous dit Ivan Gobry, « il s'agit de communications divines qui portent si nettement le caractère surnaturel que le sujet ne peut douter de leur origine. La vision indique simplement qu'on connaît à distance le monde surnaturel ; l'extase signifie qu'on y est. Là se révèle que le mystique vit de la vie même de Dieu, qui est une vie d'amour [39] ».

Dans l'extase, il y a donc fusion du priant avec sa vision.

Tous ceux qui ont écrit sur Marthe Robin ne se sont guère

étendus sur ses grandes visions mystiques, et *l'Alouette*, périodique officiel des Foyers de charité, si prolixe pourtant des écrits de Marthe, n'en a rien publié. Ceux qui détiennent les documents de base, notamment les dictées de Marthe au père Finet, demeurent circonspects. Ces documents sont aujourd'hui bloqués, on ne peut que le déplorer, par l'enquête préliminaire du procès de béatification qui, s'il dure autant que celui du padre Pio ou de Catherine Emmerich, risque de nous priver longtemps de grandes richesses spirituelles. Tous ceux qui ont connu Marthe en profondeur n'ont pu s'empêcher de la comparer à la plus grande visionnaire des Temps modernes que fut Catherine Emmerich.

Dès l'âge de six ans, cette humble paysanne allemande eut des visions très précises de la vie du Christ. D'où tirait-elle ces images ? Sûrement pas de sa mémoire ordinaire ni de son entourage. Comment put-elle dès l'enfance connaître la Terre sainte aussi bien que son village natal ?

« Mon âme était conduite et obligée d'y participer comme si les événements se déroulaient réellement sous mes yeux. Même à dix ans, quand je gardais le troupeau, j'étais toujours en prière et en contemplation. Je voyageais à Jérusalem et à Bethléem et j'y étais plus connue qu'à la maison. Le Christ, la Vierge, un ange s'entretenaient avec moi comme l'auraient fait des personnes vivantes de la vie ordinaire [40]. »

Naturellement, personne ne la prend au sérieux. Une enfant ! Mais l'enfant devient femme et, lorsqu'elle entre au monastère, les visions continuent de plus belle : « Je vivais tout entière dans un autre monde dont je ne pouvais rien faire connaître. »

Car on la prend pour une folle.

Son petit couvent ayant fermé, elle est recueillie par l'aumônier de la communauté. Ses visions continuent, bien qu'elle tente en vain d'en être délivrée, à cause de l'obligation qui lui est faite par le Christ de les rapporter.

La psychologie jungienne laisse entrevoir un début d'explication, rationnelle sans être athée. Grâce à une étrange disposition cérébrale, Catherine plonge dans l'inconscient collectif qui prolonge son inconscient personnel et elle s'y retrouve comme au siège d'une mémoire illimitée de l'espèce humaine. Ses visions sont souvent symboliques, mais rien n'explique son choix particulier de l'histoire du Christ, sinon qu'il pourrait être suggéré par lui.

Les visions se bousculaient dans sa tête selon le calendrier liturgique, lorsque survint à point Clemens Brentano. Déjà, à quarante ans, célèbre poète et littérateur, il lâche tout pour se consacrer à elle. Tout se passe entre eux comme entre Marthe Robin et le père Finet. « Je vous connaissais avant que vous soyez venu me voir, lui dit Catherine. Lorsque vous êtes entré pour la première fois dans ma chambre, j'ai dit : " Ah ! le voilà ! " »

De même que le père Finet quitte une situation en vue pour s'enterrer au village de Châteauneuf, C. Brentano quitte tout et s'installe à Dulmen, où il restera cinq ans, jusqu'à la mort de la mystique.

Là s'arrête la comparaison. Le père Finet lui, sera le guide, le père. Brentano n'est que le témoin silencieux d'un esprit emporté par l'irruption de la Transcendance. Témoin attentif des visions, il va les reconstituer en un tout cohérent, dans une forme un peu trop littéraire qui les rendra suspectes, mais en restant fidèle au fond.

Catherine est morte convaincue de sa mission et de la voix qui lui a ordonné de parler pour « montrer que le Christ demeure avec son Église jusqu'à la fin des siècles ». L'infatigable Brentano a tout noté, onze volumes dont le tiers sera publié. Le procès de béatification a été relancé en 1967 et la cause introduite à Rome en 1981. Pour sa part, Jean Guitton affirme : « Elle possédait un don prophétique et participait à la vision divine [41]. »

Oui, il y a beaucoup de ressemblance entre Marthe et Catherine, y compris l'environnement. Ainsi, le fidèle Brentano est en butte à l'hostilité de l'entourage. La sœur-cerbère de Catherine est un peu comme le frère grincheux de Marthe.

C. Bretano disait à propos des visions de Catherine : « Ce qui s'y trouve de meilleur est léger et tendre comme la fine poudre d'or qui colore les ailes des papillons. » Aujourd'hui, le vent n'est plus au mysticisme, mais au « charitable », au social, à tout ce qui est humain. Tout au moins dans l'Église officielle. Cependant, un courant charismatique la travaille en profondeur, qu'elle croit contrôler alors que c'est sans doute lui qui la porte.

Que conclure sur les visions ?

On peut les contester en bloc, affirmer sans preuves que c'est une construction de l'imagination, les images mentales du « rêve éveillé » des psychologues. Mais ceux qui en sont les témoins ne le pensent pas et on n'a aucune raison de ne pas croire des gens que l'Église, avec mille précautions, a mis sur les autels, certains qualifiés de « doctes » (docteur de l'Église) :

Saint Jean de la Croix parle d'« une touche substantielle expérimentée sur terre par beaucoup de saints [42] » ; le pape saint Grégoire le Grand de « la claire vision de la contemplation [43] » ; sainte Thérèse d'Avila d'« une certitude qui demeure et que Dieu seul peut donner [44] ».

S'il y a certitude pour le mystique, l'humanité ordinaire devra se contenter de sa foi. Croit-on ou non en Dieu ? Si on y croit, tout est possible.

On trouvera toujours des sceptiques pour nier, et des croyants pessimistes pour attribuer les extases et les visions à quelque démon ou maladie. Comment être sûr, alors que l'Église elle-même doute ? Certes, on élimine sans peine les hallucinations des aliénés. Chez le véritable mystique, la vision est coordonnée, alors qu'elle est brouillonne chez le névrosé en proie à ses fantasmes.

Sainte Thérèse d'Avila a dit :

« L'âme n'a jamais plus de lumière qu'alors pour comprendre les choses de Dieu. Quand l'âme est dans cette suspension [des sens], Dieu lui fait la faveur de découvrir quelque secret des choses célestes, qui demeurent tellement gravées dans sa mémoire qu'elle ne saurait jamais les oublier [44]. »

Le bénédictin dom Aloïs Mager reconnaît la véritable extase mystique à « l'augmentation extraordinaire de l'activité supérieure de l'âme et de la conscience de soi. Le mystique, dans l'état ordinaire, sait ce qui s'est passé dans l'état mystique [45] ».

Cependant, le Pr Lhermitte affirme que « toute notion d'espace et de temps a disparu » et que « le degré ultime de cet état n'est autre que la suspension de la conscience de soi, absorbée dans l'union avec le transcendant [46] ».

Mais ce n'est donc pas un état d'hypnose classique, état où l'hypnotisé, après délire verbal, oublie tout à son réveil. Déjà, le pape Benoît XIV avait cru « reconnaître comme fausse toute extase dont l'extatique ne garderait pas l'exacte mémoire ».

Le père Mager lui-même reconnaît, à propos des extases de Thérèse Neumann, qu'on ne peut nier que son état ressemble à l'état médiumnique, bien qu'il faille distinguer s'il s'agit d'un état purement médiumnique, ou bien « si la force surnaturelle se sert de cet état pour produire des effets supérieurs ».

Dans tous les cas, on jugera l'arbre à ses fruits : simplicité, soumission, résignation, don de soi, générosité, esprit d'enfance. La véritable extase mystique engendre la sainteté de la vie jusqu'à l'héroïsme ; le détachement parfait, l'absence de volonté propre, une admirable patience pour supporter les épreuves qu'un esprit superficiel jugerait injustes et qui ne sont en fait que des « purifications d'amour ».

Le malaise des théologiens pour juger des états mystiques ne vient-il pas simplement du fait que cette connaissance directe, cette expérimentation, ne se partage pas ? D'où la tentation de facilité qui consiste à nier ce qu'on ne peut comprendre, et pire, si le mystique persiste et signe, à le menacer de le rejeter dans la catégorie des réprouvés ?

– Ma sœur, j'ai peur pour vous, dit à Faustine sa supérieure. Allez donc consulter un confesseur.

Hélas, lui non plus n'y comprend rien.

– Il vaudrait mieux, ma sœur, que vous en parliez à vos supérieures.

Alors, Faustine doute, elle se torture : « Jésus, tu me fais peur. Ne serais-tu pas quelque illusion ? »

« Mais plus je me méfiais plus il multipliait les preuves que c'était lui. »

Les confesseurs ont peur d'elle et, avant de l'éconduire, reposent carrément le choix terrifiant : Dieu ou le démon ? Ils tranchent pour le démon.

Faustine accepte alors d'obéir et de repousser ses visions. En vain. Son cri est celui des mystiques de tous les temps : « Je ne veux que la vérité ! »

Mais que faire lorsque la vérité ne concorde pas avec l'obéissance ?

Elle demande à ses visions d'éclairer ses supérieurs. Hélas, elle est dans un monastère imperméable à toute vision surnaturelle, ce qui est plus courant qu'on ne le croit.

Enfin, elle rencontre le père Elter, théologien jésuite romain. Il la voit pour la première fois ; il est ébloui. Aussitôt, il la libère : « Jésus est votre maître. Soyez fidèle à tant de grâces. Faites ce qu'il vous demande. Plus vous vous abaisserez, et plus intimement il vous unira à lui. »

Elle sort de l'église en titubant de joie et se réfugie au plus profond du jardin, où elle est enlevée en extase [32].

Sortir de l'extase, revenir du ciel à la terre, est une affaire délicate qui obéit à certaines règles, le « rappel ». Le père Finet en témoigne :

« Il n'était pas possible de sortir Marthe de l'extase, même avec des intentions justifiées, sauf à deux personnes qui y parvenaient en priant, et il fallait vingt minutes pour cette initiative délicate où l'Église, en quelque sorte, rompait l'union mystique pour parler à celle qui portait en elle tant d'amour et de lumière. Son évêque, Mgr de Valence, y parvenait, et j'y parvenais aussi, par mon ministère de père spirituel et suivant les conseils que Marthe m'avait elle-même donnés.

« Un jour, un évêque d'un autre diocèse a essayé, sans succès. En fait, c'était très délicat, car c'était arracher Marthe à son intimité avec Jésus pour la donner à l'Église. Et l'acte était d'autant plus délicat que le risque couru était de la tuer.

« Si, avec son consentement, je sollicitais cette sortie de l'extase, c'était pour que Marthe pût recevoir, le jeudi encore, des retraitants, car seuls restaient ces deux jours où elle pouvait les recevoir : le mercredi et le jeudi ; pendant les retraites et aussi hors des retraites, pour qu'elle pût accueillir les visiteurs venus spécialement pour la rencontrer [47]. »

Marthe elle-même s'en étonnait :

« Dans ces jours de ravissement, ce qui m'étonne, c'est qu'après, toute pénétrée de Sa présence, je puisse encore entendre, voir les choses de la terre, parler, m'occuper et, sans effort, sacrifier ma joie, mon unique Amour, pour m'oublier, me donner, me mettre à la disposition de tous, abandonnant mon bonheur pour que d'autres âmes soient visitées et, comme moi, embrasées d'amour ; pour que, comme moi, plus qu'à moi, Jésus se révèle à elles [48]. »

Le père Finet s'approchait d'elle et prononçait d'abord à

voix basse la formule que Marthe elle-même lui avait dictée :

– Mon enfant, au nom du Père...

Puis il insistait d'une voix forte :

– Au nom de la sainte obéissance...

En l'absence de son directeur spirituel, Marthe, on l'a vu, ne se réveillait que très lentement. Vers la fin de sa vie il lui arrivait même de ne pas se réveiller, et d'enchaîner deux Passions à la suite !

Le réveil de Marthe sur ordre du père Finet stupéfiait les médecins. Le « rappel », vocal ou mental, est pourtant classique chez les extatiques. Il obtient le même effet dans une langue étrangère. C'est la volonté qui compte. Si le supérieur donne un ordre verbal en faisant une restriction mentale, le sujet ne se réveille pas. Le mot seul demeure impuissant si la volonté ne consent pas. Catherine Emmerich, Louise Lateau et autres extatiques illettrées réagissaient au latin qu'elles ne comprenaient pas. Quand on demandait à Catherine ce qui lui arrivait, elle répondait : « On m'appelle. »

Plus inexplicable est que le rappel peut réussir par délégation du supérieur à une autre personne (Brentano l'expérimenta) et s'arrête lorsqu'elle est retirée. Alors qu'il réussit avec un simple moine non prêtre mais agréé par l'extatique, il échoue avec un quelconque évêque étranger au diocèse.

Autrefois, le rappel était pris comme preuve de l'origine divine de l'extase. Si le sujet n'obéissait pas à son confesseur agréé, l'extase était présumée venir du démon.

La suggestion mentale du magnétiseur qui sort le médium de sa transe hypnotique est quelque peu semblable. Toutefois, le prêtre peut déléguer son pouvoir, mais non le magnétiseur. Est-ce parce que ce dernier fait l'hypnose, alors que le prêtre ne fait pas l'extase, qui vient de Dieu ?

Qui comprendra jamais ces choses ?

7

SPIRITUALITÉ MARIALE ET SAINTETÉ

Toute perfection est dans l'amour, toute sainteté dans l'humilité.

Marthe ROBIN

Marthe Robin sera-t-elle montrée un jour comme une nouvelle Bernadette Soubirous ? Le père Finet a assuré qu'elle voyait la Vierge chaque semaine ; il a qualifié Châteauneuf-de-Galaure : « terre mariale ». Dans son allocution du 9 février 1986 à Châteauneuf pour le cinquantenaire de la fondation des Foyers de charité, le cardinal Decourtray a parlé de « l'intimité filiale de Marthe avec la Vierge et la fécondité d'une telle disposition spirituelle », ajoutant :

« En recevant Marie pour mère, non seulement dans sa foi, mais aussi dans tout son être, dans toute sa personne féminine et singulière, et bien sûr dans sa maison, dans sa chambre de recluse, Marthe trouvait une force nouvelle pour accueillir la passion du Seigneur et par là collaborer avec l'unique Rédempteur au salut du monde [1]. »

De nombreux témoignages font état de ses visions. Sa sœur Gabrielle a déclaré à l'abbé Peyret : « Notre mère m'a toujours dit que la Sainte Vierge lui apparaissait [2]. »

Marthe s'en est aussi ouverte à l'abbé Betton, curé de Saint-Rambert en 1934. Lui décrivant ses visions, elle disait : « C'est surtout son sourire que je vois [3]. »

Elle en a également parlé avec les Drs Dechaume et Ricard. Rapportons à nouveau leur fameuse citation du rapport médical destiné à l'évêque de Valence :

« Elle a des apparitions de la Vierge déterminant des extases. La première apparition a eu lieu en mai 1921, sans raison apparente. Elle l'a vue, comme elle l'a vue souvent depuis, avec les yeux du corps. »

Ce rapport fut rédigé le 14 avril 1942. Le 1er août 1942, Marthe reçut une nouvelle vision et dicta un texte d'une précision étonnante que suivra à la lettre le peintre Luc Barbier lorsqu'en 1954 il exécutera la fresque de la grande chapelle du Foyer de Châteauneuf, bâtie à cette époque.

Dans ce texte, Marthe nous montre « la Sainte Vierge debout, les bras ouverts dans un geste très maternel, un geste d'accueil ». Elle ajoute :

« Cette Vierge clôt une étape, celle des avertissements suppliants des derniers siècles, des menaces mêmes de Dieu, au cours de ses multiples apparitions en France et ailleurs. Elle ouvre le temps des débordements de la miséricorde de Dieu en faveur de ses enfants qui n'ont compris ni ses avertissements ni ses menaces. N'ayant pas écouté les prévenances divines, nous avons subi les châtiments annoncés par la Sainte Vierge. La miséricorde de Dieu est inlassable et la Sainte Vierge, sans tenir compte de nos fautes, se fait l'expression, voire même le sacrement de la miséricorde de Dieu. »

Puis Marthe s'abandonne à la pure contemplation :

« Son visage est d'une beauté incomparable, doucement lumineux. La Sainte Vierge m'émerveille par sa beauté, dans son attitude, dans son geste ; elle attire et emporte. On n'a pas la pensée de tomber à genoux à son apparition, mais de voler vers elle, non pas pour lui demander, mais dans un sentiment de reconnaissance et d'amour. " Maman chérie, nous savions bien, nous vos enfants, que vous nous aimiez et que vous vouliez nous combler. Que nos cœurs soient votre repos, Maman chérie ! "

« Une très douce lumière émane de la Sainte Vierge, en particulier de son visage, et l'enveloppe discrètement, comme un voile de lumière. Elle exprime la confiance, la tendresse, la bonté, la miséricorde, la puissance et la paix. Dans son geste qui apporte, elle est avant tout médiatrice entre Dieu et nous. Elle relie la terre au ciel, l'homme ayant perdu sa voie, malgré ses supplications, ses avertissements, ses menaces même [4]. »

D'une façon poignante, le père Finet raconte certaines interventions de Marie :

« Pendant que le démon persécutait Marthe, la Sainte

Vierge lui apparaissait et arrêtait l'étranglement. Tous les vendredis, avant la fin de la Passion, elle lui apparaissait, debout, au pied de son divan. Marthe arrêtait ses gémissements et me disait :

– Mon père, Maman est là.

« Marthe la voyait. Moi-même je ne la voyais pas. Et ainsi on priait tous les deux pendant deux heures. De même, le samedi et le dimanche, la Sainte Vierge remettait tout en place, notamment le petit châle, recouvert d'un linge pour que le sang ne le tachât pas ; ce qui permettait à Marthe de reposer sa tête.

« Pendant plus de quarante-cinq ans la Vierge est ainsi apparue à Marthe, ce qu'elle n'a jamais fait ailleurs. Si bien que, de plus en plus, on vient prier dans cette chambre où l'on reçoit des grâces extraordinaires [5]. »

Marthe a beaucoup et bien parlé de la Vierge. A ceux qui lui reprochaient « d'enlever les perles du Christ pour tisser une couronne à Marie », elle a eu cette réponse saisissante : « Devant la mère médiatrice de toutes grâces, on n'est pas porté à se mettre à genoux en suppliant, mais à se jeter dans ses bras [6]. »

Ce qui ramène excellemment toute religion à une relation d'amour. Pour Marthe, Marie était la mère par excellence. Au père Talvas, fondateur du Nid, l'œuvre d'aide aux anciennes prostituées, qui sollicitait ses conseils et suggérait de « tout centrer sur Marie », elle répondit : « Oh oui ! Ces femmes ont tellement besoin de la tendresse d'une mère, elles qui n'ont pas été aimées. Marie les conduira à Jésus [7]. »

Elle disait encore :

« Allons donc à Marie, puisqu'elle est notre mère, la nôtre à chacun ! Allons à elle, puisqu'elle est l'universelle médiatrice entre Dieu et nous. Si nous savions nous faire bien petits ! Si nous savions tourner nos regards et nos cœurs vers celle qui nous aime tant [8] ! » « Si l'on savait quelle délicieuse et intime union goûtent les âmes qui vivent dans la compagnie de notre mère ! Assomption ! Que ce nom est doux à ma petite âme [9] ! »

Pour Marthe, Marie n'était pas une statue, une icône, le produit d'une tradition ou d'un dogme, mais une réalité vivante donnée par vision, et qui explique ses extases. En la fête de la Vierge, en 1937, elle s'écria :

« Moi, toute seule dans mon cœur d'enfant, je veux me recueillir pour contempler, non une image, mais la plus vivante et la plus splendide réalité qui, descendue du ciel, s'est accomplie dans un cadre mystérieusement grand et pauvre de la Palestine. Cette réalité, c'est toute la génèse extérieure de l'Esprit-Saint [10]. »

Et voici le secret de l'éveil :

« Aux âmes toutes données et dévouées à Marie, laissez pénétrer en elles, avec une grande humilité d'amour et un joyeux empressement, l'action divine, afin d'épanouir tous les jours plus pleinement leur cœur et leur vie. Marie devenue notre vie ! Elle enfante les âmes qui par elle et en elle reçoivent la vie de Dieu. Elle est celle qui nous montre comment vivre et l'attrait pur et simple qui emporte à le faire [10]. »

Certains pensent que la dévotion d'un adulte à Marie relève d'une régression infantile, sorte de culte-refuge de la mère. Le problème est seulement de savoir s'il est efficace. La force de frappe de la psychanalyse n'est-elle pas justement la « régression », c'est-à-dire le retour à l'enfance ? Cependant, avec Marthe, il ne s'agit pas seulement de se dépouiller de ses névroses infantiles, mais de se dépouiller tout court !

En 1948, le père Larbat demanda à Marthe :

– Qu'ajoute cette consécration à Marie ?

– Mon père, il arrive parfois que nous nous recherchions subrepticement dans le bien que nous faisons. Or, l'esprit de cette consécration, si nous voulons le vivre vraiment, c'est de nous dépouiller de nos mérites [8].

L'effacement du moi, suprême dépouillement, est la clé du progrès spirituel. Marthe Robin n'a pas d'autre secret, celui du fiat marial.

Le pape Jean-Paul II lui-même ne s'y est pas trompé lorsque le 25 mars 1984 il consacra le monde à Marie. Du haut du ciel, Marthe a dû en frémir de joie, elle qui avait dit à Mgr Chabert :

« Jean-Paul II est le pape de Marie ; c'est elle qui l'a spécialement choisi. Nous sommes dans le temps de Marie. Voyez sa présence et son action dans le monde et dans l'Église d'aujourd'hui [11]. »

Arrivé à la fin de ce livre, le lecteur, familier du visage de Marthe, a-t-il compris pour autant le mystère de sa vie ?

La sainteté c'est autre chose que des prodiges : des vertus poussés jusqu'à l'héroïsme. On trouve chez elle l'humilité, l'obéissance, le dévouement sans borne à l'œuvre qu'elle a réussi à créer du fond de sa chambre obscure, une exquise sensibilité, une intuition attentive, à la fois aux réalités mystiques, comme aux plus ordinaires problèmes humains.

« Notre confiance, dit Marthe, doit se mesurer à l'immensité de l'amour, c'est-à-dire à l'infini. » « Faites sans fin dans le temps ce que vous ferez sans fin dans l'éternité », disait saint Paul.

Le véritable mystique est finalement celui qui aime sans mesure, jusqu'à la mort et jusqu'à en mourir.

Avec l'amour, Marthe est intarissable :

« Une âme peut et fait plus par son amour que par sa pensée, son savoir, ses actions, ses œuvres et ses paroles. L'amour ! Quelle simplification de tout et quelle clarté sur tout ! L'amour ! C'est quelque chose de splendide, et le dévouement de soi, l'immolation de soi, la perte de soi, c'est si doux ! Ainsi, le cœur qui aime parfaitement n'éprouve ni douleur, ni chagrin, il n'est ni triste, ni troublé, car l'amour rend parfait, tandis que la douleur déprime, alanguit.

« L'amour est donc ce que la créature a reçu de plus doux et de plus utile. Non seulement il ravit l'âme, il enchaîne l'être par les liens de la sagesse et de la douceur et l'unit à Dieu pour la consommer en Dieu ; mais encore il anéantit les mauvais désirs, il empêche de se laisser prendre aux fausses douceurs et de tomber dans l'erreur des convoitises.

« Par l'amour le cœur se dilate, par l'amour l'âme triomphe, par l'amour notre vie est fortifiée, affermie. Je n'ai pas trouvé de demeure meilleure et plus douce que celle où l'amour m'unit à mon Bien-Aimé et de nous deux ne fait plus qu'un [12]. »

Fallait-il parler de Marthe Robin ; fallait-il tout dire sur elle ? Saint Paul a dit : « Éprouvez tout, retenez ce qui est bon. » Ce qui nous amène à l'attitude de l'Église vis-à-vis de Marthe.

Dès le départ, cette attitude est positive, puisque la stigmatisée est progressivement prise en charge par elle, au fur et à mesure qu'elle s'affirme : son curé, puis un théologien du diocèse. Dès 1936, l'abbé Finet, détaché par l'archevêque de Lyon avec l'accord de l'évêque de Valence, la prend entièrement en charge et organise les visites et les Foyers.

Jamais il n'y eut de mise en garde contre elle.

Dès 1935, Marthe intrigue les théologiens qui viennent la voir discrètement. En 1941, c'est à la demande du Vatican qu'un dominicain va l'interroger et revient émerveillé.

Le père Joseph Jarosson, prieur de Sénanque, m'a raconté que, au cours d'une retraite à Châteauneuf avec son père, celui-ci, ami de jeunesse du père Finet, l'interrogea sur les rapports de Marthe avec Rome. Le père Finet fit venir une Colombienne membre des Foyers, qui, au cours d'une audience papale, avait demandé à Pie XII une bénédiction pour Marthe. Le visage du pape s'illumina et il lui dit :

– C'est une grâce très grande de connaître Marthe Robin et un privilège spécial. C'est une joie.

Puis, élevant la voix en s'adressant aux autres pèlerins du groupe, le pape ajouta avant de donner la bénédiction sollicitée :

– Je vous demande de vous unir à une prière que je vais faire pour une enfant très aimée du bon Dieu, et qui se trouve en France.

« Le père Finet ajouta que Pie XII était en contact constant avec Marthe, et ensuite Jean XXIII et Paul VI. »

De son vivant, tout reste discret. L'Église refuse de se prononcer sur son cas. Ce qui n'empêche pas un jeune théologien dominicain, le frère Manteau-Bonamy, de la visiter le 31 décembre 1945 pour enrichir sa thèse de doctorat : « Maternité divine et incarnation ». Il sera comblé par ses réponses, qu'il qualifiera plus tard de « pré-conciliaires ». Mais sa thèse déposée ne souffle mot de Marthe. Commentaire : « Bien entendu, je ne nommais pas Marthe qui devait demeurer cachée pour le monde jusqu'à sa mort. »

Pourquoi « devait » ? Prudence de l'Église qui n'a jamais béatifié un vivant. Désir aussi de respecter la volonté de Marthe de rester cachée. Souci de ne pas lui tourner la tête. Bernardette Soubirous, après ses visions de Lourdes, a accepté de se laisser enfouir dans un couvent de Nevers. C'est mieux ainsi. La foule, surtout la plus fervente, est dévastatrice; les grands confesseurs en ont fait l'expérience : le curé d'Ars, le padre Pio.

La prudence et la lenteur de l'Église demeurent la règle. On compte juger l'arbre à ses fruits. Et après la mort de Marthe on ne se presse pas. L'Église n'a-t-elle pas l'éternité devant elle ?

Le biographe pâtit de cette mise sous le boisseau, mais c'est la loi du genre. « L'ascèse chrétienne, ensemble de règles qui conduisent à la sainteté, enseigne l'humilité, écrit Aimé Michel. Elle exclut donc l'ostentatoire et, de ce fait, tend à rendre le mystique d'autant plus invisible qu'il est plus grand [13]. »

Pour juger de la sainteté de Marthe, on pourra d'abord se référer à l'attitude des évêques de son diocèse. Mgr Pic (1932-1951) s'intéressa de près à elle. Il l'aimait beaucoup, même s'il n'en parlait jamais officiellement.

Encore plus discret, Mgr de Cambourg (1961-1978) se méfiait des mouvements de foule autour de Marthe. Il ne parla jamais d'elle en public. Mais personne ne pourra dire qu'il la critiquait.

Nommé en 1978, Mgr Marchand garda la même réserve, ce qui ne l'empêcha pas de la suivre de près et de la visiter souvent. Après la mort de Marthe, il dévoila sa pensée :

« J'ai été très interpellé par elle et, la connaissant peu, j'ai reconnu en elle ce que j'avais entendu dire d'elle. D'abord ce très grand réalisme, puis sa simplicité, sa très grande humilité. Elle a vécu la croix du Christ, sa Passion, à partir de sa vie d'handicapée. Elle aurait pu vivre pour son compte. Son sens de l'Église lui a fait offrir sa vie en permanence [14]. »

Il ajouta en 1986 :

« Elle nous a donné l'exemple de l'humilité, elle qui n'a jamais voulu qu'on parle d'elle. Elle nous a donné cet exemple extraordinaire et nous sommes restés dans son esprit. Les Foyers doivent trouver leur perfection dans l'amour, leur sainteté dans l'humilité [15]. »

Enfin, le numéro deux de l'Église de France, le cardinal Decourtray, archevêque de Lyon, a pris nettement position le 9 février 1986, lors du cinquantenaire de la fondation des Foyers.

« Permettez-moi de vous dire comment un évêque, particulièrement attentif, par mission et par grâce, à la vérité du Christ vivant et agissant aujourd'hui par l'Esprit, comprend le rapport, si mystérieux et pourtant si lumineux, entre les Foyers et celle qui les a suscités, Marthe Robin.

« Ce rapport est celui d'une fécondité qui naît de la communion au Seigneur crucifié, de l'identité filiale avec Marie, de l'amour du sacerdoce, celui des fidèles et celui des prêtres.

« Dans la naissance, le développement, le rayonnement spirituel des Foyers de charité, nous pouvons discerner le fruit de cette communion exceptionnelle, si extraordinaire pour nos yeux de chair, de Marthe avec le Seigneur crucifié.

« Marthe nous livre aussi un autre secret de cette fécondité, inséparable du premier, l'intimité filiale avec Marie. Ce qui est remarquable chez elle, c'est la solidité et la rigueur de la foi qui sous-tend toujours ses enseignements, même les plus chargés de sensibilité et l'évocation de ses expériences spirituelles, même les plus extraordinaires.

« Marthe vit d'une manière éminente, intense, et elle exprime parfois d'une manière neuve, prophétique, le sacerdoce mystique tel que le vivent les saints. De ce point de vue elle est une inspiratrice prophétique dont on n'a pas fini de mesurer l'influence.

« J'ai l'assurance que les Foyers de charité sont le fruit de l'Esprit. L'esprit du Christ a imprégné l'esprit d'une femme pour la faire brûler d'un amour sans mesure pour le Christ en croix, vivre en permanence dans une intimité exceptionnelle avec Marie, désirer d'un grand désir que l'Église soit de plus en plus sacerdotale et ses prêtres de plus en plus prêtres pour le salut du monde. Et peut-être nous sera-t-il donné de connaître parfois, même au fond de nos plus noires détresses, comme Marthe épousant l'agonie du Seigneur, le pressentiment d'un ineffable bonheur [16]. »

Après toutes ces déclarations, on ne s'étonnera pas que les fidèles et même la grande presse aient rêvé autour de ces deux mots : « Marthe canonisée ? »

Dès le lendemain de sa mort, un journaliste du *Matin* avait interrogé l'évêque de Valence, seul habilité à introduire la cause, et s'était attiré cette réponse prudente : « Le moment n'est pas venu de se prononcer. »

Toutefois, le *Journal du dimanche* du 15 février 1981 signalait que « pour beaucoup la présence de Mgr Marchand représente une reconnaissance officielle par la hiérarchie catholique des mérites exceptionnels de la disparue, et il est certain que Marthe, contrairement à de nombreuses mystiques, n'a jamais été désavouée par l'Église ».

Si les Foyers de charité font preuve de discrétion vis-à-vis de Marthe, refusant d'organiser un pèlerinage malgré les pressions de la foule, refoulant impitoyablement journalistes et écrivains qui tentent d'avoir accès aux informations à la source, il n'empêche qu'à Châteauneuf comme dans le plus lointain Foyer africain, on voudrait bien la voir sur les autels. Et lorsque le père Finet écrit dans la revue des Foyers de charité, *l'Alouette*, de juillet 1983 (p. 31) : « Je pense bien simplement qu'elle est une très grande sainte », il ne fait que refléter l'opinion générale de tous les Foyers.

L'évêque de Valence ne résista pas longtemps à cette amicale pression. Six ans après la mort de Marthe, on pouvait lire dans *l'Alouette* de février 1987, sous la signature du père Ravanel, successeur désigné du père Finet :

« Nommé postulateur de la cause de Marthe Robin, je demande aux personnes qui l'ont connue de bien vouloir rédiger par écrit leur témoignage sous le regard de Dieu. Ces témoignages privés seront versés au dossier préliminaire me permettant de rédiger une « biographie critique » de la vie de Marthe selon les normes éditées par la Sacrée Congrégation pour la cause des saints.

« Les dépositions officielles devant le tribunal ecclésiastique du diocèse de Valence se feront ultérieurement à l'initiative de Mgr Marchand.

« Que soient indiqués les faits, les paroles, les conseils spirituels (vocation, orientation de vie, soutien, etc.) qui ont marqué votre entretien, sans oublier les grâces du Seigneur que vous attribuez à la prière de Marthe.

« Adressez votre texte au secrétariat pour la cause de Marthe Robin, Foyer de charité, Châteauneuf-de-Galaure. D'avance, merci. »

Pour qu'une cause de béatification, qui précède l'éventuelle cause de canonisation, soit introduite à Rome, l'évêque diocésain doit produire trois miracles, ou « prodiges observables », les plus probants venant après la mort, par intercession du saint. S'il est en pouvoir d'intercéder, il est supposé être l'élu de Dieu.

A noter que l'Église actuelle tient peu compte dans son jugement des états mystiques (comme l'extase ou la stigmatisation), ou des effets paranormaux qui peuvent avoir des causes naturelles. Elle tient surtout compte « des vertus observables poussées jusqu'à l'héroïsme », en référence à la morale des Évangiles.

Un procès de béatification comprend six étapes.

1. L'évêque du diocèse, généralement sollicité par l'entourage du sujet après sa mort, ouvre la première enquête, dite diocésaine. Il nomme un postulateur de la cause et un promoteur de justice *.

2. Si l'évêque retient la cause, elle est introduite à Rome auprès de la Sacrée Congrégation pour la cause des saints, qui désigne alors un rapporteur. Ce qui a été fait en 1995.

3. Ce rapporteur enquête et rédige son rapport.

4. La cause est discutée à Rome par des théologiens.

5. Elle est présentée et jugée devant les évêques de la Congrégation pour la cause des saints. Le rapporteur la défend, le procureur la combat, comme dans un procès classique. C'est le *promotor fidei*, ou « avocat du diable », dont le rôle est de recueillir les dépositions défavorables et les réfutations. Il doit s'efforcer de démontrer (si c'est le cas) que le sujet n'est pas aussi saint que le dit la voix populaire et que ses miracles sont douteux.

6. Si la Congrégation romaine accepte l'introduction de la cause, le candidat est déclaré « serviteur de bien » : il sera éventuellement béatifié par décret du Saint-Siège reconnaissant l'héroïcité de ses vertus. Il aura droit à un culte local dans sa province et au titre de « bienheureux ».

S'ouvre ensuite, éventuellement, le procès de canonisation, encore plus approfondi, qui requiert un nouveau miracle après le décret de béatification. Le pape lui-même décide de la canonisation. L'élu figure alors à l'index des saints et éventuellement au calendrier romain. Il a droit à un culte universel de toute l'Église romaine et au titre de « saint ».

Le délai moyen de canonisation est de cinquante ans après ouverture de l'enquête, mais il peut être beaucoup plus long. Le droit canon recommande aux autorités religieuses de ne pas prononcer de canonisation avant cinquante ans, mais le pape peut faire des exceptions. Il en fait très peu. On compte actuellement à Rome environ 1 500 causes en instance, dont 500 à l'étude. La moitié aboutira à la béatification, moins de 100 à la canonisation.

---

* Dans la cause de Marthe Robin, Mgr Marchand s'est fait assister par Mgr Bourgeois, ancien évêque d'Autun, après nomination du père Ravanel comme postulateur de la cause et du père Maurice Bouvier comme promoteur de justice.

Pour savoir si Marthe Robin est une sainte, il faut donc entrer dans les règles de l'Église et tenir pour accessoires les manifestations supranaturelles telles que l'inédie, les visions et les stigmates.

Pour distinguer états pathologiques et phénomènes parapsychiques des états mystiques authentiques, l'Église utilise quatre critères. Référons-nous encore au théologien Ivan Gobry, qui fait autorité en la matière [17].

1. L'équilibre mental.

Les hallucinés, délirants, mégalomanes ne sont pas les témoins du surnaturel, leur état habituel étant de confondre réalité et fiction. Ils ne produisent jamais de fruits. Toutefois, il existe des exceptions, « des dérèglements mentaux pouvant affecter des sujets déjà parvenus à l'union mystique ».

Contrairement aux rationalistes athées, l'Église pense que « le mystique n'est pas un névrosé, car seuls parviennent à l'état d'union surnaturelle les âmes simples, ouvertes et épanouies, qui manifestent une paix souveraine ».

2. La valeur objective des « révélations ».

Les faux visionnaires se démasquent par les contradictions de leurs soi-disant révélations.

3. L'humilité et le parfait détachement.

« Qui tire gloire et vanité d'une communication divine doit être considéré comme un faux mystique. »

4. Les fruits.

On juge l'arbre à ses fruits : charité, amour, effacement, don désintéressé de soi. Celui qui devient un seul esprit avec Dieu est transformé. Si au contraire le sujet qui est le siège de manifestations surnaturelles offense la morale naturelle (cupidité, orgueil, débauche, mensonge, égoïsme), l'Église dit qu'il est habité par « un esprit mauvais ».

L'Église s'intéresse à Marthe Robin non pour les manifestations surnaturelles, mais pour le témoignage qu'elle apporte de l'expérience de Dieu, par une union d'amour, transcendant l'état extrême de souffrance et la paralysie handicapante, qui aurait pu engendrer chez elle le désespoir et la révolte. Or, elle n'a cessé jusqu'à la veille de sa mort de recevoir des milliers de gens, de les consoler, de leur rendre l'espoir. Son charisme procédait d'un bon sens paysan mêlé de sagesse surnaturelle. Elle était, a dit Jean Guitton,

« transparente, présente à tout et à tous, parce qu'elle était transformée par la Compassion [18] ». Dans son projet des Foyers, on retrouve cette « innocence acquise » du mystique dont parle Bergson, qui passe à travers les obstacles sans les apercevoir.

L'union mystique est un don gratuit de Dieu répondant à un abandon et à l'amour. Le fait que Marthe soit à l'origine une simple paysanne ignorante ne peut que souligner le caractère surnaturel de sa vie.

Cependant, pour que son mérite soit établi, Marthe doit être libre d'accepter ou de refuser un si grand amour, couplé à une si grande souffrance, assorti d'une mission démesurée. Il peut y avoir passivité mystique chez un être balayé par la tempête divine. Le mystique authentique témoigne de sa liberté préalable. Dieu n'opère pas sans l'assentiment de la personne. L'ange demande à Marie si elle veut être mère de Dieu. « Veux-tu être comme moi ? » demande le Christ à Marthe. Il s'offre à celle qui se trouve en état de l'accueillir et qui a fait taire ses passions égocentriques. Ceci n'est nullement acquis d'avance. Si l'enfer est pavé de bonnes intentions, il doit l'être aussi de tous les refus de gens appelés qui ont dit non.

Dès sa petite enfance, Marthe est portée à l'obéissance et au don de soi. Adolescente, elle obéit toujours. Malade, elle accepte sa souffrance, cède sa place à Lourdes, puis elle désire la souffrance dans la mesure où elle pense que cela lui permet de « racheter des âmes ».

Sa patience d'éternelle souffrante est exemplaire. Or, a écrit Charles du Bos, « à un bien-portant, pour comprendre un malade il faut presque du génie ; à un malade, pour être toujours doux avec les bien-portants, il faut presque de la sainteté [19] ».

Cette définition pourrait s'appliquer au père Finet, et à Marthe qui a découvert le secret de la souffrance : non en s'en libérant physiquement, mais en se rendant libre intérieurement ; en offrant sa souffrance, Marthe renonce à elle-même.

Telle Catherine Emmerich, elle pourrait dire : « L'obéissance est pour moi la racine d'où est sorti l'arbre de la contemplation. »

S'interrogeant à la fin de sa vie sur sa responsabilité sacertotale, le père Carré écrit :

« Est-ce que je les porte tous dans le sacrifice, la prière, la véhémente supplication, le silence contemplatif, l'adoration ? Est-ce que je sais rendre grâce [20] ? »

Marthe Robin, sans être prêtre, a donné la réponse. Comme pour Marie à laquelle elle ne cesse de se référer, sa vie peut se résumer par un mot : fiat.

L'Église canonise les martyrs assassinés, comme le père Kolbe, mais aussi les saints les plus obscurs, enfouis, comme Thérèse, la petite moniale entrée à quinze ans au Carmel de Lisieux, morte à vingt-quatre ans. L'Église n'a pas canonisé Pierre Teilhard de Chardin, dont l'influence philosophique est pourtant immense et le détachement exemplaire.

A l'époque où le savant jésuite effectuait ses grands voyages scientifiques en Chine, mourut sa cousine Marguerite, après une longue vie de souffrance. Frappé par le contraste entre sa vie à lui, bouillonnante, et la vie silencieuse de sa parente, il écrivit :

« O Marguerite, ma sœur, pendant que, voué aux forces positives de l'univers, je courais les continents et les mers, passionnément occupé à regarder monter toutes les teintes de l'univers, vous, immobile, étendue, vous métarmophosiez silencieusement en lumière, au plus profond de vous-même, les pires ombres du monde. Au regard du Créateur, dites-moi, lequel de nous deux aura eu la meilleure part [21] ? »

Si l'amour conduit à tout donner, le don amène en retour la fusion, l'identification au Christ, mystère ineffable. Désormais, Marthe est plus que Marthe, quelqu'un vit en elle et tous ceux qui l'ont approchée avec un cœur pur l'ont constaté. C'est cette identification qui conduit à la sainteté par l'héroïsme d'une vie dans les petites choses.

L'identification amène la fusion. Marthe devient un foyer d'amour rayonnant. Elle est comme l'ermite retiré au désert, qui malgré lui brille et attire les foules assoiffées de vérité et d'amour. Marthe agit alors comme un sourcier. Dotée d'un sens surnaturel, elle est capable de conduire les êtres à creuser en eux, elle les dirige vers la source jaillissante de l'Esprit et de l'Amour. C'est ainsi qu'elle sucite des dévouements dépassant largement le raisonnement matérialiste et qu'elle se trouve à l'origine d'un puissant courant spirituel charismatique, que je vais maintenant présenter en couronnement de sa vie.

8

ON JUGERA L'ARBRE À SES FRUITS

> J'ai tout donné à Dieu sans garder de réserve. Quand j'irai vers Lui, je retrouverai tout un trésor, mille fois multiplié, à répandre sur les âmes [1].
>
> Marthe ROBIN.

Je me suis longtemps interrogé sur la manière dont Marthe a reçu sa mission, chez elle liée au mystère de la souffrance. Elle a transcendé la sienne en l'acceptant, en s'identifiant au Christ, puis en l'offrant pour le pardon des pécheurs. Un athée se scandalisera de ce qu'un « bon Dieu » nous fasse souffrir pour nous élever à lui. Puisqu'il est bon et tout-puissant, ne pourrait-il procéder autrement ?

Pour résoudre cette contradiction, j'ai envisagé une autre approche. Dans sa jeunesse, Marthe reçoit peu à peu sa mission : faire connaître le message d'amour du Christ à travers un renouveau de l'Église par le sacerdoce des laïcs. Elle ne le reçoit pas comme une révélation brutale. Cela lui vient lentement, presque obscurément, de l'intérieur, de l'inconscient, qui est la voie par laquelle la déité s'introduit en nous et chemine jusqu'à notre conscience, par des appels discrets, sous forme d'intuitions ou de rêves. Longtemps, on l'a vu, Marthe résiste. Elle ne se sent aucune vocation pour « prêcher l'Évangile ». C'est le travail des prêtres. De ce refus résulte une lutte entre le cerveau conscient et l'inconscient, qui se traduit par des manifestations pathologiques psychosomatiques.

Moïse aussi a tremblé quand Dieu l'a chargé d'une mission. Il a tout fait pour se dérober. Et Jérémie de même, malgré les assurances du Tout-Puissant : « N'aie peur de personne ; je suis avec toi pour te libérer. »

Mais libérer de quoi ? De la pesanteur charnelle et du moi égocentrique qui ramène tout à lui au lieu de nous tourner vers l'Autre et vers les autres. Dieu nous libère en nous donnant la force. « Quand Dieu charge quelqu'un d'une mission, il l'assure en même temps de sa présence et se fait « Dieu-avec » (Emmanuel), dit le traducteur œcuménique de la Bible.

C'est évident chez Marthe. Sa faiblesse vient d'elle-même ; sa force vient de sa fusion avec le Christ crucifié.

L'histoire de Jérémie n'est pas finie. Son « prêche » est maladroit ; il renonce, abandonne son apostolat, refuse sa mission. Mais alors, la Parole qui est en lui, ne pouvant plus s'exprimer, se révolte. « Elle devient au-dedans de moi un feu dévorant, prisonnier de mon corps ; je m'épuise à la contenir, mais je n'y arrive pas. »

Il ne dispose évidemment pas de quelque Freud ou autre Lacan pour le mettre face à la vérité qui l'habite et le faire accoucher de cette Parole refoulée qui l'étouffe.

Chez Marthe, on retrouve les manifestations de ce combat intérieur, sous la forme d'un démon qui la harcèle sans répit pour la faire douter d'elle-même et de sa mission.

Le grand prédicateur de Notre-Dame de Paris qu'est le père Carré avoue avoir connu cette lutte, « ce combat avec le feu intérieur ». Il dit : « On a peur. » Puis on domine sa peur, ou plutôt on s'abandonne au Feu qui alors prend possession de l'être et s'exprime, comme si Dieu avait besoin des hommes. Et il conclut :

« Si cette parole devient un feu, ce feu est déjà là au fond de l'être. La mission que Dieu nous a confiée vient l'alimenter et le rendre dévorant [2]. »

La mission et la souffrance de Marthe s'expliquent dès lors. A partir de la souffrance acceptée se libère la force qui la rend apte à sa mission. Le feu intérieur s'extériorise, selon la parole de saint Paul : « Brillez dans le monde comme des foyers de lumière ! »

Quelle est donc cette mission ?

« Étendre sur la terre le règne de la vérité et de l'amour, voilà ma mission. Je voudrais ne laisser comme trace de mon passage ici-bas qu'une traînée lumineuse de vérité et un grand incendie d'amour divin[3]. »

Cette mission ne finira pas après sa mort :

« Au ciel, où je demeurerai à jamais, petit brasier toujours ardent au sein de l'Amour infini, je continuerai ma belle mission de faire aimer l'Amour, de semer des vocations surnaturelles[4]. »

Pratiquement, comment ce désir d'aimer, d'aider et d'instruire les gens va-t-il se concrétiser ?

On retrouve chez Marthe l'idée de base, alors peu courante bien qu'elle s'inspire des communautés laïques de l'Église primitive : des petits groupes de laïcs fraternels vivant en famille, mais en s'aimant, comme dans une famille très unie.

« Il faut la communion entre nous pour faire la communauté », dit-elle. Et s'il se trouve des tièdes, « que la communauté les porte davantage en ne leur demandant pas tout ce que l'on demande aux autres[5] ».

Cependant, les Foyers de charité ne sont pas de petites communautés spirituelles refermées sur elles-mêmes ; elles doivent rayonner sur le monde pour soulever la lourde pâte humaine. Marthe l'exprime bien dans ce texte :

« Où trouver des âmes qui utilisent toutes leurs énergies, déploient toutes leurs facultés, dépensent toutes leurs forces sans tendre jamais à vide, et qui veulent à tout prix s'unir à Celui qui est leur tout en ce monde et en l'autre ? Des âmes qui aient la noble vaillance de Le chercher toujours, même dans la souffrance et dans la fidélité journalière aux multiples devoirs que son amour leur a tracés[6] ? »

L'œuvre de Marthe Robin s'articule sur deux axes : les Foyers de charité et l'école chrétienne.

Parlons d'abord des écoles de Châteauneuf.

On a bien progressé depuis 1934, lorsque l'abbé Faure ouvrait une école primaire de filles. Puis vint en 1941 une seconde école de jeunes filles. Furent créés après la guerre, à Châteauneuf et à Saint-Bonnet, deux écoles de garçons, l'une primaire, l'autre secondaire ; puis à Châteauneuf un lycée agricole mixte. Ces groupes scolaires totalisent actuellement mille élèves.

Il faut souligner l'étroite imbrication entre le Foyer et les écoles, l'un portant les enfants dans sa prière, et réciproquement.

Lorsque Marthe dit que « l'école est une branche du Foyer, bien qu'ayant commencé avant », cela signifie que la prière des enfants de l'école avait précédé la fondation du Foyer, et que tout est porté par cette idée unique de vivre sous le regard de Dieu, depuis l'enfance.

L'engagement est net et la responsabilité des parents en cause :

« Si, dit-elle, vous avez choisi cette école, ce n'est pas pour rendre les choses faciles. » (Sous-entendu : ne comptez pas vous débarrasser sur nous de vos devoirs fondamentaux.) « Ou vous nous les confiez et vous vous engagez. Ou vous les enlevez, laissant la place à d'autres qui en profitent. Il faut que la famille s'engage avec nous, sinon on ne peut rien. Il faut que nous soyons en harmonie les uns (les maîtres) avec les autres (les familles) [7]. »

Comment créer l'harmonie ? Là encore, « il faut la prière pour créer l'harmonie », dit Marthe.

Cela va se traduire en pratique par la conversion des parents ; c'est l'affaire des retraites prêchées au Foyer voisin. Puis s'engagent les relations Foyer-familles, des rencontres à la fois pédagogiques et spirituelles, au Foyer, avec les enseignants.

Par exemple, Marthe demande avec insistance la prière en famille :

« La mission de la maman c'est de former l'âme de l'enfant. Il faut être exigeant dans l'amour. C'est tellement important que les parents prient avec leurs enfants autour d'eux. La prière nous remonte quand on est écrasé [8]. »

Marthe demeurait très proche des écoles qu'elle avait fondées. Elle recevait souvent les jeunes en groupe quand ils étaient petits ; individuellement pour les élèves des classes terminales, lorsqu'ils se trouvaient à un tournant de leur vie, avant de faire un choix décisif qui pouvait les engager sans retour.

Marthe recevait souvent aussi des groupes de dix à quinze jeunes qui s'entassaient dans sa chambre, assis sur le plancher ! Et ce n'était pas triste ! On chante, on rit. Les archives du Foyer ont gardé de savoureux dialogues.

– Que faut-il faire pour devenir un petit saint ? demande un garçon de treize ans.

– Aimer. Aimer, aimer, toujours aimer !

– C'est quoi, la vocation ? demande un autre.

– Il y a beaucoup d'appelés, mais peu d'élus. A vrai dire, tout le monde est appelé, mais ceux qui sont chargés d'être davantage les témoins du Christ, les prêtres, vos professeurs, sont des choisis de Dieu, tout donnés, consacrés à Jésus. Et ce n'est pas vous qui le choisissez, c'est lui qui vous choisit.

Ils n'osent pas lui poser la question qui leur brûle les lèvres : pourquoi, elle qui est si sainte, qui se dit si aimée de Dieu, souffre-t-elle en permanence ? L'un d'eux la pose indirectement :

– La sécheresse qui brûle cette année nos campagnes, est-ce pour nous punir ?

Marthe sent le piège innocent.

– C'est le secret de Dieu. La sécheresse nous est donnée pour que nous nous tournions vers lui, pour éprouver notre foi, pour que notre prière soit plus fervente dans notre région.

Ils tournent toujours autour du sujet tabou :

– Et quand on prie pour vous, est-ce que cela vous aide ?

– Ah oui ! C'est mieux que l'amitié. C'est plus profond de prier pour quelqu'un, ça va bien plus loin.

Les questions embarrassantes ne sont pas l'exclusivité des théologiens. Un bambin de sept ans lui demande :

– Le petit Jésus, comment peut-il être dans l'hostie ?

– C'est le bon Dieu. Donc il est tout-puissant. Alors, il peut se faire petit, tout petit petit, se donner à manger.

Ils vont partir. Et aussi, partir en vacances, connaître la montagne ou la mer, tandis que Marthe restera seule dans sa chambre aux volets clos, le regard tourné vers son monde intérieur, qui est plus immense, plus profond que l'océan, plus haut que les montagnes. Elle voudrait encore retenir les enfants, leur donner quelque chose qu'ils emporteront avec eux, un peu de sa science étrange, de sa troublante sagesse, et surtout de ce feu qui la brûle intérieurement et fait sa joie : l'amour.

Le père Finet s'est approché. Avec un linge il humecte les lèvres desséchées. La voix de Marthe sort, fluette, mais étonnamment claire, comme un filet d'eau pure d'une source de montagne :

– La messe n'est pas obligatoire, elle est nécessaire. Est-ce que vous allez mettre Jésus en vacances ? Il faudra recevoir régulièrement le sacrement de confession. Être témoin du Christ, aussi, pendant les vacances. Il faudra parler avec vos parents, prier le matin et le soir, offrir votre journée, celle de vos parents. Il faudra dire un peu de chapelet avec sa maman, sa petite sœur, plus si l'on peut. Sur la plage !

La plage ! Ses yeux aveugles se ferment. Elle imagine. Marthe n'a jamais vu la plage, ni la mer ! Elle murmure :

– Oui, c'est beau de prier en admirant [9] !

Lorsqu'elle reçoit les enseignants, Marthe leur suggère d'être avec les enfants, c'est-à-dire de vivre avec eux, et pas seulement pendant les heures de classe : les servir aux repas, jouer avec eux en récréation, dormir près d'eux dans les dortoirs, et enfin prier avec eux et pour eux.

« Les enfants ont besoin de nous voir prier. Il faut leur dire : " Venez, adorons le Seigneur. Il compte sur toi ! Il a besoin de toi ! " Il faut les inviter. Les garçons ont besoin d'une affection forte et de se sentir aimés de façon désintéressée [10]. »

La voilà, l'école, selon Marthe Robin.

Inauguré en 1980, le sanctuaire Sainte-Marie Mère de Dieu de Châteauneuf donne toute sa dimension au Foyer central. Il a coûté un milliard de centimes de l'époque, entièrement souscrit par des donateurs anonymes. Il peut recevoir trois mille personnes.

A la mort de Marthe l'année suivante, le Grand Foyer était servi par cinq prêtres et cent quarante laïcs permanents. Cinquante-sept Foyers fonctionnaient alors dans le monde, soixante-quinze en 1990 *. De toute évidence, comme le souligne l'un de ses responsables M. Roux de Bézieux, « Marthe a suscité des dévouements qui dépassent le raisonnement rationaliste ; elle est à l'origine d'un énorme courant spirituel et charismatique ».

L'accueil favorable de l'Église n'y est pas étranger. Dès 1975, le pape Paul VI, recevant des retraitants de Châteauneuf, avait encouragé l'entreprise. Au père Finet, Jean-Paul II avait dit à Annecy en 1986 :

« Les Foyers de charité ont à ouvrir les âmes à la conversion ; ils ont à permettre l'approfondissement de la vie avec Dieu et ils doivent inviter à l'apostolat. C'est l'endroit où l'on doit venir chercher la lumière [11]. »

---

* Voir en annexe la liste des Foyers.

Communautés de travailleurs partageant leur vie, leur prière, les biens matériels, intellectuels et spirituels, les Foyers de charité sont régis par la loi de 1901, communautés autonomes dépendant de l'évêque et du conseil pontifical pour les laïcs.

Ils accueillent des retraitants, c'est leur activité principale. Ils créent aussi des écoles, dispensaires, maisons de personnes âgées, animent les paroisses et le catéchisme, toutes sortes d'activités apostoliques ou sociales, selon les besoins locaux.

La communauté est constituée de baptisés, en majorité célibataires et de quelques couples mariés. Un prêtre en porte la responsabilité spirituelle et pastorale. Un conseil élu les dirige. Tous vivent, travaillent et prient dans un style de vie familial organisé selon les besoins du service.

Ils s'engagent à vivre en profondeur selon les préceptes du Christ. Chacun se confie spécialement à Marie pour vivre l'Évangile comme règle de vie.

Plus tard a lieu l'engagement solennel qui constitue un renouvellement radical de l'engagement du baptême et une demande officielle à le vivre au Foyer.

Alors, ceux qui ont une profession l'abandonnent. Mais on choisit le Foyer qui mettra à profit talents ou qualification professionnelle, par exemple professeur, médecin, comptable. Sinon, les membres sont employés par roulement : économat, secrétariat, entretien, cuisine, réception, animation.

Ce fut vraiment, en 1936, une création originale. Ni monastère, ni congrégation, ni « pieuse union » de laïcs ; non pas « un lieu où l'on passe mais une famille où l'on demeure, ayant décidé de prendre à la lettre l'exigence et la loi de l'amour », nous dit Robert Masson, du Foyer de Tressaint [12].

Quelle différence y a-t-il avec une association civile caritative ordinaire ? L'engagement spirituel y est total. Le feu de Dieu doit y brûler, comme dans les communautés des premiers chrétiens.

Marthe Robin avait demandé :

« Je veux que tous les membres de l'œuvre soient des saints. Qu'ils rayonnent par l'exemple d'une vie profondément surnaturelle, par l'exercice incessant de la charité, par leur dévouement à toute épreuve, et enfin par le don de soi à chacun et à tous dans un don total à Dieu [13]. »

La mise en commun des biens est la marque la plus visible ; mais, sans l'amour liant les uns aux autres, il n'y aurait qu'une contrainte difficilement supportable.

Contrairement à un monastère, dont l'activité visible sur l'extérieur est discrète, le Foyer doit diffuser ce qui fait sa substance, l'idéal de l'Évangile, grâce à des retraites très structurées. C'est donc une union de laïcs, sous la direction d'un prêtre, au service de l'annonce de l'Évangile. Mais le secret de la réussite d'un Foyer réside dans le modèle qu'il est censé donner aux gens venus de l'extérieur. « Venez et voyez. Voyez comme nous nous aimons les uns les autres, alors que dans le monde tout n'est que rivalité sournoise, haine et guerre. »

Tel est l'idéal. Évidemment, les Foyers n'échappent pas aux petites mesquineries et tracasseries communautaires et tous ne brûlent pas encore de ce « feu de Dieu », celui de la Pentecôte, qui renverse les obstacles. Pour recevoir ce feu, chacun devra renoncer à soi-même, en un acte individuel, que personne ne peut faire à sa place.

Certains membres du Foyer auront tendance à se refermer sur eux-mêmes au lieu d'être largement ouverts au monde, oubliant le mot terrible de Marthe sur « les pieuses nullités dont se rient les démons ».

Mais tout est perfectible, à condition de laisser ouverte la porte de son cœur à l'appel de l'Esprit.

Oui, on jugera l'arbre à ses fruits. Et le plus beau fruit de Marthe Robin n'est-il pas le père Finet, qui, réciproquement, l'a enfantée à l'Esprit ? C'est pourquoi je voudrais terminer ce livre par un « portrait » du premier père des Foyers de charité, en hommage à toute sa vie donnée aux autres.

Né en 1898, ce Lyonnais à la carrure massive nous apparaît tel un pilier de cathédrale. Comme il est difficile de le faire parler de lui, écoutons ce qu'en dit Luc Baresta, journaliste chrétien retraitant des Foyers, à propos de son rôle de guide du retraitant :

« Le père Finet apportait à ses instructions son expérience personnelle, qu'il n'exprimait pas sans poésie ni humour. Il dénonçait les pièges d'un certain orgueil militant. Abordant la pénitence, il évoquait les livrets d'examen de conscience qui, cataloguant les péchés, vous en donne pour cinq francs. Pour lui, l'essentiel était ailleurs, dans le redressement du cœur sous le regard d'amour qui recrée.

« Que d'instructions lumineuses! Nous percevions dans sa parole une sorte de poids d'humanité, une saveur de miséricorde. De vigilance, aussi : la grande culbute des âmes, disait-il, c'est de négliger la prière, d'oublier ou d'évacuer la croix, de l'admettre sur les murs et pas dans les cœurs. Il faut, insistait-il, brûler du temps pour Dieu, s'entretenir directement avec lui dans un cœur à cœur et, cette part de notre temps, choisie et protégée, la consumer par l'adoration, l'imploration, l'offrande, l'amour, à l'image de la lampe du sanctuaire qui brûle au fond du silence, immobile et vivante [14]. »

Du père Finet, le père Pagnoux, qui a créé le Foyer de Dakar, a dit encore :

« Pendant les neuf années que j'ai passées à Châteauneuf, j'allais faire une promenade presque tous les lundis avec lui. Nous discutions. C'était comme du goutte-à-goutte spirituel [14]. »

Et cet hommage de 1986 du père Ravanel, qui deviendra plus tard son successeur :

« Je bénis le Seigneur de vous avoir comblé, ainsi que Marthe, d'une grâce de fidélité. Pendant cinquante ans, vous avez pris ce petit chemin de la Plaine, deux fois par jour souvent, pour écouter Marthe et, dans l'obéissance à l'Église, communier à son mystère d'intimité divine. Par tous les temps, dans des conditions historiques diverses et parfois dramatiques, vous avez accompli votre mission [15]. »

Son neveu, le Dr Régis Ricard ajoute :

« Avec une joie rayonnante, un optimisme inaltérable, un véritable appétit de vivre et une disponibilité sans pareille, il est partout où l'on a besoin de lui [16]. »

Dans les lettres que reçoit le père Finet abondent les témoignages de reconnaissance :

« Merci de votre transparence à la bonté de Dieu notre père, lui écrit Irène après une retraite féconde. Dix-sept fois, Jésus nous a dit dans l'Évangile " ne crains pas " ; mais je n'ai pu compter le nombre de fois où vous avez parlé du mot qui retourne le cœur : charité, amour. Ici, au Foyer de Marthe, on mesure un peu plus la force de l'amour dont nous sommes aimés. Ô combien, père, votre fiat et celui de Marthe ressemblent tant à celui de Marie, ce fiat qui a bouleversé la face du monde. Alors que ce mystère nous dépasse tellement, ici, et particulièrement dans la chambre de Marthe où l'on se sent si bien, chez soi, la joie, la paix, la simplicité du cœur envahissent l'âme et l'esprit, la crainte nous quitte et notre vraie vocation de baptisés se refait toute neuve, toute purifiée. Ici, on respire la dimension du monde, on voyage à travers l'univers [17]. »

Le 8 juillet 1983, le Grand Foyer fêtait les soixante ans de sacerdoce du père Finet. Ce fut l'occasion d'un bel hommage, qui souligne la fécondité spirituelle de sa rencontre avec Marthe :

« La rencontre insolite de Marthe Robin en 1936 n'a pas seulement changé le cours de votre vie sacerdotale, lui dit le cardinal Decourtray; c'est votre manière même de comprendre et de vivre le sacerdoce qui fut marquée en profondeur par ce témoin de Dieu si opinément placé sur votre route [18]. »

Le cardinal Suenens, archevêque de Malines, souligna lui aussi la fécondité de la rencontre :

« L'amour de Dieu veut produire des fruits. Et il a fait surgir cette alliance entre le père Finet et Marthe Robin. C'est pour qu'ensemble, en alliance spirituelle profonde, ils puissent produire tout ce que nous voyons. Tous ces fruits sont sortis de cette alliance, de cette fidélité quotidienne à l'Esprit-Saint, parlant au jour le jour. Tout le reste a surgi. Châteauneuf est l'incarnation de ce rêve. C'est là que nous voyons au travail, d'une façon tangible et visible, cette fécondité de l'amour de Dieu [19]. »

Cette alliance entre Marthe et le père n'a pas toujours été de tout repos. Le père était exigeant, pour lui-même comme pour les autres. Marthe en a parfois souffert, car elle avait son caractère. Une de ses petites-nièces m'a dit qu'il lui arrivait d'en pleurer.

Mais un père aimant fait parfois pleurer son enfant.

A l'occasion de son quatre-vingt-dixième anniversaire, le 5 septembre 1988, Françoise Degaud lui rendit un hommage appuyé au nom de tous les Foyers :

« Vous êtes le père. Le 8 septembre 1936, Marthe vous a ainsi nommé. Nous sommes très nombreux à entendre encore son intonation pleine de ferveur et de tendresse quand elle vous appelait " mon père ". Votre grande aventure est toute empreinte de paternité. Votre famille spirituelle est innombrable. Nous tous, membres du Foyer, c'est à votre oui, uni toujours à celui de Marthe, que nous devons le nôtre.

« Je souligne votre vie, votre don, votre dynamisme, mystère de paternité, longue marche dans la foi, souvent chemin de croix, les yeux fixés sur Jésus, avec Marie qui vous avait guidé vers son enfant chérie, son " trésor " qui vous a été confié. Ce soir, nous sommes heureux d'être près de vous, de vous dire notre amour, notre reconnaissance, à vous et à Marthe, car jamais vous n'êtes séparés. Prêtre pour l'éternité. Et pour l'éternité vous êtes le père de Marthe, notre père [20]. »

Mais le plus bel hommage reste celui de Marthe, dont, peu avant sa mort, elle fit confidence à Hélène Fagot : « Il est grand, notre père. Il est très grand [21]. »

Le père Finet est mort le samedi saint 14 avril 1990, comme j'achevais de relire le manuscrit de ce livre. Il a rejoint Marthe dans l'éternité.

Le vendredi saint, 13 avril 1990, peu après 15 heures, le père, qui priait silencieusement, a donné son chapelet à un membre du Foyer, puis il a murmuré :

– C'est le dernier. C'est fini.

L'espérance brillait sur son visage.

Il devait mourir le lendemain à l'aube, âgé de quatre-vingt-douze ans. « Il s'en est allé comme un enfant tenant par la main sa mère », a dit le père Ravanel. Oui, il a rejoint Marthe dans l'éternité.

Ses funérailles ont été célébrées le 19 avril sous la présidence de Mgr Marchand, en présence de trois évêques et de cent cinquante prêtres des Foyers du monde entier.

« Il fut un prêtre de feu témoin de l'Esprit Saint, de la paternité divine, de la miséricorde infinie du Seigneur », a dit encore le père Ravanel, sur les épaules duquel repose désormais la lourde charge que son prédécesseur avait assumée sans défaillance pendant plus d'un demi-siècle.

NOTES

(Références bibliographiques)

PREMIÈRE PARTIE

1. Les racines en pays de Galaure

1. M.R. Achard, *Alors le monde commençait* (Cavaillon, 1976), p. 57.
2. *Id.*, pp. 60 et 64.
3. *Id.*, p. 58.
4. *Id.*, p. 59.
5. *Id.*, p. 84.
6. *Id.*, p. 25.
7. *Id.*, p. 18.

2. Une si jolie petite fille

1. *L'Alouette*, août 1981, p. 7.
2. *Alors le monde commençait, op. cit.*, p. 85.
3. *Id.*, p. 86.
4. R. Peyret, *Prends ma vie, Seigneur*, Peuple libre, 1985, p. 19.
5. *Id.*, p. 20.
6. *L'Alouette*, avril 1988, p. 38.
7. *L'Alouette*, août 1981, p. 7.
8. *Id.*, p. 7.
9. Ivan Gobry, *l'Expérience mystique*, Fayard, 1964, p. 7.
10. F. Lenoir, *les Communautés nouvelles*, Fayard, 1988, p. 73.
11. *L'Alouette*, août 1981, p. 5.
12. *Id.*, p. 7.
13. *Id.*, p. 10.
14. *Alors le monde commençait*, p. 67.
15. *L'Alouette*, août 1981, p. 7.
16. *Alors le monde commençait*, p. 111.
17. *Prends ma vie, Seigneur*, p. 24.
18. *Alors le monde commençait*, p. 107.
19. *Id.*, p. 108.
20. *Id.*, p. 63.

3. Le tournant

1. Rapport médical Dechaume-Ricard et *Prends ma vie, op. cit.*, p. 27.
2. Abbé Finet, interview recueillie par Rémi Montour, in *Marthe de la passion*, Châteauneuf, 1986, p. 19.
3. *Petite Vie de Marthe Robin*, Peuple libre, 1986, p. 36.
4. Jean Guitton, *Portrait de Marthe Robin*, Grasset, 1986, p. 195.
5. *Id.*, p. 91.
6. *Prends ma vie, op. cit.*, p. 101.
7. *Id.*, pp. 27 et 259.
8. Cahiers de Marthe Robin, 14 septembre 1930 et témoignage de Jeanne Bonneton, *Prends ma vie*, p. 28.
9. *Portrait de Marthe Robin*, p. 195.
10. R. Peyret, *l'Alouette*, avril 1985, p. 18.
11. *Prends ma vie*, p. 32.
12. R. Peyret, *la Croix et la Joie*, Peuple libre, 1985, p. 51.
13. *Id.*, p. 54.
14. *Id.*, p. 55.

4. L'acceptation

1. *Prends ma vie, op. cit.*, p. 38.
2. G. Boutteville (Mme Signé en 1928), in *Prends ma vie*, p. 39.
3. *Id.*, p. 34.
4. R. Peyret, *l'Alouette*, mars 1985, p. 21.
5. *Prends ma vie*, p. 42.
6. *Id.*, p. 40.
7. *Id.*, p. 42.
8. *Id.*, p. 43.
9. *Id.*, p. 47.
10. *La Croix et la Joie, op. cit.*, pp. 63 à 65.
11. *Portrait de Marthe Robin, op. cit.*, p. 102.
12. *Marthe de la passion, op. cit.*, p. 19.
13. 1949, archives du Foyer de Châteauneuf.
14. *Prends ma vie*, p. 60.
15. *Id.*, p. 133.
16. *L'Alouette*, août 1981, p. 16.
17. *Prends ma vie*, pp. 61 et 62.
18. *Id.*, p. 63.
19. *Id.*, p. 65.
20. *Id.*, pp. 54 à 57.

5. Le sacrement de la souffrance

1. A.M. Carré, *Je n'aimerai jamais assez*, Le Cerf, 1988, p. 32.
2. *Prends ma vie*, p. 66.
3. Thérèse de Lisieux, *Histoire d'une âme*, 1898.
4. *Portrait de Marthe Robin, op. cit.*, p. 59.
5. Lettre du 21 septembre 1928 à sa nièce Marcelle Serve.
6. *Prends ma vie*, p. 72.
7. *L'Alouette*, février 1983, p. 5.

8. *Prends ma vie*, p. 69.
9. Témoignage de Gisèle Boutteville-Signé, *id*, p. 70.
10. *Id.*, p. 71.
11. Témoignage de Célina Serve, *id.*
12. *Id.*, p. 116.
13. *Marthe de la passion, op. cit.*, p. 20.
14. *L'Alouette*, août 1981, p. 16.
15. *Petite Vie, op. cit.*, p. 46.
16. *L'Alouette*, juillet 1986, p. 12.
17. *La Croix et la Joie, op. cit.*, p. 79.
18. *Prends ma vie*, p. 73.
19. *L'Alouette*, février 1985, p. 2.
20. *Prends ma vie*, p. 74.

6. Les stigmates

1. *L'Alouette*, août 1981, p. 18.
2. *Marthe de la passion, op. cit.*, p. 38.
3. *L'Alouette*, octobre 1984.
4. *L'Alouette*, juillet 1986.
5. *L'Alouette*, décembre 1984, p. 11.
6. *La Croix et la Joie, op. cit.*, p. 77.
7. 2 juillet 1930, *l'Alouette*, août 1985.
8. *La Croix et la Joie*, p. 79.
9. *L'Alouette*, juin 1985, p. 3.
10. *Prends ma vie, op. cit.*, p. 77.
11. *Marthe de la passion*, p. 52.
12. Saint Bernard, p. 322.
13. *Petite Vie, op. cit.*, p. 56.
14. *L'Alouette*, août 1981, pp. 20 et 21.
15. *Prends ma vie*, p. 78.
16. *L'Alouette*, mars 1986, p. 30.
17. Prière d'Élisabeth de la Trinité, 21 novembre 1904 (Carmel de Dijon).
18. *Portrait de Marthe Robin, op. cit.*, pp. 196 à 199.
19. *Prends ma vie*, p. 82.
20. 8 octobre 1930, *id.*, p. 80.
21. *L'Alouette*, décembre 1981, p. 1.
22. *L'Alouette*, août 1981, p. 24.
23. *Petite Vie*, p. 59.

7. La mission

1. *L'Alouette*, juillet 1984.
2. *La Croix et la Joie, op. cit.*, p. 83.
3. *L'Alouette*, juillet 1982.
4. *Prends ma vie, op. cit.*, p. 100.
5. *Id.*, p. 101.
6. *L'Alouette*, février 1982, p. 1.
7. *L'Alouette*, février 1984, p. 9.
8. *L'Alouette*, décembre 1981, p. 26.
9. *L'Alouette*, avril 1984, p. 14.
10. *L'Alouette*, août 1981, p. 31.

11. *L'Alouette*, août 1981, pp. 31 à 33 ; et décembre 1988, pp. 5 à 8 et p. 31.
12. *L'Alouette*, décembre 1982.
13. *L'Alouette*, août 1981, p. 25.
14. *Prends ma vie*, p. 133.

8. Un jeune prêtre lyonnais très occupé

1. Tout ce récit et ce qui suit est du père Finet lui-même : *l'Alouette*, août 1981, février et juillet 1983, octobre 1984, mars 1986 et *Marthe de la passion*, *op. cit.*, pp. 25 à 27.
2. *Portrait de Marthe Robin*, *op. cit.*, p. 51.
3. *Id.*, p. 95.
4. *L'Alouette*, décembre 1982, pp. 24 à 26.

9. Un foyer de charité et d'amour

1. *Prends ma vie*, *op. cit.*, p. 145.
2. *L'Alouette*, août 1981, p. 36.
3. *Prends ma vie*, p. 247.
4. *Id.*, p. 146.
5. *L'Alouette*, mars 1986.
6. *Id.*, août 1981, p. 44.
7. *Id.*, p. 46.
8. *Prends ma vie*, p. 148.
9. *Id.*, p. 157.
10. *Id.*, p. 161.
11. *Id.*, p. 159.
12. *L'Alouette*, août 1981, p. 41.
13. *Portrait de Marthe Robin*, *op. cit.*, p. 211.
14. *L'Alouette*, août 1981, p. 42.
15. Aimé Michel, *Métanoïa* (Albin Michel, 1986), p. 40.
16. *L'Alouette*, décembre 1982, p. 10.
17. Témoignage de sœur Marie de Saint-Paul, du Carmel de Vienne.
18. Témoignage de Mgr Robert, 4 novembre 1982, in *Prends ma vie*, p. 119.
19. Témoignage de l'abbé Petit à Mme Cotte (de Châteauneuf) et du père Manteau-Bonamy, in *Marthe de la passion*, *op. cit.*, p. 14.
20. Témoignage du père Béton, *l'Alouette*, juillet 1983, p. 54.

10. Marthe Robin devant les médecins

1. Archives du Foyer de Châteauneuf-de-Galaure.
2. Alexis Carrel, *Pouvoir de la prière*, *Reader's digest*, décembre 1940.
3. *Métanoïa*, *op. cit.*
4. Témoignage du Dr Assailly, in *Famille chrétienne*, 9 avril 1981.
5. H. Thurston, *les Phénomènes physiques du mysticisme*, Gallimard 1961, p. 389.

11. Le Foyer prend Marthe en charge

1. *Prends ma vie*, *op. cit.*, p. 168.
2. Témoignage de Luc Baresta, in *Marthe de la passion*, *op. cit.*, p. 55.
3. Témoignage de Hélène Sorensen, in *la Croix et la Joie*, *op. cit.*, p. 181.

4. *Métanoïa, op. cit.*, p. 84.
5. J. de Bourbon-Busset, *Laurence*, Gallimard 1989, p. 28.
6. *Prends ma vie*, p. 170.
7. Y. Chiron, *Padre Pio*, Perrin, 1989.
8. J. Barbier, *Trois Stigmatisés de notre temps*, Téqui 1987, p. 116.
9. *L'Alouette*, août 1981, p. 50.
10. *Id.*, p. 64.
11. Anonyme de la Drôme, in *Prends ma vie*, p. 186.
12. *Je n'aimerai jamais assez, op. cit.*, p. 169.
13. *Prends ma vie*, p. 204.
14. *Lévitique*, XVI, 21, 22.

12. Témoignages

1. *Marthe de la passion, op. cit.*, p. 57.
2. *La Croix et la Joie, op. cit.*, p. 177.
3. *Prends ma vie, op. cit.*, p. 228.
4. *Portrait de Marthe Robin, op. cit.*, p. 92.
5. *L'Homme nouveau*, 1er mars 1981.
6. *Prends ma vie*, p. 203.
7. *L'Alouette*, octobre 1986, p. 36.
8. Éphraïm, *Marthe, une ou deux choses que je sais d'elle*, Lion de Juda, 1990, p. 127.
9. *Id.*, p. 99.
10. *Id.*, p. 98.
11. *La Croix et la Joie*, p. 180.
12. *Famille chrétienne*, 12 mars 1981.
13. *Marthe, op. cit.*, p. 155.
14. *Id.*, p. 160.
15. *Id.*, p. 153.
16. *Id.*, p. 138.
17. *Portrait*, pp. 23, 69, 98, 168, 185; *le Figaro*, 16 février 1981 et correspondance avec J.-J. Antier, 1986 à 1989.
18. *Marthe*, p. 135.
19. *Marthe de la passion*, p. 77.
20. *Id.*, p. 73.
21. *L'Alouette*, juillet 1983, p. 14.
22. *Prends ma vie*, p. 194.
23. *Feu et Lumière*, février 1984, p. 22.
24. *Prends ma vie*, p. 197.
25. *Marthe*, p. 142.
26. Témoignage à l'auteur, 23 mars 1990.
27. *Les Communautés nouvelles, op. cit.*, p. 156, *Feu et Lumière*, février 1984 et *Marthe, op. cit.*
28. *Prends ma vie*, p. 224.
29. *Id.*, p. 229.
30. *Id.*, p. 230.
31. *L'Alouette*, octobre 1986, p. 41.
32. *Prends ma vie*, p. 258.
33. Témoignage de Mgr Pic, *id.*
34. *Portrait de Marthe Robin*, p. 28, pp. 34 à 39 et *le Figaro* du 2 mars 1981.

13. Si le grain ne meurt...

1. *L'Alouette*, octobre 1984, p. 23.
2. *La Croix et la Joie, op. cit.*, p. 182.
3. *L'Alouette*, août 1981, p. 75.
4. *L'Alouette*, mars 1986.
5. *La Croix et la Joie*, p. 175.
6. *Marthe de la passion, op. cit.*, p. 31.
7. *Prends ma vie, op. cit.*, p. 233.
8. *Id.*, p. 208.
9. *Feu et Lumière*, février 1984.
10. *Marthe de la passion*, p. 11.
11. *L'Alouette*, décembre 1984, p. 11.
12. *L'Alouette*, août 1985, p. 2.
13. *Marthe de la passion*, p. 31.
14. *Id.*, p. 32.
15. *Marthe, une ou deux choses*, pp. 189 à 193.
16. Ce passage et ce qui suit sont tirés des récits du père Finet à R. Peyret (p. 245), à Jean Guitton (pp. 221 et 224) et dans *l'Alouette* de mars 1986, p. 33.
17. *Petite vie, op. cit.*, p. 66.
18. *L'Alouette*, février 1982, p. 2.
19. *L'Alouette*, août 1981, p. 81.
20. *Prends ma vie*, pp. 242 et 245.
21. *Portrait*, p. 104.
22. Témoignage à l'auteur, 10 novembre 1989.
23. *Marthe, une ou deux choses*, p. 148.
24. *Ici Paris* du 19 février 1981, interview de J.C. Luce.
25. *L'Alouette*, août 1981, p. 92.
26. *L'Homme nouveau*, 1er mars 1981.
27. *Peuple libre* du 20 février 1981.
28. *L'Alouette*, août 1981, p. 75.
29. *L'Alouette*, juillet 1984, p. 2.

DEUXIÈME PARTIE

1. Marthe Robin devant la science

1. *Portrait de Marthe Robin, op. cit.*, p. 19.
2. *Id.*, p. 31.
3. *Métanoïa, op. cit.*, p. 48.
4. *Études carmélitaines*, avril 1933, p. 47.
5. *Phénomènes physiques du mysticisme, op. cit.*, p. 130.
6. *Portrait*, p. 150.
7. *Petite Vie de Marthe Robin, op. cit.*, p. 10.
8. *Portrait*, p. 153.
9. *Métanoïa*, p. 233.

2. Anorexique et privée de sommeil

1. Jean, IV, 31 à 34.
2. *Portrait de Marthe Robin, op. cit.*, pp. 88 et 89.
3. *Id.*, p. 20.
4. *Id.*, p. 29.
5. *Prends ma vie, op. cit.*, p. 250.
6. *Portrait*, p. 167.
7. Mère Francis-Raphaël Drane, *Histoire de Catherine de Sienne*, p. 198.
8. *Phénomènes physiques du mysticisme, op. cit.*, p. 417.
9. Dr Imbert-Gourbeyre, *la Stigmatisation*, 2 vol., Clermont, 1894, t. II, p. 184.
10. *Quid 1982.*
11. *Phénomènes physiques*, p. 423.
12. *Id.*, p. 361.
13. Juge Dailey, *Mollie Fancher*, New York, 1894.
14. *La Stigmatisation*, II, p. 202.
15. G. Rimbault et C. Eliacheff, *les Indomptables Figures de l'anorexie* (Odile Jacob, 1989), p. 53.
16. *Id.*, p. 241.
17. *Phénomènes physiques*, p. 402.
18. *Id.*, p. 411.
19. *Id.*, p. 433.
20. A. Lechler, *Das Rästel von Konnersreuth*, Elberfeld, 1933.
21. *Métanoïa, op. cit.*, p. 181.
22. P. Masoin, *Thérèse Neumann*, Bruxelles, 1933.
23. *Marthe de la passion, op. cit.*, p. 20.
24. P. Lesourd, *les Mystères du padre Pio*, France Empire, 1969, p. 58.
25. *Portrait de Marthe Robin*, p. 37.
26. *Nouvelles religieuses de Nice*, 23 mars 1990, p. 8.

3. Autres phénomènes paranormaux

1. *Mystères du padre Pio, op. cit.*, p. 138.
2. *Le Padre Pio, op. cit.*, p. 40.
3. G. Pagnossin, *Il calvario di padre Pio*, 1978, p. 264.
4. M.T. Loutrel, *Anne-Catherine Emmerich racontée par elle-même et par ses contemporains*, Téki 1980.
5. *Portrait de Marthe Robin, op. cit.*, p. 155.
6. *Id.*, p. 200.
7. *Marthe, une ou deux choses, op. cit.*, p. 148.
8. *La Croix et la Joie, op. cit.*, p. 174.
9. *Prends ma vie, op. cit.*, p. 257.
10. *Portrait*, p. 83.
11. *Id.*, p. 166.
12. *Marthe, une ou deux choses*, p. 111.
13. *Prends ma vie*, 195.
14. Marc, XVI, 18.
15. *Prends ma vie*, p. 210.
16. *L'Alouette*, mars 1986.
17. *La Croix et la Joie*, p. 184.

18. *Prends ma vie*, p. 213.
19. *Id.*, p. 214.
20. *Id.*, p. 264.
21. *Marthe, une ou deux choses*, p. 123.
22. *Padre Pio*, p. 246.
23. *Marthe de la passion, op. cit.*, p. 76.

4. Les stigmates

1. Témoignage au père Finet, *l'Alouette* de mars 1986, p. 30.
2. *Prends ma vie, op. cit.*, p. 249.
3. *Id.*, p. 83.
4. *L'Alouette*, décembre 1981, p. 26.
5. *Prends ma vie*, p. 84.
6. *Id.*, p. 208.
7. *Portrait de Marthe Robin, op. cit.*, p. 187.
8. *Petite Vie de Marthe Robin, op. cit.*, p. 63.
9. *Portrait de Marthe Robin*, p. 189.
10. *L'Essor de Saint-Étienne*, 10 février 1981.
11. Rapport médical 1942, p. 23.
12. *Prends ma vie*, 202.
13. *Portrait*, p. 100.
14. *Id.*, p. 81.
15. *Id.*, p. 103.
16. *La Croix et la Joie, op. cit.*, p. 86.
17. *Id.*, p. 188.
18. *Marthe, une ou deux choses, op. cit.*, p. 151.
19. *Id.*, p. 76.
20. *Portrait*, p. 29.
21. *Id.*, p. 36.
22. Galat, VI, 17.
23. *Vie de saint François d'Assise*, Paris, 1925, et *Actus Fioretti*, IX.
24. *La Stigmatisation, op. cit.*, II, p. 11.
25. *Id.*, p. 16.
26. *Portrait*, p. 97.
27. Dulay, *Visions d'A.C. Emmerich*, Téki 1965.
28. *Phénomènes physiques du mysticisme, op. cit.*, p. 78.
29. *Métanoïa, op. cit.*, p. 166.
30. *Id.*, p. 167.
31. Cecilia Giannini, *Vie de Sainte Gemma Galgani*.
32. *L'Expérience mystique, op. cit.*, p. 25.
33. Sur Thérèse Neumann, voir B.N. Lavaud, in *Études carmélitaines*, avril 1933 et les livres de P. Masouin (Bruxelles 1933) et E. Boniface (Lethielleux).
34. *Epistolario*, San Giovani Rotondo, 1984.
35. *Les Mystères du padre Pio, op. cit.*, p. 89.
36. *Id.*, p. 93.
37. *Id.*, p. 95.
38. *La Croix et la Joie*, p. 191.

5. Présence démoniaque...

1. *Prends ma vie, op. cit.*, p. 71.
2. *Portrait de Marthe Robin, op. cit.*, p. 219.
3. *Marthe de la passion, op. cit.*, p. 28.
4. *Petite Vie de Marthe Robin, op. cit.*, p. 62.
5. *Prends ma vie, op. cit.*, p. 244.
6. *Id.*, p. 177.
7. *Portrait de Marthe Robin, op. cit.*, p. 221.
8. *Trois Stigmatisés, op. cit.*, p. 111.
9. *L'Alouette*, mars 1986, p. 31.
10. *L'Alouette*, juillet 1983, p. 31.
11. *L'Alouette*, août 1981, p. 75.
12. *Marthe de la passion*, p. 31.
13. *Prends ma vie*, p. 196.
14. *Portrait*, p. 101.
15. *Id.*, p. 38.
16. *Prends ma vie*, p. 242.
17. *La Stigmatisation, op. cit.*, p. 145.
18. *Id.*, p. 155.
19. *Id.*, p. 167.
20. *Id.*, p. 173.
21. *Epistolario, op. cit.*
22. *A.C. Emmerich racontée par elle-même, op. cit.*
23. *L'Expérience mystique, op. cit.*, p. 13.
24. A. Tanqueray, *Précis de théologie ascétique et mystique*, Desclée, 1924.
25. *Epistolario, op. cit.*
26. *Petite Vie*, p. 115.
27. *Prends ma vie*, p. 85.
28. *Portrait*, p. 97.
29. *Histoire d'une âme*, manuscrit A, p. 81.
30. *Id.*, p. 83.
31. *L'Alouette*, février 1983, p. 7.
32. *Marthe, une ou deux choses que je sais d'elle, op. cit.*, p. 76.
33. Sainte Marguerite-Marie Alacoque, *Autobiographie* (Paray-le-Monial).
34. M. Winowska, *Droit à la miséricorde*, vie de sœur Faustine Kowalski, Éd. Saint-Paul, 1958.
35. K. Durkheim, *l'Expérience de la transcendance*, Cerf, 1987.
36. *Portrait*, p. 97.
37. *Petite Vie*, p. 83.

6. De la communion à l'extase

1. Saint Jean, 14, 23.
2. *Prends ma vie, op. cit.*, p. 95.
3. *Portrait de Marthe Robin, op. cit.*, p. 181.
4. *L'Alouette*, juillet 1988, p. 7.
5. *L'Essor de Saint-Étienne*, 10 février 1981.
6. *Marthe de la passion, op. cit.*, p. 21.
7. *L'Alouette*, mars 1986, p. 30.
8. *Marthe, une ou deux choses, op. cit.*, p. 182.

9. *Portrait*, p. 94.
10. *L'Alouette*, mars 1986, p. 41.
11. *La Croix et la Joie, op. cit.*, p. 189.
12. 4 avril 1930, in *Prends ma vie*, p. 98.
13. *Id.*, p. 96.
14. Monnin, *Vie du curé d'Ars*, II, p. 394.
15. *Phénomènes physiques du mysticisme, op. cit.*, p. 179.
16. *Id.*, p. 188.
17. *Petite Vie de Marthe Robin, op. cit.*, p. 52.
18. *Prends ma vie*, p. 96.
19. *Id.*, p. 196.
20. *L'Alouette*, mars 1986, p. 31.
21. Journal, 1984, p. 234.
22. *Metanoïa, op. cit.*, p. 134.
23. 29 janvier 1935, in *l'Alouette*, octobre 1982, p. 27.
24. Hébreux, XII, 29.
25. 29 août 1930, in *Prends ma vie*, p. 97.
26. *L'Alouette*, avril 1984, p. 13.
27. *Châteaux de l'âme*.
28. *Précis de théologie ascétique, op. cit.*, p. 920.
29. 16 février 1932, in *l'Alouette*, février 1985, p. 24.
30. *Epistolario, op. cit.*
31. 5 juillet 1935, in *l'Alouette*, octobre 1982, p. 11.
32. Journal de sœur Faustine, in *Droit à la miséricorde, op. cit.*
33. 21 juillet 1932, in *l'Alouette*, avril 1986, p. 16.
34. 22 janvier 1930, in *Prends ma vie*, p. 190.
35. *Petite Vie*, p. 98.
36. *Portrait*, p. 110.
37. *Id.*, p. 10.
38. *Id.*, p. 95.
39. *L'Expérience mystique, op. cit.*, p. 17.
40. Toutes les citations sont tirées de *Catherine Emmerich racontée par elle-même, op. cit.* Les visions de Catherine ont été publiées par C. Brentano en 1835, traduit en français aux éd. Téki. Voir également le livre du père Wegener, Casterman, 1896.
41. Témoignage à l'auteur, 10 novembre 1989.
42. *Vives Flammes d'amour*, II, 5.
43. *Morale sur Job*, X, 13.
44. *Châteaux de l'âme*, V, 1.
45. Études carmélitaines, avril 1933, p. 48.
46. *Id.*, p. 30.
47. *Marthe de la passion*, p. 21.
48. *L'Alouette*, juillet 1988, p. 7.

7. Spiritualité mariale et sainteté

1. *L'Alouette*, mars 1986, p. 12.
2. *La Croix et la Joie, op. cit.*, p. 154.
3. Témoignage de Mlle Guignard, de Saint-Rambert.
4. *L'Alouette*, mars 1986, p. 26.
5. *Id.*, p. 33.
6. Témoignage du chanoine Bérardier.

7. *Prends ma vie Seigneur, op. cit.*, p. 228.
8. *L'Alouette*, décembre 1986, p. 49.
9. 16 août 1930. *L'Alouette*, juin 1985, p. 3.
10. *Prends ma vie*, p. 109.
11. *Marthe, op. cit.*, p. 142.
12. *L'Alouette*, mars 1985, p. 7.
13. *Métanoïa, op. cit.*, p. 19.
14. *Feu et Lumière*, février 1984.
15. *L'Alouette*, mars 1986, p. 16.
16. *Id.*, p. 8.
17. *L'Expérience mystique, op. cit.*, p. 100.
18. *Le Figaro*, 16 février 1981.
19. Charles du Bos, in préface à *Commentaire*, de Marcelle Sauvageot.
20. *Je n'aimerai jamais assez, op. cit.*, p. 136.
21. Cité par A.M. Carré, *id.*, p. 59.

8. On jugera l'arbre à ses fruits

1. 7 septembre 1931. *L'Alouette*, juillet 1984, p. 2.
2. *Je n'aimerai jamais assez, op. cit.*, p. 79.
3. 23 mai 1932, *l'Alouette*, février 1982, p. 1.
4. 25 mars 1932, *id.*, p. 2.
5. 27 juillet 1961. *Prends ma vie, op. cit.*, p. 205.
6. *Id.*, p. 223.
7. *Id.*, p. 199.
8. 4 novembre 1975. *Id.*, p. 200.
9. 22 juin 1976. *Id.*, p. 201.
10. 7 décembre 1977. *Id.*, p. 204.
11. *L'Alouette*, décembre 1986, p. 57.
12. *Marthe de la passion, op. cit.*, p. 87.
13. *Petite Vie de Marthe Robin, op. cit.*, p. 93.
14. *Marthe de la passion*, p. 56.
15. *L'Alouette*, mars 1986, p. 36.
16. *L'Alouette*, juillet 1983, p. 34.
17. *L'Alouette*, octobre 1986, p. 37.
18. *L'Alouette*, juillet 1983, p. 13.
19. *L'Alouette*, décembre 1983, p. 17.
20. *L'Alouette*, octobre 1988.
21. *L'Alouette*, juillet 1983, p. 33.

ADDITIF

A LA NOUVELLE ÉDITION 1996

NOUVEAUX TÉMOIGNAGES

Après la publication de notre livre, en janvier 1991, de nombreux lecteurs nous ont écrit. Certains ont rencontré Marthe Robin chez elle, à la Plaine. Pour les autres, ce fut une rencontre spirituelle. Voici quelques extraits de leurs lettres, et d'abord ceux qui l'ont visitée.

« Marthe fut un phare exposé qui indiqua le chemin à tant de voyageurs de notre planète et les sauva. »

Docteur Alain Assailly, Bordeaux, 11 janvier 1991.

« Marthe reste la personne la plus extraordinaire que j'ai rencontrée dans mon existence. »

Père Alain Quennouelle, Bunia (Zaïre), 31 janvier 1991.

« J'ai rencontré Marthe en mai 1946, j'étais encore toute jeune. Elle me demanda de prier davantage. Je m'agenouillai et nous avons prié ensemble. Marthe demandait le partage dans la simplicité, l'humilité, l'amour. Sa manière à elle de donner, c'était de recevoir, puis de porter les péchés des autres. Elle m'a donné une idée de lumière, cette lumière qu'elle recevait de Dieu, pour nous la transmettre. »

Renée Bonnardel-Berard, Gap, 6 février 1991.

« Ancienne élève de l'école du Foyer à Châteauneuf en 1951-1952, j'en ai gardé un très bon souvenir, et aussi du père Finet, qui nous suivait chacune avec une tendresse de père. On nous demandait la plus grande discrétion sur Marthe : ne pas en parler. Plus tard, mariée, traversant une grave crise dans mon foyer, je suis revenu la voir. Nous avons prié ensemble. Trois jours plus tard, mon mari, me rappelait d'urgence et nous nous sommes réconciliés. Par ses souffrances, Marthe avait obtenu ce miracle.

« Toute ma vie en a été bouleversée et depuis ce jour Marthe demeure pour moi une amie très chère que je prie avec ferveur, qui me soutient et me protège, moi et les miens, et me comble d'attentions et de signes.

« En 1982, elle a converti l'un de mes fils. Nous étions allés ensemble prier sur sa tombe. Au début, je priais seule. Mon fils demeurait indifférent. Puis nous avons senti une présence qui a envahi tout notre être. Soudain, mon fils a participé à ma prière. Marthe était entre nous deux. Lui, il n'était plus le même.

« J'ai eu d'autres signes étonnants. Ma nièce a été elle aussi convertie par Marthe en sortant de sa chambre.

« Aujourd'hui encore, Marthe me comble d'attentions délicates, comme elle savait le faire de son vivant. Je ne sais si elle sera un jour canonisée. Le père Finet m'a dit : " Marthe sera la plus grande sainte de tous les temps. " Il était important pour moi de témoigner. »

Benjamine Callerot, Compiègne, 2 février 1991.

« A travers Marthe Robin, ce livre si prenant nous aide à suivre et à mieux comprendre le passage du divin dans un être.

« Il y a d'ailleurs des vies qui ne s'expliquent que par leur rencontre avec Dieu ; Marthe Robin en est un exemple frappant. Je ne savais que peu de chose sur cette femme si exceptionnelle. Ainsi, vous m'avez tout appris, et je me suis laissé conduire au fil des pages avec émotion, au cœur du mystère de cette âme choisie par Dieu.

« J'ai aimé la clarté, l'objectivité, l'honnêteté de ce témoignage. Rien n'est avancé qui ne soit expliqué et tout cela est dit avec tant de simplicité, de dépouillement et de sensibilité que chaque phrase en devient un renoncement spirituel.

« D'ailleurs, c'est l'amour tout entier qui vit dans ce livre, tant les mots choisis ont la grâce de rapprocher chaque fois notre âme du Christ, car à maints passages on se tourne vers soi-même en se demandant : « Où en suis-je dans ma rencontre personnelle avec Lui ? »

« Comme vous avez raison de parler de l'aventure intérieure, à une époque marquée par les exploits individuels et médiatiques à travers lesquels beaucoup cherchent à dépasser leurs propres limites. Vous offrez par votre livre le témoignage du voyage intérieur, plus secret, mais combien essentiel et formateur pour la progression de nous-même et donc des autres.

« Ce devrait être notre principale quête en regard de notre mission humaine. Ce livre nous le rappelle. En ce sens, Marthe Robin demeure la femme dont continue de se servir Dieu pour nous éveiller à Lui. Sa vie remue en nous les sources même de la nôtre et contribue ainsi à nous montrer le chemin de notre avancement. »

Marie-France Lagane.

« J'ai visité Marthe le 29 juin. J'avais dix-neuf ans et déjà beaucoup souffert. Comme j'entrais dans sa chambre, elle s'est mise à rire. " Mais pourquoi riez-vous ainsi ? " lui demanda le père Finet. Je ris, car le Seigneur veut beaucoup aimer cette enfant et elle ne sait pas encore ce que c'est, de se laisser aimer ! » Je suis restée une heure avec elle, bouleversée par son humilité et sa bonté. Elle m'a consolée, expliqué le pourquoi de mes souffrances. Je l'ai revue plus tard, avec celui qui est devenu mon mari. Sa clairvoyance nous a aidés à vivre l'impossible, ce qui pour moi a commencé depuis ma naissance.

« Marthe, c'est la solitude face à un destin peu ordinaire, la fidélité à cette vocation de rédemption, le don pour donner un sens à la souffrance de ceux qu'elle recevait en leur permettant de l'accepter. »

Mme G. Pirot, Aix-en-Provence, 25 février 1991.

« Marthe Robin a marqué ma vie, profondément. Sans elle, je ne serais pas ce que je suis aujourd'hui. Je garde un souvenir très vivant de ma rencontre avec elle en 1964 et sa voix chante encore dans mes oreilles. Voix chaude, si jeune, si vivante, si familière. C'était à la fois bouleversant et naturel. J'ai vécu avec elle une grande expérience d'amour, qui éclaire toute ma vie. »

Anne-Marie Giraud-Grellier
46800 Belmontet, 17 juin 1991.

« En juillet 1976, j'ai eu la grâce de rencontrer Marthe. En fait, c'est Jésus qui, par elle, me conviait à ce rendez-vous. Il m'a aimée et s'est livré pour moi. La fidélité de Marthe m'a fait ressentir mon inconstance. Sa vie pleine de Dieu a fait résonner le vide de la mienne. Sa profondeur a brisé ce qui restait de superficiel dans mes choix. Son don plénier a démasqué mon ingratitude. Mon option pour une vie toute donnée date de ce jour. Aujourd'hui, par votre livre, nous découvrons aussi à travers notre petite Marthe l'œuvre merveilleuse des Foyers de charité.

Michelle-Marie Huart,
du Foyer de charité de Banguy, 15 décembre 1991.

« J'ai rencontré Marthe en 1958. J'avais alors vingt ans. Elle m'a dit simplement : " Apprenez à prier. " Ces mots m'ont bouleversée. Beaucoup plus tard, j'ai découvert l'importance du don d'amour, indissoluble de la prière, de l'Eucharistie et de l'abandon à Dieu dans la confiance. Marthe brille dans le monde comme un foyer de lumière ! »

Marie-Hélène Favier, Paris, 16 mars 1992.

Sur la mère de Marthe

« Mme Robin a été un témoin fidèle et caché de la sainteté de sa fille. Sa conduite à la Plaine a été exemplaire et digne d'éloges, surtout à l'époque où les visiteurs très nombreux encombraient sa cuisine. Cependant, elle a vécu une grande partie de sa vie sans aucune pratique religieuse. Tout ce que Marthe a souffert pour que sa maman entre dès l'instant de sa mort dans les demeures éternelles nous redit la charité des saints. »

Sœur Marie-Saint-Jean (Denise Chancrin)
Monastère Sainte-Claire, 26400 Crest, 10 janvier 1992.

Sur le professeur Dechaume, qui a examiné Marthe :

« Personnalité hors du commun, grand médecin et grand chrétien. J'ai été heureuse que l'on publie – enfin ! – son rapport médical. Votre ouvrage très documenté mérite de connaître un grand succès. »

Mlle G. Herzog, 2 juin 1991
ancienne assistante du Pr Jean Dechaume dans son service de neuro-psychiatrie de l'hôpital Édouard-Herriot à Lyon.

*

« Que cette vie aide les gens d'aujourd'hui à discerner la vraie mystique de beaucoup d'ersatz. »

Mgr Saint Macary, évêque de Nice, 10 janvier 1991.

« Je prie chaque soir Marthe Robin. C'est vous dire quel écho trouvent en moi ces pages ! »

A.M. Carré, dominicain, de l'Académie française,
Paris, 13 janvier 1991.

« Cette admirable vie m'a fait un bien énorme. Je vivais avec Marthe, je souffrais avec elle et priais, aussi, de toute mon âme. »

Alice Libert, journaliste à Bruxelles, 23 février 1991.

« La vie de Marthe est tellement enrichissante que je ne peux m'éloigner d'elle et de son long voyage immobile.

Elle a porté dans sa prière beaucoup d'âmes, et après cette lecture j'ai l'impression qu'elle est entrée en moi. Elle savait aimer autant qu'elle savait souffrir. Je me sens si petite devant cet héroïsme de cinquante années ! Quelle leçon dans ce monde où l'amour est si souvent absent ! »

Mme Lucquiaud, 33600 Pessac, 28 mars 1991.

« Ayant lu votre livre, je vous dis avec quelle joie profonde j'ai pu participer et communier avec l'esprit de Marthe et quel profond bien cela me procura et s'est manifesté en moi comme un droit sillon tracé dans un champ en jachère. Cette vie jaillit miraculeusement comme une source d'eau vive où viennent se désaltérer les assoiffés du Seigneur. »

Patrick Archier, 84530 Villelaure, 15 février 1992.

« Nous avons aimé cette vie de Marthe mettant en contraste la simplicité de son existence et les hauteurs spirituelles auxquelles elle a pu parvenir. Le chapitre sur la vision et l'extase nous a fait vibrer en particulier. »

Paule Desbuisson, dominicaine, Rouen, 3 mars 1992.

« Je voudrais faire partager la découverte de cette mystique extraordinaire dont j'ai lu la vie avec émotion. »

Martine Baladi, Paris, 30 mars 1992.

« Je suis allée au Foyer de charité de Tressaint. Et là, d'emblée, j'ai reçu le coup de bambou spirituel. Marthe n'a-t-elle pas dit au père Finet en 1935 : " L'Église va se renouveler, il y aura une nouvelle pentecôte ? " Depuis, je fais partie du Renouveau charismatique, et chaque semaine nous apporte une transformation. L'inattendu de Dieu se manifeste en toute occasion. La prière de louange a transformé nos vies. »

Mme Jean Collier, Rixensart (Belgique), 12 juin 1992.

« Les questions les plus difficiles de la mystique chrétienne ont été vécues par cette chrétienne de la base toute livrée à l'Amour. »

Frère Étienne, cistercien de Notre-Dame-des-Neiges
21 juin 1992.

« En terme d'évolution, quel plus bel exemple que Marthe ? Elle a compris que le don de soi est l'acte fondateur du nouveau monde. Où va la vie ? Marthe a répondu avec sa vie, qu'elle a placée, avec le Christ, à un sommet évolutif. »

J.C. Léonide, professeur de sciences,
à l'université de Provence,
18 août 1992.

« Vous m'avez fait sentir tant de beauté et d'espérance pour une vie future. Les photos de Marthe sont bouleversantes. Quelle jolie fille au début de sa vie ! Les yeux sont pleins de bonheur. Et à la fin, cette pauvre chose qui ne peut plus rien donner de ce corps qui l'a fait tant souffrir. Et pourtant, on ressent le bonheur et la sérénité. »

Madeleine Taillé, 33790 Landerrouat,
8 décembre 1992.

« Certains passages ne sont plus de la lecture, mais méditation et contemplation d'un si grand mystère. »

Sœur A.M. Michelot, Neufchâtel (Suisse),
30 juin 1993.

« Je vous remercie de cet ouvrage relatant la mission majeure de Marthe : la formation chrétienne des laïcs pour qu'ils puissent exercer pleinement leur sacerdoce. »

J.M. Simonet, 73300 St-Sauveur, 11 août 1993.

« Marthe Robin a vécu cinquante ans en inédie simplement grâce à l'hostie qui lui donnait la force de tout surmonter, la paralysie, les attaques du démon. Elle a communiqué avec les forces surnaturelles et sa sainteté tient aux fruits qu'elle a réussi à produire. »

Henri Lécluse, professeur à Beauvais, 12 novembre 1995.

*

Jeanine Berdeu, qui habite une petite commune rurale des Charentes Maritimes, est âgée de soixante ans lorsqu'en 1992 elle lit notre biographie de Marthe Robin. Sa vie, jusqu'alors très douloureuse, parfois tragique, en est alors transformée. A l'exemple de Marthe, sa souffrance, peu à peu, va prendre un sens. S'ensuit une longue correspondance avec les auteurs Yvette et Jean-Jacques Antier (qu'elle n'a jamais rencontrés), quarante-neuf lettres d'elle, témoins de son ascension, de son voyage intérieur, dont voici quelques extraits, publiés avec son autorisation.

En novembre 1990, Jeanine Berdeu fait une grave dépression. « J'étais perdue dans les ténèbres, nous écrit-elle. Je me sentais abandonnée, je voulais que quelqu'un s'occupe de moi ou seulement me parle. J'avais tellement besoin d'amour ! » *Situation si intolérable qu'elle simule un malaise dans la rue. Samu, pompiers... On la transporte à l'hôpital aux urgences où on lui fait un bilan de santé : scanner, IRM, et on découvre un anévrisme cérébral gravissime à la dernière extrémité. C'est une question de jours, peut-être d'heures. On décide de l'opérer en urgence :*

« Le chirurgien m'avait prévenue que je pouvais mourir d'un moment à l'autre si je différais l'opération. Je suis partie très calme à l'hôpital, en offrant à Dieu ma vie pour mes enfants. A ce moment, ma vie était très agitée et j'étais culpabilisée. Je pensais que je ne méritais pas la clémence de Dieu. Il ne pouvait pas m'aimer. »

L'opération dure six heures. Au début, le chirurgien, découragé, manque d'abandonner l'intervention. Mais tout se passe bien. Elle est sauvée. Après son réveil, le cardiologue vient la visiter et lui dit : « Vous avez eu une grâce du ciel. C'est un miracle que vous soyez encore en vie ! »

Une fois remise, elle erre de recherche en recherche, sans trop comprendre ce qui lui est arrivé. Un an plus tard, le 6 janvier 1992, elle achète par hasard Le voyage immobile. *C'est la révélation de sa voie :*

« Marthe m'a permis de me libérer et d'avancer vers Dieu, libre et confiante. Elle a libéré en moi la source de vie. Maintenant, je pense que Dieu m'a donné ce supplément de vie, cette chance immense, pour le connaître, l'aimer et devenir ce à quoi j'étais destinée. »

C'est la réponse à son appel au secours. Toute la suite de notre correspondance va tourner autour de cette merveilleuse découverte.

17 février 1992.

« Je viens de terminer votre livre et tout en moi est transformé. Je ne sais comment l'exprimer : c'est à la fois trop beau, trop fragile, trop intime et trop fort. Depuis l'enfance, il me manquait quelque chose. Je me disais que je n'avais rien à offrir à Jésus. Maintenant, je sais que je peux réunir tous mes petits grains d'amour et les offrir, parce que Marthe Robin, qui est la démesure, m'explique que le tout petit compte aussi. Je n'ai plus peur. La source cachée en moi ose couler et c'est merveilleux. »

25 février 1992.

« Comment expliquer ce qui m'arrive, ce bonheur immense et profond, ce bouleversement d'amour ? Depuis que j'ose prier avec Marthe, que parfois j'ose appeler “ mon amie ”, je retrouve près de moi mes deux sœurs et tous ceux que j'ai aimés et qui sont partis. Évidemment, ce n'est pas simple. J'ai encore des moments de doute après ceux de certitude et d'amour, et tout est remis en question. »

Désormais, cette recherche de Jésus grâce à Marthe Robin sera son but et la lumière de sa vie devant les ténèbres qui toujours la menacent.

(Non daté, 1992.)

« L'amour de Marthe, la bonté de Jésus de me donner tant de preuves de son amour, ce sont bien les *Béatitudes*. J'attendais cet amour sans le savoir. Je le reçois par votre intermédiaire. Je ne savais rien de la religion. Je n'ai pas été au catéchisme, rien. Et puis, par Marthe, il y a eu cette libération de la petite source. Je ne savais rien et Jésus m'a donné l'Amour, son amour! Aujourd'hui, je découvre les Évangiles et je comprends TOUT! Avant la venue de Jésus, avant de recevoir son amour, je ne savais rien, rien ne rentrait en moi. J'étais comme une terre sèche, stérile. Et Marthe m'éclaire en me montrant Marie médiatrice. Aujourd'hui, je mesure tout ce que le Seigneur a permis en moi, tout ce qu'il m'a donné. Je ne peux et ne pouvais rien toute seule; j'étais tellement perdue! Aujourd'hui, je suis étonnée de tout ce qui a changé en moi. »

5 mars 1993.

« C'est tellement immense, ce bonheur d'amour qui souvent m'entoure; c'est ineffable. La lecture du *Voyage immobile* a ouvert des portes pour tout expliquer, libérer et me donner le feu vert pour aller, par Marthe, à Jésus. Oui, c'est vrai: Marthe est avec moi. »

Elle évoque son enfance tragique. Et pourtant, déjà, elle savait :

« Je me suis toujours dit que j'étais faite pour l'infini. Enfant, je ne comprenais pas, mais je savais. Et maintenant, par les chemins de Marthe, j'ai trouvé l'amour de Jésus et je sais que je le garderai toujours. J'ai trouvé ma place au Jardin des Oliviers, quand Jésus veille seul, abandonné, et qu'il sait, qu'il mesure toute la souffrance qui arrive vers lui. Moi, toute petite, invisible, silencieuse, je suis là, près de lui. Tout mon amour est là. C'est ma place.

« Il fallait que je vous le dise, parce que je me sens submergée par ce qui m'arrive. Une aventure invisible mais si forte, si réelle, que je vis en silence, sans rien faire. »

Et puis, ce post-scriptum à la fois léger et aussi lourd que toute la souffrance du monde, pour dire qu'elle va passer des examens, parce que son médecin craint qu'elle n'ait une complication post-opératoire. Elle revit alors les heures noires de sa première opération :

« J'ai offert à Dieu ma vie dans la nuit la plus profonde. Maintenant, c'est dans l'amour le plus complet que j'entre à nouveau dans l'ombre de la maladie. J'avance avec calme, paix et joie. »

Désormais, ce sera sa vie, une alternance de lumière et d'ombre, à l'imitation de Marthe Robin, et de « la petite Thérèse ». Mais que l'attente est douloureuse !

13 mars 1993.

« Marthe est présente et je vais vers Jésus avec un amour immense et si doux. Mais des heures entières je reste dans la nuit. Alors, je laisse dormir Jésus en moi. Et puis à nouveau surgissent des vagues de bonheur, de certitude et d'amour.

« J'aimerais tant demeurer silencieuse avec Jésus à Gethsémani ! Mais le monde et le travail m'appellent : la cuisine, les petits enfants qui arrivent, les chiens qui aboient. Je reste avec Jésus en lui offrant tous mes petits problèmes et les grandes souffrances. Marthe m'a donné de comprendre cela.

« Demain j'entre en clinique pour mes examens. Je suis très calme. Je me sens envahie d'une douceur infinie et j'ai l'impression de rejoindre un port où tout n'est qu'amour. Et je suis tellement heureuse ! »

Mais l'ombre suit toujours la lumière. Qui lui expliquera ce mystère ?

« Heures douloureuses. Je suis seule à nouveau et j'ai mal. Je me sens abandonnée. Alors, comme Marthe, comme Thérèse, je m'efforce d'accepter. De tout offrir. Mais je suis si faible, comme vidée de toute énergie.

« Et c'est toujours là que Jésus revient. A nouveau c'est l'amour et le bonheur indescriptibles. La petite source devient torrent. Marthe a ouvert en moi des vannes. Comment expliquer cela ? Je suis si faible, si petite et si seule dans la vie ordinaire, dans « le monde ». Avec elle, je reprends ma vie en main et j'en comprends le sens : Jésus était avec moi. Il m'attendait et je ne le savais pas ! J'étais malade, je passais pour une folle, on me bourrait de médicaments.

« Tout cela, la nuit, l'ombre, la souffrance, c'était uniquement le manque d'amour dans mon enfance. Grâce à Marthe, maintenant mes yeux se sont ouverts. Recevoir de l'amour, et aussi en donner. Savoir ce que je suis : une enfant de Dieu. Et sentir grandir en moi, comme vous dites, “ l'arbre mystique ”. »

23 mars 1993.

« Tout se bouleverse en moi et en même temps se simplifie et se résume. Plus je connais Jésus, plus je suis avec lui. Par moment j'ai peur, car je suis dépassée par toutes ces nouvelles forces. Comment expliquer ? Je ne suis rien. Et pourtant, je baigne dans un amour sans limite. »

Elle a subi avec courage le douloureux examen.

« Je ne crois pas que j'aurai de complications *pour le moment*. Je voudrais tout simplement accepter ce que Jésus me demandera, n'être que ce qu'il attend de moi, et rester cachée près de lui, attentive à son amour. »

Dans une autre lettre, Jeanine Berdeu nous disait qu'elle était ignorante de tout. Elle n'a jamais « appris les choses ». « Je ne sais rien, ou pas grand-chose, sauf l'amour. »

30 mars 1993.

« Un jour, j'ai recueilli un petit caniche en sang, il avait été martyrisé. On voulait le faire piquer. Je l'ai soigné, il a guéri. Mais il reste traumatisé, il a toujours peur qu'on ne l'aime pas, qu'on l'abandonne. Moi, c'est pareil devant Jésus, depuis la lecture de votre livre sur Marthe, où l'amour est venu. Je vis des heures de bonheur, de certitude et d'amour partagés, c'est tellement fort et léger à la fois. Et puis, je retombe dans l'angoisse, je suis comme mon petit chien. Je ne peux pas rester longtemps loin de Jésus. Même s'il se tait, je lui dis que je l'aime et je demande à Marthe de me faire comprendre ce qu'il attend de moi. »

Elle nous raconte sa vie sans amour. L'enfance méprisée, les déceptions familiales, les hauts, les bas, les chutes, le désespoir d'une vie difficile alors qu'elle en attendait tant.

« Je n'arrivais pas à m'en sortir de tout ce mal. Et puis, Marthe a ouvert mon cœur et mes yeux. J'ai cru tout ce qu'elle disait. J'ai cru au pardon et tout est venu. J'ai été environné d'amour. Et j'ai cru à l'Amour.

« Maintenant, je veux rester cachée dans les pas de Jésus. Car dans le monde je me sens si petite et si faible ! J'ai arraché en moi les racines mortes qui empêchaient la petite source de couler. Comme tout est simple doux et clair quand on est dans l'amour de Jésus ! »

13 juin 1993.

« Petit à petit, je reviens vers la vraie vie. Que de choses affreuses m'ont agressée, blessée ! C'est pour cela que je comprends la souffrance de ceux qui sont seuls devant le mal. Toute la misère qui se voit découle de celle qui ne se voit pas. C'est tellement douloureux, le manque d'amour ! »

Fin juin, Jeanine Berdeu se retrouve seule à la maison, son mari est en voyage, les enfants sont loin aussi. Elle redoutait cette solitude.

29 juin 1993.

« Je suis sortie seule au milieu des gens, mais je n'étais pas seule. Le matin, très tôt face à la mer, je sentais intensément la présence de Dieu. En devenant torrent, la petite source a balayé en moi les scories et les boues. Maintenant, je me sens propre. « Claire », disponible pour recevoir Jésus. Désormais, mon amour va vers lui sans entrave. C'est merveilleux d'aimer Jésus et de sentir son amour en retour ! »

Toutefois, elle n'arrive pas à extérioriser le changement prodigieux qui s'est manifesté en elle, même si son entourage a vu qu'il se passait quelque chose. Comment garder pour soi seule un tel bonheur, ne pas le partager ?

« J'ose doucement montrer ce que je suis devenue, mais c'est par souffles légers, comme le vent qu'on ne voit pas, mais dont on remarque les effets. »

Elle se sent maintenant assez forte pour marcher seule au-devant de son destin :

« Je n'ai plus grand-chose à vous dire. Mon passé a fini de me faire mal. J'ai le cœur tout neuf et je suis prête à vivre la vie qu'il me reste en communion avec une bien douce et profonde spiritualité. Seule, je ne peux rien. Sans Marthe, je ne m'en serais jamais sortie, je ne serais jamais devenue libre. Et je prie Marthe de toujours m'aider, car je sais que j'aurai encore des moments difficiles. »

En effet, tout n'est pas si simple dans ce jeu subtil d'ombres et de lumière. C'est pourquoi elle va continuer à nous écrire.

4 décembre 1993.

« Je viens de subir une crise que les médecins appellent " dépression mélancolique ". C'est affreux. Je ne suis plus rien. Tout est mort dans ma tête. Je ne ressens plus rien que le vide. Je ne peux que mesurer ma faiblesse : " Je n'existe pas. " État horrible. Mais cette fois, je n'ai pas décroché de Dieu, même en n'étant complètement rien. Je suis restée tournée vers Dieu. Je n'ai pas prié, mais je suis restée près de Dieu, tournée vers lui dans la solitude de tous mes sens et j'ai attendu, en offrant cette souffrance pour le monde. Alors je sais, sans le savoir, que je ne dois rien " chercher ", rien faire. Comme s'il m'était demandé de n'être RIEN. Et soudain, je connais des moments de plénitudes avec Dieu, où tout est dépassé. De cela je ne peux rien dire.

« Si ces crises deviennent trop fréquentes, je ne pourrai plus vous écrire. Ce ne sera pas un oubli, un abandon. Toujours, dans l'amour silencieux, je ne vous oublierai pas, je resterai sereine. Et Marthe, Marthe est toujours et sera toujours là. Même en ayant mal, je reste sereine dans l'amour de Dieu. »

11 janvier 1994.

« J'ai peur de ne plus être assez forte pour rester aux pieds de Jésus à Gethsémani. Mais il connaît ma faiblesse et ma souffrance. Alors, s'il me demande de souffrir davantage, il me donnera aussi plus d'amour. Cet amour du Christ, je l'ai eu avant de savoir, avant de comprendre. Et maintenant, je comprends, à travers les Évangiles, où je découvre tout, moi qui ne savais rien.

« Je suis beaucoup plus sereine dans cette paix d'amour qui est descendue sur moi. J'avance petit à petit, et j'ai tellement confiance. Je ne suis qu'une toute petite fleur dans les grands jardins de Marthe, que sa source a fait éclore. »

28 janvier 1994.

« A la maison, il y a beaucoup plus de paix. Nous avons tous changé. Davantage de joie intérieure, aussi, c'est-à-dire plus d'amour. Même dans mes nuits de l'esprit je ne déprime plus, parce que j'offre tout à Dieu et que je ne suis plus sans but. Toute souffrance offerte n'est plus négative.

« Combien il faut se vider de soi-même pour recevoir Jésus ! Plus je ne suis rien, plus je le reçois. »

Marie demeure son rocher dans la tempête.

« Au début, je ne m'adressais pas facilement à elle. Elle était trop belle et trop pure pour moi. Mais tout à changé. Elle m'est devenue présente et je l'aime, avec amour et confiance. Avant la rencontre de Marthe, j'étais très loin de cet amour, ce bonheur, cette immense espérance.

« Oh ! ce n'est pas toujours facile. Plus j'avance, plus je me rends compte combien je suis loin d'être ce que je devrais être et le long chemin qu'il me reste à parcourir pour *changer*, me dépouiller encore. Mais je n'ai plus peur.

« J'éprouve à la fois l'amour et les souffrances, celles du calvaire, celles des hommes.

« Moi, j'ai eu la chance extraordinaire de rencontrer Marthe Robin par votre livre. La plupart des hommes, eux, ont la souffrance sans avoir l'amour, et c'est bien là le drame du monde. »

L'été 1994 est très douloureux. Un de ses enfants subit une grave opération. Ainsi, ce qu'elle redoutait tant pour elle arrive à un être cher.

15 octobre 1994.

« Oui, la souffrance que j'ai le plus redoutée est celle qui me vient de mes enfants. Mais ma prière ne cesse pas et j'offre à Jésus ce vide intense, cette inquiétude pour mon enfant. En même temps, je mesure ma petitesse et ma faiblesse. Ma seule prière demeure cette souffrance offerte, avec amour et foi en Jésus. Tout peut se donner, tout peut se relier à Dieu ! »

L'opération réussit, et c'est l'action de grâces :

22 novembre 1994.

« Je poursuis mon chemin vers Jésus. Marthe m'accompagne, je ne la quitte pas ; où est-ce elle qui ne me quitte pas ? Je ne suis plus seule et je connais des instants de bonheur, de joie, de paix intenses que je n'avais jamais eus. Et je pense au chemin parcouru depuis la lecture du *Voyage immobile*. Maintenant, je suis libérée de mon passé et j'avance libre vers Dieu, qui m'attendait. »

10 février 1995.

« On dirait que tout se réalise en moi. Mon amour pour Jésus, Marie, Marthe est beaucoup moins un rêve, il devient une réalité. Il y a moins d'écart entre cet amour et ma vie ordinaire. On dirait que ce qui était au fond de moi devient de plus en plus présent, vivant. J'ai toujours des « nuits », mais je suis plus calme et sereine dans la paix de Jésus. »

Peu à peu, elle prend conscience de ses imperfections.

« Au début de ma rencontre avec Jésus, j'ai dû faire sourire Marthe, je me rends compte que, tout en étant très près de Notre-Seigneur dans son amour, je suis loin de lui à cause de mes imperfections, de tout ce que je n'arrive pas à être. Je mesure la longueur de la route intérieure qu'il me reste à parcourir. Pourtant, il m'a tant donné ! Avec lui, je suis comme une enfant qui, aimant trop ses parents en reçoit beaucoup et ne donne pas toujours en retour. On est si peu de chose ! Et Jésus m'a attendue, il m'a aimée. J'ai tellement besoin de lui pour avancer, moi qui ai peur de tout dans cette vie ! Oui, Marthe doit sourire de tout cet amour que je demande à Jésus en lui donnant si peu en retour, alors qu'elle, elle lui a tout donné.

« Miracle ! Jésus est de plus en plus présent dans ma vie, d'une manière moins sensible, mais si *réelle* ! Je prie beaucoup et je " dialogue " souvent avec lui, avec Marie et mes " amies " : Thérèse Martin, Bernadette Soubirous et Marthe Robin. »

28 mars 1995.

« Je suis comme un instrument : je ne peux plus penser ni réfléchir. Tout est silencieux. Tout est dans la souffrance. Je ne recherche plus rien. Dans ce silence, je demeure aux pieds du Christ, petit grain de poussière, qu'il connaît. Il sait mieux que moi ce que je voudrais être et que je n'arrive pas à devenir. Il sait combien je voudrais l'aimer. A travers ce désert et ce silence, j'ai mal. Mais je ne suis pas désespérée. Car plus on a mal, plus on a de l'amour. Comme Marthe a dû souffrir pour recevoir tant d'amour ! »

9 avril 1995.

« C'est vrai : seul l'amour de Dieu peut me combler. Hors de cet amour, je ne suis plus rien. Et pourtant, c'est quand je suis " le plus rien " que Jésus vient.

« Je n'ai pas reçu Dieu par ce que j'ai appris ; je ne sais rien. C'est Jésus qui s'est donné à moi. Il m'a tout donné. Et moi, je suis venue à lui par son amour. Comme le monde serait beau si tous le recevaient ! »

Brusquement, les lettres cessent. Nous redoutons le pire. Enfin, le 14 juin 1995 :

« Je viens de passer une période de long abandon où j'ai éprouvé la solitude complète. Mais je n'ai pas désespéré, et une fois de plus, en me replongeant dans *Le Voyage immobile*, la lumière revenait peu à peu. Marthe m'a donné de comprendre cet abandon. Elle m'a encore une fois fait avancer. Elle m'a accompagnée sur le chemin de Jésus. Chaque fois que je le reprends, ce livre me donne des forces, de la joie, du bonheur. Il me rapproche de Dieu. Oh ! comme je dois à Marthe !

« Plus la période de ténèbres est longue et cruelle, plus l'amour est fort et vrai et plus j'avance vers Dieu. Il y a des passages bien douloureux. Mais que d'amour après ! »

27 juin 1995.

« Maintenant, l'échange d'amour avec le Christ n'est plus un émoi sensible, mais une force calme, un amour plus puissant. Les "nuits " font que l'on se dépouille, que l'on se fortifie, que l'on s'élève, c'est un tel bonheur pour moi de pouvoir vous en parler ! »

Peu à peu, elle avance ; c'est le voyage intérieur, celui qui mène au Dieu vivant.

13 juillet 1995.

« J'aimerais être calme, reposée, dans le silence. Cela viendra. J'offre de petites choses dont je suis contente, mais trop souvent ce n'est que ma faiblesse ou mes échecs. Jésus sait combien je me suis perdue et que maintenant, étant revenue vers lui, je reste fragile. J'ai tellement besoin de lui, d'avancer vers lui, même dans son silence ! »

Enfin vient le tournant mystique :

Le 14 août 1995, Jeanine Berdeu vit une communion mystique à la messe. Elle parle de « ravissement », de « bonheur et d'amour ». Elle y associe Marthe :

« Elle était avec moi, elle l'est de plus en plus. J'ai prié avec un amour intense en tutoyant Jésus. C'était comme si j'avais atteint une autre dimension et c'était merveilleux. J'ai franchi des barrières et je suis allée plus près du Christ. »

Comment ce bonheur surhumain est-il possible ? Brusquement, elle est frappée par cette évidence :

« Je me souviens de ce combat de chaque jour, autrefois, entre la Vérité qui me soulevait, et ce que je vivais qui me détruisait. Et la Vérité se manifestait toujours au moment le plus inattendu. Je le savais, mais je ne le voulais pas, ou je ne le pouvais pas. Et j'étais très malheureuse. Toujours, même dans l'enfance, j'ai connu cette présence, cet appel, ce quelque chose ou quelqu'Un qui me cherchait. Mais je ne savais pas. Pas encore. Aujourd'hui, je reste confondue de cela : *le Christ m'attendait.* Maintenant, je voudrais le faire partager à ceux qui ne savent pas que le Christ les attend aussi.

« Marthe a gommé en moi tout ce qui faisait obstacle à l'amour. Alors, j'ai compris que l'amour du Christ était en moi avant même que je le sache. Il m'a attendue, aimée, enseignée. C'est tout simple. L'amour est tout. Oui, il est tout. »

Nous lui demandons de nous autoriser à publier des extraits de ses lettres, pour aider « ceux qui ne savent pas encore ». Réponse :

« C'est une joie pour moi de témoigner sur tout l'amour que j'ai reçu depuis la lecture du *Voyage immobile*. C'est la vérité de ma vie. C'est ce que Jésus a fait de moi, ce qu'il m'a permis de devenir, moi pourtant si mal partie ! *Marthe est venue sur ma route.* Elle m'a prise par la main et m'a conduite au Christ. »

*

Jean Guitton

« Intemporelle, au-dessus du jour et de la nuit, elle fut une mystique parfaite, car elle se mettait aussi au-dessus de ses propres états. Sur toutes les questions qu'on lui posait, elle répondait d'une manière supérieure. A chacun elle lançait une flèche qui le perçait au cœur.

– *Que pensez-vous de son côté prophétique ?*

– D'abord, elle était la personne la plus informée du monde, car elle voyait beaucoup de monde. Prophétie ? Oui, car l'avenir lui était présent. Elle a annoncé les transformations de la Russie, la promotion du laïcat dans l'Église, une nouvelle pentecôte d'amour.

– *Vous avez cru à son inédie. Le miracle absolu ?*

– Oui. Mes confrères de l'Académie des sciences m'ont dit que je m'étais trompé, puisque je ne suis pas trompeur. Que dire ? Moi, je ne suis pas un enquêteur, un policier. Mais le professeur Couchoud, un incroyant pourtant, a cru en Marthe et ces deux êtres si dissemblables se sont aimés. L'inédie de Marthe reste un mystère. Elle se nourrissait comme un végétal, en fixant la lumière ; pas même, elle vivait dans l'obscurité ! Couchoud, curieusement, me disait qu'avec son sang on pourrait guérir des cancers.

– *Elle se nourrissait de l'Eucharistie.*

– Oui. J'ai vu l'hostie voler des mains du prêtre et disparaître dans sa bouche, et pourtant, elle ne pouvait pas déglutir ! Le président Pinay, qui lui a rendu visite, aurait dit qu'il lui devait sa centième année.

– *A vous aussi, Jean Guitton ?*

– Qui vivra verra ! Laissons le mot de la fin au cardinal Daniélou. Il m'a dit : « L'être le plus extraordinaire du xxe siècle n'est pas le général de Gaulle mais Marthe Robin. »

(*Nouvel entretien avec J.-J. Antier, 1995.)*

Le mot de la fin, laissons-le aussi à celui qui, avec le père Finet, a été son père spirituel.

« Que ce *Voyage immobile* fasse connaître celle qui a vécu dans la volonté et la paix du Seigneur et a pu ainsi être le témoin de l'Amour. »

Mgr Léon-Didier Marchand, évêque de Valence.

MARTHE ROBIN ET l'ENCÉPHALITE LÉTHARGIQUE *

En 1993, je lus par hasard un livre du docteur Oliver Sacks, *L'Eveil*, que venaient de traduire les éditions du Seuil (coll. « Essais »). Ce fut pour moi un choc. Sacks avait soigné et étudié, entre 1966 et 1990, à l'hôpital du Mount-Carmel de New York, quelque deux cents malades, survivants de la grande épidémie d'encéphalite léthargique (maladie du sommeil), qui avait éclaté en 1916, faisant des millions de victimes dans le monde. *Encéphalite léthargique.* Ce mot mystérieux figurait dans le rapport médical établi en 1942 par les Drs Dechaume et Ricard (voir p. 147).

Mais ce n'était qu'une hypothèse. Je me suis donc plongé dans le volumineux ouvrage de Sacks, étonné de retrouver, selon les cas, les mêmes troubles que ceux de Marthe.

Le Dr Sacks parlait aussi « des extases de leurs réveils et des horribles tourments qu'ils avaient si souvent endurés par la suite » (Sacks p. 29).

J'ai été encore frappé de lire que les malades post-encéphalitiques (donc ceux qui avaient survécu) avaient « une extraordinaire sensibilisation » (p. 38). Comment ne pas penser à celle de Marthe ?

D'autre part, les malades accédaient parfois à « des mondes d'une étrangeté presque inconcevable, et néanmoins habités par des gens qui nous ressemblent comme deux gouttes d'eau » (p. 38). C'était toujours Marthe, à la fois « si extraordinaire et ordinaire », selon le beau témoignage de Jean Guitton.

Mais qu'est donc cette étrange maladie ?

---

* Ce texte a été soumis à la critique du docteur Alain Assailly, que nous remercions ici.

L'encéphalite léthargique : un virus

Cette « maladie du sommeil » (à ne pas confondre avec la maladie africaine transmise par un parasite) est d'origine virale. Elle apparut brusquement l'hiver 1916-1917 à Vienne (Autriche) et dans d'autres villes et s'étendit en moins de trois ans au reste du monde. Entre 1916 et 1926, elle tua ou handicapa des millions de personnes aux États-Unis et en Europe, puis elle disparut aussi brusquement qu'elle était arrivée. Un tiers des malades trouvèrent la mort à l'issu d'un coma profond. Les autres se réveillèrent, mais dans quel état !

« Marthe, précise le Dr Assailly, présentait une encéphalite épidémique à virus neurotrope, empruntant à la forme léthargique, mais aussi à la forme algomyclonique et à la forme dite basse avec poussées évolutives. »

Bien que très ancienne, la maladie ne fut décrite qu'en 1919 par le médecin allemand C. von Economo, qui découvrit le modèle unique de lésion cérébrale et le nomma *encéphalite léthargique*, à cause du sommeil qu'elle provoquait. La difficulté venait de la variété des symptômes. On se souvient de Marthe à seize ans, consultant les médecins les uns après les autres, qui se déclaraient impuissants et ignorants.

Parfois, dans les années 20, on a pris ces malades pour des hystériques, ou des schizophènes. C'était une erreur. Le Dr Sacks est formel sur ce point : « L'encéphalite léthargique ressemble étrangement à beaucoup de troubles névrotiques et psychotiques et maints encéphalitiques furent donc pris pour des hystériques, jusqu'à ce qu'ils développent d'autres symptômes qui indiquent clairement l'étiologie encéphalitique de leurs maux. »

L'épidémie de 1916 n'était pas nouvelle. Elle éclate une fois tous les siècles depuis 1580 et sans doute avant, sous des noms divers : fièvre cérébrale soporeuse, *coma somnoluntum*. Charcot la décrivit déjà en France en 1889. Toutes ces épidémies comateuses étaient suivies, chez les survivants, de lourdes séquelles parkinsoniennes et neurologiques.

Car l'encéphalite léthargique est une forme de parkinsonisme qui, contrairement à la forme ordinaire due au vieillissement, décrite en 1817 par le Dr Parkinson, frappe les gens de tous âges et d'une manière plus brutale et terrible.

Von Economo découvrit que l'encéphalite léthargique s'accompagnait de graves lésions du *locus niger*, un noyau du mésencéphale composé de grandes cellules cérébrales pigmentées, centre d'un ensemble complexe de fonctions. Un virus en était la cause.

Depuis 1960, on sait que le locus niger lésé manque de dopamine, un neurotransmetteur découvert en 1958, acide aminé produit au niveau des terminaisons présynaptiques. Déficit minimum et progressif chez les parkinsoniens classiques du grand âge; déficit massif chez les postencéphalitiques. Aujourd'hui, le scanner montre que le taux de dopamine est de 5 % dans les neurones du locus niger du parkinsonien ordinaire (déficit léger, soit tout de même la moitié de ce qu'il devrait être, 10 %); 0,1 % chez les postencéphalitiques.

Lorsque les lésions atteignent le tronc cérébral, le système veille-sommeil est atteint. Après le coma prolongé et le réveil, il y a, comme chez Marthe, absence de sommeil.

Les formes habituelles de cette maladie, telle que l'a décrite Sacks, ne ressemblent pas exactement à ce dont Marthe a souffert. Comme le remarque le docteur Assailly, « le parkinsonisme de vieillissement est caractérisé par de la rigidité et du tremblement, et par la bradypsychie (ou lenteur d'idéation). Il peut aussi s'accompagner de palilalie (répétition précipitée des mots) et de stéréotypies verbales. Marthe n'a présenté aucun de ces signes : sa pensée et son élocution étaient particulièrement claires. »

Aucun malade, dit le Dr Sacks, ne ressemble à un autre. A dix-sept ans, on commence par tomber dans une léthargie presque continuelle, n'en sortant que pour vivre dans un état angoissé, dépressif. Cette crise dure un an ou deux (vingt-sept mois chez Marthe). Puis le malade connaît une longue rémission, il redevient presque normal (Marthe en 1921). Il entre alors dans la phase postencéphalitique : rigidité et dystonie allant jusqu'à l'immobilisation totale, gagnant progressivement le tronc et les extrémités. Les muscles présentent une rigidité plastique : la raideur catatonique. Les mains et les pieds sont déformés par les contractures. Le Dr Sacks observe encore que l'intelligence et la mémoire sont rarement atteintes, et c'est là le côté le plus cruel de la maladie, dont la victime garde jusqu'à la fin une conscience aiguë. Nul n'était plus conscient que Marthe.

Le virus auteur des lésions n'a pas été identifié. Cette maladie mystérieuse ne dépend d'ailleurs pas uniquement de lésions cérébrales (destruction de neurones), mais aussi d'une multitude de facteurs parallèles qui vont faire du postencéphalitique un malade à part, insaisissable.

Comme l'a montré Claude Bernard, toute maladie (donc la manière de vivre la postencéphalie) est fonction du terrain et de l'environnement du malade, de ses qualités personnelles et de ses expériences. Ceci est évident pour Marthe Robin, qui domine en partie son handicap grâce à un terrain mystique exceptionnel, le soutien de sa famille, la rencontre du père Finet et celle d'innombrables visiteurs, auxquels elle donne le meilleur d'elle-même et qui la portent en retour.

Le remède

On a créé d'abord en 1967 un adjuvant de la dopamine, la L-Dopa, qui fut administrée à partir de 1969 aux survivants endormis (certains depuis cinquante ans !), quelques milliers dans le monde, puis l'amantadine, agent antiviral qui augmente aussi le taux de dopamine cérébrale. Marthe n'a jamais pris ces médicaments, puisqu'elle s'est réveillée naturellement après deux années de sommeil. Ou qu'un agent surnaturel l'a réveillée : souvenez-vous, elle a dit : « J'ai vu la Vierge » (p. 43). « L'encéphalite épidémique à virus neurotropes peut présenter une forme hallucinatoire aiguë franchement délirante, nous dit le Dr Assailly. Or, comment réduire à de simples phénomènes pathologiques l'apparition de la Sainte Vierge à Marthe, le 25 mars 1921, qui fut accompagnée de bruit et de lumière perçus par Alice, sa sœur, dont elle partageait la chambre ? »

Fait remarquable, le Dr Sacks signale que la musique normalise certains patients, ce qui montre le pouvoir de l'esprit sur le corps. Ce que la musique leur apportait, ce fut chez Marthe la prière et l'union à Dieu. Il leur suffisait d'ailleurs d'évoquer la musique, sans l'entendre. La prière mentale avait la même action bénéfique chez Marthe, et la force de sa prière était à la mesure de sa souffrance, son efficacité à la mesure de sa force.

Qu'il s'agisse de postencéphalitiques réveillés par la L-Dopa, ou s'étant, comme Marthe, réveillés naturellement (ou surnaturelement), les troubles demeurent, liés à l'insuffisance de dopamine. Il ne s'agit pas alors de troubles classiques des parkinsoniens ordinaires (par vieillissement), mais « de syndromes beaucoup plus étranges et complexes d'une infinie gravité » (Sacks p. 29). Et encore de « résonance créatrice élagissant soudain notre monde » (p. 39). Et de conclure en remarquant combien sa vie de médecin avait été bouleversée par ses patients, « si extraordinaires » : « Ils récèlent un je-ne-sais-quoi d'universel qui peut interpeller ou éveiller n'importe qui » (*id.*). Ici encore, on pense à Marthe, interpellant ou éveillant nombre de ses visiteurs, les ouvrant à une autre réalité.

La caractéristique de postencéphalitiques du type Marthe Robin est que le malade passe de la rigidité à l'explosion. Les muscles bloqués se mettent alors en mouvement contre sa volonté, comme s'il était *possédé* – et peut-être l'est-il. A la volonté obstructive de la paralysie succède la volonté explosive.

Dans le cas de Marthe, le témoignage du Dr Assailly est particulièrement intéressant :

« Pour ce qui concerne les “ manifestations explosives ”, le Pr Ricard avait assisté jadis aux martèlements subits, répétés à une cadence incroyable et violente de la tête de Marthe contre le petit meuble qui était à la gauche de son lit et qui se sont reproduits avec la même violence devant le père Finet et moi-même plusieurs années plus tard. Ils ont cessé immédiatement, dans les deux cas, dès que le père a ordonné à Satan, “ au nom du Christ, de sa mère et de l'Église de lâcher Marthe sur-le-champ ”. Par la suite, j'ai été le témoin du même incident chez une autre victime expiatoire qui a été libérée par un évêque missionnaire de passage dans un cloître. »

Vivre la passion

Étranges, ces bondissements de Marthe hors de son lit, notamment pendant la Passion (p. 304). Je fais allusion à ce que le père Finet à nommé une possession démoniaque. Tout autre sont les manifestations nées de son identification à la passion du Christ, dont le Dr Assailly, témoin privilégié, nous dit :

« J'ai toujours été frappé par le caractère discret mais combien profond et émouvant des manifestations qui se produisaient chez Marthe et chez une autre lors du portement de croix, le vendredi : soupirs, efforts, gémissements, harassement de Jésus, d'autant plus bouleversants qu'on les sentait infiniment pénibles physiquement et moralement. »

Comment Marthe peut-elle passer de la paralysie totale à cette kinésie paradoxale ? « Il y a, dit Sacks, disparition ou atténuation soudaine et totale (bien que passagère) du parkinsonisme » (p. 46). « Le patient est raide, immobile, inanimé. Confronté à quelque situation critique, il retrouve brusquement une activité. Le retour (à la paralysie) est aussi brutal et spectaculaire que sa disparition. Sitôt qu'il n'a plus de raison d'agir, il s'effondre » (p. 447).

La raison d'agir, chez Marthe, c'est d'échapper à la visite satanique ou de voler au secours du Christ torturé. Puis elle retourne à son immobilité. Parfois on la retrouve sur le sol, incapable de remonter seule dans son lit.

Autre explication : « Si, note le Dr Sacks, la compensation soudaine d'une déficience profonde est quasiment inimaginable, on peut concevoir qu'une pression intense puisse brusquement se réduire, ou une charge se décharger » (p. 46).

Chez Marthe, comme chez le curé d'Ars, la « charge » est gonflée de tous les secrets de ses visiteurs et de leurs intentions de prières, de leurs péchés, de leur souffrance qu'elle porte et partage.

« Extraordinaire, souligne sacks, est la capacité des postencéphalitiques d'absorber les émotions intenses [cas de Marthe avec ses visiteurs], pour les exprimer ensuite par des réactions physiologiques aussi fabuleuses que pathologiques » (p. 51).

L'inimaginable solitude

Sacks remarque qu'une infime minorité de postencéphalitiques réussissent à ne pas être engloutis par cette maladie monstrueuse et mystérieuse. « La plupart des survivants s'enfoncèrent de plus en plus dans les cercles successifs de la maladie, du désespoir et d'une inimaginable solitude, le plus insupportable de leurs maux » (p. 54).

On voit bien la jeune Marthe s'enfoncer dans les cercles morbides successifs : paralysie progressive, devenant presque totale, non voyance, inédie, insomnie. Tout l'entraîne vers l'« inimaginable solitude ». Mais c'est ainsi, progressivement, dans une alternance de nuits de l'esprit et de clairvoyance, qu'elle accepte sa maladie, offrande de plus en plus totale pour « ce que Dieu voudra ». En extase, elle verra alors la Vierge qui la réconforte et le Christ qui lui donne sa mission. « États de surconscience, nous dit le docteur Assailly, au cours desquels elle recevait des lumières particulièrement précises, sur sa mission notamment, avec parfois des détails matériels concernant ses constructions d'écoles, de foyers et de chapelles. » A l'instant où, comme Marie, elle prononce le *fiat*, elle reçoit la force et les grâces qui lui permettront de transcender son mal. D'épave alitée promise à une lente dégénérescence, elle devient source vivante spirituelle pour les autres, modèle de métanoïa, de conversion.

Tel l'ermite qui brille dans le désert, elle sort alors de sa solitude et devient pour beaucoup pèlerinage vers la lumière spirituelle.

La grâce de Marthe est aussi d'avoir été gardée à la ferme par ses parents. Alors que, dit Sacks, « la majorité des patients, ligotés par leur maladie, furent relégués dans des hôpitaux ou des asiles, au fond desquels, abandonnés par leurs amis et leur famille, véritables lépreux de notre siècle, ils furent en général totalement oubliés et moururent par centaine de milliers » (*id.*)

Marthe ne fut pas abandonnée, grâce à l'amour des siens, plus tard relayé par le père Finet et le Foyer de charité. Quant aux amis, elle en eut des milliers, parce qu'elle sut leur apporter l'espoir à travers ses souffrances.

Quelles sont les autres similitudes entre Marthe et les patients étudiés par le Dr Sacks ? L'*agrypnie*, ou perte totale du sommeil. Comment Marthe a-t-elle pu résister cinquante ans ? Grâce peut-être à ses longues extases mystiques. Et, selon le Dr Assailly, « le Christ l'aurait préparée à l'agrypnie lors de sa stigmatisation en octobre 1930 ; elle ne devint définitive qu'en novembre 1931 ».

Le Dr Sacks observe que les insomnies des malades sont parfois accompagnées d'une agitation extrême (Marthe le vendredi), « intense excitation cérébrale accompagnée de formidables pressions corporelles et psychiques » (p. 450). Sacks note encore des rémissions brèves pendant la période léthargique, comme ce fut le cas de Marthe ; la perte de la vision, la paralysie du pharynx par contracture (ne pouvant plus déglutir, le malade risque de mourir de faim), l'hypersensibilité à la douleur.

La grande différence avec Marthe, qui subit aussi tous ces maux, est que les malades de Sacks sont tous plus ou moins révoltés, même les croyants : « Pourquoi moi ? De quoi suis-je puni ? Pourquoi m'a-t-on volé ma vie ? Pourquoi rester en vie ? »

Marthe, elle, a pu transcender cette terrible maladie. Au lieu de se laisser emmurer, elle a offert, avec sa souffrance, ce qui lui restait de vie. De malade passive elle est devenue un rayonnement de l'amour du Christ à travers l'union aux souffrances de sa passion, chaque semaine, la mission des Foyers de charité et l'écoute de tous ceux qui venaient à elle pour un conseil, une aide, un réconfort.

La grande leçon de ce drame est qu'il ne devrait pas y avoir de malades inutiles. « Il leur échoit d'explorer les ultimes profondeurs, nous dit le docteur Sacks, les ultimes possibilités de l'être humain et de la souffrance. Si elles contribuent à aider d'autres personnes, leur *crucifixion* n'est pas inutile. » Ce qui faisait dire à un patient : « Je suis une chandelle vivante. Je me consume pour que vous puissiez apprendre » (p. 299).

Cela aussi s'applique à Marthe Robin.

UN NOUVEAU TÉMOIGNAGE DU DOCTEUR ASSAILLY

C'est en 1949 que le docteur Alain Assailly, neuropsychiatre parisien de réputation internationale, alors professeur à l'Université catholique de Paris et à la Faculté libre de philosophie comparée, spécialiste des manifestations du surnaturel sensible et consultant habituel de l'Église, visita longuement Marthe à la Plaine, à deux reprises, puis une troisième quelques années plus tard. Dans la première édition de ce livre (1991), nous avons publié son témoignage, relatif à la stigmatisation de Marthe (p. 152).

Il a bien voulu en 1995 étendre son propos à l'état général de Marthe et à ses mystérieuses maladies.

« Étant donné les personnalités des professeurs Dechaume et Ricard qui avaient examiné Marthe Robin le 14 avril 1942, en présence du Dr Bausillon, je n'ai pas hésité à adopter leur suggestion : encéphalite, avec atteinte probable des centres végétatifs de la base. Il paraît évident aujourd'hui que Marthe a contracté, en août 1918, à seize ans, le virus de von Economo et Cruchet, décelé cliniquement par ces médecins autrichien et français, virus qui faisait alors des ravages chez les jeunes sous le label " grippe espagnole ".

« Marthe a présenté d'emblée de vives céphalées et quelques lipothymies qui n'avaient rien à voir avec une quelconque hystérie, car les docteurs Pangon et Allemand de Saint-Vallier ont pensé à une tumeur cérébrale et le cas a été considéré comme si sérieux que l'abbé Payre a administré l'extrême onction.

« Elle aurait dû mourir comme tant d'autres lors de cette première attaque du virus. Cependant, avec des rémissions, très incomplètes d'ailleurs, elle n'a eu sa paralysie définitive que le 25 mai 1928, à vingt-six ans, et sa paralysie des membres supérieurs que le 2 février 1929, l'inédie et l'agrypnie ne s'étant installés qu'en novembre 1931.

« Évidemment, ces dates de mai et de février n'ont pas manqué d'influencer les sceptiques. L'Annonciation et la Purification de la Vierge leur paraissaient suffisantes pour expliquer le cas pathologique chez un sujet voué à la dévotion de la Vierge. Pour eux, le fait d'accepter généreusement de telles épreuves est toujours précédé du désir que l'on a de les avoir, alors que Marthe a connu, notamment de vingt et un à vingt-trois ans, une véritable révolte contre son état, au point de dire ensuite : " Je me suis débattue avec Dieu ! "

« Mais supposons que ses *fiat* aient joué un rôle dans l'évolution de sa maladie ; comment assimiler cette action psychosomatique momentanée aux phénomènes psychomoteurs de l'hystérie ? Marthe a présenté, au début de sa maladie, quelques rares phénomènes convulsifs, puisqu'on avait pensé à l'épilepsie, dont on a rejeté très vite l'hypothèse. Le Dr Jean Lhermite avait observé et publié des manifestations hystériformes chez des encéphalitiques non hystériques. Je l'entends encore m'en parler, quand il m'a conseillé de collaborer avec le père de Tonquedec, exorciste du diocèse de Paris.

« En outre, comment parler d'hystérie en l'absence de la triade mentale classique : mythomanie, vanité puérile et hyper-suggestibilité ? Marthe était la franchise et l'humilité mêmes. Tous ceux qui l'ont connue ont été frappés par la maturité et l'équilibre de son jugement. Un jour, en ma présence, elle a rectifié avec déférence mais assurance une erreur que le père Finet venait de faire au sujet d'un cas dont j'avais parlé quatre ans auparavant. Sa mémoire était extraordinaire, et ce n'est pas une qualité fréquente chez les hystériques.

« Non, l'hypothèse d'hystérie chez Marthe ne peut être retenue. Y a-t-il d'ailleurs des hystériques qui auraient pu jouer une telle comédie pendant plus de cinquante ans et auraient pu contribuer activement, de leur lit de souffrance, à la fondation et à la construction, dans tous leurs détails, d'écoles et de foyers, aujourd'hui au nombre de soixante-treize répartis en quarante pays ?

« Quant à considérer sa maladie comme ayant été susceptible de favoriser sa vie spirituelle, entendons-nous bien. Les épreuves physiques auraient pu être tout autres et même elle aurait pu n'en avoir aucune. Le Seigneur aurait pu aussi bien lui proposer d' " être comme lui ". Son acceptation courageuse et généreuse lui aurait alors valu de recevoir aussi bien les traits de feu partant du cœur de Jésus et leurs marques. Des faits sont là qui nous le prouvent.

« Que le Padre Pio ait senti des brûlures dans ses mains trois ans avant que les plaies apparaissent, montre seulement que Dieu le préparait, et que s'il désirait " être comme le Christ ", l'élément psychosomatique de destruction des tissus internes de ses mains a dû être minime à côté des traits de feu qui le terrassèrent, lui aussi, dans son sang.

« Saint Jean de la Croix écrit dans *La Vive Flamme d'amour :* " D'ordinaire, Dieu ne fait aucune faveur au corps qu'il ne l'ait accordé tout d'abord et surtout à l'âme. " Saint François de Sales dit dans son *Traité d'amour de Dieu :* " Mais de faire les ouvertures en la chair par dehors, l'amour qui était dedans ne le pouvait bonnement faire. C'est pourquoi l'ardent séraphin, venant au secours, darda des rayons d'une clarté si pénétrante qu'elle fit réellement les plaies extérieures du crucifix en la chair, que l'amour avait imprimé intérieurement en l'âme. "

« Certains me disent que ce séraphin ou le Christ, avec leurs traits de feu, ne sont que des hallucinations chez des délirants. J'ai suivi deux hystériques qui présentaient des stigmates (provoqués chez l'une d'elle, mais spontanés chez l'autre). Il ne s'agissait que de marques superficielles et non de plaies franches.

« Marthe a demandé à Dieu, à diverses reprises, que ses stigmates disparaissent, elle n'a pas été la seule à le faire. Les marques de son front sont restées visibles. Mais c'est surtout la plaie saignante et anormalement chaude qu'elle avait au niveau de son cœur, comme Thérèse d'Avila, qui a le plus retenue mon attention. J'y vois le signe le plus sûr du " cœur à cœur mystique " chez les stigmatisés. »

Lettre du 18 novembre 1995 à J.-J. Antier.)

NOUVEAUX DITS DE MARTHE
(recueillis par l'abbé Faure, 1929-1932)

La foi

« C'est merveilleux, la foi. Croire quand on ne voit pas, parce qu'on sait que *Dieu a dit*. Savoir sans voir fait jaillir toute une lumière dans l'âme qui nous révèle, à son rayonnement, tout un monde que nous portons en nous et que nous ne soupçonnions même pas. L'exemple de la foi fait naître la croyance » (25.1.1931).

Contemplation

« Il y a des journées de seul à seul en Dieu. Il y a aussi des journées de face à face, d'âme à âme où l'hôte affirme sa présence d'une façon à la fois si douce et si impérieuse. C'est comme un triomphe. (26.1.1931).

« Toute ma théologie, toute ma science, c'est l'amour, l'union de mon âme à Dieu, par Jésus avec la Vierge. C'est là mon sommet et mon tout, je ne désire pas savoir davantage. Je vis en Dieu, portant sa vie, sentant en moi sa force et son amour, goûtant sa joie, dans une si douce et si intime union que toutes mes souffrances, toutes mes peines en sont changées en joies. Une âme peut être ignorante en beaucoup de choses et capable d'aimer Dieu splendidement » (2.1.1930).

Nuit de l'esprit

« Nuit d'attente, d'appels à Jésus ! Ne le trouvant pas près de moi, ni dans la prière, je l'ai cherché et l'ai trouvé dans les bras de la sainte Vierge » (31.3.1930).

Utilité de la souffrance

« L'épreuve est un présent du ciel qui nous révèle ce que nous sommes et nous apprend comment devenir parfait. Tout progrès moral naît de la pensée et toute vertu siège dans notre cœur au sommet de notre conscience. C'est pourquoi nous ne savons encore rien quand nous n'avons pas souffert » (7.10.1931).

Souffrance et joie

« Nul ne sait vraiment ce que c'est que la paix, la joie, tant qu'il n'a pas passé par le creuset de la souffrance. Nul ne sait quelle ressource, quelle surhumaine allégresse donne le repos dans la volonté de Dieu, même crucifiante. Ce n'est pas encore la béatitude, mais c'est déjà quelque chose d'infiniment meilleur que tout ce que l'on rencontre ici-bas. C'est la félicité de l'amour. Que nous souffrions peu ou beaucoup, ne souffrons pas pour rien, c'est trop triste, immensément. Souffrons pour Dieu et pour les âmes. Souffrons en paix et par amour » (7.1.1930).

Vie cachée

« Mon Dieu, merci de m'avoir donné une nature si ardente, un cœur si vibrant, une âme si paisible. Merci de m'avoir appris à garder le silence. Petite fleur du silence, reste toujours au fond de mon cœur ! » (26.10.1930).

Détachement

« Oui, je suis changée et bien morte aux choses de la terre. Mais suis-je bien morte à moi-même et revêtu de Jésus seul ? » (1930).

Mission

« Que ne suis-je prêtre ou missionnaire ! J'irai à travers le monde donner mon âme, mon cœur, mon sang, ma vie pour le triomphe du Christ. Hélas ! Mais si la maladie me retient, je puis travailler au règne de Jésus par la voie de la souffrance et de la prière. Je peux être lumière dans les ténèbres, amour dans le silence. Quand finira mon martyre ? A vivre ou mourir je m'abandonne » (12.1.1932).

Tout donner

« Alors qu'en mon âme siège un vivant incendie et que je reçois sans cesse les embrasements du Foyer ; alors qu'en tout mon être bouillonne un fleuve de vie dont la poussée d'un courant toujours plus rapide y creuse des abîmes effrayants et enthousiasmants, souffrirai-je de rester une flamme sans chaleur, un brasier éteint, une eau dormante, une fleur sans beauté et sans parfum, une lumière trop faible pour éclairer ? Non ! Une petite victime d'amour est faite pour rayonner, pour donner Dieu, dans toute la mesure où elle possède, pour répandre dans les âmes les grâces de lumière et d'amour qui se déversent en elle à l'infini » (23.4.1932).

Offrande

« Passer humble et silencieuse comme la Vierge, en faisant le bien, en donnant du bonheur. Je connais maintenant la joie la plus pure, la plus douce que l'on puisse connaître : celle de vivre pour les autres et pour leur bonheur. Que puis-je faire pour tous ? me disais-je. Et l'horizon s'est tout à coup éclairé. Un surcroît de bonheur et de paix m'est revenu en pensant que je pouvais beaucoup pour eux, par la prière, par l'offrande de mes souffrances unies à celles du Christ, par le rayonnement de ma vie toute d'amour, par le contentement, la joie. J'ai devant moi de quoi occuper utilement tout le temps qu'il plaira à Dieu de me retenir dans cet état » (28.3.1930).

Don de soi

« D'où vient que malgré moi mon visage sourit à mon entourage quand il voudrait pleurer, ma langue parle quand elle voudrait rester muette, mon esprit s'intéresse aux peines des autres quand il voudrait se refermer ? D'où vient que j'ai soif de solitude et de calme extérieur et qu'une voix intérieure parle aussitôt plus haut que mon désir de retraite et l'anéantit immédiatement ? D'où vient que je suis si spontanément à la disposition de tous ? Est-ce la petite sainte Thérèse qui sème de roses la petite voie de simplicité, de confiance et d'amour pour m'entraîner plus sûrement parmi les ronces, les souffrances, les agonies de la Grande ? Est-ce la sainte Vierge qui me dirige de plus en plus amoureusement vers les ascensions courageuses ? Ou bien vous, Seigneur, qui me faites agir ainsi, sourire, parler avec douceur, me mêler à la vie ordinaire patiemment, alors même que la fatigue atteint des limites extrêmes ? Ô Mère, apprenez-moi à souffrir avec amour ! » (23.11.1931).

Harmonie

« Je veux que tout autour de moi et en moi rayonne l'harmonie, le saint contentement, la joie et l'immense bonté du cœur. L'apprentissage de la gaîté dans la maladie n'est pas moins nécessaire que celui de la résignation. Être toujours gaie, joyeuse, même dans l'affliction, c'est si bon ! C'est de là que j'ai compris la valeur d'un sourire accueillant, le bénéfice d'une sérénité habituelle transformant mélancolie et tristesse en contentement. L'amabilité, c'est la charité qui se donne, la patience qui supporte, la force et la paix qui se transmettent d'un seul cœur, au cœur de tous. La joie est la disposition radieuse de l'âme tournée vers Dieu » (30.3.1930).

Dieu est amour

« Tout perdre, je le veux bien si je peux et dois aimer plus encore, pour monter, m'enfoncer sans fin dans l'océan d'Amour jusqu'au sommet de l'union divine. Je compte sur la protection de la sainte Vierge pour me garder infiniment petite, mais infiniment aimante, chaque jour plus petite et plus aimante, le petit rien vivant de silence, d'humilité, de renoncement, de simplicité et surtout d'amour. De plus en plus, je me laisse faire.

« Dieu est amour et c'est dans son amour que je m'anéantis en tout. C'est en lui que je retrouve toute mon ardeur, tous mes sentiments de tendresse et d'amour, toute ma force pour souffrir. C'est là dans ce Foyer de vie que j'ai discerné de quelle richesse est la double grâce des vertus de patience et d'amour que Dieu demande pour arriver au sommet de la perfection ; et comment par notre faute nous retardons notre ascension dans le divin et paralysons sa sublime action dans notre âme.

« Oh ! ce désir fou qui m'use et me dévore ! Pourquoi j'en meurs et en renais sans cesse ? Mon âme en est toute brisée, mais qu'elle a conscience dans l'amour et l'obéissance qu'elle s'offre dans ce feu à une œuvre sacrée que Dieu seul voit et connaît * » (14.4.1932).

* H.M. Manteau-Bonamy, Marthe Robin sous la conduite de Marie, Éd. Saint-Paul, 1995.

FOYERS DE CHARITÉ

FRANCE

FOYER CENTRE (Drôme)	Père Finet, fondateur (†). Coadjuteur puis successeur : Père Ravanel. Pères Colon, Michon, Sallent, Cadas, Lenain, Lochet, Pagnoux. BP 11, 26330 Châteauneuf-de-Galaure. Tél. : 75.68.79.00.	
BOUCHES-DU-RHÔNE	Père Paquet Notre-Dame-de-Branguier, 13790 Peynier. (Centre d'accueil).	
Alpes-Maritimes	Père Bonnafous Père Mortier	06330 Roquefort-les-Pins
Aude	Père Ricart	11310 St-Denis.
Bouches-du-Rhône	Père Cotte	« Sufferchoix ». 13410 Lambesc.
Côtes-du-Nord	Père van der Borght	Tressaint. BP 145, 22104 Dinan-Cedex.
Gard	Père Carrara	30650 Rochefort-du-Gard.
Loir-et-Cher	Père Farcet	41300 La Ferté-Imbault.
Lot-et-Garonne	Père Imbert	« N.-D. de Lacépède ». 47450 Colayrac.
Marne	Père Blard	51270 Baye.
Pas-de-Calais	Père Tierny	62240 Courset.
Bas-Rhin	Père Wolfram	67530 Ottrott.
Rhône	Père Berthelon	« N.-D. des Ondes ». 24 rue Paul-Sisley, 69003 Lyon.
Savoie	Père Cousseau	La Léchère-les-Bains. 73260
Haute-Savoie	Père Ravanel	« La Flatière ». 74310 Les Houches.
Yvelines	Père Le Gal	« La Part-Dieu ». 108, rue de Villiers, 78300 Poissy.
Var	Père Paquet	17 bd Léopold Gence 83000 Toulon.

DÉPARTEMENTS D'OUTRE-MER

Martinique	Père Ainé	« St-Joseph ». 97220 Trinité.
Réunion	Père Rochefeuille	« N.-D. de Nazareth ». Rue Sarda-Garriga, 97430 Tampon.

EUROPE

Belgique	Père Colleye	« Kasteel Zellaar ». 2820 Bonheiden.
	Père d'Heu	
	Père Bastin	4880 SPA (Niveze).
	Père Ossemann	Sier 2. 4671 Moresnet.
Luxembourg	Père Lucas	4, rue Lemire, 1927 Luxembourg.
Italie	Père Lettry	Salera. 11020 Emarese (Aoste).
Pays-Bas	Père Horsthuis	Onder de Bomen, 2. 6 017 Al Thorn.
	Père van Hooren	
Pologne	Père Sosnowski	32 Olza 96-135 Rogow
Suisse	Père Fracheboud	« Dents du Midi ». 1880 Bex (Vd).

AFRIQUE

Bénin	Père Sagbo	BP 04.0222, Cotonou.
Burkina Faso	Père Larbat	BP 34. Koudougou.
Burundi	Père Kabutura	BP 12. Gitega.
	Père Ntagwarara	Bujumbura BP 2547
Cameroun	Père Atangana	BP 228. Ngaoundere.
	Père Mbatsogo	L'Horeb. BP 167. Mbalmayo
Congo	Père Makosso	Liambou. BP 639. Pointe-Noire
Côte-d'Ivoire	Père Zoungrana	BP 7. Kotobi.
	Père Brossaud	BP 1403. Daloa.
Gabon	Père François	BP 3657. Libreville.
Lesotho (Afrique du Sud)	Père Truchon	Lelapa la Lerato. P.O. Mahobong 322 Leribe.
Madagascar	Père Brioude	BP 1011 Antsirabé 110.
Île Maurice (Océan Ind.)	Père Mamet	« N.-D. de l'Unité ». Souillac.
	Père Giraud	
Ouganda	Père Ddamba	Namugongo Parish. P.O. Box 6488. Kampala.
Rép. Centrafricaine	Père Ruffieux	BP 335. Bangui.
Rwanda	Père Claessens	BP 53. Ruhengeri.

SÉNÉGAL	Père Abbatinali	BP 60. Rufisque.
TOGO	Père Marcel	BP 6. Aledjo par Bafilo.
ZAÏRE	Père Quennouelle	« Marie Mère de l'Église ». BP 19. Bunia.

AMÉRIQUE

ARGENTINE		Mère de la Miséricorde 5585. Medrano (Mendoza).
BRÉSIL		CP 5. 26700 Mendes R.J.
CANADA	Père Girouard	« Villa Châteauneuf ». CP 298. Sutton (P.Q.). Joe 2 KO.
	Père Robillard	N.-D. d'Orléans. 253, Chemin Royal. Ste-Pétronille (île d'Orléans). P. Québec GOA 4 CQ.
	Père Bergeron	1200 Bd Saguenay, Chicoutimi
CHILI	Père Ricciardi	Casilla 15. Tome.
COLOMBIE		« Llano Grande ». Paipa (Boyaca).
	Père Umana	« Nuestra Señora del Paraiso ». Apartado Aéreo 044. Zipaquira
	Père Naranjo	Apartado Aéreo 90765 Itagui (Medellin)
	Père Diaz	« San Pablo ». Apartado Aéreo 40.134. Bucaramanga.
ÉQUATEUR	Père Thebault	« La Cruz del Sur » Apartado 342. Latacunga.
ÉTATS-UNIS	Père Bradley	74 Hollett Street. North Scituate. Massachusetts 02060.
HAÏTI	Père Beaudry	BP 955. Port-au-Prince.
MEXIQUE	Père de Dinechin	« Campo de Maria ». Apartado 6-32 Cuernavaca. Mexico.
PÉROU	Père Duval	Santa Rosa. Apartado 576. Lima 100.

ASIE

INDE	Père Jesu Rajan	Prema Seva Ashram Gowripatnam P.O. West Godavari Dt. Andhra Pradesh-534.313.
INDE (South India)	Père Johnny Edakkara	Sneha Deepam, Alamelumangapuram, Vellore 632 009.
JAPON	Père Alain Quennouelle	Ai To Hikari No Ie. 136 Oaza Sendai-Ji. Ibaragi-Shi – Osaka-Fu 568.
PHILIPPINES	Père Richard Antonio	Mangato - Laoag City.
TAIWAN (R.O.C.)	Père Guy de Reynies	Kuoyitsun Liuying Hsiang, Tainan Hsien (736).
VIÊT-NAM	Père Simon Lap	348/5 Binh-Trieu, Thu-Duc, T.P. Hô Chi Minh.
	Père Antoine Tran Van Bai	1774/3F ap Phu Dong, Dinh Quan - Dong Nai, Phu Dong.
	Père François Tan	Thu Duc, ap Vinh Thuan - Xa Long Binh (Giao xu Cao Thai) Huyen Thu Duc - T.P. Hô Chi Minh.

REMERCIEMENTS

Je remercie les personnes très nombreuses qui ont bien voulu me confier les témoignages de leurs rencontres, parfois décisives, avec Marthe Robin.

Je remercie Mgr Didier-Léon Marchand, évêque de Valence, Mgr Saint-Macary, évêque de Nice et l'abbé Marc Bailet son secrétaire, dont les précieuses recommandations m'ont ouvert bien des portes.

Je remercie les pères, la responsable et tous les membres du Foyer de Châteauneuf-de-Galaure, et les fidèles gardiennes de la ferme de Marthe, aux Moïlles, pour leur chaleureux accueil.

J'exprime aussi ma reconnaissance au père Raymond Peyret, le premier biographe de Marthe Robin, qui, avec désintéressement, a bien voulu m'autoriser à utiliser son irremplaçable documentation; et à Jean Guitton, le témoin privilégié par excellence, dont le livre, aussi, fait date.

Je remercie mon éditeur et ami François-Xavier de Vivie, qui m'a engagé, presque malgré moi, dans ce téméraire travail, devenu itinéraire spirituel et intérieur; Christiane Fabretti, Sibylle Billot, Thérèse-Marie Mahé, Geneviève Chastenet et Isabelle Chanteur, des Éditions Perrin.

Je remercie le Dr Alain Assailly, autre témoin privilégié de Marthe, ainsi que le Dr Henri Amoroso, également neuropsychiatre, éminent écrivain et psychothérapeute niçois, pour leurs avis éclairés sur les chapitres si délicats sur les états physiques et psychiques de Marthe Robin et sur les phénomènes physiques du mysticisme.

Je remercie enfin ma femme Yvette pour son aide de tous les instants.

Je demande à tous ceux et celles qui ont eu avec Marthe un rapport privilégié engageant leur existence de bien vouloir m'en faire part, en vue d'une éventuelle publication. Tout additif ou rectificatif concernant sa vie seront aussi les bienvenus.

Jean-Jacques Antier.

BIBLIOGRAPHIE

Les documents de base proviennent des archives de Châteauneuf-de-Galaure, de même que les textes et « dits » de Marthe Robin, publiés dans le bimestriel *l'Alouette*, organe des Foyers de Charité, qui m'ont averti que certains d'entre ces textes, attribués à Marthe, sont susceptibles de s'inspirer plus ou moins de textes et de prières oubliés. Une commission d'experts réunis par l'évêque de Valence s'efforce actuellement de le déterminer.

1. Documents d'archives

Robin (Marthe), écrits, « dits » et correspondance, Archives du Foyer de Châteauneuf.

L'Alouette, organe des Foyers de charité, Châteauneuf-de-Galaure, fondé en octobre 1964. (Voir notamment le numéro d'août 1981.)

Dechaume (Jean) et Ricard (André), docteurs, rapport médical sur Marthe Robin, demandé par l'évêque de Valence, 1942, Archives du Foyer de Châteauneuf.

Foyers de Charité, statuts, esprit et vie, structure canonique. Châteauneuf, 1986.

2. Livres sur Marthe Robin

Achard (Marie-Rose), *Alors le monde commençait*, Cavaillon, 1976.

Assailly Alain, *Marthe Robin, témoignage d'un psychiatre,* (L'Émmanuel, 1996).

Barbier (Jean), *Trois Stigmatisés de notre temps*, Téqui, 1987.

Barbier (Jean), Février (Françoise et Thérèse), *Marthe Robin*, album pour enfants, Peuple libre, 1986.

Clément Marcel, *Pour entrer chez Marthe*, Fayard, 1993.

ÉPHRAÏM, *Marthe, une ou deux choses que je sais d'elle*, Éd. du Lion de Juda, 1990.
ESCOULEN Daniel, *Si le grain de blé se meurt...* DDB, 1996.
GUITTON (Jean), *Portrait de Marthe Robin,* Grasset 1986.
HUERTAS (Monique de), *Marthe Robin la stigmatisée*, Centurion, 1990.
LELIÈVRE Hubert, *Marthe Robin, je ne connais que l'amour*, Tequi, 1994.
MASSON (R.), MONTOUR (R.), BRO (B.), VALS (J.), CLÉMENT (O.), *Marthe de la passion, France catholique* / Soreval, 1986.
MANTEAU-BONAMY H.M., *Marthe Robin sous la conduite de Marie*, Ed. Saint-Paul, 1995.
PAGNOUX Jacques, *Marthe Robin, une femme d'espérance pour le XXI*[e] *siècle*, Fayard, 1995.
PEYRET (abbé Raymond), *Marthe Robin, la croix et la joie*, Peuple libre, 1981.
–, *Prends ma vie, Seigneur, la longue messe de Marthe Robin*, Peuple libre et D.D.B., 1985.
–, *Petite Vie de Marthe Robin*, Peuple libre et D.D.B., 1988.
PHILIPPE PIERRE-MARIE, *Les Trois Sagesses*, Fayard, 1993.
SACKS Oliver, *L'éveil,* Le Seuil, 1993.
TIERNY Michel, *Marthe Robin, une âme d'élite*, Livre ouvert, 1994.
VAUDEVIELLE Bernard, *Le Salut précaire de Marthe Robin*, L'autre incertain, 1994.

3. ARTICLES (Principaux périodiques cités)

La Croix, l'Homme nouveau, Famille chrétienne, France catholique, Progrès de Lyon, l'Alouette, Semaine religieuse de Valence, Semaine Provence, Feu et Lumière, le Figaro, Paris-Match, Peuple libre.

4. AUDIOVISUEL

ISNARD J., *Marthe Robin,* Éd. Transparence, 1997.

TABLE

DEUXIÈME PARTIE

LES MYSTÈRES

Additif à la nouvelle édition

Cet ouvrage a été réalisé par la
SOCIÉTÉ NOUVELLE FIRMIN-DIDOT
Mesnil-sur-l'Estrée
pour le compte des Éditions Perrin
en septembre 2001

Imprimé en France
Dépôt légal : mars 1996
N° d'édition : 1205 - N° d'impression : 56835